集人文社科之思　刊专业学术之声

集 刊 名：北大史学

主　　编：赵世瑜

主办单位：北京大学历史学系

CLIO AT BEIDA

主　编　赵世瑜

本辑执行主编　陈侃理

本辑特约编辑　李伏媛

本刊投稿邮箱　beidashixue@163.com

第25辑　2023年第1辑

集刊序列号：PIJ-2021-429

中国集刊网：www.jikan.com.cn

集刊投约稿平台：www.iedol.cn

北大史学

CLIO AT 25 BEIDA

2023 年第 1 辑

北京大学历史学系　主办

赵世瑜　主编

社会科学文献出版社
SOCIAL SCIENCES ACADEMIC PRESS (CHINA)

导　语

陈侃理[*]

当人类进入复杂社会，政治秩序的塑造便离不开文化的因素。政治的文化特征、文化的政治层面，或与政治相关的文化事项，都可以纳入我们所说的政治文化范畴。

"政治文化"（political culture）一词原本是比较政治学发明的概念，20 世纪 80 年代被引进中国，很快在学界引起反响，让政治学、历史学等不同学科研究古今中外的学者找到了某些共通的话题和视角。改革开放后得到学术训练的第一批历史学者，已经开始在这一领域进行探索。如北京大学历史学系七七、七八级本科的高毅、阎步克、陈苏镇、邓小南等，先后投入了政治文化史的研究。他们或是对政治文化概念进一步提炼，将其纳入心态史研究的史学潮流，或是更加宽泛地使用概念，探讨"政治与文化的交界面上所发生的事象"。时至今日，政治文化史研究似乎从未形成过席卷一时的潮流，也没有建立统一的范式，但它作为一种观察历史现象的角度，在潜移默化中影响了相当多的学者，拓展和丰富了政治史、制度史、文化史、思想史的研究。对此，我在《变动的传统：中国古代政

---

[*] 陈侃理，北京大学中国古代史研究中心长聘副教授。

治文化史新论》（上海古籍出版社，2023）一书的前言中有所梳理，这里就不再重复了。

本辑"中国古代政治文化史"专号聚焦于秦汉魏晋南北朝时期。在这个时期，大一统的帝制国家经历了创建、演化、衰败、崩溃的各个阶段，发生过今与古、法与俗、道与儒、王与霸、胡与汉、士与庶等各类思想文化的竞逐，并且为重生做好了准备。通过政治文化视角可以观察这一时期的诸多问题，得出新的认识。

秦汉时期的儒生一度期待一位将天下"定于一"的"王者"，改正朔、易服色，制礼作乐，封禅告成，实现"太平"，而一统天下的"皇帝"似乎正可担任这样的角色。但现实却让儒生一次次失望，王莽改制的失败更彻底粉碎了他们对皇帝的幻想。陈苏镇提供的演讲稿《说"王者"：汉儒对皇帝角色的期待与构建》，梳理了"道统"与"治统"由合而分的早期线索。他指出，东汉以后的儒学士大夫不再相信皇帝之中会出现"王者"，于是一面鼓吹皇帝尊孔以行王道，一面身体力行，推行教化，自己充当现实中"王者"的替身。两汉之间的这一变化，也是整个中国古代政治文化史上的一大转折。

儒学在汉代的兴起，不仅可以追溯到董仲舒提出"独尊儒术"，更为关键的一步是武帝前期置博士弟子员，为他们提供升迁途径，开辟了儒学的禄利之途，并扭转了功臣文吏政治，使得朝中"彬彬多文学之士"。过去，学界一般认为这是公孙弘在元朔五年（前 124 年）为丞相时倡议、实现的。顾江龙通过细致考辨，指出了《汉书》记事的错误，认为初置博士弟子的时间大约在十年前的元光之初（前 134～前 132 年）。这厘清了儒学史上的一桩大事，也从侧面佐证了董仲舒发议"立学校之官"的记载，让我们有机会重新评估董仲舒与公孙弘两人在政治文化史中的作用。

汉武帝尊儒，继之以四出征伐，变更制度，即位三十年后封禅告成，接着又改正朔、易服色。改正朔即太初元年（前 104 年）改用汉家新历，与元封元年（前 110 年）东封泰山前后相去六年，而很少有人意识到其间的密切关联。郭津嵩以科学史的经验判断改历的准备工作不可能在半年内完成，又钩稽史料中的蛛丝马迹，重新考证太初改历的始末，指出其事是长期酝酿、谋划的结果，发端于元鼎四年（前113年），从元封元年开始正式筹备，而完成于太初元年五月。这一重要发现不仅解释了《汉书·律历志》中的疑难之处，更让我们得以用整体的眼光，重新看待封禅与改历这两件武帝时期最为重大的政治文化事业。

太初改历定汉朝为"土德"之时，"汉家火德"之说无论是此前还是此后都深入人心，产生重要的影响。学者对此讨论颇多，王景创的文章有新的推进。他将出土史料与传世文献相结合，论证汉王朝之初虽未采用"五德终始"说，但鼓吹赤帝子杀白帝子，旗帜尚赤，称南方朱鸟为"皇德"，隐然有一种"南方火德"的天命意识。而刘向、刘歆父子和王莽采用五德相生的新说，利用了"南方火德"的象征符号，还将原本与德运无关的"以戌日腊"等民俗纳入"相生火德"，让汉初"南方火德"的历史记忆归于湮灭。这一钩沉发微，有助于说明德运观念在实践中的复杂性。

德运转移，意味着一个全新的开端，古人称之为"更始"。董涛系统梳理了西汉至王莽时期更始观念的内涵及其政治影响，除众所周知的大赦、改元外，还发掘出西汉后期兴起、王莽时期延续的迁都洛阳之议，指出此议旨在彻底改革宗庙郊祀礼仪，废汉法、立新制，包含了更始的意图。

西汉中期以后，更始观的核心思想是改变汉初继承的秦政，回归"任德教"的周政，以兴致太平。焦天然对西北边塞出土汉简中的"为吏"文献进行复原研究，认为相比秦代同类文献强调"能书""会计"之类的吏能，西汉中期以后的官吏教育文献更加注重品德，体现出政治文化转向"任德教"。

秦汉时期，皇帝权力较为稳固，汉代政治文化的核心问题在于采用何种指导思想和为政风格。统一帝国崩解以后，列国并立，却往往根基浅薄，权力的合法性来源问题占据核心地位。对十六国中最先建立的成汉政权来说，这个问题尤为突出。从六郡流民集团的松散特性和继承顺位问题两方面出发，单敏捷讨论了成汉皇帝的合法性困境，从政治文化角度赋予若干特殊的政治现象以新的解释。

南朝梁武帝时期，政治文化方面的历史现象极为丰富。胡鸿对尚书侍郎复置的研究，不仅从制度史层面揭示了梁武帝改革行政机制的意图，而且通过侍臣群体在中古时期的特殊地位，说明为"尚书郎"增添"侍"字带有为官职增添清望、荣光的意味。这个新颖的看法，丰富了梁代制度史研究的内涵。陈志远则细致地梳理了梁武帝素食改革的前因后果。他指出，东晋南朝以后居士们在儒、释两种思想影响下零散自发的素食实践，是推动全面素食的主要动力，梁武帝则动用国家行政力量加速了这一进程。凭借政治权力和在儒、释两教中的学识优势，梁武帝推进素食改革，一方面确立了梁代宗庙祭祀不用牺牲的礼仪制度，另一方面以白衣身份干预佛教戒律，要求僧尼一律素食。后者一度遭到僧界强烈抵制，最终却成功地塑造了汉地佛教的特殊性格，并且影响了北朝隋唐的素食实践。

北朝的政治文化相比于南朝，包含更多的民族和军事因素。陈鹏研究北周的姓氏制度与谱牒变化，指出宇文泰以鲜卑贵族姓氏包装军功集团，获得赐姓者又通过撰述谱录重塑家族记忆，强化自身的"官族"身份和历史渊源。这种做法实际上打破了原有的门阀体制，建立了新的军功贵族统治，并且对唐朝定氏族"崇重今朝冠冕"产生了直接影响。文章通过细致的考辨，呈现出北族与中原政治文化传统互相交织、共同发生作用的历史图景。

唐以前诸史都经过辗转传抄，至北宋才经官方校订刊行。抄刻过程中文字的讹变与校勘，有时并非单纯的版本问题，而取决于校读者对史实的理解和当时的政治文化氛围。拙文讨论了《史记》《汉书》中"奉法"一词被校改为"秦法"的过程，结合汉代和宋代的政治文化对文字讹变的过程做了大胆推测。史料不足，难求实证，附骥群贤，聊供一哂而已。

本辑所收的专题研究论文，大多曾在 2021 年 10 月中旬北京大学主办的"文以成政：中国政治文化传统的形成与早期发展"学术研讨会上宣读，并指定专人评议，引发了热烈的讨论。但也有一些与会论文因故未能收入，这里将完整的会议纪要收录进来，稍稍弥补遗珠之憾，也为当时的讨论留下些许印迹。

以上这些论文选题意义未必重大，思考未必成熟，但多有各自的新意，应该能够反映出近年来中国古代（特别是前期）政治文化史研究的一些特点。作者们大多通过开掘新史料或精细研读和严格批判旧史料，提出具体的新看法。政治文化不再被当作强固宏大的"民族性"的"集合体"，而被视为各种处在变动中的因素交互影响构成的"感应场"。这些因素既不独立地决定政治走向，也不完全被政治、制度或思想观念所操纵。这样的理解，相较于前人或许退后了一步，但后退是不是也为新的前进腾出了空间？留待时间来检验吧。

"学术史研究"栏目收录了一篇研究沈元的文章。沈元是北京大学历史学系 1955 级学生，聪颖绝伦，自少年时代起就追求进步，立志成为新中国的马克思主义历史学家。然而，从 1957 年开始，他屡遭政治风波，人生跌宕起伏，卒年仅 32 岁。他短暂而传奇的学术人生，此前仅是口耳相传或保存在一些纪念文字中，有不少模糊、失实之处；他从事学术研究的贡献和意义，更尚未得到认真讨论。冯斌涛专注于沈元的学术研究，通过与同时期的学术潮流和其他学者进行比较，说明沈元学术的风格与得失。文章还说不上十分成熟，但事隔 60 多年后由北大历史学系的同龄人重读沈元，这本身就有非凡的意义。希望此次尝试能够稍稍走近当代史学的发展史，为将来进行更严肃、深入的学术探究做一点准备。

介绍就到这里。敬请读者启卷、批评。

北大史学
Clio at Beida

第 25 辑
中国古代政治文化史专号

目 录

特 稿

专题研究

学术综述

学术史研究

说"王者"：汉儒对皇帝角色的期待与构建[*]

陈苏镇[**]

最近这些年，我在研究两汉魏晋的政治、制度和政治文化问题时，逐渐发现一个现象："王者"这个概念在汉代发生了一些有趣的变化，并且深刻影响了当时以及后来的政治生活。下面，就和大家聊聊这个话题。

一　"帝王+圣人"：儒家心目中的"王者"

中国古代的帝王，在秦朝以前有过不同称号。《史记》第一篇是《五帝本纪》。所谓"五帝"，指黄帝、帝颛顼、帝喾、帝尧、帝舜。照此说法，五帝时代的最高统治者的称号是"帝"。接下来是《夏本纪》《殷本纪》，其中的最高统治者仍然称"帝"，如大禹称"帝禹"，夏启称"帝启"，夏桀称"帝桀"，商朝也一样，天子都称"帝某某"。到了《周本纪》中，最高统治者才称"王"。

司马迁的这个说法并不准确。根据先秦史学者的研究，部落时代的首领可能多称"后"。这个字在甲骨文中写作"𣦵"，是女人产子的象形。可

*　本文是 2022 年 3 月 16 日笔者在华中农业大学"狮子山讲坛"所做线上讲座的讲稿。李霖老师对本文的修改提出了许多宝贵意见，特此致谢。

**　陈苏镇，北京大学中国古代史研究中心教授。

见，最初是母系时代的女性首领称"后"，后来父系时代的男性首领沿用了这个称号。夏朝建立后，最高统治者仍然称"后"。商代也不称"帝"，而是称"王"。除商王之外，不少方国首领也称"王"。到了西周，"王"才成了周天子的专有名号，诸侯不能称"王"。春秋以后，周王室力量衰微，"王"这个名号渐渐贬值。先是一些蛮夷之邦的君主称"王"，如吴、越、楚，后来大国诸侯也纷纷称"王"，如战国七雄。秦以后，天子有了新头衔"皇帝"，"王"便成了诸侯的称号。

不管古代帝王的称号在历史上怎么变，儒家学派对"王"这个称号始终情有独钟。儒家推崇夏、商、周三代，将它们称为"三王"，尤其推崇夏、商、周的创建者大禹、成汤、文王和武王（以及周公），将他们称为"王者"，进而又将更早的传说时代的三皇五帝也称为"王者"。这样一来，"王者"在儒家话语中就成了一个具有特定含义的概念。王者治理天下的方式被称为"王道"，其实就是儒家倡导的仁义礼乐那套体系，汉代的儒生们将其概括为"德教"。汉儒认为，天下的治乱是周期性的，一治一乱，每个周期都有数百年。当周期接近结束的时候，会出现天下大乱的局面。这时，上天会派一位"王者"来"拨乱世，反诸正"（《春秋公羊传·哀公十四年》）。"拨乱反正"不仅要消除战乱，还要用仁义礼乐对百姓进行道德教化，通过教化移风易俗，去恶扬善，创建和谐美好的太平盛世。儒家学派是在东周乱世中形成的，故其政治理想是结束东周乱世，返回西周盛世。

理想很美好，但实现它难度很大。这不是一般的帝王能做到的，必须由"王者"来领导。孔子已经意识到这一点。他说："如有王者，必世而后仁。"又说："善人为邦百年，亦可以胜残去杀矣。"（《论语·子路》）这里的"世"是时间概念，一世等于三十年。"仁"是"天下归仁"的太平盛世。东汉的班固解释过孔子这两句话："言圣王承衰拨乱而起，被民以德教，变而化之，必世然后仁道成焉；至于善人，不入于室，然犹百年胜残去杀矣。此为国者之程式也。"（《汉书·刑法志》）据王充说，东汉儒生普遍认为"圣人之德，能致太平"，"贤者之化，不能太平"（《论衡·宣汉》），和班固的说法一致。根据这样的认识，"拨乱反正"即使由"王者""圣王"领导，也需要三十年才能成功。如果是"善人""贤者"承担这项任务，则用一百年时间可以"胜残去杀"，但达不到"天下归仁"的"太平"境界。这里的"王者"不是一般的帝王，而是奉了上天之命来拯救世间百姓的"圣王"。在儒家心目中，"王者"有个共同特征，既是帝王，也是圣人，"王者"等同于帝王加圣人。这样的"王者"随着天下治乱的循环，每隔几百年才会出现一个。春秋以后，天下大乱，人们开始期待"王者"问世。孟子说，"五百年必有王者兴"，但"由周而来，七百有余岁矣"，为什么还是没有"王者"出现？因为"天未欲平治天下也"（《孟子·公孙丑下》）。如果上天想平治天下，就会派一个"王者"来。

　　和孟子一样，汉代的儒生们向往太平，也期待"王者"问世，却在现实中一再失望。贾谊说过一段话，代表了当时人们的想法。他对汉文帝说："臣闻之：自禹以下五百岁而汤起，自汤已下五百余年而武王起。故圣王之起，大以五百为纪。""王者"的出现以五百年为周期。可是，"自武王已下过五百岁矣，圣王不起，何怪矣"，周武王以来早已超过五百年，为什么王者还没出现？"及秦始皇帝似是而卒非也，终于无状"。秦始皇统一天下之初，大家以为他就是"王者"。但秦始皇严刑峻法，不行王道，很快就失败了，显然不是"王者"。"及今，天下集于陛下。臣观宽大知通，窃曰足以操乱业，握危势……天宜请陛下为之矣。"贾谊认为，汉文帝具备"王者"的素质和条件，应该是上天派来的"王者"。所以，贾谊一再要求文帝履行"王者"的责任，用王道治天下。"然又未也者，又将谁须也？"（贾谊《新书·数宁》）如果文帝也不是"王者"，那么又将是谁？我们还要等到什么时候？文帝和汉初其他皇帝一样，也"不好儒"，所以基本上没有采纳贾谊的建议。文帝很受汉儒推崇，但也不能算是"王者"。

　　西汉末年，王莽迎合人们对太平盛世的向往和对"王者"的期待，自比周公，主持了一场轰轰烈烈的托古改制运动。人们以为期待已久的"王者"终于出现了，于是疯狂地拥戴他、支持他，甚至默许他代汉称帝。但结果，改制失败，大家看到的不是王莽许诺的太平盛世，而是天下大乱。事实证明，这个"王者"也是假的。王莽的失败终于使儒生们明白了：期盼上天派一个圣人来做皇帝，并把国家带入太平盛世，是不可能的。东汉初年，儒生们普遍认为"汉无圣帝"（《论衡·须颂》），自刘邦以后的皇帝没有一个是圣人。刘秀就有这个自知之明，命令吏民上书"不得言圣"（《后汉书·光武帝纪》），他知道自己不是圣人。

二 "帝王+孔子"：现实世界的"王者"

儒家心目中的那些"王者"，在世的时候都是伟人，有重大贡献，得到人们的拥戴。死后，经过千百年的美化过程，逐渐被塑造成完人。古人云："圣人无过。"（《礼记·表记》郑玄注）圣人都是完人，不会说错话、做错事。所以对圣人的话，相信就好，不能怀疑。如果你的想法和圣人不同，那一定是你错了。古人又说："金无足赤，人无完人。"活着的人不会有完人。所以圣人都是古人，不可能见到活的。汉朝人期待活的"王者"出现，注定会失望。"王者"不可能再现，而"德教"又必须由"王者"来领导。怎么办？有办法。因为上天已经早早地为汉朝安排了一位圣人：孔子。

《春秋公羊传》和《史记·孔子世家》记载，哀公十四年春，"西狩获麟"。有人在鲁国郊外猎得一头独角兽。孔子看了，说这是麟。麟是一种瑞兽，"有王者则至，无王者则不至"。这头麟出现了，但又死了。于是，孔子哭了，"反袂拭面涕沾袍"，说了句"吾道穷矣"。根据当时流行的说法，"王者"问世的时候，除麒麟、凤凰一类瑞兽会出现之外，上天还应该赐给他《河图》或《洛书》。可当时并没有出现《河图》和《洛书》。所以孔子又说："河不出图，洛不出书，吾已矣夫！"在古汉语中，"已"是停止的意思。对于孔子所说的"吾已矣夫"，后人解释说是孔子没能获得天命，有德无位，不能推行其道的意思。公羊学者何休则说"得麟而死"，是"天告夫子将没之征"（《春秋公羊传·哀公十四年》何休注）。意指孔子还没获得天命就会死去。孔子由此意识到，他生前没有机会亲自承担拨乱反正的伟大使命了，于是伤感落泪。

　　孔子是圣人，但不是受命帝王。所以，他不是上天派来“拨乱反正”的“王者”。那么，上天派他来干什么？汉儒解释说：他是来为“新王”制定“拨乱反正”之法的。所谓“新王”，就是将在周朝之后建立的那个新王朝。据说，“西狩获麟”之后，孔子意识到上天交给自己的这一使命，于是依托鲁国史书《春秋》作了一部经典，这就是《春秋经》。据《春秋》公羊家说，孔子先截取了鲁国史书中的一段，即从鲁隐公元年到鲁哀公十四年一共242年的历史，然后通过“笔削”，对其间的历史人物进行褒贬，以此阐发儒家的纲常伦理。除此之外，他还为“新王”提供了一套“拨乱反正”的治国方略，大意是说新王朝建立后，要由内及外、自上而下地推行“德教”。这个过程至少需要三十年，其间又要分三步走。第一步，“内京师而外诸夏”，对王畿地区进行教化，诸夏先放一放。等王畿教化好了，再进入第二步，“内诸夏而外夷狄”，对诸夏地区进行教化，周边夷狄还要放一放。等诸夏教化好了，便可进入第三步，“不外夷狄”，对周边夷狄进行教化。这一步完成之后，天下大同，太平盛世就算建成了。这时应该“制礼作乐”，将教化的成果用制度形式固定下来，天下便可长治久安了。

　　这套说辞，特别是孔子“为汉制法”说，在谶纬中又得到进一步强化。谶纬是西汉末年形成的一种神学文献。作者是谁？不清楚，可能是当时的一些儒生和方士。刘秀建立东汉以后，派人对谶纬进行校勘整理，形成定本，并颁布天下。这个定本一共有81篇，内容包括三个部分。第一部分包括《河图》9篇、《洛书》6篇，共15篇，这些都是上天赐给“黄帝至周文王”历代“王者”的天书本文。第二部分是“九圣”对《河图》《洛书》进行“增演”的产物，共30篇。这里的“九圣”，应该指黄帝至文王八位“王者”，外加孔子。第三部分是《七经纬》36篇，都由孔子所作。这里，有个现象值得注意。“九圣”之中，前八位都得到了《河图》或《洛书》，因而受天命成了帝王。同时，他们又对《河图》《洛书》进行了“增演”，用来指导对天下的治理。但是，“九圣”之末即孔子不是帝王，也没有得到《河图》《洛书》，不过他不仅也对《河图》《洛书》进行了“增演”，还另外作了《七经纬》36篇。算起来，81

篇谶纬中有一半左右是孔子作的。那么，孔子作这些谶纬是为谁服务的？答案很清楚，为"新王"，而这个"新王"就是汉朝。《春秋公羊传》说，孔子"制《春秋》之义，以俟后圣"（哀公十四年）。何休解释说，"以俟后圣"就是"待圣汉之王以为法"，等汉朝建立后，用《春秋》之义去"拨乱反正"。谶纬说得更直白，如《演孔图》云："孔子仰推天命，俯察时变，却观未来，豫解无穷，知汉当继大乱之后，故作拨乱之法以授之。"（《春秋公羊传·哀公十四年》何休注引）预先为汉朝制定"拨乱之法"，这就是上天交给孔子这位圣人的任务。

既然这样，汉朝就不再需要一个"王者"了。汉朝皇帝只要尊奉孔子，尊崇儒术，用儒家学说治理天下，就可以满足"帝王＋圣人＝王者"这个公式。孔子"为汉制法"，那汉朝以后的其他王朝怎么办？是不是还得由上天再派圣人来？不需要。因为"为汉制法"也可以解释为为汉朝以后的所有王朝制法，从而将其扩展为"为万世制法"。在这一模式中，"帝王"可以不断更换，但"圣人"被孔子永远独占了。于是，"帝王＋圣人＝王者"变成了"帝王＋孔子＝王者"。自从汉武帝尊儒以后，这个新的"王者"模式就逐步建立起来了。特别是东汉以后，儒生和士大夫们不再期待皇帝中出现"王者"，只要皇帝尊孔尊儒就行了。

三 "士大夫＋孔子"："王者"的替身

儒家所谓"教化"，是身教重于言教的。想让百姓接受儒家的仁义礼乐，光说教不行，必须由教化者身体力行，为百姓做出榜样。儒家讲"义利之辨"，利就是利益。义是什么？"义者宜也……明是非，立可否，谓之义。"（《汉书·公孙弘传》）以儒家的是非为准绳，该做的一定要做，不该做的一定不做，这就是义。儒家希望百姓追求"义"，而不要追求"利"。这很难，因为逐利是人的本性。但儒家坚信，人性中还有向善的一面，只要帝王、百官能够求义不求利，为百姓做出好的榜样，百姓一定会效法。孔子说："君子之德风，小人之德草，草上之风，必偃。"（《论语·颜渊》）孟子说："君仁莫不仁，君义莫不义，君正莫不正，一正君而国定矣。"（《孟子·离娄上》）董仲舒说："王者有明著之德行于世，则四方莫不响应，风化善于彼矣。"（《春秋繁露·郊祭》）说的都是这个道理。东汉成书的《白虎通义》说："教者何谓也？教者效也，上为之，下效之。"（《白虎通义·三教》）以"效"训"教"，是准确的定义。

　　但是，汉朝皇帝没有一个是"王者"，武帝以后的皇帝虽然都尊孔尊儒，但在推行教化方面做得都不好。从武帝到宣帝，朝廷政策是"霸王道杂之"（《汉书·元帝纪》），而且"霸道"——法治主义仍然是主流，对国家的治理仍然以法律为主要工具，"王道"也就是儒术主要被用来"缘饰"法律。特别是武帝建立的盐铁、酒榷、平准、均输等经济制度，将利润最高的盐、铁、酒等商品以及一部分物流业收归国营，赚了钱用来支持对匈奴的战争。儒生们对此坚决反对，认为这是"与民争利"（《盐铁论·本议》）。国家带头争利，百姓当然"皆趋利而不趋义"（《春秋繁露·身之养重于义》）。这不利于对百姓的教化。元帝以后，在儒生们的大力推动下，朝廷政策发生了转变，开始"纯任德教，用周政"（《汉书·元帝纪》）。但元帝、成帝、哀帝软弱无能。他们一面支持儒生和士大夫托古改制，一面又受制于宦官或外戚。宦官、外戚代表朝中保守势力，不断阻挠改制，致使其进程困难重重。王莽当政后，模仿周公制礼作乐，以《周礼》《左传》等儒家经典为依据，将托古改制推向高潮。但王莽的改革措施，有的过于激进，有的虚张声势，最终归于失败。东汉建立后，豪族势力猖獗，"田宅逾制，以强凌弱，以众暴寡"（《汉书·百官公卿表》颜师古注引《汉官典职仪》）。朝廷"以严猛为政"（《后汉书·第五伦传》），用严刑峻法打击豪族，对三公九卿等官员也严加督责。各级官吏迫于压力，"争为严切"（《后汉书·钟离意传》），宁枉勿纵，形成"吏治苛刻"的风气。和帝以降，连续出现幼主昏君，情况就更糟了。外戚、宦官轮流当政，贪污腐败，政治黑暗。在这样的情形下，士大夫们渐渐明白了，皇帝虽然尊孔尊儒，还是不能很好地履行"王者"的责任。要实现儒家的理想，深入推行教化，只能靠他们自己。东汉的士大夫阶层逐渐产生"群体自觉"，这也是一种表现。

东汉有个大名士叫李膺，人们说他"以天下名教是非为己任"（《世说新语·德行》）。其实，当时的许多士大夫都这样。他们推行教化，比西汉士大夫认真得多、虔诚得多，特别是在自我约束方面表现突出。《后汉书》记载了不少这方面的例子。如刘恺，父亲是列侯，死后应由刘恺袭爵，但他坚持把爵位让给弟弟。朝廷不同意，他就"遁逃避封"，最后皇帝"美其义"，答应了，他才返回家乡。（《后汉书·刘恺传》）又如淳于恭，"家有山田橡树，人有盗取之者"，他不制止，反"助为收拾"，并帮着运回家。那人得知后深感惭愧，要归还所盗之物，"恭不受"。还有一次，"人有刈恭禾者，恭见之"，怕对方尴尬，急忙躲进草丛，等那人离开，才站起来回家。（《后汉书·淳于恭传》）陈嚣和纪伯是邻居，纪伯半夜移动两家之间的篱笆，扩大自己的院子。陈嚣发现了，又悄悄把篱笆向里移了一丈，再让给纪伯一块地。（《太平御览》卷四二四引谢承《后汉书》）东汉人的这些举动，主要目的不是帮助别人，而是表现自己对"利"的淡漠和对"争"的蔑视。在利益面前，应该让，而不能争，即便是自己的东西，也不能争。对"孝"的重视也很突出。东汉有个薛包，十分孝顺，母亲死后，父亲再娶，后妈"憎包"，让他搬出去单过。薛包不愿意离开，"日夜号泣"。父母用棍子打他，"不得已，庐于舍外"，在父母家门外盖了间小屋住下，每天一早还要"入而洒扫"。过了一年多，"父母惭而还之"。后来父母先后死了，薛包为他们服了六年丧。（《后汉书·薛包传》）太守武陵威"生不识母，常自悲感"。一次在路上看见一位孤独老母，年龄、姓氏都和母亲相同，便把她带回家，"供养以为母"。（《风俗通义·愆礼》）东汉还有个"丁兰刻木为亲"的故事，说丁兰很小就失去了父母，十分思念，"乃刻木为人，仿佛亲形，事之若生"。（《初学记》引《逸人传》）

在东汉，这种现象不是个别的，而是形成了风气。所以唐代历史学家李延寿说："汉世士务修身，故忠孝成俗。"（《南史·孝义传论》）指的是东汉。宋朝的司马光也说："自三代既亡，风化之美，未有若东汉之盛者也。"（《资治通鉴》卷六八）从春秋到宋朝，风俗最美好的时代是东汉。钱穆先生在《国史大纲》中还对东汉的士风进行了概括总结。他说，

"东汉士大夫风习，为后世所推美"，常见的表现有久丧、让爵、推财、避聘、报仇、借交报仇、报恩、清节等八项，其他"高节异行"还有很多，"不胜举"。东汉末年的仲长统也提到过当时的"清劭""好节"之士："在位之人，有乘柴马弊车者矣，有食菽藿者矣，有亲饮食之蒸烹者矣，有过客不敢沽酒市脯者矣，有妻子不到官舍者矣，有还奉禄者矣，有辞爵赏者矣，莫不称述以为清劭。"这些出仕为官者，本来可以活得很体面，却非要像普通百姓一样维持简朴的生活。"好节之士，有遇君子而不食其食者矣，有妻子冻馁而不纳善人之施者矣，有茅茨蒿屏而上漏下湿者矣，有穷居僻处求而不可得见者矣，莫不叹美以为高洁。"（《群书治要》录《昌言》）这些士人，本可以出仕为官，却隐居不出，还拒绝别人的帮助，坚持过清贫的日子。

东汉中后期，外戚、宦官当政。士大夫集团进行了激烈抗争，结果遭到残酷打击。党锢之祸导致一百多位名士被杀，他们的子弟、学生也都被禁锢，不得做官。黄巾起义爆发后，东汉王朝受到沉重打击，元气大伤。士大夫们趁机发动政变，将宫中宦官一网打尽，外戚势力也同归于尽。从此，士大夫集团成了政治舞台上独大的势力。在他们的影响下，东汉灭亡，曹魏、西晋先后建立，士大夫政治格局基本上形成了。在这种格局下，皇帝依然高高在上，顶着神圣的光环，但实际上只是"王者"的象征，相对的则是士大夫们对政治有了更大的影响力。他们尊孔子为先师，按儒家的"德教"主张，设计各种制度，运转国家机器，实际上充当了"王者"的替身。这种格局影响深远，不仅支配了其后的整个帝制时代，在近现代政治中也隐约可见。

以上所说，只是一些不成熟的想法，请批评指正。

专题研究

公孙弘"请为博士置弟子员"辨疑

顾江龙[*]

摘 要 据《汉书·武帝纪》，元朔五年（前124年）丞相公孙弘"请为博士置弟子员"，这被视为中国古代太学诞生的标志。《史记》的《儒林列传》和《汉书》的《儒林传》在序言中皆详载此事，较完整地收录了武帝的诏书、臣下集议后的奏请和武帝的最终批复（"制曰'可'"）。过往的研究认为这三者构成一份格式完整的诏书。然而细绎相关文字，所谓"丞相、御史言云云"乃是公孙弘引用前诏之语，他个人的建言仅限于"臣谨案诏书律令下者"以下一段文字。相关事件的经过应理解为：首先，武帝下诏要求设立博士弟子，于是丞相、御史大夫与太常官员合议，提出方案奏请批准；该方案施行若干年之后，身为博士的公孙弘再度上奏，请求完善相关制度以拓宽博士弟子的仕途。因此，汉代太学的创建与公孙弘无关，《汉书·武帝纪》的记载有误。以《汉书·百官公卿表》和《汉书·儿宽传》考之，初置博士弟子的年代大约在元光（前134~前129年）初，不晚于元光三年，主持合议的丞相另有其人，太常则是王臧。

关键词 博士弟子 公孙弘 汉武帝诏书

---

* 顾江龙，首都师范大学历史学院副教授。

汉武帝"罢黜百家，表章六经"之后，儒学逐渐获得"独尊"的地位。在这个过程中，汉廷在选举制度方面实施的两项举措，极大激发了民间学习儒学的热情，对于儒术独尊地位的达成起到至关重要的作用。举措之一是元光元年（前134年）十一月，"初令郡国举孝廉各一人"。劳榦先生说："元光元年这一年，无疑的，是中国学术史和政治史上最可纪念的一年……开中国选举制度数千年坚固的基础。"① 举措之二则是"为博士置弟子员"。建元五年（前136年）武帝初置五经博士之时，博士并无弟子可以教授，至此，置博士弟子五十人，并规定其考课和出仕的方法，正式宣告了太学的诞生。《汉书·儒林传》赞曰："自武帝立五经博士，开弟子员，设科射策，劝以官禄，讫于元始，百有余年，传业者浸盛，支叶蕃滋，一经说至百余万言，大师众至千余人，盖禄利之路然也。"② 置博士弟子和岁贡孝廉，都是通过"劝以官禄"而推动儒学繁盛的最耀眼措施。

关于第二项措施，《汉书·武帝纪》元朔五年（前124年）载：

> 夏六月，诏曰："盖闻导民以礼，风之以乐，今礼坏乐崩，朕甚闵焉。故详延天下方闻之士，咸荐诸朝。其令礼官劝学，讲议洽闻，举遗兴礼，以为天下先。太常其议予博士弟子，崇乡党之化，以厉贤材焉。"丞相弘请为博士置弟子员，学者益广。③

班固的记载清晰确凿，所以在各类古籍和近人、今人的论著中，置博士弟子的年代都被记录和表述为元朔五年，其倡议、推动之功则被归于公孙弘。此外，董仲舒的"天人三策"历来备受关注，而确定董仲舒的对策年代又不能不牵涉公孙弘，因此关于公孙弘对策年代和早期仕宦经历的研究也随之成为学界关注的课题。这类研究同样不加辨析地接受了上述观

① 劳榦：《汉代察举制度考》，《劳榦学术论文集·甲编》上册，台北：艺文印书馆，1976，第633页。
② 班固：《汉书》卷八八《儒林传》，中华书局，1962，第3620～3621页。
③ 《汉书》卷六《武帝纪》元朔五年，第171～172页。

点，只有极个别的声音对此表示质疑。就笔者目力所及，仅刘国民《董仲舒对策之年辨兼考公孙弘对策之年》一文不拘于主流观点，推断公孙弘"请为博士置弟子员"一事发生于元朔二、三年间①，但文章论证极简，说服力不足。

本文试图通过分析公孙弘奏疏的结构，结合博士弟子兒宽的仕途等具体考证，否定元朔五年说，并推定：武帝下达劝学诏和有司提出置博士弟子的方案发生在元光前期，与公孙弘无关；公孙弘的真正贡献，是在元光五年就此方案的若干缺陷上书建言，补充、完善了若干相关制度。

一 公孙弘奏疏的结构分析

所谓"丞相弘请为博士置弟子员"的奏疏，见于《史记》的《儒林列传》和《汉书·儒林传》的序言，两书的记载仅有细微的差异。由于本文的讨论与《汉书》的记载更为紧密，今录《汉书》相关部分如下（序号为笔者所加）：

①及窦太后崩，武安君田蚡为丞相，黜黄老、刑名百家之言，延文学儒者以百数，而公孙弘以治《春秋》为丞相封侯，天下学士靡然乡风矣。

②弘为学官，悼道之郁滞，乃请曰：

③丞相、御史言：

④制曰：盖闻导民以礼，风之以乐。婚姻者，居室之大伦也。今礼废乐崩，朕甚愍焉，故详延天下方闻之士，咸登诸朝。其令礼官劝学，讲议洽闻，举遗兴礼，以为天下先。太常议予博士弟子，崇乡里之化，以厉贤材焉。

⑤谨与太常臧、博士平等议，曰：闻三代之道，乡里有教，夏曰

---

① 刘国民：《董仲舒对策之年辨兼考公孙弘对策之年》，《古籍整理研究学刊》2004 年第 3 期。

校，殷曰庠，周曰序。其劝善也，显之朝廷；其惩恶也，加之刑罚。故教化之行也，建首善自京师始，繇内及外。今陛下昭至德，开大明，配天地，本人伦，劝学兴礼，崇化厉贤，以风四方，太平之原也。古者政教未洽，不备其礼，请因旧官而兴焉。为博士官置弟子五十人，复其身。太常择民年十八以上仪状端正者，补博士弟子。郡国县官有好文学，敬长上，肃政教，顺乡里，出入不悖，所闻，令相长丞上属所二千石。二千石谨察可者，常与计偕，诣太常，得受业如弟子。一岁皆辄课，能通一艺以上，补文学掌故缺；其高第可以为郎中，太常籍奏。即有秀才异等，辄以名闻。其不事学若下材，及不能通一艺，辄罢之，而请诸能称者。

⑥臣谨案诏书律令下者，明天人分际，通古今之谊，文章尔雅，训辞深厚，恩施甚美。小吏浅闻，弗能究宣，亡以明布谕下。以治礼掌故以文学礼义为官，迁留滞。请选择其秩比二百石以上及吏百石通一艺以上补左右内史、大行卒史，比百石以下补郡太守卒史，皆各二人，边郡一人。先用诵多者，不足，择掌故以补中二千石属，文学掌故补郡属，备员。请著《功令》。它如律令。

⑦制曰："可。"

⑧自此以来，公卿大夫士吏彬彬多文学之士矣。①

①和⑧是史家概括、评价之语，可不讨论。⑦是制可之辞。在中华书局点校本中，②～⑥合为一段，其中③～⑥部分加双引号，④部分"制曰"之后的文字加单引号。据此标点方式解读，引文中的"丞相"就是公孙弘本人，"太常臧"据《汉书·百官公卿表》指向孔臧（元朔二年至五年担任太常，详见本文第二节），"御史大夫"以同样方式按图索骥可知是番系（元朔五年四月接替公孙弘担任御史大夫）。在接到"议予博士弟子"的诏书之后，公孙弘与番系、孔臧等合议，制定出置博士弟子和相应考课、授官的具体规定；同时，考虑到考课合格的博士弟子大多拟授

---

① 《汉书》卷八八《儒林传》，第3593~3596页。标点有改动。

文学掌故，而掌故的迁转之途却不太通畅，因此他们又提供了一些新路径供掌故们（以及小吏通经者）迁转；最后提议，将以上的各项细则著于《功令》。换言之，从为博士弟子置员到拓宽掌故仕途的所有方案，同为本次合议和奏请的内容。

以上的解读与前引《汉书·武帝纪》的记载契合无间。《武帝纪》首先节录武帝的诏书，然后用"丞相弘请为博士置弟子员"十余字，概括了公孙弘奏请的所有具体内容。于是在《资治通鉴》中，可以看到司马光即结合《武帝纪》与《儒林传》，概括其事云：

> 夏六月，诏曰："……其令礼官劝学兴礼以为天下先。"于是丞相弘等奏："请为博士官置弟子五十人，复其身；第其高下，以补郎中文学掌故；即有秀才异等，辄以名闻；其不事学若下材，辄罢之。又，吏通一艺以上者，请皆选择以补右职。"上从之。自此公卿、大夫、士、吏彬彬多文学之士矣。①

当代的研究者同样如此理解。《儒林传》所载的公孙弘此奏和其后"制曰'可'"的皇帝批复，构成了一份形式复杂而格式相对完整的诏书，深受文书研究者的重视。大庭脩将汉代制诏归纳为三种形式。第一种，皇帝根据自己的意志单方面下达命令。第二种，官僚建言献策，其建议被认可后作为皇帝的命令公布。第三种，皇帝表明政策大纲或意志指向，将具体立法委托给部分官僚；官僚讨论形成方案之后覆奏，获得皇帝批准；皇帝的诏书、官僚的覆奏和皇帝的批复，合并为一个命令下达。②《儒林传》所见的这份诏书，被大庭脩作为第三种诏书形式的一个重要例证。据他的分析，③~⑥部分是公孙弘的奏请，其中④是引用武帝表明意志指向的诏书，⑤~⑥（大庭脩合为一节）是丞相等提出方案，奏请批

---

① 司马光：《资治通鉴》卷一九《汉纪十一·武帝纪》元朔五年，中华书局，1959，第 617~618 页。
② 〔日〕大庭脩：《秦汉法制史研究》，徐世虹译，中西书局，2017，第 139~162 页。

准，⑦是皇帝批复之语。在其他领域的研究中，比如平井正士与西川利文论述汉代博士弟子制度时，对此奏也做了逐句的剖析，他们的理解亦大体相同。①

但是，《汉书·武帝纪》的记载一定准确无误么？在关于董仲舒、公孙弘对策年代的记载中，《史记》《汉书》的抵牾，《史记》《汉书》各自的纪、传、书、志之间的记载矛盾，早就令古人头痛不已。例如，《资治通鉴》就否定《汉书·武帝纪》董仲舒元光元年对策的记载，提出建元元年对策说；又否定《史记·封禅书》和《汉书·武帝纪》公孙弘元光元年对策的记载，而采用《史记·平津侯列传》和《汉书·公孙弘传》的说法，肯定了元光五年对策说。② 总体来说，在两人的对策年代上，《汉书》大多本于《史记》，似乎别无资料可据，但对于《史记》的说法，班固还是做了局部修改，以求自洽——尽管未能做到这一点。③ 由此看来，班固在《武帝纪》中将"为博士置弟子员"一事系于元朔五年，也并非不可置辩。④

公孙弘的奏文如按旧有的理解来解读，颇有令人疑惑之处。第一，如果奏文中的"丞相"就是公孙弘本人，②③部分"公孙弘……乃请曰：丞相、御史言……"的剪裁和表述方式，显得非常奇怪。一般而言，这

---

① 平井正士「公孫弘上奏の功令について」『杏林大学医学部進学課程研究報告』第1卷、1974；西川利文「漢代博士弟子制度について：公孫弘の上奏文解釈を中心として」『鷹陵史学』第16号、1990。

② 《资治通鉴》卷一七《汉纪九·武帝纪》建元元年，第549~556页；同书卷一八《汉纪十·武帝纪》元光五年，第594~595页。

③ 较近的研究，参见刘国民《董仲舒对策之年辨兼考公孙弘对策之年》，《古籍整理研究学刊》2004年第3期；李迎春《公孙弘第二次贤良对策时间考》，《湖南科技学院学报》2009年第3期。班固改动的例子，如《史记·封禅书》云"窦太后崩。其明年，征文学之士公孙弘等"，据此公孙弘对策在元光元年，而《汉书·郊祀志》恰把"公孙弘等"四字删去，以避免与其本传相冲突。

④ 例如，《汉书》卷六《武帝纪》元光元年五月于武帝征贤良诏之下云，"于是董仲舒、公孙弘等出焉"，这句话自荀悦《汉纪》以来就多被质疑或忽略。公孙弘对策，荀悦系于元光五年。（《两汉纪》上册，张烈点校，中华书局，2002，第187~189页）显然，荀悦并不认为班固此处的表述有充分的根据。从表述方式上看，班固在《武帝纪》劝学诏后所增添的"丞相弘请为博士置弟子员，学者益广"一句，与此例如出一辙。

里应当省去"丞相、御史言"五字，直接引用诏书作为奏请的开篇。"丞相、御史言"的格式省略了臣名和敬语，似乎反映了原始文书经过某种程度的编次之后，向令转化的形式。① 而根据《史记·儒林列传》的"太史公曰"，司马迁所记置博士弟子一事的资料来源恰恰是《功令》（详见本文第三节）。

第二，⑥的开头"臣谨案诏书律令下者"，其中"诏书"指武帝的制诏（④部分），"律令"又指什么？⑥的结尾"请著《功令》。它如律令"，这里的《功令》、"律令"和上文所见的"律令"又是什么关系？凡此种种，前人皆未深究。

笔者以为，奏疏的结构和层次应当重新剖析。关键点在于：第一，奏文中的"丞相"并非公孙弘；第二，自"丞相、御史言"至"而请诸能称者"（③④⑤），是公孙弘引用原先丞相、御史的奏文，"臣谨案诏书律令下者"至"请著《功令》。它如律令"（⑥），方才是公孙弘自己的建议。

因此，整个事件可条列如下。首先，武帝下诏，令"太常议予博士弟子，崇乡里之化，以厉贤材"。然后，丞相、御史与太常、博士共议，提出方案：为博士官置弟子五十人，博士弟子考课合格者可授以文学掌故，高第者为郎中。接着，大家发现上述方案在施行一段时期后出现问题。文学掌故不仅秩级卑下，而且出路狭窄，导致经由博士弟子而正式出仕的途径不受时人重视，"崇乡里之化，以厉贤材"的目的难以达成。有鉴于此，公孙弘提出若干拓宽文学掌故仕途的意见，并请著于《功令》。

---

① 《二年律令·津关令》第一条是关于"越塞阑关"的规定，以"御史言"起首，参见彭浩、陈伟、工藤元男主编《二年律令与奏谳书——张家山二四七号汉墓出土法律文献释读》，上海古籍出版社，2007，第 305 页。又，松柏汉简"令丙第九"是汉文帝命汉中郡三县向朝廷贡献枇杷的规定，以"丞相言"起首，参见朱江松《罕见的松柏汉代木牍》，荆州博物馆编著《荆州重要考古发现》，文物出版社，2009，第 210 页。当第二品诏书转化为法令时，省略敬辞和上书者名字是文书格式的重要变化之一，参见李兰芳、刘蕴泽《从松柏汉简"令丙第九"看汉代的鲜果贡献制度——兼论二品诏书转化为法令的格式变化》，《农业考古》2020 年第 6 期。所谓"二品诏书"是沿用马怡的研究成果，参见马怡《汉代诏书之三品》，北京大学中国古代史研究中心编《田余庆先生九十华诞颂寿论文集》，中华书局，2014，第 65~83 页。

最后，公孙弘的建议得到批准。

关于文学掌故出路狭窄问题和公孙弘的改善方案，有必要做更具体的说明。"以治礼掌故以文学礼义为官，迁留滞"至"备员"一段是公孙弘的新提议。"以治礼掌故"五字，《史记》作"治礼次治掌故"，《集解》引徐广曰："一云'次治礼学掌故'。"看起来，至晚从东晋起，《史记》《汉书》的相关文字已有讹脱倒错问题，使得此段内容文义晦涩，难以解读。①阎步克判断，徐广所见别本中，"文"字脱漏，"次"字误抄在"治"字之前，故而《史记》原文当作"以治礼次、文学掌故"，即掌故分两等，治礼次掌故比二百石，文学掌故比百石。经此一释，公孙弘新提议的意旨乃豁然可通。今引录阎步克的解说如下：

> 以治礼次、治文学掌故以文学礼义为官，迁留滞，
>
> 请选择其比二百石以上（礼次掌故）及吏百石通一艺者，补左右内史、大行二百石卒史；
>
> 比百石以下（文学掌故），补郡太守百石卒史；
>
> （若官缺）不足，择（比二百石礼次）掌故以补中二千石（之二百石或比二百石）属，
>
> （比百石以下）文学掌故补百石郡属。②

不过，阎先生仍遵从历来的理解，将⑤⑥部分看成同一次奏请的内容，所以仔细追究的话，⑥的某些语句仍有不够明确之处。

首先，公孙弘在赞美诏书律令之后，又说"小吏浅闻，弗能究宣，亡以明布谕下"，而根据他的提议，不仅以儒生为主的两等掌故的仕途得以拓宽，通一艺的百石吏也获得了额外的晋升机会，这两者之间有何联系？笔者以为，诏书的"劝学"目的之所以没有达成，掌故们仕途壅滞

---

① 李慈铭云："此段文字，晦塞难详。'以治礼掌故以文学礼义为官迁留滞'十五字，尤不可解。"参见李慈铭《越缦堂读书记》，中华书局，2006，第 163 页。

② 阎步克：《从爵本位到官本位——秦汉官僚品位结构研究》，三联书店，2017，第 412~418 页。

只是原因之一，小吏们"浅闻"同样是重要原因。一方面，小吏们囿于学识，不能究明旨意、奉宣诏书。另一方面，汉武帝初期内外官吏大体上仍以文法吏为主，其出身和居官之途，与博士弟子和掌故们本是分道扬镳的，对于这些"文学"之士的存在及其利益，主流的文法吏们大约只是冷眼旁观，并无奉宣诏书的热情。公孙弘提议将六艺的学习和小吏的切身利益做一定程度的绑定，百石之吏只需熟习一艺，即有机会和比二百石的掌故一样，升迁为左右内史和大行的卒史。① 面对晋升的新途径，部分嗅觉灵敏的小吏当然不会继续"浅闻"无视。所以，解决官吏不能奉宣劝学诏书的问题，也是公孙弘新提议的目的之一。

其次，纵使我们承认公孙弘等有超常的先见之明，能够在一次集议中将方方面面综合考虑到，⑥的开头和末尾的"律令"问题依然无法解释。如果公孙弘奉诏商议方案，在其覆奏文中应当用"谨案诏书"之类的表述，而不是用"谨案诏书律令下者"将诏书、律令连称。根据学界所公认的大庭脩的意见，汉代制诏的第一种形式是皇帝根据自己的意志单方面下达命令，诏文末尾一般有"著令""著于令"的用语；第三种形式是皇帝下诏表明意志指向，官僚形成方案后覆奏，获得制可，在皇帝诏文的末尾一般有"具为令""议为令"等用语。公孙弘此篇奏文如果是对武帝诏旨的覆奏，为何还有"请著《功令》"之语？

因此，此篇奏文实际上是诏书的第二种形式，即官僚建言献策，其建议获得许可后作为皇帝的命令公布。汉安帝时尚书陈忠上书曰：

> 臣窃见元年以来，盗贼连发……宜纠增旧科，以防来事。自今强盗为上官若它郡县所纠觉，一发，部吏皆正法，尉贬秩一等，令长三月奉赎罪；二发，尉免官，令长贬秩一等；三发以上，令长免官。便可撰立科条，处为诏文，切敕刺史，严加纠罚。②

---

① "比百石以下，补郡太守百石卒史"，这里的"比百石以下"恐怕不限于文学掌故，而是包括比百石甚至斗食以下的小吏。
② 范晔：《后汉书》卷四六《陈忠传》，中华书局，1965，第 1558~1559 页。

"便可撰立科条，处为诏文"，与公孙弘奏疏中"请著《功令》"一语的性质相同，都是官僚提议创立或修改制度时的习语。

因此，③④⑤部分是公孙弘引用旧有的诏书或法令。旧诏或旧令包括武帝的劝学诏、丞相等合议后的奏请和武帝的批复，属于诏书的第三种形式，公孙弘引用时省略了武帝的批复（"制曰'可'"）而已。⑥部分是公孙弘的建言。③~⑥加上⑦的制可之辞而构成的新诏书，则属于第二种形式。

二　兒宽仕途和"太常臧"考证

《史记》《汉书》并云，"弘为学官，悼道之郁滞"，遂上此奏。"学官"两字从字面理解，当指博士。公孙弘两度应征贤良文学，第二次应征对策第一，拜为博士，"一岁中，至左内史"。① 他第二次对策的年代主要有元光元年、元光五年两说，争议未决；② 但对于《汉书·百官公卿表》元光五年"博士公孙弘为左内史"的记载（详见后列表1），各家皆无异议。因此，公孙弘任职博士的下限就是元光五年；"弘为学官"而上此奏，与《汉书·武帝纪》元朔五年公孙弘身为丞相而请置博士弟子的说法，不仅在职位上，而且在时间上也产生了矛盾。对此矛盾，历来的研究基本避而不谈。平井正士有个解释：公孙弘于元光五年拜博士（学官），后来逐步升任丞相，遂根据学官任上的体验，以丞相的立场上奏建言。③ 平井氏之论可备一说，但难以令人满意。

其实，公孙弘上奏的时间有可能就在元光五年，因为元光年间已经设立博士弟子了。《汉书》卷五八《兒宽传》载：

---

① 《汉书》卷五八《公孙弘传》，第 2618 页。《史记》卷一一二《平津侯列传》"一岁"作"二岁"，《集解》引徐广曰："一云'一岁'。"（中华书局，1982，第 2950 页）
② 参见刘国民《董仲舒对策之年辨兼考公孙弘对策之年》，《古籍整理研究学刊》2004 年第 3 期；李迎春《公孙弘第二次贤良对策时间考》，《湖南科技学院学报》2009 年第 3 期。
③ 平井正士「公孫弘上奏の功令について」『杏林大学医学部進学課程研究報告』第 1 巻、77 頁。

兒宽，千乘人也。治《尚书》，事欧阳生。以郡国选诣博士，受业孔安国。……以射策为掌故，功次补廷尉文学卒史。……时张汤为廷尉，廷尉府尽用文史法律之吏，而宽以儒生在其间，见谓不习事，不署曹，除为从史，之北地视畜数年。还至府，上畜簿，会廷尉时有疑奏，已再见却矣，掾史莫知所为。宽为言其意，掾史因使宽为奏。奏成，读之皆服，以白廷尉汤。汤大惊，召宽与语，乃奇其材，以为掾。上宽所作奏，即时得可。①

张汤元朔三年为廷尉，"五年迁"，即于元狩三年（前 120 年）迁为御史大夫（详见后列表 1）。王国维《太史公行年考》曾考证孔安国担任博士的年代，云："宽为廷尉史，至北地视畜数年，始为汤所知。则其自博士弟子为廷尉卒史，当在汤初任廷尉时也。以此推之，则安国为博士，当在元光、元朔间。"② 王氏的考证犹有未尽之处。兒宽先为掌故，后以"功次"补廷尉文学卒史。功次是综合"功"与"劳"两个方面来决定的官吏考核结果，汉代官吏的晋升大多凭借后者即"累日积劳"，掌故既"以文学礼义为官"，就更加如此。③ 据前引阎步克的意见，比二百石的治礼次掌故可补中二千石卒史，④ 所以兒宽在迁补廷尉文学卒史之前当是治礼次掌故，而非比百石的文学掌故。这样，兒宽作为博士弟子课试合格后，经过文学掌故和治礼次掌故两段仕途后，迁补廷尉史。这两次因功次而晋升的过程，即以最乐观的估计，也应达四五年之久。再者，因博士弟子"一岁皆辄课"，故兒宽在射策之前至少随孔安国学习一年以上。通而

① 《汉书》卷五八《兒宽传》，第 2628～2629 页。
② 王国维：《太史公行年考》，《观堂集林》卷一一，中华书局，1959，第 488 页。
③ 参见〔日〕大庭脩《秦汉法制史研究》第四篇第六章，第 386～399 页。大庭脩罗列兒宽、冯奉世、冯野王、冯谭和平当等五例，特别指出五例中"功次补"的写法是一致的，可见这是当时的专门用语。
④ 阎步克认为，文学掌故在比秩，文学卒史在正秩，"兒宽的经历恰好合乎掌故补卒史制度"（阎步克：《从爵本位到官本位——秦汉官僚品位结构研究》，第 417 页）。虽然公孙弘的提案是以比二百石掌故补"左右内史、大行卒史"，不涉及其余中二千石，但从兒宽的例子来看，迁补的范围很快扩大到左右内史、大行之外的一些中二千石。

计之，兒宽由布衣而至廷尉史，其间至少经历五六年。由元朔初（元年或二年）上推，则他"以郡国选诣博士"至晚当在元光三年前后。

特别需要留意的是，兒宽射策为掌故，符合博士弟子"通一艺以上，补文学掌故缺"的制度，以功次补廷尉史，也恰恰符合"择掌故以补中二千石属"的追加诏令。这不恰好证明前一项制度在元光年间已然实施，后一项至晚在元朔初也已行用吗？兒宽的事例正是《汉书·武帝纪》元朔五年说的最有力反证。

公孙弘奏文中所见的"太常臧"，《史记集解》云"《汉书·百官表》，孔臧也"，颜师古注亦云"臧，孔臧也"。其后，杜佑《通典》叙述此事更是单独标举孔臧姓名。① 不过根据本文目前的分析，太常为孔臧之说有极大的缺陷。今节录《汉书·百官公卿表下》相关公卿百官仕历，见表1。

表1　建元、元狩间相关公卿仕历

年号	年份	丞相	御史大夫	廷尉	太常	左内史
建元六年	前135年	六月，田蚡	韩安国	殷	定	
元光元年	前134年				王臧	
二年	前133年					
三年	前132年					
四年	前131年	三月，田蚡薨。五月，平棘侯薛泽为丞相	九月，中尉张欧为御史大夫，五年老病免		宣平侯张欧为太常	
五年	前130年			翟公		博士公孙弘为左内史，四年迁
六年	前129年				司马当时	
元朔元年	前128年					

① 《通典》卷一三《选举典一·历代制上·汉》："初，公孙弘以儒术为丞相，天下之学，靡然向风。时太常孔臧等曰：'请太常博士官置弟子五十人，复其身……'"（中华书局，1988，第313页）

续表

年号	年份	丞相	御史大夫	廷尉	太常	左内史
二年	前 127 年				蓼侯孔臧为太常，三年坐南陵桥坏衣冠道绝免	
三年	前 126 年		左内史公孙弘为御史大夫，二年迁	中大夫张汤为廷尉，五年迁		李沮，四年迁为将军
四年	前 125 年					
五年	前 124 年	十一月，丞相泽免。御史大夫公孙弘为丞相	四月，河东太守九江番系为御史大夫		山阳侯张当居为太常，坐选子弟不以实免	
六年	前 123 年				绳侯周平为太常，四年坐不缮园陵免	
元狩元年	前 122 年		乐安侯李蔡为御史大夫，一年迁			敞
二年	前 121 年	三月，丞相弘薨。御史大夫李蔡为丞相				
三年	前 120 年		三月，廷尉张汤为御史大夫*，六年有罪自杀	李友、安、禹		

注：＊张汤为御史大夫当系于元狩二年。

资料来源：参见王先谦《汉书补注》引王念孙说，中华书局，1983，第 318 页。

表 1 云蓼侯孔臧元朔二年为太常，任职三年而免，又云元朔五年山阳侯张当居继任太常，前后衔接。然而有趣的是，表中所载太常名"臧"

者还有王臧。王臧元光元年为太常，至元光四年为张欧①所代，而史籍所见最早的博士弟子兒宽进入太学的时间，恰好在此期间。这种吻合揭开了一个真相：在置博士弟子一事上发挥重要作用的"太常臧"，乃是籍贯、生平无闻，事迹仅见于《百官公卿表》的王臧②。

附带说一下，继孔臧之后为太常的山阳侯张当居，任职时间甚短，当年就"坐选子弟不以实免"。③《汉书·景武昭宣元成功臣表》记云"坐为太常择博士弟子故不以实，完为城旦"，④《史记·惠景间侯者年表》则云"坐为太常程博士弟子故不以实罪，国除"，《集解》引徐广曰"程，一作'泽'"。⑤"泽"是"择"的讹字，自不待说。《汉书》两表的记载分别作"选"与"择"，意义相同，可以理解为"太常择民年十八以上……补博士弟子"之"择"。《史记》作"程"，意义却大不一样。"程"的本义与度量有关，引申为程序、法则；用作动词则有量计、定量等义，引申为考核。⑥景帝孙江都王刘建生性酷虐，"宫人姬八子有过者……或髡钳以铅杵舂，不中程，辄掠"，颜师古注曰："程者，作之课也。"⑦《二年律令·行书律》载："邮人行书，一日一夜行二百里。不中程，半日，笞五十……"⑧ 以上所谓的"程"，皆指一定的工作量或考核标准。东汉栾巴为桂阳太守，兴立学校，"虽干吏卑末，皆课令习读，程试殿最，随能升授"，⑨ 此处"程"字可理解为动词，指对学生的考课。据此，《史记》所云"程博士弟子"应该解释为按照一定标准考核博士弟

---

① 表中所列的中尉张欧即张叔，《史记》卷一○三、《汉书》卷四六并有传。宣平侯张欧生平不详。又，高祖世张耳封宣平侯，其子张敖后改封南宫侯，敖子偃，偃子哀侯欧，卒于景帝世，又别为一人。参见钱大昭《汉书辨疑》卷六《高惠高后文功臣表》，《续修四库全书》第267册，上海古籍出版社，2002，第283页。
② 在儒学独尊的历程中留名青史的郎中令兰陵王臧，已于建元二年被逼自杀，此太常王臧别为一人。
③ "子弟"二字或当作"弟子"，即博士弟子。
④ 《汉书》卷一七《景武昭宣元成功臣表》，第639页。
⑤ 《史记》卷一九《惠景间侯者年表》，中华书局，1959，第1018页。
⑥ 参见丘光明《"程"字铁质石权》，《中国计量》2013年第1期。
⑦ 《汉书》卷五三《景十三王·江都易王非传附子建传》，第2416页。
⑧ 《张家山汉墓竹简〔二四七号墓〕》（释文修订本），文物出版社，2006，第46页。
⑨ 《后汉书》卷五七《栾巴传》，第1841页。

子的学业水平，分别其等级，作为补用与否的根据。这与丞相、御史所提出的博士弟子"一岁皆辄课"正相对应。《史记》的用语非常准确，而班固将"程"字改作"选""择"，产生了歧义。张当居的免职、获罪在元朔五年，由他来考核的博士弟子应该在一年前即元朔四年就已经被选拔进入太学，这不也是元朔五年说的另一个漏洞么？

回到"太常臧"的问题上来。裴骃、颜师古、杜佑等人为何认定"太常臧"乃是蓼侯孔臧？这明显受到班固的误导。班固之误首先在于误读公孙弘奏疏，认为置博士弟子和拓宽掌故仕途的方案在同一次奏请中被提出，故而在《汉书·武帝纪》中明言"丞相弘请为博士置弟子员"。其次，班固以之为前提，根据公孙弘、孔臧的仕历，推导出"太常臧"就是孔臧。元朔二年孔臧任太常，元朔五年被罢免，同年十一月公孙弘为丞相，"丞相弘"与"太常臧"只能交集于元朔五年。前文业已指出，《汉书·武帝纪》的个别记载缺少坚实依据，班固将置博士弟子一事系于元朔五年，恐怕正是根据这个交集时间而推导出的结果。

此外，班固之所以锁定公孙弘、孔臧而排斥他人，或出于崇敬名儒的心理。公孙弘通晓儒术，凭此白衣封侯，位至三公，是儒生由明经而俯拾青紫的榜样，将置博士弟子归功于他，班固恐怕不会有丝毫的犹豫。蓼侯孔臧也是儒学发展史上颇具分量的人物。孔臧是大儒孔安国从兄，《汉书·艺文志》"诸子略儒家类"著录《太常蓼侯孔臧》十篇，"诗赋略"又著录其赋二十篇；[1]《古文尚书》《孔丛子》等公案，他皆牵涉其中；而据说他曾经辞谢御史大夫之命，甘愿低就太常，此举在汉代儒生中当传为美谈。[2] 故而，班固虽未明言"太常臧"就是孔臧，裴骃、颜师古、杜佑等后人的解读却正符合他的本意。

---

[1] 《汉书》卷三〇《艺文志》，第 1726、1749 页。

[2] 事见《孔丛子》卷七《连丛子上·叙书》，傅亚庶：《孔丛子校释》，中华书局，2011，第 447 页；《史记》卷一八《高祖功臣侯者年表》"蓼侯"条《索隐》引，第 900~901 页。二书文字讹误较多，《资治通鉴》的记载则较为明白。《资治通鉴》卷一八《汉纪十·武帝纪》元朔二年载："张欧免，上欲以蓼侯孔臧为御史大夫。臧辞曰：'臣世以经学为业，乞为太常，典臣家业，与从弟侍中安国纲纪古训，使永垂来嗣。'上乃以臧为太常，其礼赐如三公。"（第 609 页）

三 余论

行文至此，班固的元朔五年说基本被推翻了。初置博士弟子当发生在元光初期，不晚于元光三年；当时在职太常的是生平不详的王臧，丞相和御史大夫按《百官公卿表》推算，分别是田蚡和韩安国。由此，汉代太学诞生的年代可以提前至少八年。

接下来笔者尝试进一步推测公孙弘上奏的时间和身份，并解决一个遗留的问题，那就是班固在《汉书·武帝纪》中将武帝诏书系于"夏六月"，而这个具体的月份不见于《史记》。班固的资料来源是什么呢？

第一种可能是来自《功令》。关于《史记》所载公孙弘奏疏的资料来源，司马迁说得很清楚。《儒林列传》开篇太史公曰："余读《功令》，至于广厉学官之路，未尝不废书而叹也。"① 通过出土简牍可知，"《功令》是任免官吏令文的汇编，核心是按照功劳考课决定官吏的选拔、递补、升迁和免职。"② "学官"在这里指博士弟子，"广厉学官之路"即拓宽博士弟子的仕途。公孙弘的提议被制可，然后著于令，即构成《功令》中"广厉学官之路"的相关令文。但是，博士弟子制度的选拔、考课、入仕、迁转等制度在西汉后期持续发生变化，③ 司马迁所见的《功令》条文势必失效，被新的诏书、令条所替代，班固得见武帝时旧《功令》的可能性微乎其微。

第二种可能，公孙弘的这篇奏疏或以单篇别行的方式，或因被收入本集，④ 得以流传到东汉，而流传本的内容含有（或附有）某些时间信息。例如褚少孙所补《史记·三王世家》记元狩六年（前117年）武帝三子

---

① 《史记》卷一二一《儒林列传》，第3115页。
② 此据荆州博物馆彭浩先生对张家山336号汉墓出土竹简《功令》的介绍，转引自曹旅宁《秦和汉初〈功令〉初步研究》，湖南省博物馆编《湖南省博物馆馆刊》第16辑，岳麓书社，2020，第233~234页。
③ 参见张汉东《论秦汉博士制度》，安作璋、熊铁基：《秦汉官制史稿》，齐鲁书社，2007，第440~445页。
④ 《汉书》卷三〇《艺文志》"诸子略儒家类"有"《公孙弘》十篇"，第1727页。

封王的经过，采用堆砌文书的方式，详录群臣的反复奏请、武帝的批复以及三王的策书，前后出现十余处年月日信息。[①] 其开篇云：

> 大司马臣去病昧死再拜上疏皇帝陛下："……愿陛下诏有司，因盛夏吉时定皇子位。唯陛下幸察。臣去病昧死再拜以闻皇帝陛下。"
>
> 三月乙亥，御史臣光守尚书令奏未央宫。
>
> 制曰："下御史。"
>
> 六年三月戊申朔，乙亥，御史臣光守尚书令、丞非，下御史书到。[②]

根据褚少孙的自述，他因为司马迁自序云"三王世家文辞可观"而多方求索《三王世家》，终不能得，于是"窃从长老好故事者取其封策书，编列其事而传之"。[③] 但是像《三王世家》这样格式较为完整的例子极为罕见，目前所见收录于史书、文集、碑刻的文书，特别是章奏，往往经过掐头去尾的加工。[④] 因此，公孙弘奏疏的流传本究竟含有怎样的年月信息，今日无从得知。

极可能流传本的某处确实含有"五年六月"的字样，而所谓"五年"实际指元光五年，正是公孙弘通过贤良对策而担任博士的同一年。从元光初到元光五年，博士弟子之制已经施行数年，博士弟子仕途壅滞和"小吏浅闻"等弊端充分显露，因而新任博士的公孙弘积极上书寻求改变，这样解释看起来更符合情理。而班固误以为"五年"指元朔五年。众所周知，虽然汉武帝前期有较为规律的改元习惯，却不用年号纪年，建元、

---

① 对《三王世家》文书格式的详细解析，参见大庭脩《秦汉法制史研究》，第198～214页。

② 《史记》卷六〇《三王世家》，第2105页。

③ 《史记》卷六〇《三王世家》，第2114页。

④ 例如，汪桂海主要根据东汉碑刻，判定东汉章奏文书的起首一般都有奏文日期，而西汉因缺乏实例，只能以理推断，参见汪桂海《汉代官文书制度》，广西教育出版社，1999，第45页。

元光、元朔、元狩等年号都是后来追命的。① 例如武帝立三王，各有策书，《汉书·武五子传》所载齐王策起首云"惟元狩六年四月乙巳"，而《史记·三王世家》所载齐王、燕王、广陵王策皆作"维六年四月乙巳"，并无元狩年号。宋人吴仁杰早已指出，"元狩"二字乃班固所追记，进而批评班固此举"疑误后世"。② 至于公孙弘奏疏中"五年六月"的信息，班固就不止于画蛇添足，更是张冠李戴了。他先入为主地认为奏语中的"丞相"即公孙弘本人，因而根据公孙弘担任丞相（及孔臧担任太常）的时间，推算年号为元朔，遂在《汉书·武帝纪》中将武帝诏书和公孙弘之奏请一并系于元朔五年夏六月。

当然，还存在第三种可能，即武帝的劝学诏书文辞可观、意旨深远，故吸引西汉的"好故事者"抄录其辞，其中正有不加年号的时间信息，最终为班固所据。在这种情况下班固出现误推的过程，应该与上文所勾勒的情形同出一辙。

以上的推测如果成立，那么在关于公孙弘第二次对策年代的问题上，元光五年说似乎更具说服力。

---

① 汉武帝改元和年号问题极具争议，最新的详细研究参见辛德勇《重谈中国古代以年号纪年的启用时间》，《建元与改元：西汉新莽年号研究》，中华书局，2013；郭永秉《更始与一尊——西汉前期改元及年号使用起始问题的探讨》，孙正军主编《中国中古史研究》第 8 卷，中西书局，2020。就武帝前期存在有规律的六年一改元却无年号的现象，上述两位学者的意见是一致的。

② 吴仁杰：《两汉刊误补遗》卷二"作诰"条，《丛书集成新编》第 113 册，台北：新文丰出版股份有限公司，1985，第 68 页。又，大庭脩认为，《三王世家》开篇"六年三月戊申朔乙亥"之前本有"元狩"二字，由于霍去病的上书已经附有元狩六年某月的日期，故后人在编辑时将此二字省去。（〔日〕大庭脩：《秦汉法制史研究》，第 208 页）其说盖一时不审。

太初改历始末考[*]

郭津嵩[**]

摘　要　《汉书·律历志》提供了关于太初改历始末的宝贵信息，但其系年和叙事次序不无可疑之处。改历不应迟至元封七年才得倡议和开始筹备。《史记·封禅书》中公孙卿所述黄帝故事和《汉书·兒宽传》中的明堂上寿辞，透露改历早在元鼎四年已具设想，在元封元年已有谋划，同时也显示改历与郊祀、封禅等仪式活动之间有密切的关联，包含于同一套整体规划之中。《汉书·律历志》系年失实，可能主要是由于对太初改元诏书有所误解。武帝下诏改元应与宣布改历及其他改制措施同时，在太初元年五月，而班固以为在着手议造新历之前。突破《汉书·律历志》的系年和叙事次序之后，可以重新推定改历的时间表。

关键词　太初改历　《汉书·律历志》　公孙卿　黄帝故事　兒宽

西汉太初改历是中国古代第一次有明确记载的改历，在历法史上具有标志性和典范性的地位，对后世历法变更的政治操作和文化内涵产生重要的影响。古今学者对太初改历已有许多讨论，但仍留下不少疑义，有待索解。本文尝试以批判的眼光重新审视《汉书·律历志》（以下简称《汉

---

* 本文系教育部人文社会科学重点研究基地重大项目"中古中国多元传统的竞争、互动与交融研究"（22JJD770006）的阶段性成果。

** 郭津嵩，北京大学中国古代史研究中心助理教授。

志》）中的太初改历纪事，并钩稽和运用《史记》《汉书》中的其他相关史料，对改历的发端和过程再加探讨，希望对理解太初改历的政治文化意义有所裨益。

认识太初改历的始末，最主要的材料集中于《史记·历书》（以下简称《历书》）和《汉志》两篇文献中。司马迁是改历的亲历者，《历书》叙其事本应最为确凿可靠，可惜过于简略。《汉志》在《历书》的基础上，补充了许多宝贵的信息，组织成一个比较完整的叙事，因此显得更为重要。今先将《汉志》的记叙具引于下，并以意分作数段，以清眉目：

> 至武帝元封七年，汉兴百二岁矣，大中大夫公孙卿、壶遂，太史令司马迁等言"历纪坏废，宜改正朔"。

> 是时御史大夫兒宽明经术。上乃诏宽曰："与博士共议，今宜何以为正朔？服色何上？"宽与博士赐等议，皆曰："帝王必改正朔，易服色，所以明受命于天也。创业变改，制不相复，推传序文，则今夏时也。臣等闻学褊陋，不能明。陛下躬圣发愤，昭配天地，臣愚以为三统之制，后圣复前圣者，二代在前也。今二代之统绝而不序矣，唯陛下发圣德，宣考天地四时之极，则顺阴阳以定大明之制，为万世则。"

> 于是乃诏御史曰："乃者有司言历未定，广延宣问，以考星度，未能雠也。盖闻古者黄帝合而不死，名察发敛，定清浊，起五部，建气物分数。然则上矣。书缺乐弛，朕甚难之。依违以惟，未能修明。其以七年为元年。"

> 遂诏卿、遂、迁与侍郎尊、大典星射姓等议造汉历。乃定东西，立晷仪，下漏刻，以追二十八宿相距于四方，举终以定朔晦分至、躔离弦望。乃以前历上元泰初四千六百一十七岁，至于元封七年，复得阏逢摄提格之岁，中冬十一月甲子朔旦冬至，日月在建星，太岁在子，已得太初本星度新正。

> 姓等奏不能为算，愿募治历者，更造密度，各自增减，以造汉太初历。乃选治历邓平及长乐司马可、酒泉候宜君、侍郎尊及与民间治

历者，凡二十余人。方士唐都、巴郡落下闳与焉，都分天部，而闳运算转历。其法以律起历，曰："律容一龠，积八十一寸，则一日之分也。与长相终，律长九寸，百七十一分而终复。三复而得甲子。夫律阴阳九六，爻象所从出也。故黄钟纪元气之谓律。律，法也，莫不取法焉。"与邓平所治同。

于是皆观新星度、日月行，更以算推，如闳、平法。法，一月之日二十九日八十一分日之四十三。先藉半日，名曰阳历；不藉，名曰阴历。所谓阳历者，先朔月生；阴历者，朔而后月乃生。平曰："阳历朔皆先旦月生，以朝诸侯王群臣便。"乃诏迁用邓平所造八十一分律历，罢废尤疏远者十七家，复使校历律昏明。宦者淳于陵渠复覆太初历晦朔弦望皆最密，日月如合璧，五星如连珠。陵渠奏状，遂用邓平历，以平为太史丞。①

《汉志》的记载，奠定了后世学者对太初改历作为历史事件的认识的基础。首先，改历发端于元封七年（前 105 年/前 104 年）②，其提议和启动都发生在进入该年以后。其次，改历的过程按照如下顺序展开：公孙卿等建言改历；诏下儿宽及博士讨论；下诏改元；公孙卿等会同技术人员"议造汉历"，并设置仪器，开展观测；改历遇到困难，"不能为算"，重新招募治历者，"更造密度"；经过新一轮推算、讨论、观测、校验，确定"用邓平历"，即太初历。自来学者对于太初改历中的纪年和历法内容等问题多有争论，但大都对上述系年和事件次序信之不疑。偶有质疑者，也未能提出有力的论证。实际上，虽然改历纪事各个部分的信息大抵分别有所依据，但应是经过班固的剪裁和组织，才形成《汉志》所呈现的叙述结构和时间线索。用《史记》《汉书》中的相关记述加以比勘，用怀疑

---

① 班固：《汉书》卷二一上《律历志上》，中华书局，1962，第 974~976 页。标点有改动。本文除在论及版本异文时利用旧刻本之外，征引正史皆据中华书局点校本。

② 太初改历前，以十月为岁首，与公历年相差较大。而本文又多涉及公历新年之前的月日。如果只按通常的旧历年、公历年一一对应的形式进行标注，易生误会，故采用"前 105 年/前 104 年"之类的形式，意谓该年跨公元前 105 年、前 104 年这两年。

的眼光加以审视，会发现其中不无探讨和批判的余地。也只有突破《汉志》的系年和叙事次序，才能对改历始末有更合理的认识。

一　改历起始时间问题

我们重新考订太初改历的始末，需要先确立一个基点，即改历最终完成和太初历颁行的时间。这个时间在《史记》《汉书》中有清楚的记载：

> 夏，汉改历，以正月为岁首。而色上黄，官名更，印章以五字，为太初元年。①

> 夏五月，正历，以正月为岁首。色上黄，数用五，定官名，协音律。②

两处所叙大体一致。其中如"色上黄，数用五"等，明确指出服色和印文新制；至于"定官名"和"协音律"的内容，前者即如祠祀（太祝）改称庙祀、郎中令改称光禄勋之类，皆在太初元年更名，见于《汉书·百官公卿表》；后者略见于《历书》引武帝改元诏书，内容也都清晰确定。③ 那么，所谓改历或"正历"，必然也是将已经制定完成和得到武帝认可的新历法（邓平历）颁诸臣民，故与服色、官名、音律等项改革同时宣布，意味着武帝最终完成汉初以来"改正朔，易服色制度，定官名，兴礼乐"的设想。④

一旦明确改历之完成在太初元年（前 105 年/前 104 年）五月，《汉志》记述中最主要的一个问题便浮现出来。班固以"至武帝元封七年，

---

① 司马迁：《史记》卷二八《封禅书》，中华书局，1982，第 1402 页。点校本以"官名更印章以五字"连读，但官名的更定与印章字数的改易当为两事，似点断为宜。

② 《汉书》卷六《武帝纪》，第 199 页。

③ 《汉书》卷一九上《百官公卿表上》，第 726~736 页；《史记》卷二六《历书》，第 1260 页。

④ 参见《汉书》卷四八《贾谊传》，第 2222 页。

汉兴百二岁矣"统摄整个叙事，意谓改历的倡议和启动皆应在进入元封七年以后。如此，则改历仿佛是改元之年到来时（武帝此前皆六年一改元）的临时起意，而改历的筹备时间也显得过于短促了。我们知道，元封七年经过改元便成了太初元年，这是从十月岁首转换为正月岁首的特殊年份。但即便从十月算起，到五月也只有七个多月的时间。

然而，《汉志》的纪事同时又显示出，改历的过程是曲折而漫长的。无论是对天象进行反复的系统观测，还是临时从各地选募治历者，都必须耗费大量的时日。再加上测算工作开始前的议论和筹备，以及其他种种波折，前后不可能只经历半年稍多的时间。那么，改历持续多长时间才合理？不妨参照昭帝元凤年间的历法争论来考虑。元凤三年（前79年/前78年），太史令张寿王上书非议太初历，昭帝使人诘问，张寿王不服，于是昭帝决定"杂候日月晦朔弦望、八节二十四气，钧校诸历用状"，以定是非。参与校验和争论的，除了主历使者鲜于妄人及丞相、御史、大将军、右将军属官，还有民间历家即墨徐万且，长安徐禹、单安国，安陵桮育等人。[①] 可见，此次争论与太初改历时类似，经历了测候、校验以及募集朝野治历者的过程。校验诸历花费的时间，"以元凤三年十一月朔旦冬至，尽五年十二月"，超过两年；整个争论则持续了三年左右。测候"八节二十四气"等事的基本周期是一年，受到天气等观测条件和当时测算精度的限制，经过两三年才得出校验的结论，是很正常的。反观太初改历，在草创和覆校阶段经历了两轮测候，第一次在晦朔分至之外，还测定了"二十八宿相距"，任务更为复杂，那么也应该需要两三年的时间。太初改历的整个过程，应在三年或四年以上，方较为合理。

值得注意的是，《汉志》在叙述完元凤历法争论之后所下的按语中，恰恰透露出太初改历起始时间的另一种可能：

> 故历本之验在于天，自汉历初起，尽元凤六年，三十六岁，而是非坚定。

---

① 《汉书》卷二一上《律历志上》，第978页。

从元凤六年（前76年/前75年）上溯三十六年，得元封元年（前111年/前110年），而非元封七年。无独有偶，《续汉书·律历志》（以下简称《续汉志》）中也有太初历从"发谋"到"启定"经历了若干年的说法：

> 昔太初历之兴也，发谋于元封，启定于天凤，积百三十年，是非乃审。①

自元封元年至天凤六年（公元18年/19年），恰好大致是一百三十年，则此年数必是从元封元年算起的。所谓"启定于天凤"，可能是指刘歆修三统历。② 两相印证，可见东汉时存在太初改历起始于元封元年的认识，甚至班固也曾接触过持此种认识的材料。③

可是，清代以后不少学者囿于《汉志》前文以元封七年统摄改历之事，而对上述两个年数不予采信。其中，影响最大的是曾为《汉志》和《续汉志》作注的清代学者李锐。他在《汉志》"三十六岁"一句下注云："自元封七年起，尽元凤六年，止三十年。此当云三十岁，'六'字衍。"又在《续汉志》"百三十岁"一句下注云："《前志》云：'自汉历初起，至天（元）凤六年，而是非坚定。'锐案：自太初元年至元凤六

---

① 司马彪：《续汉书志》卷二《律历志中》，"中华再造善本"影印国家图书馆藏宋刻递修本，叶一四反。《续汉志》各旧刻本皆同，不具引。

② 《汉书·刘歆传》载《三统历》之作于封侯之后、王莽篡位之前，钱穆《刘向歆父子年谱》据以系于平帝元始五年（公元6年/5年）。见《汉书》卷三六，第1972页；钱穆《两汉经学今古文平议》，商务印书馆，2001，第109~110页。然东汉人别有异说，亦不足怪。徐幹《中论·历数》谓《三统历》作于成、哀之间，则又不同。参见孙启治解诂《中论解诂》，中华书局，2014，第256页。王莽于天凤六年令太史推三万六千岁岁纪，但似仅涉及纪年法，不足以当太初之"启定"。见《汉书》卷九九下《王莽传下》，第4154页。

③ 《续汉书志》虽司马彪所定，其中的《律历志》却是集录蔡邕与刘洪所修补的"律历志"或"律历记"而成，故可认为反映东汉人的认识。见《续汉书》卷二《律历志中》李贤注引袁山松，《后汉书》志第二《律历中》，中华书局，1965，第3043页；卷三《律历志下》，第3082页。

年，正得三十年。此文'天凤'当作'元凤'，'百'字衍。"① 此后的研究者多认可李锐的判断。② 中华书局点校本甚至依照其说对《续汉志》的文字做了改动。③ 但李锐的意见其实在校勘和史实方面都别无依据，只不过先入为主地笃信《汉志》前文而已。

对太初改历开始于元封七年的认识，只有个别学者提出过怀疑。李志超和华同旭在发表于 1989 年的《司马迁与〈太初历〉》一文中已经指出，考虑到改历的复杂性和过程中的反复，太初历"断无可能在半年多的时间里完成"。④ 他们推断改历的最初提议应在元封元年，提出的可靠根据主要便是《汉志》中的"三十六岁"积年。至于《续汉志》中的"发谋"至"启定"的年数，两位学者受到点校本的误导，以为作"积三十年"，因此反而视其为不利证据。近年，曹金华《后汉书稽疑》指出点校本不当依李锐之说而改字，并据《汉志》"三十六岁"积年推测："《太初历》虽始行于太初元年即元封七年，然其发端或元封初。"⑤ 此外亦别无论证。

可是，如果仅凭《汉志》《续汉志》的两则年数，要推翻改历始于元封七年的传统认识，仍显薄弱。那么，史籍中关于改历的缘起，是否还有更为充分的证据？下文就将给出肯定的回答。

二 "宝鼎神策"与"大元本瑞"

《史记·封禅书》中有一条比较隐晦的材料，一旦破解其含义，便可

---

① 李锐：《汉三统术注》卷上，《李氏遗书》，《中国科学技术典籍通汇·天文卷》第二册道光刊本影印本，河南教育出版社，1997，第 709 页下；李锐：《汉四分术注》卷上，《李氏遗书》，第 745 页下。

② 如王先谦《汉书补注》卷二一上《律历志》，光绪虚受堂刊本影印本，中华书局，1983，第 404 页；《后汉书集解》，《续汉书》卷二，第 1070 页上。又如〔日〕新城新藏《东洋天文学史研究》，沈璿译，中华学艺社，1933，第 466 页。

③ 《续汉书志》卷二《律历志中》，《后汉书》志第二《律历中》，第 3033 页；校记见第 3049 页。

④ 李志超、华同旭：《司马迁与〈太初历〉》，《中国天文学史文集》第 5 辑，科学出版社，1989。

⑤ 曹金华：《后汉书稽疑》，中华书局，2014，第 1302 页。

以提供关于太初改历缘起的重要信息。元鼎四年（前114年/前113年）夏，武帝刚刚建立的汾阴后土祠旁出现宝鼎，被朝臣解释为"受命""合德"的祥瑞。当年秋，又有齐人公孙卿携书求见，就宝鼎的意义另献新说。《封禅书》记其事云：

> 齐人公孙卿曰："今年得宝鼎，其冬辛巳朔旦冬至，与黄帝时等。"卿有札书曰："黄帝得宝鼎宛朐，问于鬼臾区。鬼臾区对曰：'（黄）帝得宝鼎神策，是岁己酉朔旦冬至，得天之纪，终而复始。'于是黄帝迎日推策，后率二十岁复朔旦冬至，凡二十推，三百八十年，黄帝仙登于天。"①

此条材料与改历的关系，英国学者古克礼（Christopher Cullen）早有论及，笔者也撰文做了补充。② 这里只简略述之。其中的关键，在于辨认出"己酉朔旦冬至"和"三百八十年"在四分历术宏观周期中所标识的位置。关于四分历术的周期结构，《续汉志下》云："岁首至也，月首朔也。至、朔同日谓之章，同在日首谓之蔀，蔀终六旬谓之纪，岁朔又复谓之元。"③ 其中一章为19年，一蔀（也称作"篇"或"府"等）为76年，一纪为1520年，一元为4560年。由于干支纪年在西汉前期尚未确立，此时的四分历术即以1520年为最大周期，故又称为"大终"。④ 它是年、月、日和干支纪日四者相耦合的周期。每经过这样一个周期，冬至和十一月朔会同时出现在甲子日的日首（通常为夜半），即甲子朔旦冬至（更严格地说是甲子夜半朔旦冬至）。在组成1520年周期的二十个蔀（76年周期）中，己酉朔旦冬至是第十六蔀的第一日（蔀首）。由此日

---

① 《史记》卷二八《封禅书》，第1393页。
② Christopher Cullen，"Motivations for Scientific Change in Ancient China: Emperor Wu and the Grand Inception Astronomical Reforms of 104 B.C.," *Journal for the History of Astronomy*，24.3（1993），pp. 185–203；郭津嵩：《公孙卿述黄帝故事与汉武帝封禅改制》，《历史研究》2021年第2期。
③ 《续汉书志》卷三《律历志下》，《后汉书》志第三《律历下》，第3056页。
④ 何宁：《淮南子集释》卷三《天文训》，中华书局，1998，第204页。

向后推 380 年即五蔀，就将回到甲子朔旦冬至，迎来一个新的 1520 年循环。

"迎日推策"亦见于《史记·五帝本纪》，《索隐》云："神策者，神蓍也。黄帝得蓍以推算历数，于是逆知节气日辰之将来，故曰推策迎日也。"① 然则"神策"之"策"和"推策"之"策"皆为"蓍策"之意，但又非指有形的蓍策。《集解》引晋灼云："策，数也。迎数之也。"《封禅书》下文载武帝祠明堂赞飨云"天增授皇帝太元神策，周而复始"，《正义》云："策，数也。言得十一月甲子朔旦冬至日，礼上帝明堂，是天授古昔上皇创历泰元神策之数为首，故周而复始。"② 较为近是。"神策"应即上天通过在"得天之纪"的年份（76 年周期的始年）降下宝鼎而昭示的宇宙周期结构。公孙卿讲述黄帝"迎日推策"故事，意在表明汉武帝和黄帝一样，皆受到上天通过宝鼎和神策（即历法周期结构）所传达的启示，肩负迎接新的甲子朔旦冬至即宇宙时间新纪元的使命。完成此项使命，即可达成不朽，"仙登于天"。

公孙卿在构造"迎日推策"故事时，一定已经事先推算出在元鼎四年之后的第九个十一月朔和冬至将共同出现在甲子日的前后，并将其拟定为武帝所要迎接的新纪元。这就是武帝改元诏书中所说的元封七年"中冬十一月甲子朔旦冬至"，亦即太初历的历元。而"太初"年号，也是取自甲子朔旦冬至为"大终复始"、时间元点之意。《封禅书》云："其后二岁（元封七年），十一月甲子朔旦冬至，推历者以本统。"③ 此所称"推历者"，当以公孙卿为首要代表。公孙卿的黄帝故事既有"甲子朔旦冬至"即将来临之意，又称说黄帝"迎日推策"，则改历的构想其实已经包含其中。《汉志》的叙述中，正式上书请求改历和"议造汉历"都由公孙卿领衔，壶遂和司马迁皆居其后，这也是因为改历最初之构想出自公

---

① 《史记》卷一《五帝本纪》，第 8 页。
② 〔日〕泷川资言考证，〔日〕水泽利忠校补《史记会注考证附校补》卷二八，上海古籍出版社，1986，第 801 页下左。亦见〔日〕泷川资言辑《唐张守节史记正义佚存》卷上，〔日〕小泽贤二录文，中华书局，2019，第 359 页。
③ 《史记》卷二八《封禅书》，第 1401 页。

孙卿。

改历与公孙卿所述黄帝故事的关系，还可以由其他一些材料加以印证。《史记·封禅书》云：

> （元鼎五年）十一月辛巳朔旦冬至，昧爽，天子始郊拜太一。……其赞飨曰："天始以宝鼎神策授皇帝，朔而又朔，终而复始。皇帝敬拜见焉。"①

这是武帝初次施行以太一为祭祀对象的新郊礼，时间正是选在公孙卿着意论述的"辛巳朔旦冬至"。辛巳朔旦冬至在通常的四分历术中是不可能出现的，出自公孙卿的刻意附会和构拟，武帝竟加以采用。非但如此，"宝鼎神策"的表述也被写进初次郊见太一的飨辞中，更可见武帝全面接受了公孙卿的学说，将其作为礼制改革的依据。既然"宝鼎神策"被确立为权威表述，那么像黄帝一样"迎日推策"，从事于历法的协调和更定，也就是题中应有之义了。

元封七年，武帝"亲至泰山，以十一月甲子朔旦冬至日祠上帝明堂"，赞飨曰："天增授皇帝太元神策，周而复始。皇帝敬拜太一。"② 与初郊太一的飨辞一脉相承，仍然紧扣"迎日推策"故事。《史记·太史公自序》云："五年而当太初元年，十一月朔旦冬至，天历始改，建于明堂，诸神受纪。"③ 此时武帝虽然尚未向臣民颁布新历，但其明堂祀礼的主要内容就是向太一和诸神报告历法的变更。④ 如果说元鼎五年初郊的飨辞表明武帝接受"宝鼎神策"的启示，那么元封七年祠明堂则是在新纪元降临之际，宣告他即将完成"宝鼎神策"所赋予的使命。

方士们讲述的黄帝故事可能还规定了封禅与改历之间的先后关系。武帝改元太初的诏书云：

---

① 《史记》卷二八《封禅书》，第 1395 页。
② 《史记》卷二八《封禅书》，第 1401 页。
③ 《史记》卷一三〇《太史公自序》，第 3296 页。
④ 参见田天《秦汉国家祭祀史稿》，三联书店，2015，第 186～187 页。

　　盖闻古者黄帝合而不死，名察发敛，定清浊，起五部，建气物
分数。①

《历书》云："盖黄帝考定星历，建立五行，起消息，正闰余。于是有天
地神祇物类之官，是谓五官。"② 诏书"名察发敛"以下数语，大意与之
相当。唯"合而不死"，较为难解。孟康以"合"为"作历"；臣瓒释为
"黄帝盛德，与虚合契"；宋人程大昌又释为"展转相求"，"不至死泥"，
皆嫌牵强。③ 其实此语也出自齐地方士之说。如筹备初次封禅时，齐人丁
公云："封禅者，合不死之名也。"太初二年修封前，又有济南人公玉带
云："黄帝时虽封泰山，然风后、封巨、岐伯令黄帝封东泰山，禅凡山，
合符，然后不死焉。"更早得幸于武帝的方士李少君也曾有"见之（仙
人）以封禅则不死，黄帝是也"的说法。④ 可见"合而不死"指的是封
禅。以"合"言封禅者，也不限于方士。兒宽对武帝问封禅事，有"以
为封禅告成，合祛于天地神祇"等语。⑤ 又《汉书·武帝纪》载元封五年
修封后的大赦诏书："朕巡荆、扬，辑江淮物，会大海气，以合泰山。上
天见象，增修封禅。"颜师古注云："集江淮之神，会大海之气，合致于
太山，然后修封，总祭飨也。"⑥ 又《韩非子·十过》谓"昔者黄帝合鬼
神于西泰山之上"，或许也是封禅传说的一种早期形态。⑦

　　明白"合而不死"指封禅之后，再来看改元诏书的表述，似谓黄帝
先成功举行了封禅，然后才从事于改历。按当时方士的学说，帝王封禅往
往不能成功。此说盖出自秦始皇"为暴风雨所击，不得封禅"的传言。

---

① 此据《汉志》，《历书》"发敛"作"度验"。按，作"发敛"是，"名察发敛"即
　　"起消息"。
② 《史记》卷二六《历书》，第 1256 页。
③ 《史记》卷二六《历书》，第 1261 页；程大昌：《考古编》卷九"黄帝合而不死"
　　条，中华书局，2008，第 154 页。
④ 《史记》卷二八《封禅书》，第 1397、1403、1385 页。
⑤ 《汉书》卷五八《兒宽传》，第 2630~2631 页。
⑥ 《汉书》卷六《武帝纪》，第 196~197 页。
⑦ 参见王先慎《韩非子集解》卷三，中华书局，1998，第 65 页；亦见黄晖《论衡校
　　释》卷二二《纪妖篇》，中华书局，1990，第 910 页。

如公孙卿云:"封禅七十二王,唯黄帝得上泰山封。"盖谓汉以前除黄帝以外,其他尝试封禅的帝王皆未得成。又丁公云:"秦始皇不得上封。陛下必欲上,稍上即无风雨,遂上封矣。"《封禅书》又载:"天子既已封泰山,无风雨灾,而方士更言蓬莱诸神若将可得。于是,上欣然庶几遇之。"① 可见武帝在封禅之前亦无十足把握。故此前虽然已有改历之构想,但大概要待封禅成功,确认天意所属之后,才正式提上日程。

因此,武帝在元封元年封禅之后,曾有某种关于改历的决议或姿态,使后人将其认定为"汉历初起"之年,是颇有可能的。这一点又可以从《汉书·兒宽传》中得到印证。武帝初封泰山刚刚结束时,在明堂接受群臣上寿。② 《兒宽传》中对其上寿之辞有颇为详细的引述:

> 臣闻三代改制,属象相因。间者圣统废绝,陛下发愤,合指天地,祖立明堂辟雍,宗祀泰一。六律五声,幽赞圣意,神乐四合,各有方象,以丞嘉祀,为万世则,天下幸甚。将建大元本瑞,登告岱宗,发社闾门,以候景至。癸亥宗祀,日宣重光;上元甲子,肃邕永享。光辉充塞,天文粲然,见象日昭,报降符应。臣宽奉觞再拜,上千万岁寿。③

引文前半部分列举武帝在礼仪制作方面已经达成的功绩,其中的"合指天地",参照上文的讨论,亦应指封禅。至于"将建大元本瑞"以下,"以候景至""上元甲子""天文粲然"等语,皆似与历法颇有关系。汉魏之际的注家苏林就认为其所言为太初改历之事:"将,甫始之辞也。太元,太初历也。本瑞,谓白麟、宝鼎之属也。以候景至,冬至之景也。上元甲子,太初元年甲子朔旦冬至也。"王先谦则认为,"将建大元本瑞"指即将因封禅而改元元封之事,并云:"《公卿表》,宽以元封元年为御史

---

① 《史记》卷二八《封禅书》,第 1371、1393、1397、1398 页。
② 上寿事亦见《史记》卷二八《封禅书》,第 1398 页。
③ 《汉书》卷五八《兒宽传》,第 2632 页。

大夫。从封泰山即在是岁，而改定太初历在后，本传详之。上元甲子不应豫指太初元年事也。"① 然而，"上元甲子"除了具有元点意义的甲子朔旦冬至之外，很难有别的合理解释。而我们现在知道，对"上元甲子"即将再临的期待，其实已经包含在公孙卿的"迎日推策"故事中，改历的设想亦具雏形。此时，在封禅成功之际，兒宽展望六年之后武帝再临泰山明堂，迎接甲子朔旦冬至，宣告"天历始改"，是完全合情合理的。至于"大元本瑞"，当即元封七年太一缩辞中的"太元神策"，也是指武帝承天意改历，开启新纪元。传文在上寿一节之后附云：

> 后太史令司马迁等言："历纪坏废，汉兴未改正朔，宜可正。"上乃诏宽与迁等共定汉太初历。语在《律历志》。②

上述引文以"后"字起句，提示了兒宽上寿辞与改历之间的关联，可证将"大元本瑞"等语理解为对迎接甲子朔旦冬至和更定汉历的展望，符合传文的本意。传文详引兒宽的上寿辞，正是因为它并非一般的颂贺文字，而关涉改历的构想，从而显示出兒宽在武帝改革事业中的地位。

兒宽在上寿时以"上元甲子"为言，说明此时改历已不只是公孙卿个人的设想，而是已有比较正式的讨论，甚至形成了某种决议，亦即《续汉志》所说的"发谋"。《汉志》的改历叙事中也出现了兒宽，谓武帝命时任御史大夫的兒宽与博士共议改正朔之事。按，兒宽接任御史大夫应在元鼎六年封禅筹备期间。③ 对照上寿之辞与《汉志》中兒宽与博士的

---

① 王先谦：《汉书补注》卷五八，第 1204 页下。
② 《汉书》卷五八《兒宽传》，第 2633 页。
③ 《史记·汉兴以来将相名臣年表》《汉书·百官公卿表》皆系兒宽任御史大夫于元封元年，《汉书·兒宽传》谓在封禅仪"既成，将用事"之时。而《汉书·卜式传》云："明年当封禅，式又不习文章，贬秩为太子太傅，以兒宽代之。"则兒宽接任应在元鼎六年。参见《史记》卷二二《汉兴以来将相名臣年表》，第 1140 页；《汉书》卷一九下《百官公卿表》，第 781 页；《汉书》卷五八《兒宽传》，第 2628、2632 页。

正朔之议，会发现两者语句有重合呼应之处。如上寿辞有"间者圣统废绝，陛下发愤，合指天地"等语，而议则有"今二代之统绝而不序矣，唯陛下发圣德"及"陛下躬圣发愤，昭配天地"云云；两者又皆有"为万世则"一语。似乎可以推测，《汉志》所记的"宽与博士赐等议"其实也发生在封禅前后。故兒宽在封禅成功之后即其事，用其语，而为上寿之辞，顺理成章地将这项议题摆上台面。由此也可以确认《汉志》中以元封元年为"汉历初起"，并非虚言。

以上分析公孙卿所述黄帝故事和兒宽的上寿辞，可以确定改历早在元鼎四年已具设想，在元封元年已有谋划，绝非晚至元封七年才有倡议，也不会等到元封七年才着手制作新历。由此也可以认识到，改历与郊祀、封禅等仪式活动之间并非各自独立，而是有着密切的呼应和衔接关系，包含在同一套整体性的规划之中，共同达成宣示天命、变革礼制、求取不朽的目的。

三 太初改元诏书析疑

上文考订改历在元鼎四年已具设想，在元封元年已成正式议题。我们用到的一些重要材料，仍然来自《汉书》。无论是《汉志》后文的"三十六岁"积年，还是《兒宽传》中收录的上寿辞，都显示班固接触到了改历"发谋"于元封元年的证据。但是，他在撰写改历叙事时，似乎并未将其考虑在内。《汉书》规模宏巨，头绪繁多，还继承了班彪"后传"乃至此前其他汉史著作的内容，有顾此失彼、不相协洽之处，在所难免，不足为怪。

班固将改历的经过全部系于元封七年，除未及考虑上述证据，以及对测算新历所需时间缺乏估计之外，更关键的原因似乎在于他认为"议造汉历"开始于下诏改元之后。改元只能是在元封七年当年；至于改历的倡议和初期讨论，则可以认为发生于改元之前不久。如此一来，改历的全部过程便可以都系于元封七年。班固之所以会如此认为，也是因为他对改元诏书的文本采取了某种特定的解读和处理。同一诏书，也收录于《历书》中。两处所载诏书文本详略颇有不同，在各自的叙述语境中呈现的意义也有微妙的差别。学者对此多未详察，有必要稍作辨析和解说。

现将《历书》中的诏书文本和对当时情势的叙述具引于下：

> 至今上即位，招致方士唐都，分其天部；而巴落下闳运算转历，然后日辰之度与夏正同。乃改元，更官号，封泰山。因诏御史曰："乃者，有司言星度之未定也，广延宣问，以理星度，未能詹也。盖闻昔者黄帝合而不死，名察度验，定清浊，起五部，建气物分数。然盖尚矣。书缺乐弛，朕甚闵焉。朕唯未能循明也。紬绩日分，率应水德之胜。今日顺夏至，黄钟为宫，林钟为徵，太簇为商，南吕为羽，姑洗为角。自是以后，气复正，羽声复清，名复正变，以至子日当冬至，则阴阳离合之道行焉。十一月甲子朔旦冬至已詹，其更以七年为太初元年。"①

从"因诏御史曰"之前的简短叙述即可看出，《历书》以改元与改历、更官号等项改制为同时之事，与《汉志》不同。司马迁明确地将唐都、落下闳等人的测天和治历活动置于改元、改制之前。据《汉志》，唐都、落下闳两人的测算"与邓平所治同"，则"日辰之度与夏正同"，指的就是夏正新历的方案得以确立。也就是说，邓平的太初历在下诏改元之时已经最终修成，只不过司马迁在此处刻意不提邓平的名字。"封泰山"一语稍稍令人疑惑。无论是元封元年的初封，还是元封五年、太初三年的修封，和改元、改制放在一起似乎都不合适。三字若非后人所增，或许是司马迁偶疏，误将元封七年祠泰山明堂一事说成"封泰山"。无论如何，多出这三个字不妨碍理解《历书》以改元与改制为同时的文义。诏书自然也仍是太初元年夏所颁。这些基本的时间信息出自亲历太初改历的司马迁，理应是更为可靠的。

_____

① 《史记》卷二六《历书》，第 1260 页。

与《汉志》相比，《历书》对改历的记述显得过于简略，而且绝口不提邓平。一种相对合理的解释认为，这是因为司马迁不认同改历的结果，而有意为之。张文虎《舒艺室随笔》卷四"历术甲子篇"条云："迨邓平改定……史公心有所不善焉。……然则前文不及邓平，又诏'更七年为太初元年'下不复详定历终始，盖有故焉，非阙略也。"① 顺此思路考察，恐怕司马迁不仅在叙述中讳言其事，甚至对改元诏书的相关内容也有所回避。现存诏书前半段颇言历法星度之事，而多谦损之辞，原意应是欲扬先抑，为后文做铺垫。至"朕唯未能循（修）明也"一句之后，转而为肯定、申述的口吻。② 后半段看似多言音律，与前文不相呼应，有顾左右而言他之感。或许可以推测，诏书后半段原本还包括关于邓平治历功绩和决定改行太初历的内容，如此则文意更为通顺、完整。而在引述时，司马迁将这些内容略去了。"太初"年号既从"上元甲子"而来，而邓平之法"以律起历"，那么诏书原本涉及改元、改历两事，其中又言及音律，皆十分合理。经过剪裁之后，后半段文意虽然模糊，但其中仍隐含改历完成之意。如"今日顺夏至"，张文虎校云："语不可解。下'黄钟为宫'是冬至，律历起冬至，古今不变，未有起夏至者。疑'至'乃'正'字之讹，即上文所谓'然后日辰之度与夏正同'也。"③ 其说甚是。又如"以至子日当冬至，则阴阳离合之道行焉"，亦有历已正、律已协之意。

《汉志》中引述的诏书，不但更为简略，而且由于只保留了诏书前半段的铺垫部分，文意变成仿佛反映的是改历尚未开始时的状态。班固如此处理，也并非有什么强烈的主观意图，或许是因为他也未能看到完整的诏

---

① 张文虎：《舒艺室随笔》卷四，《续修四库全书》第1164册，上海古籍出版社，2002，第354页上~355页下。薄树人亦持此说，参见薄树人《试论司马迁的天文思想》，《史学史研究》1982年第3期，第10页。

② "循"，《汉志》作"修"。梁玉绳谓"修"讹为"循"，参见梁玉绳《史记志疑》卷七，中华书局，1981，第253页。徐仁甫云："下文'绌绩日分，率应水德之胜'上，添一'然'字看，文义自明。"亦以此为文气转折处。参见徐仁甫《史记注解辨正》卷三，中华书局，2014，第63页。

③ 张文虎：《校刊史记集解索隐正义札记》卷三，中华书局，2012，第312页。

书原文，仅就《历书》所引，略去"细绩日分"以下看似与改历关系不大的七十余字，却使得诏书呈现出了不同的意义。而他对于《汉志》叙事次序的安排，又是与对诏书的理解相配合的。诏书中的"未能雠""未能修明"等语与"遂诏……议造汉历"相衔接，形成的观感是武帝在改元时表达了对历法缺陷的关切，随后便下令治历。不过，即使经过班固的剪裁和拼接，诏书与《汉志》的叙事之间仍然存在矛盾。诏书"广延宣问，以考星度"一语，上文儿宽与博士的一般性议论实难当之，其原意反而应指下文的广募治历者开展测算、校验等事。所谓"未能雠"，原意似应指在邓平历确立之前，其他各家尚嫌疏远。由此益可见本来的下诏时间当在造历完成之后。

《史记》《汉书》关于改元与改历关系记述的不同，不仅见于《历书》和《汉志》，也反映在上面引述过的《封禅书》和《武帝纪》对太初改制的记载。两篇文献皆记改历与服色、官号等改制于太初元年夏或夏五月。但《封禅书》有"为太初元年"一句，对照《历书》，可知是截取改元诏书"其更以七年为太初元年"而来。《武帝纪》行文至太初元年五月时并未提及改元之事，想必也是因为班固判断在此之前已经改元。

当然，改元诏书原貌究竟如何，班固在《历书》所载之外是否别有依据，这些都是无法确知的。上述推论，非敢自必，主要是希望说明，《史记》《汉书》之间改历纪事虽详略有别，但真正矛盾之处，集中在对改元诏书的认识不同。然而后世学者对读《史记》《汉书》，或忽焉不察，或求之过深，又生出更多歧惑，甚至否认班固、司马迁并无异词的改历完成时间。对此，我们不得不再做进一步的检讨。

北宋时，司马光等人修《资治通鉴》，于太初元年夏五月条袭用《武帝纪》之文，却将"正历"替换为"诏（公孙）卿、（壶）遂、（司马）迁等共造汉太初历"。[①] 如此，则仿佛在其他各项改制宣布实施之际，历法才刚刚开始制定。这恐怕就是因为《资治通鉴》撰写时参酌《史记》

---

① 司马光：《资治通鉴》卷二一《汉纪·太初元年》，中华书局，1956，第 699 页。

《汉书》，见《历书》中改元与更官号同时，《汉志》中治历又在改元之后，遂误以为改制的同时才开始议造新历。南宋王益之《西汉年纪》索性将公孙卿等人建言改历、儿宽与博士议论等事都系于元年五月。① 现代学者中也有人认为元年五月是开始议造汉历的时间。②

清代学者王引之在尝试解决太初历所用纪年的问题时，别出机杼，提出元封七年十一月和太初元年五月有两次改历，后一次颁行的是邓平历，前一次则是见于《历书》所附"历术甲子篇"的一种四分历。其主要依据是《历书》引改元诏书之末缀有"年名焉逢摄提格，月名毕聚，日得甲子，夜半朔旦冬至"等文字，王引之认为是诏书内容的一部分，而此数语又几乎原样出现于紧接其后的"历术甲子篇"的开头。他因而推测，下诏改元时颁行的是"历术甲子篇"的四分历，其后又改颁邓平历。③ 如此推测的前提，当然还是《汉志》先改元而后造太初历的事件次序。

其实，王引之在纪年法问题上的主要论敌钱大昕早已留意"年名焉逢摄提格"等语。钱大昕也将这些语句视作诏书内容，但恰恰认为其所指就是太初历纪年。④ 可见，钱大昕认识到改元诏书就是颁行太初历时所下，而对《汉志》的叙述次序有所保留。这在讨论过太初改历的古今学者中是不多见的。

这里不妨对"年名焉逢摄提格"等语的重复出现也略加辩证。如果我们把《历书》中从改元诏书末尾到"历术甲子篇"开头的文字抄录出来，不加句读，只用下划线标出重复部分，在"历术甲子篇"标题处提行，便是如下样貌：

---

① 王益之：《西汉年纪》卷一六，王根林点校，中华书局，2018，第304~305页。
② 陈遵妫：《中国天文学史》，上海人民出版社，1984，第1427页。
③ 王引之：《经义述闻》卷二九《太岁考上》，魏鹏飞点校，中华书局，2021，第1450~1451页。
④ 钱大昕：《廿二史考异》卷三《史记三》，《嘉定钱大昕全集》第2册，凤凰出版社，2016，第47~48页；《潜研堂文集》卷一四《答问十一》，《嘉定钱大昕全集》第9册，第212页。

其更以七年为太初元年年名焉逢摄提格月名毕聚日得甲子夜半朔旦冬至

历术甲子篇太初元年岁名焉逢摄提格月名毕聚日得甲子夜半朔旦冬至

按，《史记集解》单行本的早期刻本，如南宋初刊刻的所谓"景祐本"和"淮南路转运司本"中，前一处"太初元年"之下不重"年"字，此从之。可以看到，相关语句的两次出现相距甚近，仅仅间隔九个字，且前接文字皆为"太初元年"，很有可能是传写中的误衍。"历术甲子篇"正文的体例是每年列举该年月数和气、朔大小余，再注出岁阳、岁阴和年号纪年。"岁名焉逢摄提格"亦用岁阳、岁阴，"月名毕聚，日得甲子，夜半朔旦冬至"则提供了历元"无大余、无小余"之处所对应的月、日、时。① 因此，这些文字出现在"历术甲子篇"的开头，不但与该文本的体例、结构相合，也补充了必要的信息。但同样的语句出现在改元诏书的末尾，则显得突兀和多余，且与上文"十一月甲子朔旦冬至已詹"意义有重复，应为衍文。② 此外，以"岁名"称岁阴或干支纪年，屡见于两汉文献，而未有称"年名"者。③ 诸本诏书末缀文字多重"年"字，作"年名焉逢摄提格"，盖讹衍之后文义不完，又经后人增改之故。④ 检《集解》单行本重复文字前一处下有注文，《索隐》单行本前后两处皆

① 关于"无大余、无小余"的意义，参见钱大昕《三史拾遗》，《嘉定钱大昕全集》第 4 册，第 12 页。

② 清人江永、金衍绪已有此看法，参见佚名《史记疏证》卷二十引江永说，《续修四库全书》第 264 册，上海古籍出版社，2002，第 208 页下 ~209 页上；金衍绪《史记太初元年岁名辨》，阮元编《清经解》第 7 册《诂经精舍文集》卷八，道光九年学海堂刻本影印本，上海书店，1988，第 844 页上 ~845 页中。

③ 以"岁名"指岁阴，参见何宁《淮南子集释》卷三《天文训》，中华书局，1998，第 262~265 页；《汉书》卷二一下《律历志下》，第 1023 页。以"岁名"指干支纪年，见《续汉书》卷三《律历志下》，《后汉书》志第三《律历下》，第 3060~3061 页。"历术甲子篇"之末虽有"端旃蒙者，年名也"等语，但《正义》已指出其与前文不合，"恐褚先生没后人所加"。见《史记》卷二六《历书》，第 1287 页。

④ 按，景祐本《史记集解》此处"太初元年"下不重"年"字。《史记》卷二六，台湾二十五史编印馆影印北宋景祐监本，1955，叶四正。余不具引。

有注文，且前一处重"年"字，则似乎衍文出现的时代颇早。即便假设《汉志》的叙述次序可信，仍然不能仅凭这些语句的重复出现，而判断"历术甲子篇"之四分历曾经颁行。更何况在《汉志》的叙述中，也并无在邓平历之前选用、颁行其他历法的迹象。

不过，王引之的推断还是产生了较大的影响。精研历法史的新城新藏和薄树人都沿用了两次改历说。① 至 20 世纪 80 年代，陈久金在王引之看法的基础上又加调整，认为颁"历术甲子篇"四分历在太初元年五月，颁邓平历则在太初二年以后。② 他提出的新证据，主要是《汉书·百官公卿表》太初二年条记有"正月戊寅，丞相（石）庆薨。闰月丁丑，太仆公孙贺为丞相"，③ 陈久金以为此闰月与"历术甲子篇"相合，推测该年尚未使用邓平历。然而，《百官公卿表》的"闰月"二字是不可靠的。《史记·汉兴以来将相名臣年表》太初二年条云："三月丁卯，太仆公孙贺为丞相，封葛绎侯。"④ 同书《建元以来侯者年表》南奇条亦云："太初二年三月丁卯，（公孙贺）封葛绎侯。"⑤ 皆作"三月"而不作"闰月"。"闰月"当为字误。况且"历术甲子篇"太初二年亦无闰月。"历术甲子篇"的体例，如前所述，是各年先记月数和大小余，再注纪年。而陈久金误将太初三年条的月数"闰十三"（表示有闰月，总计十三月）读作前一年的月数，既不合文例，也有违当时历法的基本规律。总之，"历术甲子篇"之四分历在太初元年五月或此前曾经颁行的说法不能成立。

经过这番考辨，我们可以确认，《汉志》记述的议造汉历直至诏用邓平历等事，皆应在下诏改元之前，而非其后。改元与改历的时间应以《史记》为准，皆在太初元年夏。《汉志》叙事次序之误应与班固对改元诏书的理解有关。

① 〔日〕新城新藏：《东洋天文学史研究》，第 472~473 页；张培瑜、陈美东、薄树人、胡铁柱：《中国古代历法》，中国科学技术出版社，2008，第 254 页。
② 陈久金：《颛顼历和太初历制定年代考略》，自然科学史研究所主编《科技史文集》第 3 辑，上海科学技术出版社，1980，第 68~69 页。
③ 《汉书》卷一九下《百官公卿表》，第 783~784 页。
④ 《史记》卷二二《汉兴以来将相名臣年表》，第 1141 页。
⑤ 《史记》卷二〇《建元以来侯者年表》，第 1032~1033 页。

四 改历时间表的推定

上文对改历的缘起和完成时间做了重新的考订和辨析。最后就《汉志》公孙卿等上言改正朔的记述，简要探讨着手议造新历的时间。

公孙卿、壶遂与司马迁上言"历纪坏废，宜改正朔"，前两人署"大中大夫"，司马迁署"太史令"。司马迁任太史令的时间，可以确知在元封三年六月。如果此处官衔无误的话，那么上言当不早于该时间。既然改历在元封元年已经"发谋"，为何此时要再建言？这大概是因为，最初的设想只是在甲子朔旦冬至再临之时，以之为历元改正朔，而尚未考虑到其他技术问题，也未形成"定东西，立晷仪，下漏刻，以追二十八宿相距于四方，举终以定朔晦分至、躔离弦望"等系统性的测算计划。此种计划的形成，应与司马迁的历法思想颇有关系。

司马迁《历书》的一大主题，就是对"历纪坏废"的批判。他指出颛顼和唐尧时期就曾出现"闰余乖次，孟陬殄灭，摄提无纪，历数失序"的局面，经过尧、舜"明时正度"，才得以恢复秩序。至西周幽、厉以后，历法更是长期混乱，"机祥废而不统"，历经春秋、战国、秦和汉初，仍然未得厘正。虽然与其他儒生一样主张改正朔可以"明易姓"、顺德运，但司马迁格外关注"历度闰余"的失序，对如何纠正这种失序状态，似颇有自己的一套想法，其中大概就包括了进行系统测算的计划。元封三年，自许为重、黎后裔的司马迁继任太史令，此时他年轻有为，又知道武帝君臣已谋划改历，一定急切地希望将自己的想法付诸实施，亲手结束长达八百年的历法混乱局面。如此推想，他联合公孙卿、壶遂上言，应该就在出任太史令后不久，其目的在于提出测天、造历的具体计划。只不过上言的内容仅存"历纪坏废，宜改正朔"两句，《汉志》将其置于改历叙事的开头，则仿佛成了改历的最初提议。《汉志》置于其后的兒宽与博士议，按照上文的推测，似反应在前。

此次上言大概很快得到武帝认可而付诸实施，其时距元封七年尚有三年左右的时间，足以从容开展测算，也足以容纳造历过程的种种波折。到元封七年十一月武帝祠泰山明堂时，即便太初历尚未最终定谳，也应该已经形成初步方案了。

基于上文的全部考证和推测，重新排定改历的大致时间，见表1。

表1　太初改历时间进程

时间	重要事件
元鼎四年	秋,公孙卿述"迎日推策"故事
元鼎五年	十一月,武帝初郊甘泉,赞飨云"天始以宝鼎神策授皇帝"
元鼎六年	
元封元年	兒宽等议改正朔事;封禅后明堂上寿,言"大元本瑞";"汉历初起"
元封二年	
元封三年至六年	司马迁任太史令,与公孙卿等请求着手改历;"议造汉历",建立仪器,开展观测;"不能为算,更募治历者";落下闳、邓平等酝酿新方案
元封七年/ 太初元年	十一月,武帝祠明堂,赞飨云"天增授皇帝太元神策" 五月,宣布改元、改历及其他改制措施

总之，对后世产生深远影响的太初改历，并非数月之间仓促而就，而是历时近九年，长期酝酿、准备，反复讨论、调整的结果。改历的实施，不仅受到儒生德运改制学说的推动，更得益于公孙卿等方士假借黄帝故事的鼓吹，而与郊祀、封禅等礼仪活动有密切的关联。本文虽汲汲于年月之末节，但对探讨武帝封禅改制运动的政治文化内涵，庶几亦稍有助益。

汉初的"南方火德"及其转生[*]

王景创[**]

摘　要　汉初并未根据"五德终始"说进行系统的改制,但综合传世文献与出土材料,可以发现王朝因兴起于南方而确立了旗帜尚赤的制度,并将代表南方的朱鸟改称为"皇德",以此象征汉家天命。赤色与朱鸟五行属火,可以说是"南方火德"的象征符号。它们在西汉末年创立的新的"五德终始"说中被重新采用,改造为"相生火德"的内容。汉初腊节用戌日的制度虽不是"南方火德"说的产物,却在王莽改制中与"汉家火德"绑定在一起。东汉以后"汉为火德"的定位继承了刘向、刘歆父子和王莽对汉家德运的认识,而"南方火德"的历史记忆随之湮灭。

关键词　南方火德　"五德终始"说　汉家天命

"汉为火德"之说深入人心,但它究竟产生于何时,历来存在争议。《史记》记载刘邦起义前夕发生"赤帝子斩白帝子"事件,顾颉刚认为是东汉初才窜入的,[①] 但大多数学者仍认为是《史记》原文。刘邦为何要自

* 本文获得中宣部、教育部、国家语委等八部门"古文字与中华文明传承发展工程"项目的资助。

** 王景创,北京大学历史学系博士研究生。

① 顾颉刚:《五德终始说下的政治和历史》,《古史辨自序》下册,商务印书馆,2011,第 667 页。此说在今日仍有支持者,参见王洪军《终始五德推演与"斩蛇著符"文本的生成——兼论斩蛇故事〈史记〉掺入问题》,《哈尔滨师范大学社会科学学报》2020 年第 1 期。

比"赤帝子"？钱穆认为刘邦承用了"民间南方赤帝、西方白帝"的传说，[①] 贾继东指出刘邦利用了楚人尚赤的习俗。[②] 刘邦从秦朝南部的楚国旧地起义，因此自比"赤帝子"。邹衍"五德终始"说认为周代火德用事，"火气胜"而服色尚赤。"南方赤帝"与"火德用事"分属不同的知识体系。汉初并没有根据尚赤原则进行系统的改制。[③] 刘邦起事旗帜尚赤，仅是将赤旗作为军队的象征标志，服色制度并不存在尚赤的规定。

屈原《远游》曰："嘉南州之炎德兮。"[④] 南方楚地的"炎德"并非邹衍五德循环序列的德运，而是基于方位而定的特性。实际上，从出土文献中，我们还是可以找到汉初自居"南方火德"的证据。阜阳双古堆汉简的"皇德"神煞指代南方朱雀，这种改称也是汉朝德运定位的象征性表现。此外，考察出土历书，可以发现汉代将腊日定为戌日，《风俗通义·祀典》解释为"汉家火行衰于戌，故曰腊也"。[⑤] 这种解释何时兴起，是否适用于汉初？

汉初"南方火德"说的影响范围究竟有多大？与后世依据"五德终始"说进行的系统改制存在怎样的差异？汉初"南方火德"说与刘向、刘歆父子"汉为火德"说的知识背景有何不同？以上是本文希望回答的问题。

一　斩白蛇、立赤帜

《史记·封禅书》简要记述了高祖斩白蛇一事：

① 钱穆：《评顾颉刚〈五德终始说下的政治和历史〉》，顾颉刚：《古史辨自序》下册，第 678 页。
② 参见贾继东《楚文化在秦末汉初的复兴及其原因》，《理论月刊》1995 年第 6 期，第 41 页；又见陈鹏《汉初服色"外黑内赤"考》，《史学月刊》2015 年第 4 期，第 17 页。
③ 参见杨向奎《西汉经学与政治》，独立出版社，1945，第 33 页。杨权承认汉初尚赤并非根据类似邹衍"五德终始"说的严整体系，但仍可称为"准火德制"。参见杨权《新五德理论与两汉政治："尧后火德"说考论》，中华书局，2006，第 105 页。
④ 王逸章句，洪兴祖补注《楚辞章句补注》卷五，岳麓书社，2013，第 164 页。
⑤ 王利器校注《风俗通义校注》卷八，中华书局，2010，第 379 页。

汉兴，高祖之微时，尝杀大蛇。有物曰："蛇，白帝子也，而杀者赤帝子。"高祖初起……徇沛，为沛公，则祠蚩尤，衅鼓旗。遂以十月至灞上，与诸侯平咸阳，立为汉王。因以十月为年首，而色上赤。①

《封禅书》载刘邦成为汉王后"色上赤"，容易被理解为"易服色"。② 实际上，"色上赤"仅就"衅鼓旗"而言，属于后世常说的"殊徽帜"的范围。《高祖本纪》载沛公"衅鼓旗，帜皆赤。由所杀蛇白帝子，杀者赤帝子，故上赤"。③ 高祖自南方沛地起义，因此自比赤帝子，确立旗帜尚赤的制度。

从文帝十四年（前 166 年）开始，有人提出汉当土德，并提出"色上黄"的改制要求。当时熟悉律历的丞相张苍反对改制，"推以为今水德，始明正十月上黑事"。④ 汉初以十月为岁首是承秦制的表现。张苍首次提出汉为水德，并举"色外黑内赤"为水德上黑的证据。⑤ 那么"外黑内赤"是否与上述汉初旗帜尚赤的现象相矛盾？以往学者多认为"外黑内赤"能够调和秦制尚黑、楚制尚赤两套传统。⑥ 栗原朋信指出，"外黑内赤"指汉初赤帜配上黑色边缘，让红底更加显眼，符合当时流行的审美趣味。⑦ 这一

---

① 《史记》卷二八《封禅书》，中华书局，2013，第 1649 页。
② 陈鹏：《汉初服色"外黑内赤"考》，《史学月刊》2015 年第 4 期，第 17 页。
③ 《史记》卷八《高祖本纪》，第 442 页。
④ 《史记》卷一〇《孝文本纪》，第 537 页。
⑤ 《史记》卷二八《封禅书》，第 1653 页。
⑥ 参见邓乐群《秦汉时期炎黄崇拜的神人转换》，《北京大学学报》（哲学社会科学版）2002 年第 6 期，第 118 页；陈美东《中国古代天文学思想》，中国科学技术出版社，2007，第 606 页；曾磊《秦汉人色彩观念中的神秘象征》，博士学位论文，北京师范大学，2011，第 31 页；陈鹏《汉初服色"外黑内赤"考》，《史学月刊》2015 年第 4 期，第 18~19 页。陈启云、李培健提出，"外黑"象征对外颁行水德，"内赤"象征内部奉行火德。参见陈启云、李培健《西汉火德疑案新解》，《理论学刊》2012 年第 10 期。
⑦ 栗原朋信『秦漢史の研究』吉川弘文館、1986、63 頁。关于汉初对秦代德运的认识，参见陈侃理《如何定位秦代——两汉正统观的形成与确立》，《史学月刊》2022 年第 2 期。

说法更为可信。汉初旗帜的"外黑"原本与"五德终始"说无关，张苍置换"外黑"的象征意义，由此证成他的"汉为水德"说。

武帝太初元年（前 104 年）改制"色上黄"，① 却未包含"殊徽帜"的举措。《汉书·公孙贺传》载："初，汉节纯赤，以太子持赤节，故更为黄旄加上以相别。"② 征和二年（前 91 年）武帝在赤节基础上加上黄旄，③ 临事仓促，可能没有普及诸侯王国。因此，昌邑王刘贺被迎立为帝后，按照王国旧制，将黄旄改回赤色，这一"改制"也成为霍光废黜他的理由之一。④

汉初服饰尚色的情况比旗帜更为复杂。《汉书·魏相传》载魏相引高皇帝所述书《天子所服第八》曰：

> 大谒者臣章受诏长乐宫，曰："令群臣议天子所服，以安治天下。"相国臣何、御史大夫臣昌谨与将军臣陵、太子太傅臣通等议："春夏秋冬天子所服，当法天地之数，中得人和……法天地，顺四时，以治国家……臣请法之。中谒者赵尧举春，李舜举夏，兒汤举秋，贡禹举冬，四人各职一时。"⑤

刘邦与叔孙通等大臣议定天子的服饰要顺四时而变化，很可能是在颜色上做文章。根据《礼记·月令》的安排，天子春季"衣青衣、服仓玉"，夏季"衣朱衣、服赤玉"，秋季"衣白衣、服白玉"，冬季"衣黑衣、服玄玉"。文帝十五年（前 165 年）夏四月，文帝亲自郊见雍五畤祠，衣皆上赤；十六年，文帝亲自郊见渭阳五帝庙，"亦以夏答礼而尚

---

① 《史记》卷二八《封禅书》，第 1675 页。
② 《汉书》卷六六《公孙贺传》，中华书局，1962，第 2881 页。
③ 汉节也可能存在外黑内赤的情况，但即便有黑色边缘，也可称为"纯赤"。《史记·秦始皇本纪》记载了秦始皇用水德、衣服旄旌节旗皆上黑的传闻。王莽改制也规定"使节之旄幡皆纯黄"，说明节在"殊徽帜"的范围内。
④ 《汉书》卷六八《霍光传》，第 2944 页。
⑤ 《汉书》卷七四《魏相传》，第 3139~3140 页。

赤"。① 天子亲郊在夏天举行，服饰根据所在季节而尚赤。武帝太初改制后，汉家服饰才放弃《月令》四时服色原则，改用"五德终始"说，专尚黄色。

回头来看高祖斩白蛇传说的性质。《汉书·郊祀志》载刘向、刘歆说："高祖始起，神母夜号，著赤帝之符，旗章遂赤，自得天统矣。"② 邹衍"五德终始"说认为，"凡帝王者之将兴也，天必先见祥乎下民"。③ 在刘向、刘歆父子五德相生学说中，"刘邦斩白蛇"被解释为预兆"汉为火德"的符瑞。追本溯源的话，赤帝子斩白蛇、神母夜号与陈胜阵营的鱼腹藏书、篝火狐鸣一样，都是秦末起义者制造出来的"物怪"，是为推翻秦朝统治造势。刘邦根据起义军与秦朝中央的相对方位，将赤旗作为己方军队的象征标志。与刘邦同时，东海郡东阳县陈婴组织起一支"苍头异军"，④ 则是将东方青色作为己方军队的象征颜色。

汉初根据"五方色帝"说确立旗帜尚赤。"五方色帝"说没有邹衍"五德终始"说那样严密的匹配系统，没有配置五方相应的符瑞。"高祖斩白蛇"最初只是一种为起义造势的工具，其目的不是宣传刘邦受命为帝，而是鼓舞革命热情。不过，当韩信受命北上攻打赵国，"拔赵帜，立汉赤帜"之时，⑤ 赤旗又升格为汉家政权的标志；汉朝建立之后，赤旗继续使用，诸侯王国也要遵用，说明赤旗已然成为汉家天命的象征。这种天命的象征，是基于南方方位，与"五德终始"说无关。但它是不是包含了某种类似于德运的意味呢？考古发现的有关"皇德"的史料，或许有助于说明汉初"南方火德"说的存在。

---

① 《史记》卷一〇《孝文本纪》，第 538 页。
② 《汉书》卷二五下《郊祀志下》，第 1271 页。
③ 许维遹：《吕氏春秋集释》卷一三《有始览·应同》，中华书局，2009，第 284 页。
④ 《史记》卷七《项羽本纪》，第 378 页。钱穆最先发现这一点，参见钱穆《评顾颉刚〈五德终始说下的政治和历史〉》，顾颉刚《古史辨自序》下册，第 678 页。
⑤ 《史记》卷九二《淮阴侯列传》，第 3154、3155 页。

二　出土材料中的"皇德"神煞

阜阳双古堆汉简数术简中出现过"皇德""青龙""白虎""玄武""勾陈"五个神煞。"青龙""白虎""玄武""勾陈"，分别可与东方、西方、北方、中央四个方位匹配。① 至于"皇德"，胡平生推测是南方"朱雀"的代称。② 这套神煞系统还曾在《淮南子·天文》以及汉代的六博棋子刻文中出现过。以往学者尚未对"皇德"神煞与汉初"南方火德"说的联系做出说明。分析"皇德"神煞的象征功能，能够帮助我们了解火德对西汉人们日常生活的影响。

由于阜阳汉简内容残缺严重，我们先来看《淮南子·天文》是如何解释这套神煞的运行规则的（序号为笔者所加）：

①太阴……岁徙一辰，立春之后，得其辰而迁其所顺，前三后五，百事可举。太阴所建，蛰虫首穴而处，鹊巢乡（向）而为户。

②太阴在寅，朱鸟在卯，勾陈在子，玄武在戌，白虎在酉。

③凡徙诸神，朱鸟在太阴前一，钩陈在后三，玄武在前五，白虎在后六。③

每年立春，太阴在十二地支中顺行一个辰位，这一地支所代表方位的"前三"（前三个地支）、"后五"（后五个地支），做事没有禁忌。这是数术简以方位占卜吉凶的常见方法。蛰虫、鹊鸟的巢穴，也与太阴所在辰位相关。确定太阴辰位后，就可以推知"朱鸟""勾陈""玄武""白虎"

---

① 《开元占经》卷六七《石氏中官三·北极钩陈星占六十》引《荆州占》曰："钩陈者，黄龙之位也。"瞿昙悉达：《开元占经》，九州出版社，2012，第663页。

② 胡平生：《阜阳双古堆汉简数术书简论》，《出土文献研究》1998年第2期，第20页。

③ 刘文典：《淮南鸿烈集解》卷三，中华书局，1989，第117、121页。胡平生认为青龙、白虎、勾陈、玄武的性质是星辰，并不准确。参见胡平生《阜阳双古堆汉简数术书简论》，《出土文献研究》1998年第2期，第19页。

四个神煞的位置。不过仔细推求的话，可以发现上述引文中②与③存在矛盾之处：②"太阴在寅，朱鸟在卯"符合③"朱鸟在太阴前一"的规则；从②"太阴在寅……勾陈在子，玄武在戌，白虎在酉"推出勾陈在太阴后二、玄武在太阴后四、白虎在太阴后五，不符合③"钩陈在后三，玄武在前五，白虎在后六"的规则。因此，传本《淮南子·天文》这段文字必有讹误。

阜阳双古堆汉简提供了验证《淮南子·天文》运行规则的契机。胡平生对相关残简注了释文：

> 壬午立春，玄武在辰，白虎在巳，句〔陈〕□……（简 1）
> 句陈在寅，青龙在辰，皇德在□……（简 7）
> 皇德在丑，刑、德合东宫。（简 10）①

首先，简 1"壬午"是立春日干支，呼应了《淮南子·天文》"立春之后，得其辰而迁其所顺"的记载。"玄武在辰，白虎在巳"说明玄武在白虎后一。依据《淮南子·天文》上述引文中的②"玄武在戌，白虎在酉"，推导出玄武在白虎前一，与阜阳汉简不符；引文③"玄武在前五，白虎在后六"推导出玄武在白虎后一，与阜阳汉简符合，说明讹误出现在引文②。因此可依据《淮南子·天文》引文③，将引文②校订为"太阴在寅，玄武在未，白虎在申"。

其次，简 7"句陈在寅，青龙在辰"，根据《淮南子·天文》"天神之贵者，莫贵于青龙……或曰太阴"，② 青龙就是太阴，由太阴"在辰"、"句陈在寅"推出勾陈在太阴后二，与《淮南子·天文》上述引文②"太阴在寅，勾陈在子"符合，因此可校订引文③为"钩陈在（太阴）后二"。简 7 出现了"皇德"神煞，可惜辰位残缺。需要说明的是，以上论述结合阜阳汉简以及《淮南子·天文》引文③，仅校订了引文②玄武、

---

① 胡平生：《阜阳双古堆汉简数术书简论》，《出土文献研究》1998 年第 2 期，第 20 页。
② 刘文典：《淮南鸿烈集解》卷三，第 126 页。

白虎、勾陈占例，不涉及朱鸟占例的校订，因此不会影响到下面对阜阳汉简皇德神煞与《淮南子·天文》朱鸟神煞关系的讨论。

最后，简 10 "皇德在丑，刑、德合东宫"说明刑、德也在太阴徙神之列。① 阜阳汉简刑、德神煞运行也以太阴纪年为基础，因此应与"太阴刑德大游"（或称"岁刑德"）相关。② 《淮南子·天文》上述引文②③之间就记载了"太阴刑德大游"的规则：③

> 太阴在甲子，刑、德合东方宫。常徙所不胜，合四岁而离，离十六岁而复合。所以离者，刑不得入中宫，而徙于木。④

刑、德随年之干支而运转，以甲子年为起点，刑、德分别从东方木宫出发，运转规则是"常徙所不胜"，即按照五行相克的逆序迁徙。其中德按照"东方木宫→西方金宫→南方火宫→北方水宫→中央土宫→东方木宫"的顺序循环运转；刑则附加一条规则"不得入中宫"，即不能迁入中央土宫，按照"东方木宫→西方金宫→南方火宫→北方水宫→东方木宫"的顺序循环运转。如此在第 5 年刑、德就会分处不同的方位，此即"合四岁而离"；第 21 年（甲申年）刑、德再度合东方木宫，此即"离十六岁而复合"；第 25 年刑、德分离，第 41 年（甲辰年）刑、德复合；第 45 年刑、德分离，第 61 年（甲子年）刑、德复合，进入新的六十甲子循环（见表 1）。

---

① 胡平生将相关汉简统称为《刑德》，参见胡平生《阜阳双古堆汉简数术书简论》，《出土文献研究》1998 年第 2 期，第 18 页。

② 参见马王堆帛书《刑德甲篇·太阴刑德大游图》。马王堆还记载了一种"刑德小游"，表示刑、德神煞随日之干支而迁徙的方位，此又称为"日刑德"。参见裘锡圭主编《长沙马王堆汉墓简帛集成》（五），中华书局，2014，第 18、22 页。

③ 马王堆帛书《刑德》、《阴阳五行》刑德大游运行周期与《淮南子·天文》有所偏差，是由所取岁实不同导致的。参见程少轩《马王堆帛书〈刑德〉、〈阴阳五行〉诸篇历法研究——以〈阴阳五行〉乙篇为中心》，《中央研究院历史语言研究所集刊》第八十七本第二分，2016 年。后世实例均用《淮南子·天文》的周期，故本文亦用之。

④ 刘文典：《淮南鸿烈集解》卷三，第 144 页。

表 1　《淮南子·天文》"太阴刑德大游"

干支序号	太阴纪年	太阴方位	刑方位	德方位	干支序号	太阴纪年	太阴方位	刑方位	德方位
1	甲子	子	东方木	东方木	31	甲午	午	东方木	南方火
2	乙丑	丑	西方金	西方金	32	乙未	未	西方金	北方水
3	丙寅	寅	南方火	南方火	33	丙申	申	南方火	东方木
4	丁卯	卯	北方水	北方水	34	丁酉	酉	北方水	西方金
5	戊辰	辰	中央土	东方木	35	戊戌	戌	中央土	南方火
6	己巳	巳	东方木	西方金	36	己亥	亥	东方木	北方水
7	庚午	午	西方金	南方火	37	庚子	子	西方金	东方木
8	辛未	未	南方火	北方水	38	辛丑	丑	南方火	西方金
9	壬申	申	北方水	东方木	39	壬寅	寅	北方水	南方火
10	癸酉	酉	中央土	西方金	40	癸卯	卯	中央土	北方水
11	甲戌	戌	东方木	南方火	41	甲辰	辰	东方木	东方木
12	乙亥	亥	西方金	北方水	42	乙巳	巳	西方金	西方金
13	丙子	子	南方火	东方木	43	丙午	午	南方火	南方火
14	丁丑	丑	北方水	西方金	44	丁未	未	北方水	北方水
15	戊寅	寅	中央土	南方火	45	戊申	申	中央土	东方木
16	己卯	卯	东方木	北方水	46	己酉	酉	东方木	西方金
17	庚辰	辰	西方金	东方木	47	庚戌	戌	西方金	南方火
18	辛巳	巳	南方火	西方金	48	辛亥	亥	南方火	北方水
19	壬午	午	北方水	南方火	49	壬子	子	北方水	东方木
20	癸未	未	中央土	北方水	50	癸丑	丑	中央土	西方金
21	甲申	申	东方木	东方木	51	甲寅	寅	东方木	南方火
22	乙酉	酉	西方金	西方金	52	乙卯	卯	西方金	北方水
23	丙戌	戌	南方火	南方火	53	丙辰	辰	南方火	东方木
24	丁亥	亥	北方水	北方水	54	丁巳	巳	北方水	西方金
25	戊子	子	中央土	东方木	55	戊午	午	中央土	南方火
26	己丑	丑	东方木	西方金	56	己未	未	东方木	北方水
27	庚寅	寅	西方金	南方火	57	庚申	申	西方金	东方木
28	辛卯	卯	南方火	北方水	58	辛酉	酉	南方火	西方金
29	壬辰	辰	北方水	东方木	59	壬戌	戌	北方水	南方火
30	癸巳	巳	中央土	西方金	60	癸亥	亥	中央土	北方水

由表1可知,甲子(青龙在子)、甲申(青龙在申)、甲辰(青龙在辰)等年会出现刑、德合东方木宫的情况。按照《淮南子·天文》上述引文③"朱鸟在太阴前一"的规则,青龙在子可以推出朱鸟在丑。甲子年刚好就会出现朱鸟在丑而刑、德合东宫的情况,与阜阳汉简简10"皇德在丑,刑、德合东宫"相呼应。因此,"皇德"指代朱鸟不失为合理的推测。

《淮南子·天文》校改与阜阳汉简神煞校补的情况如表2所示,阜阳汉简简1神煞方位如图1所示。

表2 《淮南子·天文》校改与阜阳汉简神煞校补情况

《淮南子·天文》	太阴在寅,朱鸟在卯,勾陈在子,玄武在戌<未>,白虎在酉<申>
	凡徙诸神,朱鸟在太阴前一,钩陈在后三<二>,玄武在前五,白虎在后六
阜阳汉简《刑德》	壬午立春,玄武在辰,白虎在巳,句〔陈在酉,青龙在亥,皇德在子〕(简1)
	句陈在寅,青龙在辰,皇德在〔巳〕(简7)
	〔玄武在巳,白虎在午,勾陈在戌,青龙在子,〕皇德在丑,刑德合东宫(简10)

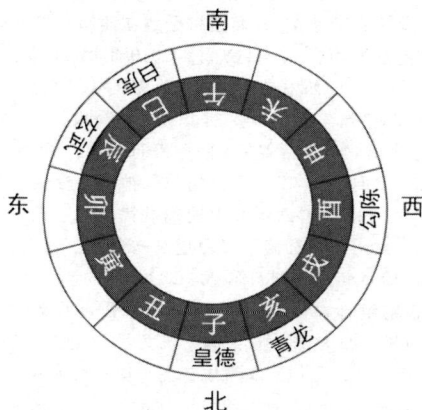

图1 阜阳双古堆汉简简1神煞方位示意

　　"皇德"与其他神煞的组合，在江苏徐州黑头山西汉刘慎墓出土棋子上也出现过一次。该墓出土12枚棋子，[①] 分两组：A组6枚，多残；B组6枚，两面阴刻相同文字，整理者释读为"青龙""小岁""德""皇德""司陈""白虎"（如图2所示）。[②] "司陈"释读有误，应读为"勾陈"。与阜阳汉简相比，缺"刑""玄武"，增"小岁"（即"月建"）。[③] 可见，西汉早期"皇德"与神煞方位的组合应该不是孤立现象。

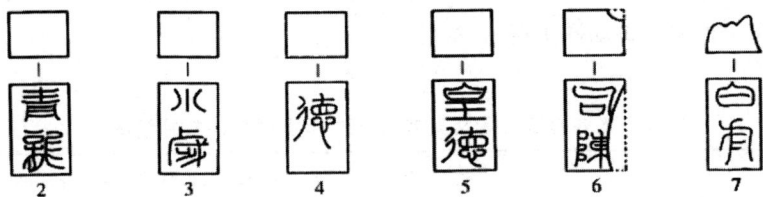

图 2　西汉刘慎墓出土 B 组棋子的棋面文字摹本

　　资料来源：徐州博物馆《江苏徐州黑头山西汉刘慎墓发掘简报》，《文物》2010年第11期，第38页。

---

① 关于棋子的用途，尚存争议。整理者认为这是六博棋子，但以往出土的六博棋子多以颜色、材质、大小区分对弈双方，之前也有在棋子上刻数字或鸟兽纹的现象，刘慎墓棋子上刻文字尚属首见。黄儒宣据同墓出土骨棋盘曲道残片与棋子分置东、西边箱，否定其属于六博棋子，B组棋子可能与式盘搭配，为演式辅助用具，即《史记·日者列传》"旋式正棊"的"棊"。这一点值得注意。不过，根据平面图，与棋盘配套的两套骨算筹也与A、B两组棋子放在西箱。参见徐州博物馆《江苏徐州黑头山西汉刘慎墓发掘简报》，《文物》2010年第11期，第18、39页；黄儒宣《〈日书〉图像研究》，中西书局，2013，第106~107页。

② 徐州博物馆：《江苏徐州黑头山西汉刘慎墓发掘简报》，《文物》2010年第11期，第40页。马王堆帛书《刑德丙篇》《阴阳五行乙篇》两幅《传胜图》中都有"青龙""小岁""德""刑""勾陈""白虎"等神煞，参见《长沙马王堆汉墓简帛集成》（五），第50、140页。六朝六壬铜式盘背面刻字载"十天将"也有"朱雀""勾陈""青龙""太阴""玄武""白虎"等神煞，参见严敦杰《跋六壬式盘》，《文物参考资料》1985年第7期，第20~21页。

③ "小岁"与诸神煞的组合，可能影响到《淮南子·天文》，前述引文②③之间有"苍龙在辰。寅为建，卯为除，辰为满，巳为平，主生；午为定，未为执，主陷；申为破，主衡；西为危，主杓；戌为成，主少德；亥为收，主大德；子为开，主太岁；丑为闭，主太阴"一句，表示建除十二名。王引之认为"苍龙在辰"四字为衍文（参见刘文典《淮南鸿烈集解》卷三，第117页），"苍龙在辰"可能是"小岁（月建）所在辰位"的意思，然后再以正月为例。

　　为何用"皇德"代称朱鸟呢？胡平生推测墓主汝阴侯封国在南方，遂以"皇德"代替表示南方的朱鸟，使之更加醒目。但一个南方侯国擅自使用"皇德"的神煞名称，似有僭越之嫌。称朱鸟为"皇德"，应该与汉初"南方火德"说有关。阜阳汉墓墓主是第二代汝阴侯夏侯灶，下葬时间在文帝十五年。夏侯灶的父亲夏侯婴参与刘邦起义，西汉建立后任职太仆，与惠帝、高后关系亲密，又参与废少帝、立文帝的行动，与汉初皇室及其政治变动关系密切。① 刘慎墓时代也是西汉早期的后段，刘慎很可能是楚国的宗室成员。② 因此，夏侯灶、刘慎墓中出现的"皇德"，应是源自汉初皇室的自我定位。

　　西汉早期将朱鸟神煞改称"皇德"，说明汉初"南方火德"说的影响不仅局限于旗帜尚色，更传播到民间数术材料乃至娱乐游戏中，达到潜移默化的效果。后来王莽宣传"汉家火德"，朱鸟再度成为汉家的象征，王莽天凤三年（公元 16 年）"王路朱鸟门鸣，昼夜不绝"引起新室君臣的警惕；③《史记·高祖本纪》载刘邦"左股有七十二黑子"，《春秋合诚图》则将其与朱鸟联系起来，诠释为火德的征兆："赤帝体为朱鸟，其表龙颜，多黑子。"④ 不过，朱鸟的象征意义已由"南方火德"转变为"相生火德"。

三　王莽与汉家伏腊日的政治化

　　王莽篡汉，以"汉为火德"为基础，定新室为土德，并进行"易服

---

① 《史记》卷九五《夏侯婴列传》，第 3211~3214 页。参见王襄天、韩自强《阜阳双古堆西汉汝阴侯墓发掘简报》，《文物》1978 年第 8 期，第 17~18 页。

② 徐州博物馆：《江苏徐州黑头山西汉刘慎墓发掘简报》，《文物》2010 年第 11 期，第 40 页。

③ 《汉书》卷九九中《王莽传中》，第 4144~4145 页。

④ 《纬书集成》中册，河北人民出版社，1994，第 765 页。刘邦"七十二黑子"到西汉末年才成为火德的象征，张守节、杨权误将其作为汉初火德的证据。参见《史记》卷八《高祖本纪》，第 433~434 页；杨权《新五德理论与两汉政治——尧后火德说考论》，中华书局，2006，第 104~105 页。

色，殊徽帜"的改制："服色配德上黄"，"使节之旄幡皆纯黄"。^① 王莽改制还包括"改汉伏腊日"，^② 这又是根据什么原则？伏日在后世的日期相对固定，魏晋以降议定本朝德制的同时，改祖日、腊日干支。祖日取代伏日，成为德运的象征，也受到更多研究者的关注。^③ 这些节日干支原本的象征意义是什么，又是在什么时期、以什么方式与德运产生联系，以上是本节想要回答的问题。

首先来看腊日的日期。《说文解字》云："腊，冬至后三戌腊祭百神。"已出土的两汉历书提供了验证的基础。张培瑜等最早指出，东汉以后腊日才固定在冬至后第三戌。^④ 西汉腊日则在冬至后十二月的某个戌日。^⑤ 现存最早记载腊日的汉代历书是睡虎地 77 号汉墓出土的文帝十年历书，该年十一月二十日丁丑冬至、十二月十二日戊戌"可腊"，为冬至后第二戌。^⑥ 同墓出土的文帝十二年、十三年、十四年及后元元年、二年、六年、七年腊日都可确定在戌日。^⑦ 这说明至晚在西汉文帝时期已经确定戌日腊的制度。关于这一制度形成的原因，《风俗通义·祀典》"腊"条解释说："汉家火行衰于戌，故曰腊也。"火行衰于戌是根据五行三合局的规则，《淮南

① 《汉书》卷九九上《王莽传上》，第 4095~4096 页。
② 《汉书》卷九八《元后传》，第 4025 页。
③ 赵永磊：《五德终始说下的祭祖神礼——道武帝所立祖神考》，《史林》2020 年第 2 期。
④ 张培瑜、徐振韬、卢央：《历注简论》，《南京大学学报》（自然科学版）1984 年第 1 期，第 105 页。
⑤ 再往前推，秦代腊日大致定在每年十二月二十五日，如周家台秦始皇三十四年历书十二月丁酉朔，二十五日辛酉下标注"嘉平"；周家台秦二世元年历朔木牍背面写"以十二月戊戌嘉平，月不尽四日"。参见湖北省荆州市周梁玉桥遗址博物馆编《关沮秦汉墓简牍》，中华书局，2001，第 94、103 页。岳麓秦简秦始皇三十五年历书在"十二月小"下写有"嘉平"二字。与同出的二十七年、三十四年历书不同，三十五年历书月名与朔日分书，因此三十五年十二月嘉平未必在朔日。同年四月己未朔标注"宿当阳"，类推可知十二月辛酉朔日无事。参见陈松长主编《岳麓书院藏秦简》（壹~叁）（释文修订本），上海辞书出版社，2018，第 14~15 页。又参见汪桂海《出土简牍所见汉代的腊节》，《中国历史文物》2007 年第 3 期，第 82 页。
⑥ 参见蔡丹、陈伟、熊北生《睡虎地汉简中的质日简册》，《文物》2018 年第 3 期，第 55 页。
⑦ 参见许名玱《睡虎地汉简质日简册残卷历日复原试拟》，简帛网，2020 年 2 月 11 日。最近出版的《张家山汉墓竹简（336 号墓）》有"汉文帝七年质日"，记腊日在十二月丙戌日。

子·天文》："火生于寅，壮于午，死于戌。"① 腊日在岁终十二月火行衰日。汪桂海认为，西汉早期定戌日腊是受到"汉家火行"的影响。②

那么，火行衰日的解释是否符合西汉早期戌日腊的象征意义呢？首先要确定腊日本身的文化意义。腊日的功能是在年终提供休养生息、祭祀群神的机会。《礼记·月令》孟冬："腊先祖、五祀，劳民以休息之。"③《汉书·杨恽传》载，宣帝时杨恽曾致信孙会宗："田家作苦，岁时伏腊，烹羊炰羔，斗酒自劳。"④ 腊祭祖先神以及五祀（门、户、井、灶、中霤），百姓借此机会享用一年劳动成果。腊日前后的庆祝仪式也有除旧迎新的功能。腊日前一天举行"大傩"，《续汉书·礼仪志中》载：

> 季冬之月，星回岁终，阴阳以交，劳农大享腊。
>
> 先腊一日，大傩，谓之逐疫。其仪：……
>
> 是月也，立土牛六头于国都郡县城外丑地，以送大寒。⑤

岁终"阴阳以交"，阴气极盛，阳气初萌，需要送走寒气，迎接阳气。腊日第二天被称为"初岁"，《史记·天官书》："腊明日，人众卒岁，一会饮食，发阳气，故曰初岁。"⑥《风俗通义·祀典》"腊"条引或曰："腊

---

① 刘文典：《淮南鸿烈集解》卷三，第 121 页。

② 汪桂海：《出土简牍所见汉代的腊节》，《中国历史文物》2007 年第 3 期，第 82 页。

③ 《月令》以腊日在十月，《史记·秦始皇本纪》载秦始皇三十一年十二月，更名腊日"嘉平"（第 317 页）。后世一直沿用秦制，北周改用十月，隋代改回十二月。《续汉书·礼仪志中》刘昭注补引蔡邕《独断》："腊者，岁终大祭，纵吏民宴饮。"（《后汉书》志第五《礼仪中》，中华书局，1965，第 3127 页）

④ 《汉书》卷六六《杨恽传》，第 2896 页。《风俗通义·祀典》"腊"条："腊者，猎也，言田猎取禽兽，以祭祀其先祖也。"（王利器校注《风俗通义校注》卷八，第 379 页）

⑤ 《后汉书》志第五《礼仪中》，第 3127、3129 页。刘昭注补引《月令章句》曰："是月……建丑，丑为牛。寒将极，是故出其物类形象，以示送达之，且以升阳也。"《吕氏春秋·季冬纪》："命有司大傩，旁磔，出土牛，以送寒气。"（参见许维遹《吕氏春秋集释》卷一二，第 259 页）《悬泉月令诏条》元始五年"季冬月令"："·告有司□□旁磔（出土牛）以送寒气·谓天下皆以岁终气毕以送至，皆尽其日。"（参见中国文物研究所、甘肃省文物考古研究所编《敦煌悬泉月令诏条》，中华书局，2001，第 7 页）

⑥ 《史记》卷二七《天官书》，第 1590～1591 页。

者，接也，新故交接，故大祭以报功也。"① 以上材料均说明腊日设置在岁终更始的节点。②

汉初腊日所在地支的选择，由腊日自身的文化意义决定。《通典·礼四·沿革四·吉礼三》载曹魏明帝时曾议腊用日：

> 高堂隆议腊用日云："……火始于寅，盛于午，终于戌，故火行之君……以戌腊。"
>
> 博士秦静曰："古礼，岁终，聚合百物祭宗庙，谓之禖。皆〈未〉有常日，临时造请而用之……戌者岁之终，万物毕成，故以戌腊。小数之学，因就传著五行以为说，皆非典籍经义之文也。"③

秦静反对高堂隆附会五行的解释，追溯古礼指出腊日临时而定，汉制以"戌"象征"万物毕成"的岁终时节，所以定戌日腊。秦静的解释是有依据的。《汉书·律历志》载：

> 阴阳合德，气钟于子，化生万物者也。故孳萌于子，纽牙于丑，引达于寅，冒茆于卯，振美于辰，已盛于巳，咢布于午，昧薆于未，申坚于申，留孰于酉，毕入于戌，该阂于亥。④

万物从子月（十一月）开始发育，逐渐生长壮大，直至"毕入于戌"。九月是万物成熟的时节，即秦静所说的"万物毕成"。《说文解字》："戌，灭也，九月阳气微，万物毕成。"《淮南子·天文》："八月……阴阳气均，日夜分平。"⑤ 秋分阴阳势均力敌，进入九月份阳气开始弱于阴

---

① 王利器校注《风俗通义校注》卷八，第 379 页。
② 王利器校注《风俗通义校注》卷八，第 367 页。
③ 《通典》卷四四，第 1238 页。"皆"字据文义校改为"未"。参见赵永磊《五德终始说下的祭祖神礼——道武帝所立祖神考》，《史林》2020 年第 2 期，第 43 页。
④ 《汉书》卷二一上《律历志上》，第 964 页。
⑤ 刘文典：《淮南鸿烈集解》卷三，第 98 页。

气，万物发育结束，开始结果。由此可知"戌"也有终结之义。汉设置戌日腊的初衷与火德无关，而是将腊日设置在象征终结的戌日。①

再来看伏日的日期。《初学记·岁时部下》"伏日"条引《阴阳书》曰："从夏至后第三庚为初伏，第四庚为中伏，立秋后初庚为后伏，谓之三伏。"② 学者研究后推测，成帝鸿嘉年间开始按照这一规则来设置伏日。③ 在此之前，仅可知庚日伏，夏至后有初伏、中伏，立秋后有后伏。伏日举行具有驱邪、避鬼功能的仪式，要求闭门不出。④ 为何要将伏日设置在庚日？《史记·封禅书》索隐引《历忌释》解释说：

> 伏者何？金气伏藏之名。四时代谢，皆以相生。……至秋，则以金代火，金畏于火，故至庚日必伏。庚者，金日也。⑤

首先，伏日天干庚属金。⑥ 其次，立秋后仍设置伏日，此时以金代火，火又克金，是以"金畏于火"，金气暂且伏藏，待盛夏之热气彻底散去。所以庚日所避的"火"代表夏季火行，与汉初"南方火德"说无关。更关键的是，汉代个别地区并不遵循庚日伏的规则，《风俗通义》引《户律》曰："汉中、巴、蜀、广汉，自择伏日。"⑦ 这可能与这些地区的特殊气候

---

① 《风俗通义·祀典》"雄鸡"条引太史丞邓平说："腊者，所以迎刑送德也，大寒至，常恐阴胜，故以戌日腊。戌者，土气也，用其日杀鸡以谢刑德，雄著门，雌著户，以和阴阳，调寒暑，节风雨也。"（王利器校注《风俗通义校注》卷八，第374页）《淮南子·天文》说"戊、己、四季（辰、未、戌、丑），土也"，因此邓平说戌为土气。不过，邓平是武帝太初改历的重要参与者，将戌与土行联系起来是他的特殊解释。

② 徐坚：《初学记》卷四，中华书局，1962，第75页。

③ 许名玱：《敦煌汉简2263〈永始四年历日〉复原试拟》，《出土文献》2015年第2期，第233页。

④ 《二年律令·户律》规定："伏闭门，止行及作田者。"[张家山二四七号汉墓竹简整理小组编著《张家山汉墓竹简〔二四七号墓〕》（释文修订本），文物出版社，2006，第51页] 参见魏永康《流变与传承——秦汉时期"伏日"考论》，《古代文明》2013年第4期；金秉骏《汉代伏日及腊日：节日与地方统治》，《简帛研究》2016年第1期。

⑤ 《史记》卷二八《封禅书》，第1629页。

⑥ 《淮南子·天文》："庚辛申酉，金也。"参见刘文典《淮南鸿烈集解》卷三，第124页。

⑦ 王利器校注《风俗通义校注·佚文》，第604页。

有关。如果汉初定庚日伏与"南方火德"说有关，肯定不会允许汉朝直辖郡县出现不统一的情况。

　　节日择日有自己的文化逻辑，伏、腊日也不例外。不过，这套逻辑在王朝改制中也可能被政治逻辑所取代。节日干支象征意义的政治化应该在王莽时期就已经完成。《汉书·王莽传》评价王莽"性好时日小数，及事迫急，亶为厌胜"。① 王莽"厌胜"之举自新朝建立以后屡见不鲜，《汉书·王莽传》载天凤元年（公元 14 年）：

　　　　令天下小学，戊子代甲子为六旬首。冠以戊子为元日，昏以戊寅之旬为忌日。百姓多不从者。②

六十甲子的干支序列本来以甲子为首，王莽改以戊子为首，这是因为戊配土，可以成为新室土德的象征。伏日、腊日是西汉百姓一年中最重要的两个节日。迷信"时日小数"的王莽自然不会放过施加"厌胜"的机会。伏日天干庚、腊日地支戌原本的象征意义在王莽改制之际发生了改变，与"汉家火德"联系起来。"改汉伏、腊日"便成了王莽改制必不可少的一项内容，结果将新的伏腊日干支与新室土德联系起来。③

　　史料记载王莽改制遭到了一些汉朝遗民的抵制。如元后坚持在"汉家正腊日，独与其左右相对饮酒食"。④ 又如陈咸父子弃官归乡，仍用汉家腊日，对外解释说："我先人岂知王氏腊乎？"⑤ 实际上，他们维护的并不是汉家制度伏腊日原本的象征意义，而是王莽施加给他们的新意象。王

---

① 《汉书》卷九九下《王莽传下》，第 4186 页。
② 《汉书》卷九九中《王莽传中》，第 4138 页。
③ 目前出土的王莽时代历书未见标注伏腊日，许名玱复原甲渠候官《始建国天凤六年历日》时，仍在庚日标注三伏，忽视了传世史料所记载的王莽改制。参见许名玱《甲渠候官汉简〈始建国天凤六年历日〉简册复原》，简帛网，2017 年 7 月 20 日。
④ 《汉书》卷九八《元后传》，第 4035 页。
⑤ 《后汉书》卷四六《陈宠传》："祖咸……时三子参、丰、钦皆在位，乃悉令解官。父子相与归乡里，闭门不出入，犹用汉家祖腊。人问其故，咸曰：'我先人岂知王氏腊乎？'"（第 1547、1548 页）"犹用汉家祖腊"的"祖"，应为范晔受自身所处时代的影响添加上去的。

莽改制产生了新知识体系，时人即便反对王莽，下意识里仍脱离不开这套体系。只因王莽将西汉伏腊日干支纳入改制之列，反对者才会将先前的伏腊日干支设想为汉家的象征。

四　结论

汉王朝在建立之初自居"南方火德"，影响范围较小，并未制定系统的改制计划，"色上赤"仅表现在旗帜之上。以往学者认为汉家戌日腊的制度是受"汉家火行"影响的产物，也是一种误解。不过，汉朝建立后一段时间内，将数术简与六博棋子的朱鸟神煞改称"皇德"，将朱鸟神煞的象征意义政治化，说明汉家确实为宣传"南方火德"的定位做了一点努力。汉武帝太初改制仅根据邹衍"五德终始"说制定了色尚黄的规定，却保留了赤旗制度。董仲舒的"三统"说与刘向、刘歆父子的新"五德终始"说则更具系统性，各自配置一套复杂的改制方案。王莽结合两种学说，由"三统说"决定改正朔与变牺牲，由新"五德终始"说决定"易服色，殊徽帜"。①

汉初"南方火德"说与西汉中期开始流行的"汉为火德"说依据的是两套不同的知识体系，前者是"五方色帝"说，后者是刘向新构建的"五德相生"谱系（姑且将该谱系中的火德称为"相生火德"）。汉初"赤帝子"的"南方火德"象征符号在刘向、刘歆父子这里并没有被抛弃，而是被重新诠释为"相生火德"的"赤帝之符"。② 因此，刘向、刘歆父子"汉为火德"说与其说是汉初火德的复活，不如说是在新语境下的转世重生。王莽篡汉，建立新室土德制，不仅是对自身天命的确定，也是对西汉天命的重新定位，东汉也继承了王莽给出的西汉定位来定位自身。具体到腊日上，汉初戌日腊象征"万物毕成"，与汉家这个朝代并没

---

① 《汉书》卷九九上《王莽传上》，第 4095 页。"三统"说与新"五德终始"说的内容和施行情况待另文讨论。

② 《汉书》卷二五下《郊祀志下》班固赞引述刘向、刘歆说，第 1271 页。

有特殊关系；王莽则将戌日腊与"汉家火德"绑定在一起，他所承认的"汉家火德"不再是"南方火德"，而是刘向、刘歆父子所构建的"相生火德"。这种改头换面的节日认知也为东汉所继承。

王莽以后，刘向、刘歆父子的新"五德终始"说取代邹衍的旧"五德终始"说，成为后世推定德运、变易制度的主要依据，这是我们相对熟悉的一段历史。本文的讨论可以揭示短暂存在于汉初的"南方火德"说的特殊性与局限性。

"更始"思想与汉代政治文化

董 涛[*]

摘 要 "更始"思想起源于人们对天体现象的认知，在民俗领域多有相应的内容，而新王朝施政时常见"与民更始"的记载，在政治文化中产生影响。西汉武帝以后，改元行为与更始思想联系紧密，从武帝太始年号，到宣帝改元本始，再到王莽为汉平帝改元初始，基本思想一以贯之，都是希望通过改元除旧布新。西汉定都长安，在宗庙和郊祀等礼仪建筑的规划和设计上多与儒家观念不合。西汉中后期以降，儒生大多着意更改，但也发现情况纷繁复杂，非迁都不足以"更始"。从翼奉到王莽，迁都的想法逐渐开始酝酿并实施，但最终未能成功。

关键词 更始 改元 迁都 王莽

一 "更始"语义溯源

"更始"一词在历史早期文献记载中较为常见，最初的含义指历法上天文现象的周期性回归。《礼记·三年问》说："曰天地则已易矣，四时则已变矣，其在天地之中者莫不更始焉，以是象之也。"郑玄注解说："法此变易可以期也。"《正义》称："言天地之中，动植之物无不于前事

---

* 董涛，重庆大学人文社会科学高等研究院副教授。

之终，更为今事之始，圣人以人事法象天地，故期年也。"① 所谓"前事之终，更为今事之始"，是说"更始"是对"天地"和"四时"变化的模拟。另外，《礼记·月令》"季冬之月"道："是月也，日穷于次，月穷于纪，星回于天，数将几终，岁且更始，专而农民，毋有所使。"② 季冬之月是冬季的最后一个月，古人认为这个月以后新的一年也就是新的一个时间轮回即将开始，这也就是所谓的"岁且更始"。这种思想与现在人们对"新年""除夕"的观念并没有太大的差别。所以《礼记集解》引郑玄注曰："言日月星辰运行，于次月皆周匝于故处也。"

> 去年季冬，日次于玄枵，至此月复次玄枵，故曰"日穷于次"。去年季冬，日月会于玄枵，至此复会于玄枵，故曰"月穷于纪"。二十八宿随天而行，每日虽周天一匝，早晚不同，至此月复其故处，故曰"星回于天"。几，近也。以去年季冬至今年季冬三百五十四日，未满三百六十五日，未得正终，唯近于终，故云"数将几终"。③

另外，《礼记训纂》引高诱注《吕氏春秋》曰：

> 次，宿也。是月，日周于牵牛，故曰"日穷于次"。月遇日相合为纪。月终纪，光尽而复生曰朔，故曰"月穷于纪"。日有常行，行于中道，五星随之，故曰"星回于天"也。一说：十二次穷于牵牛，故曰"穷于次"也。纪，道也。月穷于故宿，故曰"穷于纪"。星回于天，谓二十八宿更见于南方，是月回于牵牛，故曰"星回于天"也。夏以十三月为正。夏数得天，言天时者皆从夏，正也，故于是月十二月之数近终，岁将更始于正月也。④

---

① 《礼记正义》，阮元校刻《十三经注疏》，中华书局，2009，第3610页。
② 《礼记正义》，阮元校刻《十三经注疏》，第2997页。
③ 孙希旦：《礼记集解》，沈啸寰、王星贤点校，中华书局，1989，第503页。
④ 朱彬：《礼记训纂》，饶钦农点校，中华书局，1996，第285页。

上述文献中反复提到的"穷",字义为"尽",其实是说历法上到了终点,即重新开始计算,这就是"更始"最初的含义。

"更始"原本就有"重新开始"的含义,所以通常用在新王朝开始的时期。例如《庄子·盗跖》说:"尊将军为诸侯,与天下更始,罢兵休卒,收养昆弟,共祭先祖。"① 所谓"与天下更始",是要建立一种新的秩序。《史记·齐太公世家》记载武王伐纣以后"迁九鼎,修周政,与天下更始",② 这里"更始"的含义显然也是建立一种新的秩序。周取代了殷,新的秩序也就开始了,所以叫"与天下更始"。

汉朝建立以后,人们形容新时代也常使用"更始"这个词。例如《史记·萧相国世家》太史公说:"及汉兴,依日月之末光,何谨守管籥,因民之疾〔秦〕法,顺流与之更始。"③《汉书·萧何曹参传》中班固赞道:"天下既定,因民之疾秦法,顺流与之更始,二人同心,遂安海内。"④ 汉文帝在给匈奴的诏书中说:"圣人者日新,改作更始,使老者得息,幼者得长,各保其首领而终其天年。"⑤ 汉文帝说的"日新",与汉代史料中常见的"自新"意思相同。《〈史记〉日本古注疏证》载:"圣人者日新,言不思旧恶也。"⑥ 后来,班固形容东汉初建的情形时说:"后二年,世祖受命,荡涤烦苛,复五铢钱,与天下更始。"⑦ 班固还说:"今海内更始,民人归本,户口岁息,平其刑辟,牧以贤良,至于家给,既庶且富。"⑧ 可见,"更始"用在新王朝开始之后,有开启一个新时代的意思。

传世文献中的"更始",通常还具有既往不咎的意思。既然新的时代开始了,对于之前的种种不法和犯罪行为,就不再追究,予以赦免。所以,"更始"也经常被运用于法律领域,意指通过赦免行为,让人民能够

① 王先谦:《庄子集解》,沈啸寰点校,中华书局,1987,第 261 页。
② 《史记》卷三二《齐太公世家》,中华书局,1982,第 1480 页。
③ 《史记》卷五三《萧相国世家》,第 2020 页。
④ 《汉书》卷三九《萧何曹参传》,中华书局,1962,第 2021~2022 页。
⑤ 《史记》卷一一〇《匈奴列传》,第 2902 页。
⑥ 张玉春疏证《〈史记〉日本古注疏证》,齐鲁书社,2012,第 702 页。
⑦ 《汉书》卷二四下《食货志下》,第 1185 页。
⑧ 《汉书》卷二二《礼乐志》,第 1075 页。

得到重新开始生活的机会。《史记·吴王濞列传》记载有人劝汉文帝赦免吴王的罪过，说道："今王始诈病，及觉，见责急，愈益闭，恐上诛之，计乃无聊。唯上弃之与更始。"① 颜师古认为，"弃之与之更始"的含义是"赦其已往之事"，即不再追究吴王的罪过，给吴王一个改过自新的机会。汉文帝听从了这个建议，汉廷与吴国的关系果然有所缓和。

因此，"更始"和"赦天下"时常连用。例如《汉书·武帝纪》载武帝立卫子夫为皇后时下诏说："朕嘉唐虞而乐殷周，据旧以鉴新。其赦天下，与民更始。"② 这里"与民更始"与"赦天下"连用，指让犯过罪的民众可以得到赦免并开始新的生活。后来，皇太子出生时，汉武帝再次下诏说："已赦天下，涤除与之更始。"汉武帝在给石庆的回复中也说："往年观明堂，赦殊死，无禁锢，咸自新，与更始。"③

在汉代史料中，除了"与民更始"之外，还有"与士大夫更始"的说法。例如汉武帝封禅泰山之后说："自新，嘉与士大夫更始，赐民百户牛一、酒十石，加年八十孤寡布帛二匹。"④ 汉宣帝的诏书中也说："其赦天下，与士大夫励精更始。"颜师古注引李斐"今吏已奉法修身矣，但不能称上意耳，故赦之"的说法，但表示有所异议，认为"言文王作罚，有犯之者，皆刑无赦。今我意有所闵，闵吏修身奉法矣，而未称其任。故特赦之，与更始耳"。⑤ 其实，所谓"与士大夫更始"和"与民更始"，其含义大致相同，都有既往不咎的含义。《汉书·平帝纪》载王莽当政时期的诏书中也说："夫赦令者，将与天下更始，诚欲令百姓改行洁己，全其性命也。"⑥ 从中可以理解当时"赦令"与"更始"之间的联系。

此外，与"更始"类似，先秦秦汉时代也有"终始"的说法。例如邹衍的"五德终始说"：

① 《史记》卷一〇六《吴王濞列传》，第 3823 页。
② 《汉书》卷六《武帝纪》，第 169 页。
③ 《汉书》卷四六《石庆传》，第 2198 页。
④ 《史记》卷二八《封禅书》，第 1398 页。
⑤ 《汉书》卷八《宣帝纪》，第 255 页。
⑥ 《汉书》卷一二《平帝纪》，第 348 页。

　　自齐威、宣之时，邹子之徒论著终始五德之运，及秦帝而齐人奏之，故始皇采用之。①

　　邹衍睹有国者益淫侈，不能尚德，若《大雅》整之于身，施及黎庶矣。乃深观阴阳消息而作怪迂之变，《终始》《大圣》之篇十余万言。其语闳大不经，必先验小物，推而大之，至于无垠。先序今以上至黄帝，学者所共术，大并世盛衰，因载其机祥度制，推而远之。②

　　从"终始"这样的名称来看，邹衍学派的主要理论是分析目前出现的现象，并与历史上的现象做比较，然后发现规律，即所谓"先验小物，推而大之，至于无垠"。当然，邹衍的最终目的是改造现实社会，因此在发现规律之后，还要用这样的规律指导人间政治。邹衍总结的规律基本上来源于历史经验，然后把历史经验运用于实践，即"先序今以上至黄帝，学者所共术，大并世盛衰，因载其机祥度制，推而远之"。可见，邹衍学派的学术基础仍然是史学，是对"黄帝"以来历史经验的总结，只不过这种总结融合阴阳五行学说，认为人间事物与天文现象是一致的，即都处于无限的往复和循环之中。这是所谓"终始"的真实含义。

　　经由分析"终始"一词，可以对"更始"一词形成更深刻的理解。"更始"的观念基础，也是在总结过往经验的基础上得出新的认识，在主观上结束过往坏的，或者说是不符合当前利益的内容，当然这种"结束"是一种相对和平的结束，有既往不咎的意思，然后在这个基础上翻开新的篇章。其实，这种除旧布新的理念在民俗文化中并不鲜见。然而自汉武帝以来，年号的更改往往被认为会带来"更始"的效果，使得"更始"理念广泛出现于政治文化领域。

二　"更始"与改元

　　西汉中后期以后，儒生阶层对于"更新政治"有着极强的追求。他

---

① 《史记》卷二八《封禅书》，第1368页。
② 《史记》卷七四《孟子荀卿列传》，第2344页。

们期待改变日益严峻的政治局面和社会问题。在"更新政治"之中，改元甚至改元易号被寄予极高的期待。人们相信，年号的更改会带来全新的政治局面。因此，改元文化与更始思想之间的关系应当引起特别的重视。

改元通常被赋予特殊的含义，古人认为每隔一段时间改换纪年称号，也能够起到重新开始的效果。① 事实上，在汉代以来关于更始思想的论述之中，"元"具有极为重要的意义，《春秋公羊传》开篇就说："元年者何？君之始年也。春者何？岁之始也。王者孰谓？谓文王也。"何休注云："变一为元，元者，气也，无形以起，有形以分，造起天地，天地之始也，故上无所系，而使春系之也。"何休还说："文王，周始受命之王，天之所命，故上系天端。方陈受命制正月，故假以为王法。"② 《春秋繁露·玉英》中有"谓一元者，大始也……故元者为万物之本，而人之元在焉"的说法，苏舆引《文选·东都赋》注引《元命苞》云："元年者何？元宜为一。谓之元何？曰：君之始年也。"另外还引用王应麟的说法，对历史上的改元事件进行了梳理，其中说道：

> 《舜典》纪元日，商训称元祀，《春秋》书元年，人君之元，即乾坤之元也。元，即仁也。仁，人心也。众非元后何戴？后体元则仁覆天下也。即位之一年，必称元年，累数虽久而不易。战国而下，此义不明。秦惠文王十四年，更为元年。《汲冢竹书》："魏惠王有后元。"始变谓一为元之制。汉文十有六年，惑方士说，改后元年。景帝因之，壬辰改中元，戊戌改后元，犹未以号纪年也。武帝则因事建号，历代袭沿，《春秋》之义不明久矣。③

后来，刘歆曾经论释《春秋》"元年"之义："《传》曰：'元，善之

---

① 相关的研究，参见陶栋《历代建元考》，中华书局，1941。另可参见辛德勇《建元与改元——西汉新莽年号研究》，中华书局，2013；来新夏《汉唐改元释例》，《来新夏文集》，南开大学出版社，2019。
② 陈立：《公羊义疏》，刘尚慈点校，中华书局，2017，第10~23页。
③ 苏舆：《春秋繁露义证》，钟哲点校，中华书局，1992，第67~68页。

长也。'共养三德为善。又曰：'元，体之长也。'合三体而为之元。"他将"于春三月每月书王"解释为"元之三统也。三统合于一元"。①

汉武帝时"因事建号"，或者说以诸瑞名年：

> 有司言元宜以天瑞，不宜以一二数。一元曰"建"，二元以长星曰"光"，今郊得一角兽曰"狩"云。②

汉武帝曾改用年号太始，颜师古注引应劭云："言荡涤天下，与民更始，故以冠元。"③ 这是目前能够见到的通过改元"与民更始"的最早记载。太始元年即公元前96年。此前一年，贰师将军李广利出师不利，再加上当时国内政治局势不稳，汉朝统治面临较大困难，故应劭谓之"荡涤天下"。汉武帝决定改元太始，显然包含重新开始之意，期待通过改变纪年来开启新的时代。这也可以说是汉武帝调整统治政策的先声。

汉武帝还使用过元朔年号，颜师古说："朔，犹始也，言更为初始也。"汉武帝在诏书中也说："夫本仁祖义，襃德禄贤，劝善刑暴，五帝三王所繇昌也。"颜师古释"本仁祖义"为"以仁义为本始"。可见，元朔这个年号的使用受到了更始思想的影响。此后，昭帝即位，改元始元；宣帝即位，改元本始；元帝即位，改元初元；成帝即位，初改元建始，后又改为阳朔；④ 平帝即位，改元元始。这些年号无一例外地有着更始思想的痕迹。有学者注意到，汉武帝开创了一个以改元来顺天应人的施政传统，这种思路为后世的统治者所继承。⑤ 也有学者指出，从汉武帝时代开

① 《汉书》卷二七《律历志下》，第1012页。
② 《汉书》卷二五上《郊祀志上》，第1221页。《资治通鉴》胡三省注引刘敞曰："然元鼎四年方得宝鼎，又无缘先三年称之。以此而言，自元鼎以前之年，皆有司所追命；其实年号之起在元鼎，故元封改元则始有诏书也。"《资治通鉴》，胡三省音注，中华书局，1956，第469页。
③ 《汉书》卷六《武帝纪》，第205页。
④ 李寻给汉哀帝的上书中也说："朔晦正终始，弦为绳墨，望成君德。"参见《汉书》卷七五《李寻传》，第3185页。
⑤ 范学辉编《结构与道路：秦至清社会形态研究》，商务印书馆，2019，第420页。

始改元可以说是一种新民耳目、与民更始的新手段，成为论证政权合法性
的重要依据。①

汉哀帝时期，通过改年号以实现"更始"的活动达到高潮。黄门待
诏夏贺良上书，称汉成帝不应天命导致没有后嗣，而汉哀帝身体状况不
好，也与没有改元易号有关：

> 汉历中衰，当更受命。成帝不应天命，故绝嗣。今陛下久疾，变
> 异屡数，天所以谴告人也。宜急改元易号，乃得延年益寿，皇子生，
> 灾异息矣。得道不得行，咎殃且亡，不有洪水将出，灾火且起，涤荡
> 民人。②

此事同样见于《汉书·哀帝纪》，其载，建平二年（前 5 年）六月甲
子，"待诏夏贺良等言赤精子之谶，汉家历运中衰，当再受命，宜改元易
号"。夏贺良的思想来自甘忠可。《汉书》记载甘忠可的主要著作是《天
官历》和《包元太平经》。由这两部著作的名称可以推断，甘忠可擅长天
文和历法，属于方士中明天文历法的一派。③ 他的思想与前述邹衍"终
始"思想应当也有渊源，有学者认为甘忠可学说之中汉家"逢天地之大
终"和"赤精子"的说法都来自邹衍之说。④

汉哀帝很快接受了夏贺良的思想，下诏宣布改元易号：

> 汉兴二百载，历数开元。皇天降非材之佑，汉国再获受命之符，

---

① 汪文学：《正统论——中国古代政治权力合法性理论研究》，贵州人民出版社，
2019，第 204 页。

② 《汉书》卷七五《李寻传》，第 3192 页。

③ 陈槃：《战国秦汉间方士考论》，《中央研究院历史语言研究所集刊》第十七本，
1948 年。另可参见姜守诚《〈太平经〉成书的中间环节——"洞极之经"年代考
论》，谢路军主编《平乡论道——太平道研究论丛》（二），齐鲁书社，2016。

④ 李养正：《〈太平经〉与阴阳五行说、道家及谶纬之关系》，《中国道教》1984 年第
15 期。相关的研究，可参见汪高鑫《汉代的历史变易思想》，河南人民出版社，
2019。

朕之不德，曷敢不通。夫基事之元命，必与天下自新，其大赦天下。以建平二年为太初元将元年。号曰陈圣刘太平皇帝。漏刻以百二十为度。①

哀帝宣布以建平二年为太初元将元年，而且明确说这次改元要"与天下自新"。颜师古解释"基事之元命"说："基，始也。元，大也。始为大事之命，谓改制度也。又曰更受天之大命。"② 这里的"元"含有时间起点的意思，与太初元将这个年号一样具有"更始"的含义。也就是说在当时人们的政治观念中，太初元将元年这个时间起点意味着全新的开始，即新时代和新世界的到来。另外，太初元将年号显然与汉武帝时期的太初年号有关。而所谓"陈圣刘太平皇帝"的名号，陈直认为"陈圣似指陈胡公为舜后之意，盖王莽引以自况，显示有代汉之企图"；③ 也有学者认为，其意是刘为尧后（火），而陈为舜后（土），显露自禅之意。④ 如果此说无误，则可用以解释后来王莽称假皇帝时引夏贺良谶书的原因。当然，也有人认为汉哀帝此举意在厌胜。⑤

然而，汉哀帝的改制措施颁布后不久，就有人提出了明确的反对意见。汉哀帝或许是在冷静思考之后，也意识到通过更改年号实现"更始"的诉求是无稽之谈，同年八月他下诏说：

> 待诏夏贺良等建言改元易号，增益漏刻，可以永安国家。朕过听贺良等言，冀为海内获福，卒亡嘉应。皆违经背古，不合时宜。六月甲子制书，非赦令也，皆蠲除之。贺良等反道惑众，下有司。⑥

---

① 《汉书》卷一一《哀帝纪》，第 340 页
② 《汉书》卷一一《哀帝纪》，第 340 页。
③ 陈直：《汉书新证》，天津人民出版社，1959，第 389 页。
④ 徐兴无：《刘向评传（附刘歆）》，南京大学出版社，2005，第 353 页。
⑤ 吴成国：《六朝巫术与社会研究》，武汉大学出版社，2007，第 149 页。
⑥ 《汉书》卷一一《哀帝纪》，第 340 页。

对此，颜师古注引如淳之论："悔前赦令不蒙其福，故收令还之。"又引臣瓒之论："改元易号，大赦天下，以求延祚，而不蒙福，哀帝悔之。故更下制书，诸非赦罪事皆除之。谓改制易号，令皆复故也。"综合这两条论述，颜师古总结说："如释非也，瓒说是矣。非赦令也，犹言自非赦令耳。也，语终辞也。而读者不晓，辄改也为他字，失本文也。"①

虽然哀帝改制很快以失败告终，但后来王莽仍对改元易号寄予极大的期待。居摄三年（公元 8 年）十一月，王莽收到关于齐郡新井、巴郡石牛等祥瑞的报告，他上奏太后说：

> 及前孝哀皇帝建平二年六月甲子下诏书，更为太初元将元年，案其本事，甘忠可、夏贺良谶书藏兰台。臣莽以为元将元年者，大将居摄改元之文也，于今信矣。②

可见，王莽仍然信服甘忠可和夏贺良的谶书所言，认为不应于哀帝而应于自己，故而宣布改元，"以居摄三年为初始元年，漏刻以百二十为度，用应天命"。后来，王莽解释改元初始的原因说："皇帝深惟上天之威不可不畏，故去摄号，犹尚称假，改元为初始，欲以承塞天命，克厌上帝之心。"③ 值得注意的是，王莽同样改革了漏刻的制度，并认为"百二十"这个数字可以对应"天命"。

汉平帝使用初始年号只有一个月的时间。改元不久，王莽便获得哀章的金匮，随即宣布"以戊辰直定，御王冠，即真天子位，定有天下之号曰新"，并且再次改元，"以十二月朔癸酉为建国元年正月之朔，以鸡鸣为时"。④ 王莽对这次更改年号非常满意，在始建国元年秋下诏说："于是乃改元定号，海内更始。新室既定，神祇欢喜，申以福应，吉瑞累仍。"⑤

---

① 《汉书》卷一一《哀帝纪》，第 341 页。
② 《汉书》卷九九上《王莽传上》，第 4094 页。
③ 《汉书》卷九九中《王莽传中》，第 4113 页。
④ 《汉书》卷九九上《王莽传上》，第 4095 页。
⑤ 《汉书》卷九九中《王莽传中》，第 4113 页。

把这次改元当成与天下"更始"的标志性事件。

王莽统治后期，曾经命令太史推历，尝试对新朝的未来进行论证：

> 六年春，莽见盗贼多，乃令太史推三万六千岁历纪，六岁一改元，布天下。下书曰："《紫阁图》曰'太一、黄帝皆仙上天，张乐昆仑虔山之上。后世圣主得瑞者，当张乐秦终南山之上'。予之不敏，奉行未明，乃今谕矣。复以宁始将军为更始将军，以顺符命。《易》不云乎？'日新之谓盛德，生生之谓易。'予其飨哉！"欲以诳耀百姓，销解盗贼。众皆笑之。①

王莽的意图十分明显，即通过修改和颁布历法以及更改将军名号，再一次达到"更新"或者"更始"的目的。为此，他在诏书中特意引用了《周易》中"日新之谓盛德，生生之谓易"的说法。然而，这已是王莽统治后期的事情了。此前，王莽多次使用类似的办法。人们对他早就失去了信心。班固说"众皆笑之"，或许出自推测，但这种推测应当基本符合当时人们对王莽这种所谓"改制"的态度。

总之，从汉武帝改元太始，到汉宣帝改元本始，再到王莽改元初始，基本思想一以贯之，即希望通过改元实现"更始"。②

三　"更始"与迁都

王莽政权的名字为"新"，也是更始思想的一种表现。当时的人们对王莽充满期待，王莽也在努力迎合人们的这种期待，以"新"为王朝名号即是例证。王莽一度要迁都洛阳，明面上的说法是要对应"天下之中"的理念，但对洛阳新都进行重新规划，以满足儒家礼制的要求，才是他内

---

① 《汉书》卷九九下《王莽传下》，第4154页。
② 有学者认为这些措施和意愿都是董仲舒改制思想的延续，参见刘泽华主编《中国政治思想史（秦汉魏晋南北朝卷）》，浙江人民出版社，1996，第270页。

心最为迫切的期待。

汉高祖定都长安，封娄敬为"奉春君"，这个名号被认为与更始思想有关。《汉书·高帝纪》载："是日，车驾西都长安。拜娄敬为奉春君，赐姓刘氏。六月壬辰，大赦天下。"颜师古注引张晏之说："春，岁之始也。今娄敬发事之始，故号曰奉春君也。"① 与定都长安相配合的举动是"大赦天下"，新都的建立与"更始"的关系值得重视。

有汉一代，儒士对定都长安存在不同的意见。例如，翼奉就期待汉元帝能够迁都以"更始"，上书说：

> 臣闻昔者盘庚改邑以兴殷道，圣人美之……故臣愿陛下因天变而徙都，所谓与天下更始者也。天道终而复始，穷则反本，故能延长而亡穷也。今汉道未终，陛下本而始之，于以永世延祚，不亦优乎！如因丙子之孟夏，顺太阴以东行，到后七年之明岁，必有五年之余蓄，然后大行考室之礼，虽周之隆盛，亡以加此。②

汉元帝似乎认真思考了翼奉的方案，问他："今园庙有七，云东徙，状何如？"即如果迁都，应该如何处理位于长安的汉朝陵墓和宗庙？事实上，这也是翼奉思考迁都的原因之一。翼奉认为，"祭天地于云阳、汾阴，及诸寝庙不以亲疏迭毁，皆烦费，违古制"，"不改其本，难以末正"，故而建议元帝通过迁都来解决以上种种问题。③ 也就是说，翼奉认为汉朝定都长安以来，在宗庙和陵寝以及郊祀等礼制建筑的设计上存在根本性问题。这些问题无法通过小范围的修补解决，只能通过迁都以实现"更始"。但迁都毕竟牵涉太广，在元帝时期并无实现的可能。

---

① 《汉书》卷一下《高帝纪下》，第 58 页。
② 《汉书》卷七五《翼奉传》，第 3177～3178 页。
③ 有学者认为翼奉建议迁都与谶纬相关。然从相关记载来看，翼奉关注的是宗庙和郊祀之类礼仪制度的改革等问题。相关的研究，参见吴从祥《谶纬与汉代迁都思潮之关系》，《长安大学学报》（社会科学版）2011 年第 2 期；罗建新《谶纬与两汉政治及文学之关系研究》，上海古籍出版社，2015，第 125～126 页。

到了王莽时期，汉朝定都长安已近两百年。京畿地区人口密度大大增加，① 再加上豪强的侵夺，人地矛盾日益紧张。沈刚认为，基于这样的形势，王莽打算把都城迁往洛阳，产生重新规划都城的想法。② 王莽显然注意到，西汉建立之初并未对礼仪性建筑进行妥善的规划，后来汉元帝和汉成帝的礼制改革又连带产生诸多问题。他或许受翼奉思想的影响，也认为最佳的选择是迁都洛阳，然后基于儒家礼仪制度对宗庙和郊祀进行重新规划。

新朝建立之初，王莽就声称新朝要模拟周制，设立两都。根据他自己在始建国四年（公元 12 年）二月的说法：“昔周二后受命，故有东都、西都之居。予之受命，盖亦如之。其以洛阳为新室东都，常安为新室西都。”③ 也就是说，王莽试图将长安和洛阳分别作为新朝的西都和东都。但正如前引沈刚的观点，王莽真正的意图是将洛阳作为唯一的首都。之所以先搬出两都之说，应是为了试探民意。这年年底，王莽志气方盛，打算开始巡狩，下诏说：

> 予之受命即真，到于建国五年，已五载矣。阳九之厄既度，百六之会已过。岁在寿星，填在明堂。仓龙癸酉，德在中宫。观晋掌岁，龟策告从。其以此年二月建寅之节东巡狩，具礼仪调度。④

虽然诏书只说是模仿舜巡狩四方，但从后文可以看出，巡狩的真正目的是迁都。随后，王莽下诏明确表示迁都洛阳，并将时间定在始建国八年：

> 玄龙石文曰：“定帝德，国雒阳。”符命著明，敢不钦奉。以始建国八年，岁缠星纪，在雒阳之都。其谨缮修常安之都，勿令坏败。

---

① 葛剑雄：《西汉人口地理》，人民出版社，1985，第 103 页。
② 沈刚：《王莽营建东都问题探讨》，《中国历史地理论丛》2005 年第 3 期。
③ 《汉书》卷九九中《王莽传中》，第 4128 页。
④ 《汉书》卷九九中《王莽传中》，第 4131 页。

敢有犯者，辄以名闻，请其罪。①

玄龙石是王莽即真的十二"符应"之一。在诏书中，王莽根据符命说明迁都的合理性，既然玄龙石明确说了新朝的首都应该是洛阳，迁都就是再无疑义的事了。应该留意，此说是为了说服民众迁都，稳定民心，不一定是王莽自己决定迁都的原因。

始建国六年（公元 14 年），王莽改元天凤，始建国八年其实不存在。天凤元年正月，王莽刻意忽略了推迟到始建国八年（也就是改元后的天凤三年）再迁都的打算，突然下诏，宣布一个月后就要开始巡狩迁都的计划：

> 予以二月建寅之节行巡狩之礼，太官赍糒干肉，内者行张坐卧，所过毋得有所给。予之东巡，必躬载耒，每县则耕，以劝东作。予之南巡，必躬载耨，每县则薅，以劝南伪。予之西巡，必躬载铚，每县则获，以劝西成。予之北巡，必躬载拂，每县则粟，以劝盖藏。毕北巡狩之礼，即于土中居雒阳之都焉。敢有趋谨犯法，辄以军法从事。②

该诏书表明王莽下了相当大的决心，明确宣布巡狩之后就要定都洛阳。只是他如此仓促的举动受到了大臣们的普遍反对，王莽无奈，只好再次把迁都的日期推迟到天凤七年（公元 20 年）：

> 更以天凤七年，岁在大梁，仓龙庚辰，行巡狩之礼。厥明年，岁在实沈，仓龙辛巳，即土之中雒阳之都。③

此时王莽迁都的决心依然十分强烈，发布诏书之后立即派遣太傅平晏

---

① 《汉书》卷九九中《王莽传中》，第 4132 页。
② 《汉书》卷九九中《王莽传中》，第 4133 页。
③ 《汉书》卷九九中《王莽传中》，第 4134 页。

和大司空王邑到洛阳为迁都做准备，要他们"营相宅兆，图起宗庙、社稷、郊兆云"。由此可见，王莽迁都的最主要动力当是重新设计宗庙、社稷以及郊祀系统，改变汉朝以来皇家礼仪建筑不合礼法的局面。然而，天凤元年恰是新朝统治的分水岭。自此以后，内忧外患接踵而至，史料中已无迁都的记载。天凤六年（公元 19 年），王莽决定改元地皇，以厌胜天下盗贼，诏书中预计的"天凤七年"并不存在。

地皇元年（公元 20 年），王莽在长安营建九庙，似乎已下定决心不再考虑迁都的问题：

> 望气为数者多言有土功象，莽又见四方盗贼多，欲视为自安能建万世之基者……于是遂营长安城南，提封百顷……九庙：一曰黄帝太初祖庙，二曰帝虞始祖昭庙，三曰陈胡王统祖穆庙，四曰齐敬王世祖昭庙，五曰济北愍王王祖穆庙，凡五庙不堕云；六曰济南伯王尊祢昭庙，七曰元城孺王尊祢穆庙，八曰阳平顷王戚祢昭庙，九曰新都显王戚祢穆庙。[①]

王莽在长安城南营造九庙，并将祖先按照严格的昭穆制度排列，还规定除了前五庙永世不堕之外，其他宗庙要有迭毁的制度。这些都是西汉中后期以来儒生想做但没有完成的工作。

汉朝建立后不久，叔孙通为汉朝设计礼仪制度。高祖去世之后，汉朝的祖先宗庙礼仪也大都出自叔孙通之手。[②] 然而，到了西汉中后期，叔孙通制定的礼仪制度被认为不合礼制。汉朝不仅有城内的宗庙，诸陵还有陵庙。[③] 郊祀方面早在先秦时期就形成了复杂的祭祀系统，秦汉时期曾经试

---

① 《汉书》卷九九下《王莽传下》，第 4161 页。
② 华友根：《叔孙通为汉定礼乐制度及其意义》，《学术月刊》1995 年第 2 期。另参见〔美〕巫鸿《中国古代艺术与建筑中的"纪念碑性"》，李清泉、郑岩等译，上海人民出版社，2009，第 208 页。
③ 杨宽：《中国古代陵寝制度史研究》，上海古籍出版社，1985，第 24 页；焦南峰、马永赢：《西汉宗庙刍议》，《考古与文物》1999 年第 6 期；刘庆柱、李毓芳：《关于西汉帝陵形制诸问题探讨》，《考古与文物》1985 年第 5 期。

图整合，但仍然呈现纷繁错乱的局面。长安城附近，各类与礼制不合的祭祀场所混杂分布。

翼奉已经认识到细枝末节式的一般改革无法解决长安城及附近宗庙和郊祀混乱的局面，所以建议元帝迁都洛阳，按照儒家礼制重新规划和建设都城。王莽显然也受这种思想影响，打算迁都洛阳，重新规划都城。但在王莽时期，迁都未能实现，王莽只好妥协后退，在长安修建九庙。"更始"也就无从谈起了。

结　语

除旧布新的更始思想，来源于人们对天体周期性回归的认识。民俗活动多有年节之类的相关内容，这也是"更始"在民众中传播的思想基础。自汉武帝开始以诸瑞名年，赋予改元特殊的含义，更始思想在政治文化领域也越来越具有重要的意义。从西汉中后期开始，儒家化的士大夫阶层对"更始""更新"一直有着极强烈的期待，希望通过改制达到理想的社会形态。王莽政权以"新"为名，实施一系列的政策举措，正是为了迎合当时的更始思想。

到西汉中后期，人们已经意识到汉朝如果要实现"更始"，就不能小修小补，而应当从根本上做出改变。这尤其体现在儒生对不合礼制的宗庙和郊祀建筑混乱状态的不满。王莽也深受此思想的影响，在即位之后一度想要迁都洛阳，对都城进行重新规划，但在实际上缺乏可行性，最终在长安修建九庙。西汉中后期以来迁都以"更始"的动议逐渐消泯。

新莽的一系列尝试使人们对"更始"逐渐失望，但刘玄政权仍以更始为年号。此后，汉光武帝刘秀的政治宣传转而强调"中兴"，后者与"更始"之间的关联也颇值得玩味。

西汉边郡基层官吏训育考察[*]

——以肩水金关"为吏"简和居延"《吏》篇"木牍为中心

焦天然[**]

摘　要　肩水金关第 24 探方出土数枚内容与"为吏"相关的简，"为吏"简与居延汉简 506.7"《吏》篇"木牍反映了西汉边郡基层官吏的训育情况。北大秦简《从政之经》、睡虎地秦简《为吏之道》、岳麓书院藏秦简《为吏治官及黔首》与"为吏"简内容具有相似性，表明"为吏"是一种较成熟的文本，性质类似于格言式的文献杂抄，从秦代传用至西汉中后期。"《吏》篇"木牍内容思想与刘向《说苑·臣术》更为相近，反映了西汉边郡官吏教育从承袭秦代的"能书、会计""知律令"到儒家"任德教"的倾向。

关键词　肩水金关汉简　居延汉简　《为吏之道》　官吏训育

＊　本文是中国艺术研究院"2022 年青年人才资助项目"（2022-4-23）的部分成果。本文初稿完成后，以《肩水金关"为吏"简所见西汉边郡官吏训育》为题，在"文以成政：中国政治文化传统的形成与早期发展"学术研讨会上提交发表，承蒙评议人韩巍先生以及孙正军先生、陈侃理先生提出宝贵修改意见。本文在撰写及修改过程中，得到马怡老师、邢义田老师的宝贵教示。修改稿在中国秦汉史研究会第十六届国际学术研讨会宣读，承蒙姚磊先生提出宝贵意见。笔者曾就"为吏"简书体问题向文化所同人谷卿先生请益。对于以上帮助，谨此一并致谢。
＊＊　焦天然，中国艺术研究院中国文化研究所助理研究员。

　　官吏训育，指对官吏进行政务培训和道德教育。肩水金关同一探方中出土了数枚内容与"为吏"相关的简，居延出土了被命名为"《吏》篇"的 506.7 木牍，都是反映西汉边郡基层官吏训育情况的宝贵实例。

　　出土材料中"为吏"相关的简牍并不鲜见。睡虎地秦墓竹简《为吏之道》一篇由 51 支竹简组成，与《语书》等一起发现于墓主腹下，分上下五栏书写，整理者推测其为"供学习做吏的人使用的识字课本，和秦代的字书《仓颉篇》《爰历篇》《博学篇》相似"。① 岳麓书院藏秦简有《为吏治官及黔首》一篇，包含 87 枚竹简，大多数简分为三栏或四栏书写，② 围绕"为吏""治黔首""治身"展开，内容与《为吏之道》类似，文本更为成熟。北京大学藏秦简《从政之经》共 46 枚，其中有 2 枚残半，余完整。除简册最末 7 枚简通栏书写外，其余 37 枚简均分上下四栏抄写。整理者称"其文字内容，多与《为吏之道》相同"，并判断其相似内容"在当时已是一个较为成熟的文本"，提出"《为吏之道》的文本相对于北大简《从政之经》在内容编排上更为成熟"。③ 王家台秦墓出土的《政事之常》共有 65 枚简，以图表形式呈现，正中书写"员以生枋（方）""正（政）事之常"八字，整理者称："正文分三圈书写，其内圈与睡虎地秦简《为吏之道》之'处如资，言如盟'至'不时怒，民将姚去'一段相同，但文字及顺序各有差异，而其另外两圈是对这段文字的解释与说明。"④ 这些文献为研究秦汉之际的吏治提供了宝贵材料。

---

① 睡虎地秦墓竹简整理小组编《睡虎地秦墓竹简》，文物出版社，1990，第 165～176 页。本文《为吏之道》释文皆以此为底本，不再另注出处。陈侃理认为，睡虎地秦简"语书"后六简当编连于"为吏之道"后，以"语书"为篇题，参见陈侃理《睡虎地秦简"为吏之道"应更名"语书"——兼谈"语书"名义及秦简中类似文献的性质》，《出土文献》2015 年第 1 期。

② 简 1541、0072、1531 整栏抄写，简 1542 分为两栏抄写。释文与图版的情况，参见朱汉民、陈松长主编《岳麓书院藏秦简》（壹），上海辞书出版社，2010，第 108～149 页。本文《为吏治官及黔首》释文皆以此为底本，不再另注出处。

③ 朱凤瀚：《北大藏秦简〈从政之经〉要》，《文物》2012 年第 6 期。本文《从政之经》释文皆转引自此文，不再另注出处。

④ 王明钦：《王家台秦墓竹简概述》，艾兰、邢文编《新出简帛研究》，文物出版社，2004，第 39～42 页。

本文将借助肩水金关"为吏"简与居延"《吏》篇"木牍，结合相关文献，对西汉边郡基层官吏的训育情况进行论述。

一　肩水金关汉简中的"为吏"简

目前所公布的肩水金关汉简中可能与"为吏"相关的简有 5 枚，图版与释文见图 1，简文编号见表 1。

图 1　肩水金关的 7 枚"为吏"简图版

资料来源：甘肃简牍博物馆、甘肃省文物考古研究所、甘肃省博物馆、中国文化遗产研究院古文献研究室、中国社会科学院简帛研究中心编《肩水金关汉简》（叁）中册，中西书局，2013，第 21、27、30 页。本文所引肩水金关汉简释文皆以此为底本，不再另注出处。

表 1　肩水金关"为吏"简简文编号

简文编号	73EJT24：731	73EJT24：722	73EJT24：800	73EJT24：842	73EJT24：802
对应图 1 中 7 枚简自左至右的图版	1	2	3	4	5

1. 图版 1（73EJT24：731）："□故曰：诚=之=，圣▢"

此简首字漫漶，下部残断，单行抄写，字体为较工整的隶书。《孟子·梁惠王》载："曾子曰：'戒之戒之！出乎尔者，反乎尔者也。'"[①]睡虎地秦简《为吏之道》有两处"戒之戒之"，分别为："戒之戒之，材（财）不可归三三贰；谨之谨之，谋不可遗三四贰；慎之慎之，言不可追三五贰；綦之綦〔之〕，食不可赏（偿）三六贰"；"戒之戒之，言不可追四八肆；思之思〔之〕，某（谋）不可遗四九肆；慎之〔慎之〕，货不可归五〇肆"。《为吏治官及黔首》则有"敄之敄之，某（谋）不可行74/1590；慎之慎之，言不可追75/0924；谨之谨之，某（谋）不可遗76/1588；綦之綦〔之〕，食不可赏（偿）77/1587"。北大简《从政之经》第Ⅵ节有"武之才不可归，谨之谋不可遗，慎之言不可追，畀畀之食不可尝也9~20"。《为吏之道》与《为吏治官及黔首》此段皆是四言，部分押韵。值得注意的是，北大藏西汉竹书《周驯》篇有"故彭祖曰'戒之戒之，言不可追'"，文字内容与《为吏之道》相同，整理者认为《周驯》成书于战国晚期，传抄于秦汉，此处所引"彭祖"可能出自彭祖书。[②]

2. 图版 2（73EJT24：722）："▢□，贼毋失闻，皆"

此简上部残断，单行抄写，字迹与图版 1 相似，疑为同一人书写。岳麓秦简《为吏治官及黔首》有"劝毋失时86/0072"之语，与其句式相似。从内容来看，"贼毋失闻"指不能忽略盗贼的情况。边郡都尉的主要执掌为"典兵禁备盗贼"，《汉官仪》言："秦郡有尉一人，典兵禁，备盗贼。景帝更名都尉。建武（十）〔六〕年省，惟边郡〔往往〕置都尉及属国都尉。"[③]《汉旧仪》言："都尉治盗贼甲卒兵马。"[④] 居延新简可见"督盗

---

① 焦循：《孟子正义》，沈文倬点校，中华书局，1987，第 158 页。
② 北京大学出土文献研究所编《北京大学藏西汉竹书》（叁），上海古籍出版社，2015，第 122~124、267 页。上博楚简有《彭祖》篇，为今存最早彭祖书，内容未见此八字。此条材料承韩巍先生提示，谨致谢忱。
③ 应劭：《汉官仪》卷上，孙星衍等辑《汉官六种》，周天游点校，中华书局，1990，第 151 页。
④ 孙星衍等辑《汉官六种·汉旧仪》，第 81 页。

贼"与"门下督盗贼",① 如 EPF22：284 "府遣督盗贼、督燧行塞"、EPF22：166 "建武叁年六月庚午,领甲渠候职门下督盗贼凤谓第四守候长恭等"。② "领甲渠候职"说明当时被派遣到部办公。此外,都吏也要与县廷配合,逐捕境内隐匿的逃犯,如居延汉简 179.9："书到,遣都吏与县令以下,逐捕搜索部界中疑亡人所隐匿处,以必得为故。"③ 可见,逐捕盗贼是地方官吏的主要职责之一。《为吏之道》列举官吏职责时有"水火盗贼₂₅叁"一条,《为吏治官及黔首》有"〔士〕吏捕盗₉/₁₅₆₃""盗贼弗得₁₂/₁₅₆₇"之语。其中"水火盗贼"为秦汉官文书习语,居延新简 EPT43：62 与 EPT43：99 为更始二年（公元 24 年）上报的烽燧值守记录,皆有"毋水火盗贼发",指其间未发生水患、火灾,未有盗贼之事。

3. 图版 3（73EJT24：800）："☒起而福吉常☒"

此简上下残断,单行抄写,字体是较工整的隶书。《为吏之道》"行修身,过（祸）去福存₅贰"、《为吏治官及黔首》"祸与富（福）邻₆₂/₁₅₂₉"或与之相关。"祸与福邻"语出《荀子·大略》,《老子》亦有"祸兮福之所倚,福兮祸之所伏"的相似表述。

4. 图版 4（73EJT24：842）："☒存,以财为草,以身为葆,可以"

此简上部残断,单行抄写,字体为较工整的隶书,字迹与图版 3（73EJT24：800）有些相似,简号亦相隔不远。"葆"通"宝",指将财物视为草芥,将自身德行视为珍宝。刘向《说苑·谈丛》"义士不欺心,廉士不妄取。以财为草,以身为宝。慈仁少小,恭敬耆老",④ 当与之有关。

---

① 严耕望认为,"门下督盗贼""门下督""督盗贼"为同职异称,均为门下吏。参见严耕望《地方行政制度史·甲部　秦汉地方行政制度》,台北：中研院历史语言研究所,1990,第 127、128 页。李迎春提出,秦汉时期还存在不是"门下督盗贼"省称的"督盗贼"一职。参见李迎春《秦汉郡县属吏制度演变考》,博士学位论文,北京师范大学,2009。

② 张德芳主编《居延新简集释》（1~7）,甘肃文化出版社,2016。简称《集释》。本文所引居延新简释文皆以此为底本,不再另注出处。

③ 简牍整理小组编《居延汉简》（叁）,台北：中研院历史语言研究所,2016,第 198 页。本文所引居延汉简释文皆以此为底本,不再另注出处。

④ 刘向撰,向宗鲁校证《说苑校证》,中华书局,1987,第 393~394 页。

此简"以财为草，以身为宝"上下文字又与《说苑》不同，不能简单将其视作《说苑》的抄件，将其推定为与"为吏"相关的杂抄更加稳妥。《为吏之道》中也有戒贪之语，如"临材（财）见利，不取句（苟）富$_{五〇壹}$"，[①]"戒之戒之，材（财）不可归$_{三三贰}$"。《为吏治官及黔首》将"居官善取$_{37/1545}$"列为"吏有五失"之一，将"间（贱）士贵货贝$_{46/1548}$"列为"吏有五过"之一，则是对此的反向论述。

5. 图版 5（73EJT24：802）："□毋远虑，必有近忧"

此简上下残断，字体为较工整的隶书。"人无远虑，必有近忧"语出《论语·卫灵公》，此简单独来看似乎是对《论语》的抄录。[②]但同一探方还出土了编号为 73EJT24：833 的简，内容来自《论语》，其图版如图 2 所示。

此简上下残断，双行抄写，文字内容分别为："☑曰：天何言哉，四时行焉，万物生焉☑"，"☑年之丧，其已久矣。君子三☑"。简文出自《论语·阳货》，原文为：

> 子曰："予欲无言。"子贡曰："子如不言，则小子何述焉？"子曰："天何言哉？四时行焉，百物生焉，天何言哉？"
>
> 宰我问："三年之丧，期已久矣。君子三年不为礼，礼必坏；三年不为乐，乐必崩。旧谷既没，新谷既升，钻燧改火，期可已矣。"

从图版看来，73EJT24：833 此简形制和书体都与图版 5（73EJT24：802）迥异。图版 5（73EJT24：802）单行抄写，字迹与图版 4（73EJT24：842）颇为近似，当为同一人书写的同一册书。"人无远虑，必有近忧"

---

① 《为吏治官及黔首》62/2176+1501（五九正）简文字相同。此句亦见于《礼记·曲礼上》："临财毋苟得，临难无苟免。"阮元校刻《十三经注疏》，中华书局，1980 年影印本，第 1230 页。

② 邢义田将此简归入《论语》相关的残简。参见邢义田《秦汉基层员吏的精神素养与教育——从居延牍 506.7（〈吏〉篇）说起》（订补稿），《今尘集：秦汉时代的简牍、画像与文化流播》上册，中西书局，2019，第 119 页。

在汉晋时期已成习语，如《晋书·
王豹传》载王豹致笺齐王冏时就说
过"君子不有远虑，必有近忧"。①
所以，将图版 5（73EJT24：802）径
归于《论语》简或有未安。考虑其
与图版 4（73EJT24：842）的密切关
系，后者又明显不是《论语》的抄
件，可以推测图版 5（73EJT24：
802）当与图版 4（73EJT24：842）
同为"为吏"相关的杂抄。

以上 5 枚简出自同一探方，皆
有残断，无法看到完整长度，但简
宽相近，都是单行抄写，文字大小、
间距、书体亦近似。内容都是对
"为吏"者的教育与规诫，故取
《为吏之道》《为吏治官及黔首》的
篇首"为吏"二字，将其命名为
"为吏"简。肩水金关第 24 探方出
土简牍千余枚，编号至 1006，据笔
者统计，共有纪年简 57 枚，其中最
早纪年为 73EJT24：208 所载的武帝

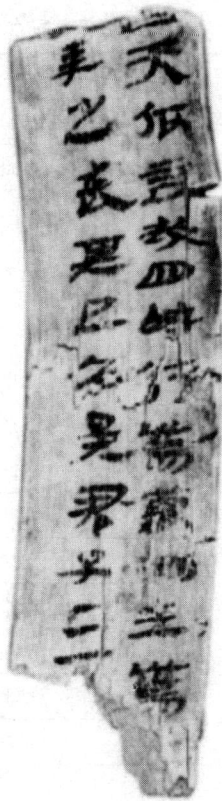

图 2　肩水金关汉简 73EJT24：833 图版

资料来源：《肩水金关汉简》（叁）中
册，第 29 页。

延（征）和四年（前 89 年），最晚纪年为新莽始建国三年（公元 11 年）。
这批纪年简整理如表 2 所示。

由表 2 可知，肩水金关第 24 探方出土简年代基本分布在西汉宣帝至
新莽时期，其中宣帝时期最多，平帝与新莽时期次之。② 因此，将"为吏"

①　《晋书》卷八九《王豹传》，中华书局，1974，第 2305 页。
②　依据书写方式与数字、度量衡、官称、地理名称等，更多简可判断产生于新莽时
　　期。但为了避免数据偏差，仅统计有明确纪年者。

表 2 肩水金关汉简 73EJT24 纪年情况

世系	年号	简编号	数量（枚）
武帝	延（征）和	208	1
宣帝	本始	244、945、97、262、895	26
	地节	252、723、759、532、534、876、267、269、872、251、828、101＋116、748、809、566、786、944、818	
	元康	705	
	五凤	35	
	甘露	92	
元帝	初元	284、78	2
成帝	建始	28	4
	河平	34	
	永始	23、133	
哀帝	建平	217	1
	元寿	300	1
平帝	元始	506、9、574、31、145、315、646、616、336、587、426、32、68、439	14
孺子婴（王莽摄政）	居摄	153、7、75、197、355	5
新莽	始建国	22、36、228	3

简的年代定为西汉中期是较为稳妥的。5 枚 "为吏" 简的编号为 722 ～ 842，且探方中 700 与 800 编号的简纪年仅出现宣帝年号，或许可以据此将 "为吏" 简年代进一步推测为宣帝时期。宣帝时 "所用多文法吏，以刑名绳下"，[①] 也与 "为吏" 简的思想倾向相吻合。

---

① 《汉书》卷九《元帝纪》，中华书局，1962，第 277 页。

二　居延汉简中的"《吏》篇"木牍

居延汉简中编号为 506.7 的木牍，在内容上与肩水金关的"为吏"简或有联系。关于这枚木牍的研究，早年有魏启鹏《居延"愚吏"简校笺》;[1] 之后有刘信芳《居延新简〈吏〉篇研究》,[2] 木牍"《吏》篇"之名即源于此；邢义田重新审视红外线照片，重释简文，写作《秦汉基层员吏的精神素养与教育——从居延牍 506.7（〈吏〉篇）说起》一文，由此探讨汉代基层官吏的精神素养、道德品质和识字教育等问题。[3]

此木牍长 23.1 厘米、宽 1.7 厘米，共 111 字，分三行书写，无分栏，字迹与肩水金关"为吏"简相比稍显潦草。图版见图 3。

木牍的简文内容如下：

●所谓臾（谀）吏者，上所言皆曰可，上所为皆曰善，以听顺从为故，阴求上之所好而进之，苟容而已。●所谓 备 员吏者，安官贪禄，营于私家，不务

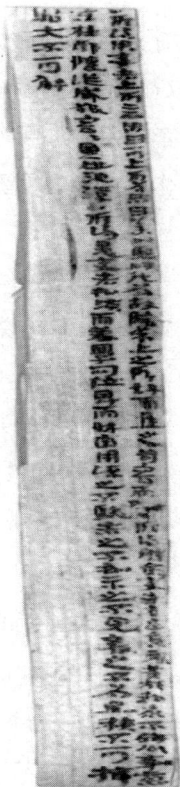

图 3　居延汉简 506.7 图版

① 魏启鹏：《居延"愚吏"简校笺》，李学勤主编《简帛研究》第 1 辑，法律出版社，1993，第 212~214 页。
② 刘信芳：《居延新简〈吏〉篇研究》，《考古》2005 年第 9 期。
③ 邢义田：《秦汉基层员吏的精神素养与教育——从居延牍 506.7（〈吏〉篇）说起》，首次发表于《古文字与古代史》第 3 辑，台北：中研院历史语言研究所，2012，第 399~459 页。订补稿收入邢义田《今尘集：秦汉时代的简牍、画像与文化流播》上册，第 98~134 页。

公事，意 在 接 （挟）耶（邪），怀诈臧（藏）能，容容与世沉浮。

●所谓愚吏者，知浅而羞学问，位卑而好自用，谏之不听，告之不知，示之不见，教之不为，过积不可掩，罪大不可解。①

在简文修订方面，邢文仔细梳理对照了劳榦《居延汉简》，马先醒《居延汉简新编》，中国社会科学院考古研究所编《居延汉简甲乙编》，谢桂华、李均明、朱国炤《居延汉简释文合校》，魏启鹏、刘信芳等诸家释文，新作释文较为稳妥。故本文不再赘述，仅对木牍内容做简要分析。依据墨点标示，木牍内容可以分为三部分。

第一部分即"所谓臾（谀）吏者……苟容而已"句，言"臾（谀）吏"之逢迎媚上。《说苑·臣术》有"谀臣"："六邪者……二曰主所言皆曰善，主所为皆曰可。隐而求主之所好，即进之以快主之耳目。偷合苟容，与主为乐，不顾其后害。如此者，谀臣也。"② 与木牍内容相合。居延"《吏》篇"木牍与《说苑》的内容相似，可能因为它们有相同的取材，③《说苑》成书于成帝时期，"《吏》篇"木牍的抄写年代推测为西汉中晚期较稳妥。

第二部分即"所谓 备 员吏者……容容与世沉浮"句，言"备员吏"之怀诈营私。"备员吏"指庸碌之吏。《说苑·臣术》有所谓"具臣"："六邪者，一曰安官贪禄，营于私家，不务公事。怀其智，藏其能，主饥于论，渴于策，犹不肯尽节。容容乎与世沉浮，上下左右观望。如此者，具臣也。"④"营于私家，不务公事"在《为吏之道》中正面叙述为"凡治事，敢为固，谒私图_伍"，在《为吏治官及黔首》中则表达为"慎谨擎（坚）固48/1516，审悉毋私49/1548"。"挟邪""怀诈"为汉代习语，《史

---

① 释文以邢义田《秦汉基层员吏的精神素养与教育——从居延牍506.7（〈吏〉篇）说起》（订补稿）为底本。

② 刘向撰，向宗鲁校证《说苑校证》，第35页。

③ "《吏》篇"木牍与《说苑》的关系承孙正军先生提示，谨致谢忱。

④ 刘向撰，向宗鲁校证《说苑校证》，第35页。本文引用时句读有改动。

记·淮南衡山列传》有"废法行邪，怀诈伪心"之语，① 亦可参《汉书·郊祀志》"挟左道，怀诈伪"。②

第三部分即"所谓愚吏者……罪大不可解"句，言"愚吏"之刚愎自用。"知浅而羞学问"参见《说苑·谈丛》"君子不羞学，不羞问"。③ "位卑而好自用"参见《礼记·中庸》"愚而好自用，贱而好自专"。"谏之不听"亦见《说苑·谈丛》，其上下文为"恭敬逊让，精廉无谤。慈仁爱人，必受其赏。谏之不听，后无与争。举事不当，为百姓谤。悔在于妄，患在于唱"。④《说苑》中的此段叙述，与《为吏之道》中的"吏有五善六贰：一曰中（忠）信敬上七贰，二曰精（清）廉毋谤八贰，三曰举事审当九贰，四曰喜为善行一〇贰，五曰龚（恭）敬多让一一贰。五者毕至，必有大赏一二贰"内容用词有所重合。⑤ 亦可参见《为吏之道》的"听有方，辩短长一五伍"。"过积不可掩，罪大不可解"可解释为时间积累长而无法遮掩，所犯罪过大而不可救药，参见《周易·系辞下》"恶积而不可掩，罪大而不可解"。

从以上论述可见，木牍"《吏》篇"批评了谀吏、备员吏、愚吏，与"为吏"简主题相似，都关注基层官吏的培养教育与自我修养，其内容也与秦简《为吏之道》《为吏治官及黔首》相关。它以墨点作为三种吏的分段提示，更与睡虎地《语书》"良吏""恶吏"类似，表明"《吏》篇"有着久远的文本传承。但"《吏》篇"木牍形式上有所改变，如《为吏之道》分为五栏，《为吏治官及黔首》、北大藏秦简《从政之经》与王家台秦简《政事之常》亦分栏书写，居延汉简"《吏》篇"则三行连贯抄写于木牍之上，肩水金关"为吏"简也未见分栏痕迹；又如《为吏之道》部分用韵文写成，便于讽诵，"《吏》篇"不用韵，更加平铺直叙，且多

① 《史记》卷一一八《淮南衡山列传》，中华书局，1982，第3094页。
② 《汉书》卷二五下《郊祀志下》，第1260页。
③ 刘向撰，向宗鲁校证《说苑校证》，第409页。
④ 刘向撰，向宗鲁校证《说苑校证》，第395~396页。
⑤ 亦见《为吏治官及黔首》："吏有五善：一曰忠信敬上，二曰精廉无旁（谤），三曰举吏（事）审当，四曰喜为善行，五曰龏（恭）敬多让。五者毕至，必有天〔大〕当（赏）。"

用汉代习语，显现更多的时代特征。

根据目前所见的简文来看，肩水金关的"为吏"简内容并非逻辑紧密、浑然一体，而是略显零散。从笔迹也可推测，"为吏"简的抄写并非一蹴而就，甚至或许存在多位书手。造成这种情况的原因，可能是不断有新内容增补在旧文本之上，形成类似于格言式的文献杂抄。居延汉简"《吏》篇"内容较为完整，条分缕析，叙述与《为吏之道》和《为吏治官及黔首》的"吏有五善""吏有五失"等内容相仿，其文字又多与刘向《说苑·臣术》相同或相近，如《臣术》列举了人臣的"六正六邪"，"六邪"的前两条正对应"备员吏"与"臾（谀）吏"。可见"《吏》篇"所据抄本应与《说苑·臣术》同源，也可以推想居延汉简"《吏》篇"或许对良吏与不善之吏有较完整的论述。邢义田认为居延汉简505.32A 也是"言君臣之道的典籍残文佚篇"：

> □者，言 法 理；与事君者，言忠信。凡此三者，盖言之 利 也。贪夫谋财，列士谋名□。[①]

居延汉简 505.32A 中的"贪夫谋财，列士谋名"，又见于《鹖冠子》的"列士徇名，贪夫徇财"、《盐铁论·毁学》的"贤士徇名，贪夫死利"。这再次印证了"为吏"简是文献杂抄的推测。

《为吏之道》与《为吏治官及黔首》语句多有重合，北大藏秦简《从政之经》所公布的内容亦与二者相似，正如《从政之经》的整理者所言："既然北大简《从政之经》的简文与睡虎地《为吏之道》简在总体内容上与分节上有如此多的共性，可见这部分内容相合的简文在当时已是一个较成熟的文本。"[②] 学界对《为吏之道》《为吏治官及黔首》等文献的性质做过探讨，如吴福助提出《为吏之道》"是秦代官府培训学吏的道德教

---

① 邢义田：《秦汉基层员吏的精神素养与教育——从居延牍 506.7（〈吏〉篇）说起》（订补稿），《今尘集：秦汉时代的简牍、画像与文化流播》上册，第 111 页。
② 朱凤瀚：《北大藏秦简〈从政之经〉述要》，《文物》2012 年第 6 期，第 75 页。

材"，其中"除害兴利"以下49句，"是秦嬴宦学识字教材，为今存中国古代识字教材中之最早者"；① 张金光认为《为吏之道》"在德这方面训练官吏"，"类后世之政治教本"；② 邢义田提出，"《为吏之道》和《为吏治官及黔首》应非以识字为目的而编写的教材，它主要为了道德说教，应是精神教育的教材"。③

《为吏之道》是否为秦代通行的官府培训学吏教材，或许可以从内容与文体两方面来判断。内容上，有学者提出《为吏之道》不仅限于法家思想，与儒家、道家思想也有紧密关系。④ 文体上，学界普遍认为《为吏之道》结尾韵文与"成相"密切相关，文字也与《荀子·成相篇》相似。"成相"为较特殊的韵文文体，多用三三七四七句式写成。姚小鸥考证"成相"的历史文化渊源为《周礼·春官》所载之"瞽献曲"，即"瞽蒙诵诗并诵世系以劝诫人君"。⑤ 李炳海认为《楚辞》是《成相篇》的直接借鉴对象，其中三言、四言、七言句的运用是战国中后期楚地诗歌的重要传统。⑥《为吏之道》的整理者也提出，"荀况在秦昭王时去过秦国，又长期居住在楚地，所以《为吏之道》在这一点上与《荀子·成相篇》相似，

---

① 吴福助：《为吏之道宦学识字教材论考》，《睡虎地秦简论考》，文津出版社，1994，第176、139页。

② 张金光：《秦制研究》，齐鲁书社，2004，第721页。

③ 邢义田：《秦汉基层员吏的精神素养与教育——从居延牍506.7（〈吏〉篇）说起》（订补稿），《今尘集：秦汉时代的简牍、画像与文化流播》上册，第132页。

④ 高敏认为《为吏之道》"反映了儒法合流倾向"。参见高敏《云梦秦简初探》，河南人民出版社，1981，第242页。金庆浩认为《为吏之道》兼及儒家与道家思想，提出："《为吏之道》之所以内容复杂，是因为秦统一全国前后，虽然社会统治方面强调法家思想，为了有效地维持帝国的秩序，对以儒家为首的多种多样的思想的要求也与日俱增。"参见〔韩〕金庆浩《秦、汉初"士"与"吏"的性质——以〈为吏之道〉和〈为吏治官及黔首〉为中心》，武汉大学简帛研究中心主办《简帛》第8辑，上海古籍出版社，2013，第320页。关于《为吏之道》中儒家思想与道家思想的相关研究，另参见欧阳祯人《〈为吏之道〉的儒家思想发微》，谢启钧编《郭店楚简与早期儒学》，台北：台湾古籍出版社，2002，第273~281页；魏启鹏《文子学派与秦简〈为吏之道〉》，陈鼓应主编《道家文化研究》第18辑，三联书店，2000，第163~179页。

⑤ 姚小鸥：《〈睡虎地秦简成相篇〉研究》，《文学前沿》2000年第1期。

⑥ 李炳海：《〈荀子·成相〉的篇题、结构及其理念考辨》，《江汉论坛》2010年第9期。

恐怕不是偶然的"。① 由以上两点可知，《为吏之道》内容上兼及儒道，文体上又有与楚辞关系紧密的"成相"韵文，而且《为吏之道》发现于故楚之地，恐怕很难将其视作秦代颁行全国的教材。同理，肩水金关"为吏"简与居延汉简"《吏》篇"木牍内容虽具说教性质，但不能单纯以教材来定义，其性质或许更类似于杂抄的吏道格言。

北大藏秦简《从政之经》整理者推测其抄写年代至晚不会晚于秦始皇三十四年（前 213 年），更可能是不晚于"更名民曰'黔首'"之秦始皇二十六年。从文本来看，睡虎地秦简《为吏之道》晚于《从政之经》；岳麓秦简《为吏治官及黔首》更晚；肩水金关"为吏"简年代为西汉中期，可能在宣帝朝；"《吏》篇"最晚，当在西汉中后期。

肩水金关"为吏"简均为单行抄录，并未分栏，从其留存文字也无法看出是否有韵文。居延汉简"《吏》篇"为连贯书于一片木牍上的三行文字，未用韵。从内容上看，不论较散乱的"为吏"简，还是较完整的"《吏》篇"木牍，内容已和《为吏之道》有所差异，亦多有汉代习语，或许是"为吏"相关的文本在西汉发生了改变。下面试对这种改变的原因进行探讨。

三　从"能书、会计""知律令"到"任德教"：西汉边郡基层官吏训育

秦朝的大一统中央集权体系建立在法令基础上，有学者提出，岳麓秦简《为吏治官及黔首》中有的内容可能取材于当时的律令条文。② 笔者也发现，《为吏之道》"除害兴利"部分列举官吏的职责时，其中有"千（阡）佰（陌）津桥$_{一四叁}$""沟渠水道$_{一六叁}$"之语，《为吏治官及黔首》也有"田道冲术不除$_{78/1589}$，田径不除$_{79/0926}$""桥陷弗为$_{74/1590}$"之语。相似内

① 《睡虎地秦墓竹简》，第 167 页。
② 徐道胜：《岳麓秦简〈为吏治官及黔首〉的取材特色及相关问题》，《湖南大学学报》（社会科学版）2011 年第 2 期。

容又见于秦及汉初律法，如青川县郝家坪出土的《更修为田律》秦牍记载了秦武王二年（前 309 年）修改土地规定的诏书条文："以秋八月，修封埒（埒），正强（疆）畔，及登千（阡）百（陌）之大草。九月，大除道及阪险。十月，为桥，修波（陂）堤，利津梁。"张家山汉简《二年律令·田律》："恒以秋七月除千（阡）佰（陌）之大草；九月大除$_{246}$道口阪险；十月为桥，修波（陂）堤，利津梁$_{247}$。"①《为吏之道》第五栏末尾附抄魏安釐王二十五年（前 252 年）的魏户律和魏奔命律，可见吏治与法律令有着久远且密切的牵连。

在秦代，教化百姓的手段是律法，秦统一过程中对新地进行文化整合也是通过律法，如睡虎地秦简记录了秦始皇二十年（前 227 年）南郡郡守腾发送给其主管县道的公文，规定通过法律教导民众：

> 古者，民各有乡俗，其所利及好恶不同。或不便于民，害于邦。是以圣王作为法度，以矫端民心，去其邪避（僻），除其恶俗。法律未足，民多诈巧，故后有间令下者。凡法律令者，以教道（导）民，去其淫避（僻），除其恶俗，而使之之于为善殹（也）。今法律令已具矣，而吏民莫用，乡俗淫失（泆）之民不止。是即法（废）主之明法殹（也），而长邪避（僻）淫失（泆）之民，甚害于邦，不便于民。故腾为是而修法律令、田令及为间私方而下之，令吏明布，令吏民皆明智（知）之，毋巨（拒）于罪。

《语书》反复提到"淫僻""恶俗"，所指当为楚地旧俗，又以"明法律令"和"不明法律令"区分"良吏"和"恶吏"，如果吏民不守法律，便以"不忠""不智""不廉""不胜任"之名来治罪。因为人手有限，秦新地吏的来源不仅有派去的秦吏，还需要选用本地吏员，那么通行全国的"为吏"文本经过各地数度传抄增补，内容变得更为丰富，适用

---

① 参见焦天然《"九月除道，十月成梁"考——兼论秦汉月令之统一性》，《四川文物》2013 年第 1 期。

性更强，所含思想也不囿于法家一说，就可以理解了。金庆浩提出，秦始皇三十四年"焚书坑儒"之后，"《为吏之道》和《为吏治官》中引用的经典以及诸子书的内容丧失了其合法存在的依据。尤其是《为吏之道》和《为吏治官》中强调的官吏应具备恭敬、礼让、忠信等儒家素质，因此他们更加丧失了自身存立的基础"。① 从肩水金关"为吏"简的内容来看，其对《为吏之道》和《为吏治官及黔首》的继承是显而易见的，可以推知这样的"为吏"文本不仅在秦汉易代之际被保存了下来，并且直至西汉中后期都在边郡的官吏训育中发挥作用。

汉代征良家子为骑士，边郡的普通戍卒多为农人。《续汉书·百官志》注引《汉官仪》："民年二十三为正，一岁以为卫士，一岁为材官骑士，习射御骑驰战阵……材官、楼船年五十六老衰，乃得免为民就田。"② 农民出身的吏卒没有能力处理军中籍账文书，汉文帝时冯唐奏对："夫士卒尽家人子，起田中从军，安知尺籍伍符？"③ 为了在地方建立有效的统治，为了文书行政得以有序实行，就需要对基层吏卒的读写能力进行训练，对不知"尺籍伍符"的吏卒进行文化教育。"入伍服役可能是汉代一般百姓识字和受教育的一个重要机会。一旦入伍服役，除了必要的军事训练，他们有机会学会文字，知道书写，会算术，甚至认识一些基本的国家法令。"④ 西北边郡出土了相当多的习字简、九九表与算术书残简以及《论语》《孝经》《晏子春秋》等古籍的抄写残件，这些都反映了汉代边郡的教育情况。

"能书、会计""知律令"是边郡燧长与候长的考课内容，也是西汉时期对基层官吏的基本要求。戍卒在军中受到教育之后，方有可能升任燧长，成为最基层的军吏。

---

① 〔韩〕金庆浩《秦、汉初"士"与"吏"的性质——以〈为吏之道〉和〈为吏治官及黔首〉为中心》，《简帛》第 8 辑，第 325 页。
② 《续汉书·百官志五》，《后汉书》志第二十八《百官五》，中华书局，1965，第 3624 页。
③ 《汉书》卷五〇《冯唐传》，第 2314 页。
④ 邢义田：《汉代边塞吏卒的军中教育》，《治国安邦：法制、行政与军事》，中华书局，2011，第 587 页。

"能书"，指以汉代公文的书体——"史书"来写公文。① 戍卒接受教育的第一步为习字，② 之后需要学写公文。吏卒拥有公文书写能力称为"史"，如额济纳汉简 2000ES9S：2：

> 居延甲渠箕山隧长居延累山里上造华商，年六十，始建国地皇上
> 戊三年正月癸卯除　史。③

被要求"史"的最基层官吏是燧长，盖因烽燧是汉代政令自中央向地方传达的最末端。④ 不会写公文被称为"不史"，⑤ 如额济纳汉简 2000ES9S：12"隧长或不史，不能知案民，田官皆就"。敦煌马圈湾汉简 1186 记载了玉门千秋燧长吕安汉"故不史，今史"，⑥ 即过去不会书写文书，现在已经会了。居延汉简 129.22+190.30：

---

① 于豪亮认为，"史书"是"当时流行的，也是居延汉简使用的隶书"。参见《于豪亮学术文存》，中华书局，1985，第 202~203 页。籾山明认为"史书"是展示皇家素养的"比较特殊的文字或字体"。〔日〕籾山明：《削衣、觚、史书》，汪涛、胡平生、吴芳思主编《英国国家图书馆藏斯坦因所获未刊汉文简牍》，上海辞书出版社，2007，第 95~96 页。邢义田认为，"史书应指篆书和近乎篆书的秦隶或古隶"，参见邢义田《汉代〈苍颉〉、〈急就〉、八体和"史书"问题》，《治国安邦：法制、行政与军事》，第 602 页。

② 居延和敦煌出土了大量的习字简以及《苍颉》《急就》等字书。《苍颉》见居延汉简 185.20、敦煌汉简 1460 等，《急就》见居延汉简 169.1+561.26、居延新简 EPT5：14、敦煌汉简 1972 等。

③ 孙家洲主编《额济纳汉简释文校本》，文物出版社，2007，第 94 页。本文所引额济纳汉简释文皆以此为底本，不再另注出处。

④ 政令的传达，可参见敦煌汉简 1365："知令重，写移，书到，各明白大扁书市里、官所、寺舍、门亭、隧燧中，令吏卒民尽讼（诵）知之。且遣郡吏循行，问吏卒凡〔不〕知令者，案论尉丞、令丞以下。毋忽，如律令。敢告卒人。"吴礽骧、李永良、马建华释校《敦煌汉简释文》，甘肃人民出版社，1991，第 142 页。

⑤ 关于"史"与"不史"，参见〔日〕富谷至《文书行政的汉帝国》，刘恒武、孔李波译，江苏人民出版社，2013，第 96~99 页。邢义田《汉代边塞隧长的文书能力与教育》也有相关论述，收入邢义田《今尘集：秦汉时代的简牍、画像与文化流播》上册，第 51~55 页。

⑥ 参见张德芳《敦煌马圈湾汉简集释》，甘肃文化出版社，2013，第 668 页。

校甲渠候移正月尽四月四时吏名籍，第十二隧长张宣，史。案府籍，宣不史。不相应，解何？

此条居延汉简称张宣在居延都尉府中的记录为"不史"，甲渠候官发来的四时吏名籍记作"史"，与都尉府记录不相符，所以都尉府发文书向甲渠候官核实，要求候官做出解释。可见能不能识字写公文是要考核并记录在籍的。

"会计"，指计数与运算。西北地区出土有九九表与算书残简，① 张家山汉墓也出土了《算术书》。官府日常工作中，有大量的籍簿账册需要制作，都需要数学计算。如居延汉简 267.17 记录了十名郹卒的日常工作：

八月丁丑郹卒十人：其一人守阁，二人马下，一人吏养，一人守邸，一人使，一人取狗湛，一人守园，一人治计，一人助。

这十人可能同在一个部或者候官，其中一人专职"治计"。居延汉简 192.25 描述书佐赵通"能书，毋它能"。作为最底层的小吏"书佐"，赵通只具备最基础的能力"能书"，不通计算。因此，尹湾汉简东海郡集簿中有"用筭佐"，说明官府需要专人处理文书中的计算工作。

"知律令"，指知晓各种法令条品规定。汉代兼重经、律，邢义田提出汉代律令简与经简皆长二尺四寸，"可见律与经等量的地位"，② 所以薛宣曰："吏道以法令为师。"③《苍颉》《急就》等字书中已有一些初级的律令知识，边郡吏卒对律令的学习还包括阅读、背诵和抄写各种法令条品。如居延汉简 EPT52：66："☐卒一人棱（读）烽火品，未习。"又如 EPT59：162：

---

① 九九表见居延汉简 36.5、75.19，敦煌汉简 1062、2170。陈直认为，居延汉简 126.5 是《九章算术》的算题。参见陈直《居延汉简研究》，中华书局，2009，第 148 页。
② 邢义田：《秦汉的律令学》，《治国安邦：法制、行政与军事》，第 47 页。
③ 《汉书》卷八三《薛宣传》，第 3397 页。

☒□里上造张熹、万岁候长居延沙阴里上造郭始不知犊（读）蓬
（烽）火，兵弩不椠持，熹当□☒。

☒□斥（斥）免它如爱书，敢言之。

吏卒讽读烽火品约，是行塞督查的内容之一。万岁候长郭始因"不
知读烽火"而被斥免。此外，废弃的公文也是学习的模板，士卒通过抄
录公文进行"为吏"的模拟演练。

由上可知，西汉边郡的基层官吏被要求养成阅读、抄写、制作文书与
籍簿的能力，能够进行计算，并熟悉一些法律令。尽管文书范式的成熟使
文书制作变得简便易行，但面对"不知尺籍伍符"的吏卒，对其进行文
化教育势必成为边郡治理的重要工作。西汉边郡并没有独立的教学机构，
部燧就是吏卒日常学习的场所，从对字书的抄写进阶到对文书的抄写，大
致是边郡吏卒的学习日常，这在烽燧出土的大量习字简中得以体现。

熟悉律令、善于处理各种行政文书的文吏是汉代官僚体系中不可缺少
的重要组成。文吏又被称为刀笔吏、俗吏，语见《汉书·贾谊传》："夫
移风易俗，使天下回心而乡道，类非俗吏之所能为也。俗吏之所务，在于
刀笔筐箧，而不知大体。"王先谦在《汉书补注》中引周寿昌曰："刀笔
以治文书，筐箧以贮财币，言俗吏所务在科条征敛也。"[1] 文吏的形象为
"刀笔筐箧"，职能为"科条征敛"。与文字材料相印证，汉代画像石可见
文吏图像，如沂南北寨汉墓前室西壁上横额画像（见图4）。

沂南北寨汉墓前室西壁上横额画像石全长183厘米，纵47厘米，整理
者认为此图主题为吊唁祭祀。[2] 图中一人左向跪坐，戴进贤冠，面有须，右
耳簪笔，双手捧案，案上有谒版，[3] 左腰间系有刀笔，为文吏形象。

---

① 王先谦补注《汉书补注》，上海师范大学古籍整理研究所整理，上海古籍出版社，
2009，第3675页。

② 《沂南北寨汉墓画像》，第103页。

③ 整理者将案上之物解释为简册，马怡考证当为谒版。参见马怡《汉画像中的两幅
"奉谒"图——东平后屯汉墓壁画、沂南北寨汉墓画像石》，中国汉画学会、河南博
物院编《中国汉画学会第十三届年会论文集》，中州古籍出版社，2011，第59~
63页。

图 4　沂南北寨汉墓前室西壁上横额画像石线图（局部）

资料来源：山东博物馆编著《沂南北寨汉墓画像》，文物出版社，
2015，第 12~13 页。

如前引《汉书·贾谊传》所言，文吏被认为无法承担移风易俗的责任而遭到诟病，"能书、会计""知律令"的基层官吏不足以承担教化重任。况且边郡的吏卒出身田间乡里，不仅不是儒生，甚至本身不属于文化群体。这些燧长与书佐小吏即使受过行政训练，懂得计算与法律令，也鲜少接触文学教育，他们能读写公文，但私人书信仍要他人代笔。① 根据西北汉简所见，燧卒最高能升迁到候长。② 尽管材料有限，但我们或许可以

---

① 如悬泉置出土《元致子方》帛书，仅书信最后"所愿以市事，幸留意留意，毋忽，异于它人"为元自书，主体内容为代笔。

② 例如居延新简所见樊隆的事迹。樊隆籍贯为龙起里，从 EPT59：156 可知，其由燧卒起家；从 EPF22：365 可知，升任俱起燧长；从 EPT59：173 可知，新莽时升任第四候长；从 EPF22：359 可知，地皇四年转为甲沟候长；从 EPT65：162 可知，后又徙为万岁候长；从 EPF22：373 可知，至建武三年已从万岁部离任，因此称为"故候长"。樊隆在候长任上迁转三部，终究没有继续升职，或可推测普通戍卒能升任的顶点为候长一级，较难脱离边郡候望体系的基层单位部、燧，继续升迁至候官任职。

推测，西汉中后期在军中接受文法教育的吏卒的升迁前途是较为狭窄的。

与文吏相对应的形象是儒生、儒者。王充《论衡·谢短篇》载："夫儒生能说一经，自谓通大道，以骄文吏；文吏晓簿书，自谓文无害，以戏儒生。"① 陈苏镇提出，自汉初起，儒家学者就"针对汉初政治的实际问题，对秦政和法家学说进行了批判"，主张"用仁义礼乐进行道德教化，从而移风易俗，实现文化的整合与统一"，即"任德教"。② 汉代试图将移风易俗的重任从"法律令"和"文吏"身上剥脱，转交给"德教"与"儒生"，但是这种剥脱显然无法完全实现，没有经过行政训练的儒生并不胜任基层政务的日常，儒生的数量也远不足以填补朝廷对基层官吏的巨大需求。

班固《汉书》为循吏专门立传。所谓循吏，颜师古解释说："循，顺也，上顺公法，下顺人情也。"③ "公法"与"人情"，正好对应"能书、会计""知律令"的行政素养与"任德教"的教化能力。班固将董仲舒、公孙弘、兒宽作为武帝时循吏的代表："三人皆儒者，通于世务，明习文法，以经术润饰吏事，天子器之。"但这样能"以经术润饰吏事"的理想官吏非常少见，班固也承认"时少能以化治称者"。④ 宣帝重视吏治，尝言："与我共此者，惟良二千石乎！"⑤ 自郡守以降，地方官吏教化百姓的职责被加强了。以黄霸为例，黄霸以文法吏出身，但"温良有让""用宽和为名"，担任颍川太守时"力行教化而后诛罚"，"以外宽内明，得吏民心"，被班固评价为"言治民吏，以霸为首"。⑥ 这种自上而下的引导推动在"为吏"文本上得到体现，与"为吏"简相比，"《吏》篇"木牍多用汉代习语，内容也更为倾向强调道德与教化。

值得注意的是，以"能书、会计""知律令"作为基层官吏的考核标

---

① 黄晖：《论衡校释》卷一二《谢短篇》，中华书局，1990，第554页。
② 陈苏镇：《〈春秋〉与"汉道"：两汉政治与政治文化研究》，中华书局，2011，第131、132页。
③ 《汉书》卷八九《循吏传》，第3623页。
④ 《汉书》卷八九《循吏传》，第3623、3624页。
⑤ 《汉书》卷八九《循吏传》，第3624页。
⑥ 《汉书》卷八九《循吏传》，第3628~3634页。

准，这一做法在边郡一直持续。居延新简中有多件功劳簿，记录官吏的个人情况与任职功绩。例如编号为 EPT50：10 的汉简，记录了汉成帝河平年间徐谭的官职、爵级、评定功劳、居住地、为吏时间、籍贯等信息：

> 居延甲渠候官第十隧长公乘徐谭功将。能书、会计、治官民颇知律令，文。居延鸣沙里，家去大守府千六十三里，产居延县。
>
> 中功一，劳二岁。为吏五岁三月十五日。
>
> 其六月十五日，河平二年、三年、四年秋试射，以令赐劳，应令。其十五日河平元年、阳朔元年病不为劳。居延县人。

与对徐谭的记录类似，编号 EPT59：104 的汉简记录了范尊的一些信息：

> 延城甲沟候官第三十隧长上造范尊，中劳十月十桼日，能书、会计、治官民颇知律令，文。年三十二岁，长桼尺五寸，应令，居延阳里，家去官八十里，属延城部。

新莽时，改"甲渠候官"为"甲沟候官"，"卅"写作"三十"，"七"写作"桼"。具有相似情况的，还有居延汉简 225.30："庶士，能书、会计、治官民颇……"始建国元年（公元 9 年）"更名秩百石曰庶士"，[①] 故此二简虽无纪年，但可判定为新莽时期文书，可见"能书、会计""知律令"的官吏考核标准一直沿用到新莽时期。虽然西汉中期以后德化倾向日益明显，但在其统治的末期，承秦而来的基层官吏训育传统仍然根基稳固。这也反映了这些基本的行政素养既容易学习，又方便考核。

结　论

综上所述，肩水金关 5 枚"为吏"简同出自第 24 探方，形制相近，

---

① 《汉书》卷九九中《王莽传中》，第 4103 页。

单行抄写，书体亦近似，内容都是对为吏者的教育与规诫，故以"为吏"名之。肩水金关"为吏"简年代当在西汉中期，宣帝朝的可能性较大。"为吏"简内容较为零散，推测存在多位书手。居延汉简编号为506.7的木牍被命名为"《吏》篇"，其内容为对"臾（谀）吏""备员吏""愚吏"的批判，以此谈论为吏者的道德修养。肩水金关"为吏"简、居延"《吏》篇"木牍内容涉及为吏者的政治原则、道德规范、应有的品德、避祸存福的准则、良吏与恶吏的表现及恶吏造成的后果等多方面内容，与睡虎地秦墓竹简《为吏之道》、岳麓书院藏秦简《为吏治官及黔首》、北大藏秦简《从政之经》、王家台秦墓竹简《政事之常》等出土文献同为探知秦汉时期统治理念和官吏训育实际面貌的宝贵材料。通过对肩水金关"为吏"简与居延"《吏》篇"木牍的研究，可以得出以下三个结论。

第一，《从政之经》《为吏之道》《为吏治官及黔首》与肩水金关"为吏"简在内容上具有连贯性，时间上有所接续，说明"为吏"相关文献在当时已是较成熟的文本，并且从秦代一直传用至西汉中后期。

第二，肩水金关"为吏"简与《为吏之道》《为吏治官及黔首》性质相似，从抄写情况来看，当不断有新内容增补在旧文本之上，从而形成类似于格言的文献杂抄。

第三，居延"《吏》篇"木牍成于西汉中后期，思想内容与刘向《说苑·臣术》相合，反映了西汉从"能书、会计""知律令"到"任德教"的官吏训育倾向。

还有一点思考，董仲舒提出教化是自上而下的过程："正心以正朝廷，正朝廷以正百官，正百官以正万民，正万民以正四方。"[①] 为了达到移风易俗、以德化民的目的，汉代对地方官吏的规训是从以郡太守为代表的郡中主官开始的。东汉初年桓谭《新论》论贤有五品，其中称："作健晓惠，文史无害，县廷之士也；信诚笃行，廉平公，理下务上者，州郡之士也。"[②] 将州郡之士与专于庶务的县廷之士做出区分，这与"《吏》篇"木牍内容

---

① 《汉书》卷五六《董仲舒传》，第 2502 页。
② 朱谦之校辑《新辑本桓谭新论》，中华书局，2009，第 7 页。"公"下当有脱字。

相契合。

国家的官吏选任倾向影响到民间社会生活。以字书为例，《苍颉》为秦李斯所作，其中有"苟务成史，计会辩治"一句；《急就》为西汉元帝黄门令史游作，其中"官学讽诗孝经论，春秋尚书律令文。治礼掌故砥砺身，智能通达多见闻"句，已兼顾"律令文"的政务学习和"砥砺身"的道德修养。二者的变化，正与汉代官吏教育从"能书、会计""知律令"到"任德教"的倾向相呼应。

成汉皇位合法性问题的源起与影响[*]

单敏捷[**]

摘　要　成汉首位皇帝李雄最初能取得统帅地位，很大程度上是因其违背当时统帅李流投降西晋的命令，擅自出战而击败晋军，使濒于覆灭的六郡流民集团摆脱危机，进而全据巴蜀。这既成为李雄皇位合法性的重要来源，又因继承顺位上存在争议，而产生了合法性问题。合法性问题能够对成汉造成重大影响，甚至成为其政治轨迹的决定因素之一，是因为作为成汉核心集团的六郡流民内部较为涣散，缺乏凝聚力，容易受到冲击。合法性问题与凝聚力欠缺交织在一起，成为政治稳定的巨大威胁。成汉的皇帝们为解决合法性问题采取了诸多办法，如坚持嫡长子继承制、更改国号等，而这些办法又受制于合法性不足的前提，往往引发新的政治危机。

关键词　成汉　皇位合法性　六郡集团

西晋惠帝年间，齐万年率关西氐羌发起大规模的反晋战争。为躲避战乱，西北六郡大批民众流徙入蜀。最终，略阳李氏率领流民在巴蜀地区建立了成汉政权。六郡流民集团在入蜀前既无统一的政治组织，亦无为后来政权奠基的君臣名分，反而大姓联盟以及军事优先的色彩颇为浓厚，这种

---

　*　本文为西华师范大学区域文化研究中心重大项目"魏晋时期巴蜀地区的政治活动"（QYYJA1901）阶段性成果。

**　单敏捷，湖南大学岳麓书院助理教授。

情形为日后统帅传承顺位的争议埋下了重大隐患。

李特是流民集团推举出的首位统帅，他战死后，众人又推举其弟李流为统帅。后来，李特之子李雄在流民集团面临覆灭危险之时，违背李流降晋的决策，出兵击败晋军，确立了威信，最终在李流病死后接替其地位。李特、李流、李雄的传承本是因军事形势及勋劳而定的，但在成政权建立，形势渐趋稳定时，这种传承顺位中一些可能的争议便演变出皇位合法性问题。李雄称帝后，以自己不是李特嫡长子为理由将皇位传给其兄之子李班，李雄之子李越、李期又杀李班，而立李期。在这些权力争夺展开的同时，关于皇位合法性的争论也不断出现，成为政局演变的一个焦点。后来李寿攻灭李期，将国号由"成"改为"汉"，很大程度上也是为了应对长期存在的皇位合法性问题，但最终对巩固统治作用有限。

成汉皇位合法性问题关乎长期影响该政权政治活动的多个方面，包括权力结构、政教关系、继承制度以及后期的国号变更等，其中一些事件又常被认为与巴氏汉化有关。学界对这些问题已有不少研究，① 但还可从合法性的角度做进一步探讨。成汉政权的合法性问题包括政权合法性及皇位人选两个方面，二者有明显区别但又互相交织。成汉政权系因反抗西晋而来，不同立场的人们对该政权或支持或反对，大多态度鲜明，讨论空间较

① 可分别参见杨伟立《杜弢与荆湘流民起义》，《中华文化论坛》1997 年第 3 期；张炜《试论成汉政权灭亡的内部原因》，《河北经贸大学学报》2010 年第 3 期；范双双、高然《成汉国家权力结构与灭亡原因考论》，周伟洲主编《西北民族论丛》第 20 辑，社会科学文献出版社，2020；唐长孺《范长生与巴氏据蜀的关系》，《魏晋南北朝史论丛续编》，中华书局，2011；陈侃理《赵李据蜀与天师道在曹魏西晋时期的发展》，北京大学历史学系编《北大史学》第 13 辑，北京大学出版社，2008；段玉明《范长生与巴氏据蜀关系再探》，《云南师范大学学报》1989 年第 3 期；卿希泰《道教在巴蜀初探》（下），《社会科学研究》2004 年第 6 期；冯喻杰《成汉政权的"汉家"认同与宗教乌托邦实践》，《中央民族大学学报》2020 年第 3 期；李磊《〈华阳国志〉成汉史叙事中的"晋朝认同"》，《西南民族大学学报》2017 年第 10 期；彭丰文《从〈华阳国志〉看两晋巴蜀士人的民族观念与国家认同》，达力扎布主编《中国边疆民族研究》第 6 辑，中央民族大学出版社，2012；张雄《魏晋十六国以来巴人的迁徙与汉化趋势》，《中南民族学院学报》1998 年第 4 期；刘扬《浅析成汉的汉化》，《宜宾学院学报》2007 年第 5 期；等等。

小。而有关皇位传承顺位的分歧对成汉政治影响深远，故本文的讨论主要围绕这一话题展开，暂不过多涉及其他方面。

一　李雄葬母事件的政治含义

在李雄平定了称帝三年后发生的大规模叛乱，并在巴蜀、汉中对残余的西晋势力取得最终胜利以后，这位成汉首任皇帝的母亲去世了。对于草创未久的成政权来说，太后的去世本来只能算是礼仪上的一件大事，却最终成为政治人物展开博弈的契机，从而牵动朝局。通过对该事件的探讨，可以窥见诸多与成汉政治基础密切相关的因素，又可看到长期困扰着该政权统治者的一些重要问题。

> 雄母罗氏死，雄信巫觋者之言，多有忌讳，至欲不葬。其司空赵肃谏，雄乃从之。雄欲申三年之礼，群臣固谏，雄弗许。李骧谓司空上官惇曰："方今难未弭，吾欲固谏，不听主上终谅暗，君以为何如？"惇曰："三年之丧，自天子达于庶人，故孔子曰：'何必高宗，古之人皆然。'但汉魏以来，天下多难，宗庙至重，不可久旷，故释缞经，至哀而已。"骧曰："任回方至，此人决于行事，且上常难违其言。待其至，当与俱请。"及回至，骧与回俱见雄。骧免冠流涕，固请公除。雄号泣不许。回跪而进曰："今王业初建，凡百草创，一日无主，天下惶惶……愿陛下割情从权，永隆天保。"遂强扶雄起，释服亲政。①

表面上，李雄与大臣在葬母方案上的分歧似乎只属于礼仪和政治文化范畴，最终皇帝听从了臣子的意见。然而，其中有两个细节，表明李雄的做法应当包含了更深层的政治目的。一是最初"信巫觋者之言"，"至欲不葬"；二是有关"申三年之礼"的争论。历来学者多侧重后者，认为李

---

① 《晋书》卷一二一《李雄载记》，中华书局，1974，第3037页。

雄借之推动了巴氏汉化的进程。① 其实，因"信巫觋者之言"而不葬母与"申三年之礼"是存在矛盾的，很难抛却最初不欲葬母的计划，只讨论"三年之礼"。

"信巫觋者之言，多有忌讳，至欲不葬"，这一描述给人的印象似乎是李雄迷信鬼巫，行为怪诞。但事实或许并非如此。

停丧不葬并非常见的汉魏旧俗。《三国志》裴注引《魏略》载夫余习俗"停丧五月，以久为荣"，② 然《三国志·东夷传》又载夫余"厚葬，有椁无棺"，③ 可见夫余停丧时间有限，且其与巴蜀相距甚远，两地风俗应无甚瓜葛。西晋时江东地区曾出现因忌讳而停丧不葬的现象。《晋书·贺循传》载贺循为武康令时，"俗多厚葬，及有拘忌回避岁月，停丧不葬者，循皆禁焉"。④ 贺循治武康，应在惠帝年间。⑤ 武康本"俗多厚葬"，且存在因"拘忌"而停丧不葬的现象。可见，停丧未必是当地风俗，却被部分人认可。又《新唐书·席豫传》："凡四以使者按行江南、江东、淮南、河北。南方俗死不葬，暴骨中野，豫教以埋敛，明列科防，俗为之改。"⑥ 唐代南方"死不葬"的习俗是"暴骨中野"，与停丧不葬应存在较大差异，未可等而视之。总之，李雄不葬母与部分武康民众停丧不葬并非普遍的汉魏旧俗，也与《新唐书》记载的"南方俗死不葬"存在差异，在不同的地域分别出现，应和当时特定人群中流传的某些忌讳民俗有关。笔者猜测，也许这反映了当时流传于南方不同地区的某种宗教信仰。

西晋时道教不断发展，虽然各地信仰道教者较为有限，但是保持着日益广泛传播的趋势。道教传播的这一特点，似乎与李雄、部分武康民众因"拘忌"停丧不葬的情形相合。晋初巴蜀一度流传道教陈瑞一派：

---

① 参见刘扬《浅析成汉的汉化》，《宜宾学院学报》2007 年第 5 期，第 99 页。
② 《三国志》卷三〇《东夷传》注引《魏略》，中华书局，1982，第 842 页。
③ 《三国志》卷三〇《东夷传》，第 841 页。
④ 《晋书》卷六八《贺循传》，第 1824 页。
⑤ 贺循任武康令时，陆机曾上疏举荐，此后才有赵王伦篡位，由此可大体判断贺循的任职时间。参见《晋书》卷六八《贺循传》，第 1824~1825 页。
⑥ 《新唐书》卷一二八《席豫传》，中华书局，1975，第 4468 页。

瑞初以鬼道惑民。其道始用酒一斗、鱼一头，不奉他神，贵鲜洁。其死丧、产乳者，不百日不得至道治。其为师者，曰祭酒。父母妻子之丧，不得抚殡、入吊，及问乳、病者。后转奢靡，作朱衣、素带、朱帻、进贤冠。瑞自称天师。徒众以千百数。①

陈瑞要求教众在父母、妻子等家人去世后"不得抚殡、入吊"，这在有关太平道、五斗米道的记载中未曾发现。"抚殡"应即"扶殡"，"不得抚殡、入吊"体现了道教"趋生避死、重生恶死"的倾向。②但陈瑞这一派的教义还没有要求教众停丧不葬。

王濬对陈瑞一派严厉打压，西南地区道教活动转入低落，旋即复兴。李氏入蜀后，曾借助道教范长生的力量击败西晋军队，后来二人关系日益密切。李雄称王前，"以西山范长生岩居穴处，求道养志，欲迎立为君而臣之"，③这一行为不仅是为了表示对范长生的尊敬与感激，也是要借此迎合蜀人的宗教情感。李雄称王以后，"范长生自西山乘素舆诣成都，雄迎之于门，执版延坐，拜丞相，尊曰范贤。长生劝雄称尊号，雄于是僭即帝位"。④范长生亲自劝说李雄称帝，使其合法性获得了宗教方面的支持。没有材料显示范长生一派或这一时期的其他道教教派曾宣扬过停丧不葬的类似主张。不过，停丧不葬既然由"拘忌"而起，可能只与某些特定情况有关，亦未可知。材料所限，难以深论，且暂列疑点，以求教于方家。

葬敛罗氏后，李雄又提出要服丧三年，但受到群臣谏阻，亦未施行。史书所记载的劝谏过程大概如下。李雄声称"欲申三年之礼"，立即遭到"群臣固谏"，但李雄并未纳谏；李雄的叔父李骧先后询问并取得大臣上官惇、任回的支持，随后与任回一道进言；见到李雄后，李骧先进行劝谏，李雄仍欲坚持原意，在任回劝说以后，李雄才决定"释服亲政"。

---

① 常璩撰，任乃强校注《华阳国志校补图注》，上海古籍出版社，1987，第439页。
② 参见张晓俊《从炼度看道教的死亡观》，硕士学位论文，浙江大学，2013，第26页。
③ 《晋书》卷一二一《李雄载记》，第3036页。
④ 《晋书》卷一二一《李雄载记》，第3036页。

史书描述的带有戏剧性的细节或许不足尽信，但仍能说明一些问题。首先，李雄对三年之礼的坚持，并非单纯是为了表达哀思或博取美名，也不仅是为了践行儒家提倡的丧礼。皇帝在即位之初或母亲去世时，用一些行动来表达哀思或博取美名，在历史上是比较常见的现象。不过，一般经群臣谏阻之后，皇帝会勉为其难地继续理政。如晋武帝即位之初，"既葬，除服"，仅仅"深衣素冠，降席撤膳，哀敬如丧者"。① 李雄的行为超出了博取美名所需的范围。尽管李雄在此前及之后多次表现出对权力乃至帝位的谦退态度，但三年不视政事，不具备现实可行性，况且当时立国未久，内部尚未稳定，边境战事仍在继续。又，先前李雄曾因巫觋之言而不欲下葬，这与三年之礼所倡导的孝道是不相容的。从不葬母到坚持服丧的巨大转变，也不能理解为他突然服膺了儒家礼法。

其次，要分析三年之礼可能隐含的用意，就要看争议的焦点是什么。这次劝谏行动所争议的内容共有两点：一是要不要执行三年之礼，二是要不要"释服亲政"。其中的关键在于是否亲政，而并非单纯是礼制上的分歧。大臣们谏阻李雄的理由中，最重要的是"天下多难，宗庙至重，不可久旷"，"王业初建，凡百草创，一日无主，天下惶惶"，这是在恳求李雄以"宗庙""王业"为重，继续亲理国事。大臣们之所以反对行三年之礼，也是因为不赞同李雄三年不视事。另外，李骧是李雄父亲李特的弟弟，较之上官惇、任回，他与李雄关系更亲近，又是长辈，然而在劝谏过程中，李骧主要起到的似乎只是组织牵引的作用。太后丧仪，是家事，同时也是国事，如果仅仅关乎丧仪本身，上官惇、任回的意见不应比李骧更具分量。上官惇和任回等人所起作用更大，也说明了争议的关键很可能不在礼仪本身，而应在于李雄要不要三年不主政事。

最后，要明白李雄的政治目标，还应结合当时的局势加以分析。皇帝三年不视事，不仅极易引发较大的权力结构调整，而且未必能保证之后还能如期顺利收回权力。李雄所谓的行三年之礼，几乎就等同于主动交出最高权力。李雄身体既无大恙，又非为人所逼迫，亦非为博取美名、笼络人

---

① 《晋书》卷三《武帝纪》，第 54 页。

心，这样的行为是不正常的。考察当时的政局，可以发现李雄的做法很可能是以退为进，进行政治试探，从而取得大臣们的明确表态。

李雄的母亲去世前不久，刚刚建立的成政权经历了一系列大规模的内部叛乱。一些六郡将领攻杀李雄派驻地方的大臣，与晋益州刺史罗尚、占据涪城坚持抵抗李氏的巴西谯登联合。晋惠帝光熙元年（306），李雄称帝。怀帝永嘉三年（309）冬，"天水訇琦、张金苟，略阳罗羕，杀雄太尉李离，以梓潼降（罗）尚。雄太傅骧遣李云、李璜攻羕，为所破杀。云、璜，雄从弟也，为司徒、司空。十有二月，琦等送离母子于尚。尚斩之，分其室"。"四年，天水文石杀雄太宰李国，以巴西降尚。梓潼、巴西还属。"[①] 至此，由于六郡人訇琦等的背叛，巴西、梓潼皆重新倒向西晋，李氏失去了巴蜀东北部的大片土地，李离、李国等战败，后被杀。不仅如此，成汉的内部分裂还在继续。就在谯登破败前后，"雄姨弟任小受张罗募，手刃雄头，雄几死"，[②] 就连李雄的亲戚任小，也响应西晋新任益州刺史张罗，谋图刺杀李雄，几乎得手。

早在这些叛乱爆发之前，甚至李特起兵后不久，就陆续有一些六郡人倒戈西晋。与李氏作战的晋军中时常有六郡人出现，且有些可以确定原本是李氏的追随者。如李特死后，晋将"左汜、黄闿攻特北营。营中氐羌因符〔苻〕成、隗伯、石定叛，应汜、闿，攻荡、雄军"。[③] 罗尚死后，西晋以皮素继任益州刺史，后来皮素被部下天水降人赵攀、阎兰等所杀，这些"降人"应是之前跟随李氏而投降西晋的。诸多事件尤其是永嘉三年、四年由六郡人发起的反对李雄的大规模叛乱，都说明了支撑成汉政权的流民团体，其实内部相当松散，矛盾重重。

在刚刚平定巴西、梓潼的叛变以及经历了任小行刺以后，为了稳定人心，控制局面，李雄急切需要非李氏核心成员组成的六郡重要人物的表态。看似毫不相干的葬母一事，此时便成了李雄可以大做文章的素材。李

---

① 常璩撰，任乃强校注《华阳国志校补图注》，第471页。
② 常璩撰，任乃强校注《华阳国志校补图注》，第484页。
③ 常璩撰，任乃强校注《华阳国志校补图注》，第464页。

雄的表面退让，换来了上官惇、任回以及其他众臣的明确表态——支持他继续主政，这便是试探的结果。可以说，李雄通过与李骧相互配合的政治表演，取得了群臣对自己权力的正式认可。当时成汉最重要的文武官员由李氏核心成员和六郡重要人物组成，任回等人的表态实际上确认了六郡大姓对李雄的支持。要求表态未必表明李雄不信任任回等人，主要应是以此向外界传达六郡人仍颇为团结的政治信号。由此，围绕李氏所形成的六郡流民集团的凝聚力得以强化，人们对新政权的信心也得以增强。

综上，李雄葬母一事并非只关乎礼仪问题，在李雄的有意运作下，它成了一次争取政治支持的活动。李雄借此诱使非李氏的六郡重要人物表态支持他掌权，从而收拢人心，稳定局面。

以往有学者将李雄葬母一事与巴氏汉化相联系，如果我们更多地关注其中"不正常"的部分，联系当时的局势，可以发现该事件发生在成政权的一个特殊节点上，从而在李氏叔侄的有意操作下，产生了超出事件本身的政治影响。

二　六郡集团的凝聚力与成汉皇位合法性问题的联系

李氏与六郡人之间的关系，是研究成汉政治时首应关注的一对关系。六郡流民上层构成了统治集团的骨干，中下层又形成了李氏赖以建立政权的军事力量。但是，六郡集团内部较为松散，凝聚力不强。这一情形，与该集团形成的历史背景有关，后来又与其他因素互相交织，从而影响了政治运行与政局变化。

李氏集团从无到有，既是流民被组织起来的过程，更是六郡大姓不断聚拢的过程。流民初入蜀时，益州刺史赵廞使李庠"招合六郡壮勇，至万余人"，[①] 李流"亦招乡里子弟得数千人"。[②] 这部分是由于赵廞大力资助，也是因为李氏兄弟在流民中有较强的号召力，同时也离不开其他六郡

---

① 《晋书》卷一二〇《李流载记》附《李庠载记》，第 3031 页。
② 《晋书》卷一二〇《李流载记》，第 3029 页。

大姓和氐羌酋帅的支持。"特弟庠与兄弟及妹夫李含、任回、上官惇、扶风李攀、始平费佗、氐苻成、隗伯等以四千骑归廆。"① 显然，归附赵廆的军队中有不少是这些六郡大姓、氐羌酋帅统领的。罗尚任益州刺史后，渐与李氏兄弟交恶。一方面罗尚等遵照朝廷旨意催促流民返回乡里，另一方面广汉太守辛冉因与李氏嫌怨滋蔓，"遣人分榜通逵，购募特兄弟，许以重赏"。② 李氏为对抗罗尚、辛冉，改购捕其兄弟的文告为"能送六郡之豪李、任、阎、赵、杨、上官及氐叟侯王一首，赏百匹"，③ 将缉捕对象由李氏兄弟扩大到六郡诸大姓，成功地激起了六郡人的愤怒。

面对罗尚、辛冉的威胁，"六郡流人推特为主。特命六郡人部曲督李含、上邽令任臧、始昌令阎式、谏议大夫李攀、陈仓令李武、阴平令李远、将兵都尉杨褒等上书，请依梁统奉窦融故事，推特行镇北大将军，承制封拜"。④ 这些人大多拥有县令或中低级武官等职衔，其官职不应是李特封拜的，更像是曾经甚至当时仍居其位的西晋官职。聚集起来的中低级官员援引东汉建立前后窦融、梁统的故事，"推特行镇北大将军，承制封拜"。于是，李特自称使持节、大都督等。《李特载记》罗列李特署置委任各员近三十人，⑤ 除李特兄弟子侄外，其余皆为六郡大姓。

成汉政权是在李氏与六郡流民尤其是大姓结盟的基础上形成的，这些大姓的支持对政权至关重要。然而，六郡政治集团与内部的君臣名分，在入蜀之前并不存在，是在入蜀后的战争中迅速产生的。六郡大姓先前与李氏地位相当，官位等齐。李氏在成为反晋统帅的同时，也要顾及大姓们的地位和权力。李氏与他们以较平等的关系而结盟，在此基础上发展出来的

---

① 《晋书》卷一二〇《李特载记》，第 3023 页。
② 《晋书》卷一二〇《李特载记》，第 3025 页。
③ 《晋书》卷一二〇《李特载记》，第 3025 页。
④ 《晋书》卷一二〇《李特载记》，第 3026 页。
⑤ 《晋书》卷一二〇《李特载记》："兄辅为骠骑将军，弟骧为骁骑将军。长子始为武威将军，次子荡为镇军将军，少子雄为前将军。李含为西夷校尉，含子国离、任回、李恭、上官晶、李攀、费佗等为将帅，任臧、上官惇、杨褒、杨珪、王达、麴歆等为爪牙，李远、李博、夕斌、严柽、上官琦、李涛、王怀等为僚属，阎式为谋主，何巨、赵肃为腹心。"（第 3027 页）

君臣名分，相对来说也比较脆弱。如果说李氏集团中陆续有人投降晋军，以及李雄的亲戚任小行刺事件，都还有可能只是个别案例，那么在导致成政权失去梓潼、巴西的六郡人降晋事件中，守卫东北诸重镇的一批重要将领同时倒戈，无疑表明了六郡集团的凝聚力不足。

除了六郡人凝聚力较弱，还有一个因素威胁着成政权的稳定，即有关李雄皇位合法性的争议。例如，李雄曾试图让位于范长生，称王以后仍"身自挹损，不敢称制，事无巨细，皆决于李国、李离兄弟"。在这些事件中，李雄谦退的政治姿态可能包含了缓和其地位合法性争议的用意。关于这一点，表现最为突出，也最能揭示合法性争议来源的，是择立太子一事。

李雄并未立自己的儿子为太子，而是选择了其兄李荡之子李班，这引来了群臣的反对。李雄坚持原意，其理由是：

> 起兵之初，举手扞头，本不希帝王之业也……而诸君遂见推逼，处王公之上。本之基业，功由先帝。吾兄嫡统，丕祚所归，恢懿明睿，殆天所命，大事垂克，薨于戎战。班姿性仁孝，好学夙成，必为名器。①

类似的言辞在他与前凉张骏的书信中也曾出现过：

> 吾过为士大夫所推，然本无心于帝王也。进思为晋室元功之臣，退思共为守藩之将，扫除氛埃，以康帝宇。②

不管李雄的这些话语是否有基于个人性情喜好的成分，但更主要的还是一种政治言辞。虽然李雄面对群臣和张骏的言辞有相似之处，但本质并不相同。对张骏，他主要强调自己仍心存晋室，做皇帝是不得已，以此拉近与张氏的关系；对群臣，他主要强调自己的权力来源于众人推举，并不

---

① 《晋书》卷一二一《李雄载记》，第 3038 页。
② 《晋书》卷一二一《李雄载记》，第 3039 页。

符合嫡长子继承的原则。

其实，李雄对晋的真实态度，以及其权力来源，都可以追溯到起兵不久。起初六郡流民起兵，推举李特为统帅。李特战死后，其弟李流接管了他的权位，李特诸子始、荡、雄等皆受李流指挥。接下来流民集团连战不利，西晋援军不断入蜀。李流与大臣李含决意投降，李雄不愿投降，与李含之子李离自作主张，擅自出兵，结果却击败晋军，扭转了战局。李离最初与李雄谋划时，谓雄曰："若功成事济，约与君三年迭为主。"① 随着此战胜利，李雄的地位迅速提升，很快成为流民集团实际的核心人物。李流病死后，李雄正式成为最高统帅。李雄说自己被众人推逼，显然，众人推举他的原因正是他率军击败了晋军，使流民集团避免了覆灭的命运。

李雄说自己本无心于帝位，不是嫡统，将来皇位应该回到真正的嫡统。而李骧等人劝谏说："先王树冢适者，所以防篡夺之萌，不可不慎。"② 在他们看来，李雄就是嫡统，不应再将皇位传给李荡一系。此说并非没有根据。

史载李特有三子：始、荡、雄。据《李雄载记》，李荡、李雄皆为罗氏所生，③ 应是嫡出，李始很可能不是嫡子。李特初为统帅时，以李始为武威将军。李雄称帝后，以"兄始为太保"。④ 而史书记载中，在李特生前，李荡、李雄多次率兵作战，李始带兵的记录则付之阙如。李特在太安元年（302）与张征对战时，将部众一分为二，自己率领一部，另一部则由李荡统领。⑤ 可见，李荡应当是最初李特属意的继承人。后来李雄声称自己的兄长是嫡统，立的也是李荡之子，并未提及当时在世的李始及其子孙。早在李流决意投降之前，李荡就已阵亡，这使得李流传递权位时除了传给同辈的弟弟，还另有三种选择：一是传位给自己的儿子，二是李荡的幼子，三是李特的另一个嫡子李雄。从合法性角度看，三者各有其依据。

---

① 《晋书》卷一二〇《李流载记》，第 3030 页。
② 《晋书》卷一二一《李雄载记》，第 3038 页。
③ 《晋书》卷一二一《李雄载记》，第 3035 页。
④ 《晋书》卷一二一《李雄载记》，第 3036 页。
⑤ 《晋书》卷一二〇《李特载记》，第 3027 页。

当李雄立下大功之际，李荡之子尚年幼，传给李雄其实是最优选择。

由上，即便从皇位要归于嫡统的角度来看，李雄成为统帅以至于称帝都是有理有据的。李骧等众臣对于李雄的嫡统地位也是认同的。然而，对于众人的认可，李雄并未接受，也不顾众人发出的可能会埋下祸根的警告，仍坚持嫡统只能归于李荡一系，将帝位传给了李班。

李雄的声明显示了一种退让的姿态，又引发了展示退让的后续行为，这与之前葬母时他委婉表示准备交出权力的用意是一样的。笔者以为，这些都是为了应对某种不易忽视的政治压力。六郡集团较为松散，李雄称帝后又发生了大规模的内部叛乱，由此可知，六郡人中不信服甚至是反对李雄者大有人在。李雄的帝位合法性虽然可以得到支持，但反对者仍可利用这一点攻击李雄及成政权。这些争执表面上只是围绕法理展开，实际上却植根于政治利益与立场，单纯靠辩论或支持者的表态是无法敉平的。李雄对于合法性问题如此看重，六郡集团相对松散是其前提，合法性问题正是在这一背景下才能对政治活动产生如此之大的影响。

当然，舍弃自己的儿子而立兄子为储君，可能会留下巨大的隐患，李骧等人为此还曾反复进谏。最终，在两难之下，李雄仍坚持回归嫡统继承，以求弥补帝位合法性的缺陷，更为长远地巩固政权根基。后来李班承袭帝位，但很快就被李雄之子李越杀死。李越杀李班后，自己却并未称帝，而是立其弟、李雄第四子李期为帝。李越不称帝，竟然与其父传位于兄子的原因如出一辙。李雄虽有不少儿子，但皇后任氏无子，诸子皆为庶出。李越让位于李期，是因为李期虽然比自己年幼，却是皇后任氏所养，身份最接近嫡子。这种做法违背了李雄的原意，却承袭了他的政治思想。李雄诸子的行为是为了既要夺回帝位，又要在可能范围内尽量保证合法性。

纵观历史，合法性问题很多时候并不会造成实质的政治威胁。但成政权的皇位继承权纠葛与核心集团凝聚力不足的问题很容易交织在一起，成为明显的软肋。面对这一难题，李雄选择了宽仁谦退的姿态，暂时平息了人们对于继承权的无休止纠缠，也争取到了更多时间来化解合法性问题可能带来的冲击。只是，李雄的选择仍然留下了巨大的政治隐患，并未就此解决问题，继承顺序也未因坚持嫡长子继承制就变得清晰，反而引发了新的问题。

三　变"成"为"汉"——李寿再造法统

李雄采用嫡长子继承制，是为了增强皇位的合法性，以求政局的稳定。然而，当"名"的层面上完善法理的行为与"实"的层面上政治利益相冲突时，局面则变得更为复杂。尽管李雄之后的成汉皇帝们都表现出对他定下的政治原则的遵循，但这并未阻止他们的争夺攻击甚至互相屠戮。

李期的合法性来源在于自己最接近李雄嫡子的身份，但因其父曾公开表示李荡一系为嫡统，故并不能确保众人信服。据《李期载记》，李期继位后诛杀李班之弟李都，迫使李都之弟李玝弃城降晋。李期"轻诸旧臣"，专委李越、景骞等，以致"国之刑政，希复关之卿相，庆赏威刑，皆决数人而已"。[①]"雄子霸、保并不病而死，皆云期鸩杀之"，[②] 致使大臣人心惶惶。李期怀疑并计划谋害李骧之子李寿，李寿被迫起兵，攻破成都，杀李越而废李期，后来李期自杀。这些记载虽未必尽实，但大概可以确定的是，李期在位期间与六郡元老勋旧关系较为疏远，政事多委任亲信，猜忌大臣，最终迫使李寿起兵。

合法性问题在上述一系列政治变动中无疑扮演了重要角色。李期虽然为自己的合法性找到了一些依据，但未必比被其取代的李班更强。他只能试图在现实政治层面巩固地位，以亲信取代旧臣。至于李期弹压李寿，是因忌惮其军事实力，企图收回其兵权。合法性理论构建失败，增加了李期维持稳定统治的难度，也增强了他采用非常手段巩固统治的动力，这又反过来加速了矛盾的激化。

李寿取代李期称帝，同样面临着合法性问题的困扰。李寿在位时，有

①　《晋书》卷一二一《李期载记》，第3042页。
②　《晋书》卷一二一《李期载记》，第3042页。

两个政治事件值得关注：第一件事，改国号为"汉"，祭祀李特、李雄于成庙，祭其父李骧于汉庙；第二件事，朝中发生了有关是否去帝号、称藩于晋的争论。两者看似无过多联系，实则皆与皇位合法性问题密切相关。

先来看第一件事。李寿改国号为汉的行为，部分源于李期在位时曾将其由建宁王改封为汉王，但改国号并将成、汉宗庙分立，其原因便远远不是变藩王封号为国号这么简单了。有学者认为，改国号为汉是为了仿效蜀汉，强化正统色彩，争取汉人的支持。① 这一说法并无直接或间接证据，可备为一说。其实，理解改国号事件的关键并不在于新国号是什么，而是为何要改国号。高然、范双双在《成汉国史》一书中指出，李寿改立宗庙是为了"强化自身帝位、国家的神圣性"，② 但书中未有更具体的阐述。这一观点实颇具启发性。

李寿是李骧之子，李骧为李特第五弟。按照李雄以来所确定的继承顺位，李骧一支是小宗，基本无缘皇位。李寿被迫起兵，推翻李期，并诛杀李雄诸子。此前李荡诸子或为李期所杀，或逃亡降晋，现今李雄诸子又尽数死亡，与李寿竞争的大宗基本不复存在。尽管如此，李寿仍然不能改变自己是成朝旁支的事实，且李特之弟李流、李庠甚至李特庶子李始或有后人在世，他们对成朝的继承顺位都要先于李骧一系。李寿废李期的行为，在宗法制度下是以旁支夺嫡属，他的皇位合法性也就可能充满争议了。李寿将国号改为汉，自己就从成的旁支变为汉的正统，便可不必再去理会李雄以来困扰诸帝的合法性问题。

然而，李寿与李特、李雄亲缘关系太近，不仅未出五服，李寿和李雄还有着同一祖父。因此，希望通过改换国号来逃避合法性问题，基本可谓掩耳盗铃。到李寿之子李势在位时，经历了诸多争论之后，终于将李特、李雄一体祭祀于汉庙，皆称汉王。

再来看第二件事。关于李寿是否应称帝，他的支持者们有过一次争

---

① 参见胡阿祥《吾国与吾名：中国历代国号与古今名称研究》，江苏人民出版社，2018，第 126 页。

② 高然、范双双：《成汉国史》，社会科学文献出版社，2020，第 124 页。

论。略阳罗恒为李寿的长史，李寿又亲重巴西人龚壮、解思明等。"恒与思明及李奕、王利等劝寿称镇西将军、益州牧、成都王，称藩于晋，而任调与司马蔡兴、侍中李艳及张烈等劝寿自立。"① 由此，李寿除了改国号为汉之外，其实还有称藩于晋这个选择，但由于各种原因，后者被放弃了。李寿称帝后，龚壮又上书劝寿去帝号："论者或言：'二州人附晋必荣，六郡人事之不便。'"② 可见，在称帝于蜀与称藩于晋两者之间，巴蜀人更偏向于称藩，而六郡人更偏向于称帝。

有学者根据龚壮、解思明等劝李寿去帝号、称藩于晋，认为巴蜀士人倾向于东晋，而对成汉好感不多。③ 其实，此事背后可能还有更深层次的政治意涵。

首先，支持称藩者虽以巴蜀人居多，但也包括了一部分六郡人，如罗恒即略阳人。

其次，虽然李氏定蜀期间留居巴蜀的当地大族多追随西晋，在成汉政权中巴蜀人的政治地位也比较低，但桓温平蜀后，蜀地大族并未帮助东晋维持统治，反而迭兴变乱。我们试举两例，以说明巴蜀士人的这类活动。如桓温还未离蜀，"王誓、邓定、隗文等反"。④ 被认为是"蜀之良"而为桓温所拔擢的王誓、邓定二人，⑤ 恐怕不好说他们与先前主张称藩的解思明等谁更能代表巴蜀士人。又如桓振攻江陵时，都督梁、益等州的毛璩"使参军谯纵领巴西、梓潼二郡军下涪水，当与璩军会于巴郡。蜀人不乐东征，纵因人情思归，于五城水口反，还袭涪……璩时在略城，去成都四百里，遣参军王琼讨反者，相距于广汉。僰道令何林聚党助纵，而璩下人

---

① 《晋书》卷一二一《李寿载记》，第 3044 页。
② 常璩撰，任乃强校注《华阳国志校补图注》，第 501 页。
③ 参见彭丰文《从〈华阳国志〉看两晋巴蜀士人的民族观念与国家认同》，达力扎布主编《中国边疆民族研究》第 6 辑，第 14~15 页；张炜《试论成汉政权灭亡的内部原因》，《河北经贸大学学报》2010 年第 3 期。
④ 《晋书》卷九八《桓温传》，第 2569 页。
⑤ 《晋书》卷九八《桓温传》："温停蜀三旬，举贤旌善。伪尚书仆射王誓、中书监王瑜、镇东将军邓定、散骑常侍常璩等，皆蜀之良也，并以为参军，百姓咸悦。"（第 2569 页）

受纵诱说，遂共害璩……"① 谯纵本不敢造反，只是为二郡募兵所胁迫。二郡兵变以后，巙道随之响应，毛璩的部下也被谯纵说动而杀璩，说明这是一次巴蜀人广泛参与的叛乱，其中巴西谯氏又成为大族的代表，卷入其中。如果巴蜀大族普遍倾向东晋，恐怕动乱很难发展到后来那样的局面。

最后，从一般政治逻辑来讲，在李氏还控制着最高权力时，大批士人劝谏称藩于晋，如果劝谏者们仅仅是出于对成汉的反感和对东晋的向往，而并无太多从李氏统治者角度出发的策略成分，恐怕是很难有机会提出的。劝谏称藩一事能在一定程度上得到李寿的宽待，还应当从这一角度加以解读：李寿虽然没有选择称藩，但这一建议或许能从一些方面解决他所面临的难题。

龚壮等人劝说李寿归晋，很难说源于他们十分认同东晋政权。政治活动中最为核心的争夺要素是权力，而劝李寿放弃称帝，并不意味着要他放弃权力。尽管劝谏者们要求改变名号，却并不要求最高权力发生变更，正如十六国时期有些地方政权的首领并未称帝，但也不影响这些地方政权成为独立的政治体。因此，称藩的劝谏只是对政权名号的否定，而不是对政权实体的否定。即便称藩于晋，李寿还是可以保有对巴蜀的实际控制。那么，龚壮等人建议更深层次的目的是什么？

从巴蜀人的角度来说，他们在成汉政权中的政治地位较低，长期为六郡人所压制。如果称藩于晋，六郡人开国定鼎的元功优势将会被削弱，而巴蜀士人的政治地位有望相应改善。从李寿的角度来说，称藩既可保证自己的实际权力，又可借助晋室的王命来化解无休止的合法性争议。同时，随着巴蜀人政治地位的改善，他们对成汉长期以来的疏远与不满，也可渐渐得到扭转，进而加强巴蜀人对成汉政权实体的认同。然而，称藩以后，六郡人的心理优势将被削弱，其政治地位也会逐渐受到侵蚀，故而称藩为六郡人所反对，阻力很大。李寿自己也不情愿放弃帝位，加上称藩可能会带来诸多可预见与不可预见的麻烦，最终未能施行。

可能是为了防备东晋，也是为了回应龚壮、解思明等人，李寿不再沿

---

① 《晋书》卷八一《毛宝传》附《毛璩传》，第 2127 页。

用李雄的对外策略。李雄时期，虽与东晋时有战端，但基本上还是保持着一定的友好姿态。同时，李雄还与坚持晋臣身份的前凉张氏交好，并为张氏与东晋保持联络提供便利。李寿在否决称藩的提议后，不仅没有试图与晋交好，反而与石虎保持频繁往来，并一度大合兵众，宣称要与石赵共分江左。李寿用人，颇似李期，"公卿以下，率用己之僚佐。雄时旧臣及六郡士人，皆见废黜"。① 李寿又学习石虎严刑峻法的施政风格，多行杀伐，大起宫室。大臣蔡兴、李演等进谏，反被杀害。至李势时，延续这样的政治氛围，杀害解思明、马当，对于异己言论的容忍度更低。

不过，据史书记载，李寿行为风格并非一贯如此，称帝前风评颇佳："寿初为王，好学爱士，庶几善道。每览良将贤相建功立事者，未尝不反复诵之，故能征伐四克，辟国千里。"② 李寿在梁州，亦颇得巴西士人之心。龚壮本与李氏有仇，"壮之父及叔为特所杀"，③ 但李寿能使其为己所用，足见李寿之度量。李寿占据成都后，龚壮等敢于多次进谏请称藩于晋，也应是因为李寿此前襟怀颇为宽大。李寿称帝以后的变化，很可能不是因为他性情大变，乃是政治形势逼迫其如此，其中又以合法性问题为一大缘由。合法性问题无法得到较好处理，如果放开言路，很多争论都可能牵涉皇位合法性问题而难以收场，从而进一步动摇人们对李寿的认同。

李寿通过变"成"为"汉"以再造法统的努力是不成功的，他认为可以更多地依靠严刑峻法与阻断言路，来避免脆弱的合法性理论基础遭到冲击。这固然大大降低了其合法性被公开质疑的概率，但如此一来，政权的统治基础也日渐弱化，政治抉择越来越丧失灵活性，变得忌讳重重。这些都在不停地消磨着成汉的政治活力。

结　语

皇位合法性问题几乎是贯穿成汉政权始终的重大问题。它直接起源于

---

① 《晋书》卷一二一《李寿载记》，第3046页。

② 《晋书》卷一二一《李寿载记》，第3046页。

③ 常璩撰，任乃强校注《华阳国志校补图注》，第500页。

李雄靠战功得来的最高统帅地位，在法理上存在缺陷。核心集团六郡人凝聚力不足，放大了合法性问题的影响。李雄采用谦退宽大的姿态，为合法性争议的降温以及政权基础的巩固争取了时间。然而，舍己子而立兄子的做法在历史上并不常见，埋下了新的政治隐患。李雄之子取代了其父指定的继承人以后，同样陷入了合法性危机，为了解决这一问题，又给自己制造了新的麻烦，丢掉了皇位。李寿取代李期后，仍然不能逃脱合法性问题的困扰，于是改国号为汉，试图将此前的成政权视作另一个朝代，使自己由成的旁支变为汉的正统。为了掩饰精心创立的新的合法性理论的严重漏洞，李寿父子采用高压手段极力压制对这一问题的质疑，付出的代价则是压抑了政治活力。

抽象的合法性问题牵涉成汉历史上诸多重要事件，极大地影响了其历史轨迹，而促使它能对政治活动产生如此影响的基础，还是源于具体的现实政治。由"实"的问题产生的关于"名"的争议，最终又影响到政治活动之"实"，正是因为这个"名"有着坚实的现实基础。成汉的统治者们不惜花费心力去解决"名"的问题，正是因为它并非一般的虚"名"，而确有可能引发实实在在的政治危机。

尚书侍郎复置与梁代政治文化[*]

胡 鸿^{**}

摘 要 梁天监三年复置尚书侍郎是汉唐之间尚书省的一次官职调整，可以从制度设计和政治文化背景两方面加以分析。魏晋时期，汉代原有的尚书侍郎被省去，只留下尚书郎中主理一曹事务，其品级得到提升，也具有较高的清望度。东晋以降，高门士族鄙弃庶务繁多的尚书郎之职，在任者亦懈怠政务，导致都令史部分替代了尚书郎中的职能，尚书郎中的地位进一步削弱。梁朝建立不久即恢复曹郎的奏事，接着又复置尚书侍郎。借助曹郎奏事，梁武帝试图突破内省对皇帝视听的垄断，并以此督促尚书郎勤于曹署政务。作为对尚书郎的激励手段，消失已久的尚书侍郎被复置，在官阶与清望度上都较尚书郎中有所提升。中古时期"侍臣"的显耀所带来的"侍"字价值的提高，构成尚书侍郎复置的又一政治文化背景。梁武帝设置了一些带"侍"字的官职，让暂时无法成为侍臣的中级官员分享侍臣的荣光，尚书侍郎便是这类官职之一。

关键词 尚书侍郎 政务运行 制度设计 侍臣 政治文化 梁代

---

* 本文为教育部人文社科重点研究基地重大项目"中古中国多元传统的竞争、互动与交融研究"（ZZJJD770006）成果之一，初稿曾在北京大学"文以成政：中国政治文化传统的形成与早期发展"会议及中山大学"钩稽沉隐求索之：中古中国的权力、景观与秩序"工作坊上报告，收获了评议人柴芃先生、周文俊先生以及其他与会学者的宝贵意见，在此一并致谢！

** 胡鸿，北京大学中国古代史研究中心教授。

作为中古时期的政务中枢，尚书省可谓是制度史研究的核心对象，几乎已经题无剩义。① 研究者关注较多的是八座的职权分工，以及令史权力的扩大等问题，对于居于中层的尚书郎，除了关注分曹数字之外，相对较为忽视。在一些通论性的著作中，甚至出现了不准确的概括。② 从东汉到隋唐，曹郎一级并非一成不变，梁天监三年（504）复置尚书侍郎③就是一个明显的变化。既是复置，那么何时初置，又何时废罢？废而再置，是恢复旧制还是名同实异？梁初做出这一改变的制度与政治文化背景又是什么？这一变化对后世有何影响？本文尝试结合相关史实，对这几个问题做一点补充。

一　汉唐间尚书郎的沿革

在讨论梁代"复置"之前，有必要梳理尚书侍郎在何时初置，又何时废罢，以及梁代的复置是否被之后的朝代继承等问题。《唐六典》在"尚书都官左右司郎中"条下，用一段长注梳理了尚书郎的因革，现摘录相关部分如下：

> 汉制：尚书郎主作文书起草，更直于建礼门内。……《汉官》云："尚书郎初从三署郎选诣尚书台试，每一郎缺，则试五人，先试笺、奏。初入台，称郎中；满岁，称侍郎；视事五年，迁大县令。……其郎中、侍郎之名，皆因三署旧号也……"然汉言郎者，多非尚书郎。……至后汉，二署犹难分，有尚书及曹名冠首者，即尚书郎也。魏、二晋以后，无三署郎矣。自汉以来，尚书诸曹并通谓之尚书郎。汉代两置，其职则同。魏、晋、宋、齐惟置郎中，梁、陈两置，后魏、

① 奠基性的论著主要包括：祝总斌《两汉魏晋南北朝宰相制度研究》，中国社会科学出版社，1990；陈仲安、王素《汉唐职官制度研究》（增订本），中西书局，2018；严耕望《北魏尚书制度》，《严耕望史学论文选集》（下），中华书局，2006。

② 如李世愉、孟彦弘《中国古代官制概论》（中国社会科学出版社，2009）写道："南朝陈在尚书郎之下，设侍郎"，"梁在曹郎之上设侍郎、郎中，尚书郎在职勤能、任满二岁者可升为侍郎。"（第 71 页）

③ 《隋书》卷二六《百官志上》，中华书局，2019，第 802 页。

北齐唯置郎中。隋开皇初，唯置侍郎；至开皇六年，每司各置员外郎。炀帝三年，改诸曹侍郎但曰"郎"，每曹各置二郎；寻又省一郎，置承务郎，同开皇员外之职。皇朝改郎为郎中，又每曹置员外郎。①

自《宋书·百官志》以来，均认为尚书郎始设于东汉时期。结合上引史料可知，东汉时期尚书郎从三署郎中选补，故而因袭三署旧号，设有尚书郎中和尚书侍郎，魏、晋、宋、齐则只设郎中，不置侍郎。② 到梁、陈时期，"并设侍郎与郎中"，这当然就是天监三年置尚书侍郎的结果。北魏、北齐"唯置郎中"，可以理解为北魏与北齐在尚书郎设置方面与魏、晋、宋、齐一致，而梁武帝时期新增的侍郎未被北魏与北齐采用。这也符合我们对于北朝制度渊源的一般认识。至于隋代，先是单设侍郎，随后每司各置员外郎，也就是诸曹均有侍郎和员外郎，形式上与梁陈并设侍郎、郎中更为接近。仅从官职名称来看，这些变化似乎只是将汉代已有的两种职官废而复置，但若将其行政层级与品阶考虑进去，便能看到更为复杂的线索。

尚书郎在行政层级与官阶等级中的位置变化，要放在整个尚书省机构的发展中去观察。东汉至唐尚书机构的设官情况，如表1所示。东汉的尚书郎，虽有侍郎和郎中两种，但是"其职则同"，都是"主作文书起草"，尤其是负责诏书的起草，也包括各类其他公文。其下则有令史进行更为基础的文书抄写工作，令史可以升迁为郎，两者之间差距不像后世那样巨

---

① 李林甫等：《唐六典》卷一《尚书都省》，陈仲夫点校，中华书局，1992，第8~9页。
② 在魏晋至宋齐的史料记载中，常能见到"某曹郎""某曹郎中"，且多个例证显示两者可以互换，如《宋书·裴松之传》："义熙初……入为尚书祠部郎。"（中华书局，2018，第1859页）《宋书·礼志二》则称："义熙中，尚书祠部郎中裴松之……"（第440页）又如《宋书·恩倖·徐爰传》："孝建初，补尚书水部郎，转为殿中郎。"（第2533页）同书《礼志五》则有"孝建二年十一月乙巳……（殿中）曹郎中徐爰参议"之句（第569页）。又如《南齐书·礼志上》记论郊殷事，有"曹郎中裴昭明"（中华书局，2017，第128页），而《南齐书·良政·裴昭明传》则记其"历祠部、通直郎"（第1013页）。与之相对，"尚书侍郎"仅能见到一例，即《梁书》卷二一《王志传》："征拜黄门侍郎，寻迁吏部侍郎。"（中华书局，2022，第357页）据该传前后事迹，可考知此事在齐建元年间。此时是否设置了"吏部侍郎"？目前只此一条孤证，有史家笔误或传抄讹误的可能，留待后考。

大。① 从尚书郎中升级为尚书侍郎，只需要正常工作一定年限即可。除了《唐六典》注引《汉官》"满岁称侍郎"的说法之外，另有蔡质《汉仪》的"三年称侍郎"之说。② 无论满岁或是三年，尚书侍郎与尚书郎中的区别在于品位，而不是职位。照此推断，东汉尚书台的郎中大多会迁为侍郎，故而《续汉书·百官志三》"尚书"条云："侍郎三十六人，四百石。本注曰：一曹有六人，主作文书起草。"③ 仅言侍郎 36 人，而不言郎中，大概就因为郎中只是一个过渡状态。前引《汉官》又云"其郎中、侍郎之名，皆因三署旧号也"，三署郎官共有三个等级，中郎比六百石，侍郎比四百石，郎中比三百石。④ 何以尚书只有两级？大概因为汉代尚书本身秩六百石，同于中郎，故而在其下的尚书郎没有设置"尚书中郎"，而只有侍郎、郎中两级。

表 1　东汉至唐尚书诸曹职官设置

		东汉	魏晋宋齐	梁陈	北魏后期、北齐	隋文帝	隋炀帝	唐
都省	长官	令	令	令	令	令	令	令
	佐贰官	仆射	仆射	仆射	仆射	仆射	仆射	仆射
	属官	左右丞	左右丞	左右丞	左右丞	左右丞	左右丞	左右丞
			都令史	都令史	都令史	都事*	左右都司郎 员外郎 都事（正八）	左右都司郎中 员外郎 都事

① 尚书令史初置于东汉，郎与侍郎有 36 人，令史最初只有 18 人，后增至 21 人（见《续汉书·百官志三》，《后汉书》，中华书局，1965，第 3597 页）。令史人数远少于郎，只能承担辅助性工作，主要是抄写。此时期尚书郎也是文史性质，令史与郎之间没有不可逾越的鸿沟。应劭《汉官仪》曰："能通《苍颉》《史篇》，补兰台令史。满岁补尚书令史。满岁为尚书郎。出亦与郎同，宰百里。郎与令史分职受书。令史见仆射、尚书，执板拜；见丞、郎，执板揖。"（应劭：《汉官仪》卷上，孙星衍等辑《汉官六种》，周天游点校，中华书局，1990，第 142 页）又，《续汉书》注引《决录注》："故事尚书郎以令史久缺补之。世祖始改用孝廉为郎，以孝廉丁邯补焉。邯称病不就。诏问：'实病？羞为郎乎？'对曰：'臣实不病，耻以孝廉为令史职耳！'"（《后汉书》，第 3598 页）综合而言，东汉尚书郎的主要来源是三署郎或孝廉，但从尚书令史升任的渠道依然存在。
② 蔡质《汉仪》曰："尚书郎初从三署诣台试，初上台称守尚书郎中，岁满称尚书郎，三年称侍郎。"（《续汉书·百官志三》注引，《后汉书》，第 3598 页）
③ 《续汉书·百官志三》，《后汉书》，第 3597 页。
④ 《续汉书·百官志二》"光禄勋"条注引，《后汉书》，第 3574 页。

续表

		东汉	魏晋宋齐	梁陈	北魏后期、北齐	隋文帝	隋炀帝	唐
曹/部	长官		尚书	尚书	尚书	尚书	尚书(正三)	尚书(正三)
	佐贰官						侍郎(正四)	侍郎(正四上、下)
曹/司	长官	尚书	郎中	侍郎郎中	郎中	侍郎	郎(从五)	郎中(从五上)
	佐贰官					员外郎	承务郎(从六上)	员外郎(从六上)
	属官	侍郎郎中令史	令史	令史	令史	令史	主事(从八)令史	主事(从九上)令史

注：＊开皇初，改都令史为都事。

　　从魏晋时期开始，尚书郎已成为主理一曹或多曹政务的长官，每一曹有大量令史，承担具体事务，由令史升迁为郎已经不再可能，且尚书郎与令史的任职者也有了士庶之别。在他们之上，尚书则成为总领某一类政务同时统领多个郎曹的高级官员。较之东汉，尚书与尚书郎都提高了一个政务层级。在官阶层面，如阎步克所指出的，在魏晋的九品官品中，尚书机构的官职普遍被提升到了更高的地位，其中尚书丞、郎居于六品官之首，而在六品中位于其后的则是一些汉代六百石、千石甚至比二千石官。① 因此，魏晋时期虽然废止了原为四百石的尚书侍郎，但尚书郎无论在行政流程中还是在品位等级中的位置都大为提升了。

　　此后经历东晋、宋、齐，尚书郎中主管一曹的局面始终延续。梁初复置尚书侍郎，尚书郎又有了侍郎与郎中两个等级，其职任则与郎中无别，仍称为"某某曹侍郎"，主管某一曹的事务。北魏、北齐皆未追随梁制另

① 阎步克：《品位与职位：秦汉魏晋南北朝官阶制度研究》第五章"官品的创制"，中华书局，2002，第264~266页。

设尚书侍郎。北周实行六官制，到隋初恢复旧制，却"唯置侍郎"，"凡三十六侍郎，分司曹务，直宿禁省，如汉之制"。① 36 名侍郎的设置，在形式上像是恢复了汉制。然而汉代侍郎并不分司曹务，这里实际借鉴的是梁陈之制。

至隋开皇三年，又将尚书诸曹侍郎从正六品提升为从五品。"六年，尚书省二十四司各置员外郎一人，以司其曹之籍帐。侍郎缺，则厘其曹事。"② 这相当于为每曹设置了一名副长官，较之梁制又为一变。到隋炀帝时，侍郎被再度升级为"贰尚书之职"，与尚书一样仅置六人。原来负责各郎曹的侍郎改为郎，并将与部名重合的郎曹各自改名以避免混淆，又在都省增设左、右都司郎。曹郎之下的员外郎先废后复，改称承务郎。③就侍郎而言，隋炀帝的改革其实是按照北周六官各设主官、佐贰官的结构重新改造尚书六部，虽然保留了这一来自南朝的官名，制度属性则已回到了北周的路线上。

唐代在此基础上，将各曹郎改称郎中，承务郎改回员外郎之称，即形成了《唐六典》所见的尚书省架构。至于品阶，在部一级，尚书为正三品，隋炀帝始设的作为一部副长官的侍郎则为正四品，在唐代为正四品上（吏部）或正四品下（其他各部）；在郎曹一级，郎中或侍郎一般在第六品（吏部郎除外），至隋初改为从五品，略有提升，唐为从五品上；其副官承务郎或员外郎为从六品。

至此，在看似恢复了汉代官名的情况下，隋、唐的尚书侍郎与郎中处于完全不同的两个行政层级。尚书、侍郎至郎中、员外郎，相对均匀地分布于正三品到从六品的品级阶梯之中。从省到部、到司，三个行政层级都有长官与佐贰官。这与汉代相比已经完全不同。在尚书机构从汉制向唐制演变的过程中，梁代复置尚书侍郎至少提供了名称上的制度渊源。

---

① 《隋书》卷二八《百官志下》，第 864 页。
② 《隋书》卷二八《百官志下》，第 883 页。
③ 《隋书》卷二八《百官志下》，第 884~885 页。

二　南朝政务运行中的尚书郎

上文仅从职官设置的角度梳理了汉唐间尚书郎的演变，在实际的政务运行层面，则可以看到另外的线索。如所周知，从西晋开始尚书省的高级与中级官员已开始懈怠政务，所谓"自台郎以下，皆雅崇拱默，以遗事为高"。① 经历东晋、宋、齐，这种风气变得更为严重：

> 陈吏部尚书姚察曰：魏正始及晋之中朝，时俗尚于玄虚，贵为放诞。尚书丞、郎以上，簿领文案，不复经怀，皆成于令史。逮乎江左，此道弥扇，惟卞壸以台阁之务，颇欲综理。阮孚谓之曰："卿常无闲暇，不乃劳乎？"宋世王敬弘身居端右，未尝省牒，风流相尚，其流遂远。望白署空，是称清贵。恪勤匪懈，终滞鄙俗。②

虽然《梁书·何敬容传》所举的例子中，卞壸为尚书令，王敬弘为尚书仆射，但前面也提到了"丞、郎以上"皆染此风。又《隋书·百官志》载：

> 自晋以后，八座及郎中多不奏事。天监元年诏曰："自礼闱陵替，历兹永久，郎署备员，无取职事。糠粃文案，贵尚虚闲，空有趋墀之名，了无握兰之实。曹郎可依昔奏事。"自是始奏事矣。③

祝总斌仔细辨析了这道诏书，认为"奏事"指当面向皇帝上交文书或口头报告，是一项辛苦的工作，尚书郎中不愿奏事，不等于他们完全不理政务，更没有形成制度。既然制度上规定了很多政务职责，尚书郎便逐渐为

---

① 余嘉锡笺疏《世说新语笺疏·轻诋》注引《八王故事》，中华书局，2007，第979页。
② 《梁书》卷三七《何敬容传》"史臣曰"，第592页。
③ 《隋书》卷二六《百官志上》，第801~802页。

高门士族所鄙弃。与此同时，尚书郎懈怠政务的风气也的确存在，他们早已脱离了文案工作，甚至对于令史的汇报常"不以经怀"。① 尚书郎的相对虚闲，意味着八座—尚书郎—令史这一政务线的相对冷清。与之相对，"簿领文案……皆成于令史"，而令史地位低下，仍需向上级汇报，于是八座—都令史—令史政务线日渐繁忙起来。这两条线一冷一热，恐怕是互为因果的关系。

自西晋开始，尚书省设置了都令史。除了梁、陈置五人，其他朝代皆置八人。《唐六典》云："自晋、宋、齐、后魏、北齐、隋，都令史置八者，当八座之数。梁、陈置五者，南朝多不置祠部尚书，当五曹之数。"②《宋书·百官志》则说都令史"分曹所掌如尚书也"。③ 都令史在西晋到宋、齐都是第八品，与各曹令史同，属于典型的"寒官"，官阶远低于第六品的尚书郎中。不过，都令史人数远远少于曹郎，显然不是尚书郎的下属。甚至都令史也不隶属于各曹尚书，而是作为都坐或都省的属官，直接向尚书令仆及左右丞负责。④ 他们的人数又与八座或诸曹尚书一一对应，隐然成为配合仆射、尚书总领某曹（尚书曹）事务的官员。

另一些史料表明，都令史有管理令史的职责，如《南齐书·百官志》：

> 自令仆以下五尚书，八座。二十曹各置郎中，令史以下，又置都令史分领之。⑤

---

① 参见祝总斌《两汉魏晋南北朝宰相制度研究》，第 190~193 页。
② 李林甫等：《唐六典》卷一，第 10 页。今按，梁代五都令史与尚书各曹的对应关系，是殿中都隶属左仆射，吏部都对应吏部尚书，金部都属度支尚书，左民都属左民尚书，中兵都属五兵尚书，唯都官尚书之下未见都令史。
③ 《宋书》卷三九《百官志上》，第 1342 页。
④ 《唐六典》卷一"尚书都省"条引《晋百官公卿表》曰："尚书都令史八人，秩二百石，与左、右丞总知都台事。"（第 10 页）
⑤ 《南齐书》卷一六《百官志》，第 357 页。修订点校本中的此条，标点断句与旧点校本差异较大。本文从新修订本，仅将"八座"之后的冒号改为句号。

此处都令史分领的对象是令史还是二十曹？这句话表达比较暧昧，中华书局新旧点校本也采取了不同的理解。结合其他相关史料，本文认为都令史的分领对象只是各曹令史，不包括郎中。都令史管理令史的具体事例，如宋代吏部尚书庾炳之私自留宿赴其宅咨事的令史，遭右仆射何尚之劾奏：

> 炳之呼二令史出宿，令史咨都令史骆宰，宰云不通，吏部曹亦咸知不可，令史具向炳之说不得停之意，炳之了不听纳。①

令史在执行本曹尚书的命令前，先去咨询都令史，而未请示曹郎，充分说明了他们之间的管辖关系。此例还显示出令史受到尚书的直接指挥。与之相近，南齐时期王俭任尚书令、领吏部尚书时，在家中接待"令史咨事""傍无留滞"，最后仍因为令史往来太多而被要求回到尚书下省办公：

> 先是诏俭三日一还朝，尚书令史出外咨事。上以往来烦数，复诏俭还尚书下省，月听十日出外。②

频繁地向尚书令、吏部尚书咨事的是令史，而不是曹郎，而且这里面的令史很可能也包括都令史。八座—都令史—令史甚至八座—令史构成了另一条政务流程线，"糠秕文案"的尚书郎要么仅仅象征性地署名，要么索性被绕开了。

以上情况虽然在一定程度上成为惯例，但还不是成文的制度，尚书郎的权责也从没有被正式取消。在一些情况下就会出现冲突，如南齐吏部郎陆慧晓的著名事例：

---

① 《宋书》卷五三《庾炳之传》，第 1657 页。
② 《南齐书》卷二三《王俭传》，第 486 页。

　　　　吏曹都令史历政来咨执选事，慧晓任己独行，未尝与语。帝遣主
　　书单景儁谓曰："都令史谙悉旧贯，可共参怀。"慧晓谓景儁曰："六
　　十之年，不复能咨都令史为吏部郎也。上若谓身不堪，便当拂衣而
　　退。"帝甚惮之。①

吏部郎是尚书诸曹郎中地位最高者，在南朝也是高门士族唯一愿意担任的
曹郎。然而，从上述史料来看，宋齐时期吏曹草拟任官人选的职能实际由
都令史在行使，② 吏部郎成了"橡皮图章"，陆慧晓不过是一个违反常态
的特例。吏曹如此，其他几个都令史在政务处理中的作用也可以想见。

　　以上就是尚书郎在魏晋南朝前期的处境。一方面，尚书郎的品级在魏
晋时期提升至第六品后，始终保持着稳定；另一方面，其庶务繁多的职务
属性使高门士族不愿意任职，而在任的曹郎也染上了懈怠政务的风气。为
了维持尚书省的运转，都令史—令史的政务线便代之而起，尚书郎的地位
不免更加边缘化。

　　梁武帝在王朝建立之际就力图重整尚书省。第一步，是如前引天监元
年诏书所言，令曹郎恢复奏事，时在当年八月。③ 在接下来的天监三年，
便有复置尚书侍郎的举措。到天监九年，又"革选"都令史，任用士流。
与尚书郎有关的是前面两步，《隋书·百官志》将这两条连续叙述，无疑
也认为两者间有紧密的联系。曹郎奏事，如祝总斌所论，是指当面奏读文
书，并回答皇帝的询问。④ 这种奏事在汉代本来是尚书的主要职责，魏晋
以来尚书处理具体政务，通传并当面奏读文书的工作交给了中书官员。梁
武帝让尚书曹郎奏事，带有某种复古的意味。关于此诏在梁代执行的情
况，《梁书·臧盾传》载：

①　《南史》卷四八《陆慧晓传》，中华书局，1975，第 1192 页。
②　西晋时期，都令史在吏部选举中已经发挥重要作用。《晋书·任恺传》记载贾充与
　　任恺争权，有人为贾充谋曰："恺总门下枢要，得与上亲接，宜启令典选，便得渐
　　疏，此一都令史事耳。且九流难精，间隙易乘。"（中华书局，1974，第 1286 页）
③　《梁书》卷二《武帝纪中》"天监元年八月"条载："是月，诏尚书曹郎依昔奏事。"
　　（第 45 页）
④　祝总斌：《两汉魏晋南北朝宰相制度研究》，第 191 页。

迁尚书中兵郎。盾美风姿，善举止，每趋奏，高祖甚悦焉。①

又《梁书·江子四传》载：

历尚书金部郎，大同初，迁右丞。……左民郎沈炯、少府丞顾玙尝奏事不允，高祖厉色呵责之，子四乃趋前代炯等对，言甚激切。高祖怒呼缚之，子四据地不受，高祖怒亦殆，乃释之，犹坐免职。②

这是尚书左民郎奏事，而右丞亦在场的例子，双方可以有直接的言语交流。又《陈书·萧引传》载萧引任尚书金部侍郎奏事的情形：

引善隶书，为当时所重。高宗尝披奏事，指引署名曰："此字笔势翩翩，似鸟之欲飞。"引谢曰："此乃陛下假其羽毛耳。"又谓引曰："我每有所忿，见卿辄意解，何也？"引曰："此自陛下不迁怒，臣何预此恩。"③

这已是陈宣帝时期之事，可以证明此制在梁、陈二代始终延续。

梁武帝一朝须履职奏事的官员不只限于尚书郎，这在天监九年及十年的两道敦促百官奏事的诏书中可以清楚看到。④ 上引江子四的相关记载中，"少府丞顾玙"也在奏事之列。又如张率任扬州别驾，在当面奏事时，"高祖览牒问之，并无对，但奉答云'事在牒中'。高祖不悦"。⑤ 昭明太子加元服后，以储君身份处理政务，"内外百司奏事者填塞于前"。⑥ "内外百司"说明奏事者范围较大，而且他们"填塞于前"，显然不是

---

① 《梁书》卷四二《臧盾传》，第 666 页。
② 《梁书》卷四三《江子一传附弟子四传》，第 674~675 页。
③ 《陈书》卷二一《萧引传》，中华书局，2021，第 327 页。
④ 《梁书》卷二《武帝纪中》，第 56~58 页。
⑤ 《梁书》卷三三《江率传》，第 478 页。
⑥ 《梁书》卷八《昭明太子传》，第 189 页。

通过间接渠道呈上公文，而是要亲自汇报。昭明太子代替其父省理万机，因此这种状况就是梁武帝统治的日常状态。尽管如此，由于尚书省早已经是名副其实的政务中枢，奏事的"内外百司"中，主体部分仍应是尚书省官员，尤其是诸曹郎。史料中所见奏事的例子，也大多集中于尚书省。

这种与魏、晋、宋、齐不同的皇权运行方式，甚至引起了朝臣的批评。贺琛所上封事中写道：

> 其三事曰：……至于百司，莫不奏事，上息责下之嫌，下无逼上之咎，斯实道迈百王，事超千载。但斗筲之人，藻棁之子，既得伏奏帷扆，便欲诡竞求进，不说国之大体。……但务吹毛求疵，擘肌分理，运智瓶之智，微分外之求，以深刻为能，以绳逐为务，迹虽似于奉公，事更成其威福。犯罪者多，巧避滋甚，旷官废职，长弊增奸，实由于此。①

这道封事针对的就是"百司莫不奏事"，虽然肯定了皇帝的勤政不倦，但也指出其弊端：一些小人若获得"伏奏帷扆"的机会，便会想方设法"诡竞求进"，往往通过"吹毛求疵""以深刻为能"突出自己的政绩，以获得皇帝的青睐。其结果是让政治风气变得紧张，犯罪者增多，官员忙于避罪脱责，以致旷官废职。换言之，贺琛是在批评梁武帝通过让百司奏事，"越级"干预了很多不应该由皇帝过问的细事，让奏事百司的上级大臣感到了不安。他的解决方案表达得比较委婉，但显然意在建议停止百司直接奏事，回归当时官僚制的常态：以尚书省为首的外朝百司的文书，应该全部经由中书、散骑这两个内省的过滤，再由他们呈奏给皇帝。贺琛长期担任尚书左丞，同时加员外、通直散骑常侍，而上封事时的官职是散骑常侍。

梁武帝当然读懂了贺琛的意见，"书奏，高祖大怒，召主书于前，口

---

① 《梁书》卷三八《贺琛传》，第603页。

授敕责琛曰":

> 卿又云"百司莫不奏事,诡竞求进"。此又是谁?何者复是诡事?今不使外人呈事,于义可否? ……以咽废飧,此之谓也。若断呈事,谁尸其任?专委之人,云何可得?是故古人云:"专听生奸,独任成乱。"犹二世之委赵高,元后之付王莽。呼鹿为马,卒有阎乐望夷之祸,王莽亦终移汉鼎。

这一连串的反问显示了皇帝的怒火,最关键的几处仍是围绕着百司是否应该奏事而发。除了让贺琛指实到底谁是"诡竞求进"的小人,还追问道:"若断呈事,谁尸其任?专委之人,云何可得?"接着,进一步将意欲垄断君主信息渠道的权臣直接比为赵高、王莽。到了这个地步,贺琛已经无法回答,只能"谢过而已,不敢复有指斥"。①

由此可见,直接接受百司奏事,是梁武帝十分坚持的原则。贺琛封事中称"自普通以来二十余年",梁武帝的敕中自言"朕有天下四十余年",据此可知这次交锋发生在大同八年(542)以后,已经是梁武帝统治的末期。可见这样一种理政方式贯穿了其统治始终。在史料中,朱异等内省官员常被视作专擅朝命的权臣,② 然而从上面梁武帝回答贺琛的"专委之人,云何可得""专听生奸,独任成乱"来看,他对朱异的信任并非毫无保留。梁武帝既要让以中书舍人为代表的内省官员成为皇权的得力工具,③ 同时也要维持与以尚书省为中心的外朝的直接联系,来对内省的信息垄断加以防范。通过百司奏事,皇帝获得了直接干预尚书省诸曹政务的渠道,而尚书郎则得到"伏奏帷扆""诡竞求

---

① 《梁书》卷三八《贺琛传》,第607~609页。
② 《梁书》卷三八《朱异传》云:"自周舍卒后,异代掌机谋,方镇改换,朝仪国典,诏诰敕书,并兼掌之。"(第596页)
③ 《南史》卷六二《朱异传》云:"异在内省十余年,未尝被谴。司农卿傅岐尝谓异曰:'今圣上委政于君,安得每事从旨。顷者外闻殊有异论。'异曰:'政言我不能谏争耳。当今天子圣明,吾岂可以其所闻干忤天听。'"(第1516~1517页)

进"的机会，有助于激励他们勤勉于事务。与之相配合，梁武帝在官制上为勤于职任的曹郎设置一个升迁渠道，这就是天监三年增设的尚书侍郎。

三　梁代复置尚书侍郎的制度设计

如上所论，天监三年复置尚书侍郎是为了激励尚书郎勤勉政务。梁武帝何以认为增置侍郎能达到这样的效果？这一官职变动背后有着怎样的制度设计？这还要回到具体的史料中加以分析。关于此事，《隋书·百官志上》"尚书"条云："三年，置侍郎，视通直郎。其郎中在职勤能，满二岁者，转之。"（第 802 页）《梁书·文学传上·到沆传》载："三年，诏尚书郎在职清能或人才高妙者为侍郎，以沆为殿中曹侍郎。"（第 762 页）值得注意的有两点：一是对侍郎位阶的规定，即"视通直郎"；二是对侍郎人选的规定，即"尚书郎在职清能或人才高妙者"。

先看第一点。通直郎即通直散骑侍郎，在"宋官品"中，① 散骑侍郎为第五品，尚书郎在第六品，通直散骑侍郎大约在两者之间。在天监十八班制中，尚书郎中在第五班，尚书侍郎与通直散骑侍郎在第六班，通直郎排位稍前。这样安排的意义何在？在宋齐时代，通直散骑侍郎是从尚书郎往上迁转的常见路径之一，如臧涛、蔡廓、王韶之、陆澄、虞玩之、萧巑、丘灵鞠、虞愿、裴昭明等皆是其例。② 直接设置与通直郎同级的尚书

---

① "宋官品"记载在《宋书》卷四〇《百官志下》，第 1366～1371 页。其文末附注"凡新置不见此诸条者，随秩位所视，盖□□右所定也"。中华本校勘记称："岳珂《愧郯录》卷一〇《人品明证》条云：'《宋书》志所载九品，明指言晋江右所定。'则所阙似即为'晋江'二字。"这两字是否"晋江"尚待验证，但若以此认为《宋书·百官志》记的就是西晋时代的官品表，则带来其他一些疑问。何承天、沈约等接续完成的《宋书·百官志》号称详备，兼及前代官制沿革，何以偏偏不载本朝的官品表呢？另外，《通典》卷三七的"宋官品"全抄自《宋书·百官志》，而在前一卷又有"晋官品"，与"宋官品"有着不少差异。如果"宋官品"是西晋官制，"晋官品"又是何代之制？从"宋官品"中删去了诸如"护匈奴中郎将""乌丸校尉""宜禾伊吾都尉"等职推断，它更像是东晋以后的制度，在刘宋时代仍然沿用。

② 分见《宋书》《南齐书》诸人本传。此点蒙庞博博士提示，特此致谢。

侍郎，便利了尚书郎中的升迁。更重要的是，尚书侍郎也是尚书郎，这一增置有着提升尚书郎整体位阶的考虑。

宫崎市定在比较梁朝官班与晋宋官品后指出，"官职的价值显著上升者，都是尚书系统的官。这种趋势在武帝天监二年令中已经出现，到天监七年的官班制则明显加快了"。① 宫崎市定认为十八班是将宋齐九品中的七品以下官去除，再重新细分前六品官而得出的，他甚至以前六品中每品对应十八班中三班的方式绘制了官品比较的表格。不过，祝总斌对宫崎市定的推算做了修正，即证明十八班是由七品以上而非六品以上官职重新组合而来的。② 既然对原七品以上官职重新组合，那么一比三的换算法就需要修正了，而两位学者都同意的"重新组合"，也意味着机械地将两种品阶进行换算并不能准确反映其中官职的价值升降。因此，宫崎市定的结论需要重新加以验证。

让问题更为复杂的是，对于十八班制从宋齐九品官品制分化而来的观点，新近的研究提出了有力的怀疑，认为十八班制是从东晋到宋、齐逐渐定型的一套官职排序，在宋齐时期已成为官僚迁转的主要依据，梁代只是将这套排序以"十八班"的名称正式颁布了出来。③ 一些官职在九品与十八班中位置高下不同，显示了后者对前者的破坏和替代。这一类观点并不否认九品官品到十八班制的变化，只是不认为这种变化是梁代的首创，而认为是东晋、宋、齐逐渐形成的规则。按照这种看法，某一官职在九品与十八班中的位置变化，反映的是宋齐时期业已形成的惯例性位阶。下文就从这一立场来展开验证。

---

① 〔日〕宫崎市定：《九品官人法研究：科举前史》第四章，韩昇、刘建英译，三联书店，2020，第208页。
② 祝总斌：《试论魏晋南北朝的门阀制度》，《材不材斋史学丛稿》，中华书局，2010，第189~192页。
③ 参见张旭华《萧梁官品、官班制度考略》，原刊《中国史研究》1995年第2期，又载张旭华《九品中正制略论稿》，中州古籍出版社，2004，第234~246页；杨恩玉《萧梁官班制渊源考辨》，原刊《历史研究》2013年第4期，又载杨恩玉《萧梁政治制度考论稿》第四章，中华书局，2014，第157~182页；柴芃《十八班的实质及意义》，《文史》2018年第3辑。

本文拟采取的方法是，暂时放下宫崎氏的机械换算法，而从纵横两个方向加以相对的比较。在纵向上，注意尚书系统内部诸官职在两种品阶体系之中的级差变化；在横向上，考察与尚书系统诸职同品的官职在十八班之中的相对位置。

从尚书内部纵向来看，其高级官员——八座，即尚书令、仆射、尚书，在"宋官品"中位于第三品，已经处于很高的位置，到十八班制中继续保留在第十六班至第十三班的高班之中；而第三品中原本位置在前的侍中、散骑常侍，则降到了第十二班。尚书省的中级官员即丞、郎则出现了分化。在"宋官品"中，尚书丞、郎同位于第六品，到了十八班中，尚书左丞、右丞被分别提升到第九班、第八班，而尚书郎中则在第五班。与此同时，尚书郎中间最为特殊的吏部郎却高居第十一班。由此可以发现，在尚书省诸职总体上地位提升的背景下，与原本同级的左右丞、吏部郎相比，尚书诸曹郎中的地位未能得到提升。

再从横向来看，我们将"宋官品"第六品中可与十八班制相比较的官职抽出制成表 2。尚书郎所在的第六品诸官职，除了侍御史和殿中将军降到了第一班，秘书郎降到第二班（成为最受欢迎的起家官），大多数停留在第六班；尚书左、右丞和吏部郎提升到了第九班、第八班和第十一班，秘书丞升到了第八班，国子博士则在第九班。相比之下，尚书郎中停留在第五班，是低于平均线的。在十八班制的第五班中，尚有原在第七品的太子二傅丞、太常丞。

十八班所标示的是南朝官僚的迁转班序，上述比较足以说明尚书郎中地位的不进则退。这与尚书郎在东晋、宋、齐为高门士族所鄙弃，[①] 同时也在政务线被边缘化的现象都是相关联的。在此背景下，设置与通直散骑侍郎同在第六班的尚书侍郎，让尚书郎的品级达到了第六品官职在十八班中的平均水平，显示出了复置尚书侍郎的意义。

---

① 《宋书》卷五九《江智渊传》云："元嘉末，除尚书库部郎。时高流官序，不为台郎，智渊门孤援寡，独有此选，意甚不说，固辞不肯拜。"（第 1758 页）

表 2　"宋官品"第六品官职在梁代十八班中的位置

宋官品		梁十八班	
第六品	尚书丞	尚书左丞	第九班
		尚书右丞	第八班
	尚书郎	吏部郎	第十一班
		尚书侍郎	第六班
		尚书郎中	第五班
	治书侍御史		第六班
	侍御史		第一班
	博士	国子博士	第九班
		五经博士	第六班
	廷尉正、监、评		第六班
	秘书著作丞、郎	秘书丞	第八班
		著作郎	第六班
		秘书郎	第二班
	太子门大夫		第六班
	殿中将军		第一班

　　再看第二点，即对侍郎人选的规定。除了品级，"视通直郎"也暗示着清望度上的变化。散骑诸官是清途，黄门侍郎与散骑常侍合称"黄散"，被尊为极具"清华"之官。[①] 尚书诸曹郎，除了吏部郎之外，在东晋以后已为一流高门所鄙弃，虽仍为清官，但清望度已有所降低。[②] 因此，将复置的尚书侍郎视如通直散骑侍郎，是在清望度方面对尚书郎中做了提升。

　　宫崎市定曾指出，梁武帝在改革官制的时候，"担忧以往那种要官容易成为浊官的倾向，力图让他们成为清官"。对于这类官职，宫崎市定认为有御史中丞、尚书都令史、散骑常侍和治书侍御史等，本文赞同这一判断。不过，宫崎市定认为这些改革大部分都没能成功，"天子的意志也无

---

① 　徐坚：《初学记》卷一二"黄门侍郎"条，中华书局，2004，第 283 页。
② 　张旭华：《中古时期清浊官制研究》，人民出版社，2017，第 219~220 页。

法改变贵族的感情"，① 这似乎过于看重正史传记中个别高门大族的态度。如唐长孺和张旭华所论，散骑常侍、御史中丞等官的清浊只是清官中的区别，即便最高等士族不屑为之，次等士族却未必不以之为清选。②

如前贤反复提示过的，梁武帝最重视的恰恰是兼具文才与吏干的次等士族，③ 因此他也要用次等士族的立场来重新定义清浊。具体途径有三。第一种途径是让高等士族就任其不屑为之而例由次等士族担当的要职，以提高该官职的清望度。如以琅邪王氏之王僧虔任御史中丞，又如以王筠任尚书殿中郎：

> 起家中军临川王行参军，迁太子舍人，除尚书殿中郎。王氏过江以来，未有居郎署者。或劝逡巡不就，筠曰："陆平原东南之秀，王文度独步江东，吾得比踪昔人，何所多恨。"乃欣然就职。④

王筠为了给自己违反惯例、欣然就职的行为找个借口，举了陆平原和王文度的例子。陆平原即陆机，吴亡入晋后曾任尚书中兵郎，转殿中郎。⑤ 吴姓士族在东晋、宋、齐向来居于侨姓之下，王筠以陆机自比并不高明。王文度即太原王氏的王坦之：

> 仆射江虨领选，将拟为尚书郎。坦之闻曰："自过江来，尚书郎正用第二人，何得以此见拟！"虨遂止。⑥

---

① 〔日〕宫崎市定：《九品官人法研究》第四章，第 228 页。
② 唐长孺：《南朝寒人的兴起》，《魏晋南北朝史论丛续编》，中华书局，2011，第 114~115 页；张旭华：《中古时期清浊官制研究》第九章，第 214~220 页。
③ 〔日〕宫崎市定：《九品官人法研究》第四章，第 226~228 页；越智重明『魏晋南朝の貴族制』第七章、研文出版、1982、326~349 頁；周一良：《论梁武帝及其时代》，《魏晋南北朝史论集》，北京大学出版社，1997，第 346~353 页；祝总斌：《试论魏晋南北朝的门阀制度》，《材不材斋史学丛稿》，第 193~195 页。
④ 《梁书》卷三三《王筠传》，第 537 页。
⑤ 《晋书》卷五四《陆机传》，第 1473 页。
⑥ 《晋书》卷七五《王坦之传》，第 1964 页。

对被拟任为尚书郎，王坦之明确表示不满，仆射江虨于是弃用前拟。后来，其子王国宝被谢安"抑而不用"而除尚书郎，同样"甚怨望，固辞不拜"。① 王筠引此二人作为解释，牵强之中也透出一股无奈。

第二种途径是让次等士族就任例由高等士族独享的清职，如擢庾於陵和周舍任太子洗马：

> 旧事，东宫官属，通为清选，洗马掌文翰，尤其清者。近世用人，皆取甲族有才望。时於陵与周舍并擢充职，高祖曰："官以人而清，岂限以甲族。"时论以为美。②

此处的"官以人而清"，确实是梁武帝对清浊官的真实想法。但在此例中，不如说是"人以官而清"——借由担任公认的清望官，次等士族也就成为清流。

第三种途径是将东晋、宋、齐以来一些默认由寒人充任的要职，从品级上加以提升，并明确规定改由士人充任。"建康三官"、中书舍人和尚书都令史是其代表（括号中的文字为笔者所加）：

> ["建康三官"] 天监元年，诏依廷尉之官，置正、平、监，革选士流，务使任职。又令三官更直一日，分受罪系，事无小大，悉与令筹。若有大事，共详，三人具辨。脱有同异，各立议以闻。尚书水部郎袁孝然、议曹郎孔休源并为之。位视给事中。③

> [中书舍人] 通事舍人，旧入直阁内。梁用人殊重，简以才能，不限资地，多以他官兼领。其后除通事，直曰中书舍人。④

> [尚书都令史]（天监）九年诏曰："尚书五都，职参政要，非但总领众局，亦乃方轨二丞。顷虽求才，未臻妙简，可革用士流每尽时

---

① 《晋书》卷七五《王国宝传》，第 1970 页。
② 《梁书》卷四九《文学传上·庾於陵传》，第 765 页。
③ 《隋书》卷二六《百官志上》，第 809 页。
④ 《隋书》卷二六《百官志上》，第 803 页。

彦，庶同持领，秉此群目。"于是以都令史视奉朝请。其年，以太学
博士刘纳兼殿中都，司空法曹参军刘显兼吏部都，太学博士孔虔孙兼
金部都，司空法曹参军萧轨兼左户都，宣毅墨曹参军王颙兼中兵都。
五人并以才地兼美，首膺兹选矣。①

"建康三官"为梁代新设置的官职，其前身是建康狱丞。建康狱丞的品级
不明，但南齐建元三年为"狱讼繁滋"的山阴县"别置狱丞，与建康为
比"，② 山阴狱丞在十八班制中属于三品勋位，由此可以推断建康狱丞原
本也是流外浊官。"建康三官"居十八班的第四班，又以尚书郎充任，品
级和人选的提升都很明显。至于都令史，在宋、齐官品中是第八品，③ 本
应与同在第八品的其他官职一样进入流外或蕴位、勋位。但在十八班制
中，尚书五都令史与奉朝请同在第二班，已经是流内官职，天监九年又明
确规定要"革用士流"。在激励尚书郎的同时，都令史主导的政务线也同
样在加强。

这一系列调整，既改变一些官职的位阶，又重新规定任职者的身份，
被称为"革选"，涉及范围远不止以上所举诸职。经过"革选"，次等士
族惯例出任的官职清望度提升，又开始染指原由高等士族垄断的清美之
职，并进而夺过宋、齐寒人所任的一些机要之职。毫无疑问，次等士族是
梁初"革选"的最大受益群体。尚书侍郎的增置，正是这样一系列制度
调整的举措之一。

关于增置尚书侍郎的诏书，还有一点值得分析，即"郎中在职勤能
满二岁者转之"，以及"尚书郎在职清能或人才高妙者为侍郎"。设定尚
书郎中升迁为尚书侍郎的条件是"在职勤能满二岁"或"在职清能"，这
里有汉制的影子。"清能"与"勤能"又有微妙区别，究竟哪个更接近梁
武帝诏书的原文？"清能"在两汉魏晋时期已经用于描述官员的品行，约

---

① 《隋书》卷二六《百官志上》，第 802 页。
② 《南齐书》卷五三《良政传·序》，第 1007 页。
③ 《唐六典》卷一云："宋齐八人、梁陈五人，品并第八。"（第 10 页）《通典》"宋官
品"在第七品有"尚书典事"。

等于"行清能高",① 甚至作为察举和考课的标准。② 不过,"清"在魏晋南北朝是与士族密切相关的概念,与之组合而成的词语如"清途""清华""清选"等,都指向士族主导的官制中的清浊之分。③ 因此,《梁书》的"清能"更像是诏书的原文,不经意间也起到增强尚书郎"清望"的效果,《隋书》改写成"勤能",反而失去了一重意涵。

同时,"或人才高妙者"提供了另一种任职条件,意味着存在从尚书郎中之外的途径迁任尚书侍郎的可能。梁代的尚书侍郎在史料中可考者不多,根据传记列出他们的前后历官,见表3。

表3　《梁书》《陈书》《周书》中记录的梁代尚书侍郎

人物	任尚书侍郎前后历官
到沆	太子洗马→殿中曹侍郎→太子中舍人[1]
刘霁	左民侍郎→晋安太守[2]
刘显	吏部都令史→尚书仪曹郎→临川王记室参军→建康平→尚书仪曹侍郎,兼中书通事舍人[3]
刘苞	临川王中军功曹→尚书库部侍郎→丹阳尹丞→太子太傅丞→尚书殿中侍郎→南徐州治中,以公事免→太子洗马,掌书记,侍讲寿光殿[4]
刘霽	西昌相→尚书主客侍郎→海盐令[5]
沈炯	释褐王国常侍→尚书左民侍郎→吴令[6]
宗懔	荆州别驾、江陵令→尚书侍郎[7]
蔡点	尚书左民侍郎[8]

注：[1]《梁书》卷四九《文学传上·到沆传》,第 762 页。
[2]《梁书》卷五三《良吏传·序》,第 848 页。
[3]《梁书》卷四〇《刘显传》,第 632~633 页。
[4]《梁书》卷四九《文学传上·刘苞传》,第 764 页。
[5]《梁书》卷四七《孝行·刘霁传》,第 729 页。
[6]《陈书》卷一九《沈炯传》,第 285 页。
[7]《周书》卷四二《宗懔传》,中华书局,2022,第 828 页。
[8]《陈书》卷一六《蔡景历传》云："祖点,梁尚书左民侍郎。"(第 250 页)

① 《汉书》卷七七《盖宽饶传》,中华书局,1962,第 3246 页。
② 如晋武帝太康九年的诏曰："令内外群官举清能,拔寒素。"(《晋书》卷三《武帝纪》,第 78 页)北齐时也曾"有敕"："州各举清能。"(《北齐书》卷四六《循吏·苏琼传》,中华书局,1972,第 645 页)
③ 阎步克:《察举制度变迁史稿》第六章,北京师范大学出版社,2021,第 118 页。

在表 3 几个例子中，没有一例是从尚书诸曹郎中直接升任某曹侍郎的。这至少可以说明，尚书诸曹侍郎可以不由郎中升任，可以从其他官职直接迁任。这是否对尚书郎中由"清能"升任侍郎的途径构成否定？答案是否定的。这些例证远远不能代表梁代尚书郎的整体情况，且擢任这些夙有声誉的人士充任尚书侍郎，此后他们多能升迁到更高更"清"的官职，毋宁说是增加了尚书侍郎一职的清望度和吸引力，由此让那些从尚书郎中升任而来的侍郎"与有荣焉"。

四 "侍"的政治文化意义

在品级和清望度的提升之外，尚书侍郎的"侍"字也很值得深思。侍郎与郎中虽只有一字之别，但如果推本溯源，两者不只有高下之差，还有内外之别。严耕望论汉代郎中、侍郎、中郎曰：

> 盖郎中员额日广，与君主之关系遂有亲疏之别。有以郎中给事禁中，视普通郎中尤为亲密，故称中郎，秩位亦高。……至武帝时，中郎虽秩位较崇，而内侍给事之意义转失，内复增置常侍郎，简称侍郎，常侍左右。其后遂为定制，然亦如前此之中郎，不必果侍左右矣。①

严氏举东方朔、严助、莽通等例，证明武帝中叶初置的侍郎与皇帝关系十分亲近，经常侍从于皇帝左右。此后演变成为郎官中的一级，人数渐多，不必都侍从于左右了。古代官制的名实离合颇为复杂，某一职官在发展演变之后常常背离当初制名的原意，但这种原意又因名而得以保存，不仅出现在与该职有关的典故话语之中，有时遇上具有正名思想的制度改革者，其又会调整制度以使名实相合。

尚书有郎始于东汉，最初以三署郎给事尚书，后逐渐成为定制。东汉

---

① 严耕望：《秦汉郎吏制度考》，《严耕望史学论文选集》（下），第 286~287 页。

尚书台在殿中区域,① 尚书郎在台值班,夜间也留宿于此,日常在台办公之外,还要前往明光殿奏事。有几个事例值得分析,首先是《后汉书·钟离意传》的如下记载（括号中的文字为笔者所加）：

> （汉明）帝性褊察,好以耳目隐发为明,故公卿大臣数被诋毁,近臣尚书以下至见提拽。尝以事怒郎药崧,以杖撞之。崧走入床下,帝怒甚,疾言曰：“郎出！郎出！”崧曰：“天子穆穆,诸侯煌煌。未闻人君自起撞郎。”帝赦之。
>
> 药崧者,河内人,天性朴忠。家贫为郎,常独直台上,无被,枕杜,食糟糠。帝每夜入台,辄见崧,问其故,甚嘉之。自此诏太官赐尚书以下朝夕餐,给帷被皂袍,及侍史二人。②

这是汉明帝时期的情形,在台值班的尚书郎无疑更容易与皇帝产生近距离的接触,从而被归入近臣之列。到章帝时仍有类似记载,《后汉书·冯豹传》云：

> 拜尚书郎,忠勤不懈。每奏事未报,常俯伏省阁,或从昏至明。肃宗闻而嘉之,使黄门持被覆豹,敕令勿惊。由是数加赏赐。③

陈苏镇认为东汉前期诸帝勤于政事,故而经常与尚书等殿中官员以及公卿大臣共同处理政务。但章帝以后逐渐发生变化,侍中、黄门不再被允许进入禁中,与大臣的朝会也变得稀少。此后皇帝幼小,太后临朝,决策更进一步转到禁中区域,全靠中常侍、小黄门“顾问应对”和“关通中外”。④ 虽然大的趋势如此,但尚书郎奏事至少在制度上仍然存在。《汉官

---

① 陈苏镇：《东汉的“殿中”和“禁中”》,《中华文史论丛》2018年第1期。
② 《后汉书》卷四一《钟离意传》,第1409、1411页。
③ 《后汉书》卷二八下《冯豹传》,第1004页。此事又见于更早的《三辅决录注》,见《初学记》卷一一“侍郎郎中员外郎”条,第270页。
④ 陈苏镇：《东汉的“殿中”和“禁中”》,《中华文史论丛》2018年第1期。

仪》等书都说：

> 郎握兰含香，趋走丹墀奏事。黄门郎与对揖。
>
> 尚书郎奏事明光殿，省中皆胡粉涂壁，其边以丹漆地，故曰丹墀。①

明光殿具体在何处难以考证，从上下文看无疑属于"省中"。② 此制在东汉一定得到了相当的执行，以至趋墀奏事成为尚书郎的标准形象。如《三辅决录注》曰：

> 田凤字季宗，为尚书郎，容仪端正，入奏事，灵帝目送之。因题柱曰："堂堂乎张，京兆田郎。"③

《三辅决录注》是西晋挚虞为东汉赵岐《三辅决录》所作的注，④ 是距离汉代很近的史料，故上引细节记述可信度较高。这已经是汉灵帝时期了，仍能见到尚书郎入奏事的例子。或许，在东汉的太后临朝或宦官擅权时期，尚书郎入奏见到的只是宦官，不过只要此制尚存，仍可认为符合"侍"的本义。

魏晋时期，尚书省开始向外朝宰相机构演变。⑤ 陈苏镇近年的研究辩驳了此前学界关于魏晋时期尚书省仍在殿中的观点，证明尚书省已被移到云龙门外，也就是"殿中"之外。上省和下舍为两个院落，两者间有阁道相连，但两者都位于云龙门外、东掖门内，也就是"殿中"之外、宫城之内。曹魏的侍中寺、西晋的门下省和中书省都位于"殿中"区域，侍中是

---

① 应劭：《汉官仪》卷上，孙星衍等辑《汉官六种》，第143页。
② 《北堂书钞》卷六〇"尚书郎总"条引《汉官典职》云："明光殿，省中也。"虞世南：《北堂书钞》，学苑出版社，2015，第457页。
③ 徐坚：《初学记》卷一一"侍郎郎中员外郎"条引，第270页。
④ 《隋书》卷三三《经籍志二》，第1103页。
⑤ 参见祝总斌《两汉魏晋南北朝宰相制度研究》第六章，第140~145、167~179页。

殿内众事的总负责人，散骑省的办公区域则很可能在更内部的"禁中"。①
这一看法能够更好地解释相关史料，较此前的认识更为合理。与这一空间
布局的变化相应，文书和政务流程上也有变化。《宋书·百官志》"中书
令"条载：

> 文帝黄初初，改为中书令，又置监，及通事郎，次黄门郎。黄门
> 郎已署事过，通事乃奉以入，为帝省读书可。晋改曰中书侍郎，员四
> 人。晋江左初，改中书侍郎曰通事郎，寻复为中书侍郎。②

尚书省的文书要经过门下省或散骑省的审核，所谓"魏、晋散骑常侍、
侍郎，与侍中、黄门侍郎共平尚书奏事"，③ 审核通过后才会继续往上递
交。最终将文书面呈皇帝的人是中书省的通事郎，后改称中书侍郎。东晋
以后，中书侍郎不再"通事"，该职务又落到了中书通事舍人身上。总
之，尚书郎不再当面向皇帝奏事，"握兰趋墀"只能出现在文学典故之
中了。

　　至此可以清楚地看到，魏晋时期尚书侍郎一职的消失，与尚书省移出
"殿中"、尚书郎不再进入"省中"是同步的。这可能不只是一个巧合。
整体上观察魏晋时期、宋齐时期带有"侍"字的中央职官，可以更清楚
地认识这一变化。此时带"侍"字的中央官职，如表4所示。

表4　魏晋、宋齐时期带"侍"字的中央官职

门下省	侍中、黄门侍郎
集书省	散骑常侍（通直、员外）、散骑侍郎（通直、员外）
中书省	中书侍郎
其他机构	侍御史、治书侍御史、武骑常侍

①　陈苏镇：《魏晋洛阳宫中主要行政机构的分布》，《文史》2019年第3辑。
②　《宋书》卷四〇《百官志下》，第1351页。
③　《宋书》卷四〇《百官志下》，第1350页。

表 4 归入其他机构的三例中，侍御史一职是对汉代官名的沿用，早已不再日常侍于御前；魏晋时期治书侍御史的职掌已经变成"掌律令"，殿中侍御史则"居殿中，伺察非法"，侍御史则分曹处理庶事，西晋时期有十三曹，其职能与侍从君主已经相隔遥远；① 武骑常侍为西汉侍从游猎之官，东汉以下不置，到刘宋孝武帝时复置，比奉朝请，② 居禁卫武官之末，在政治中无关紧要。除了这几个特例，可以总结认为，带"侍"字的中央官职几乎全部集中在门下省与集书省（散骑省），中书省亦有一例，唯独尚书省没有带"侍"字的官职。

在中古皇权与官僚制运作中，侍臣占据着很重要的位置。他们侍从于皇帝左右，顾问应对，随时参与决策讨论，也辅助皇帝处理政务、起草诏令，这与汉代以武装保卫、伺候生活起居为主的内侍之臣迥然不同。上述带"侍"字的中央官职并不都是侍臣（如归入其他机构的那三例），但完全不带"侍"字的尚书诸职一定不是侍臣。叶炜从冠制的角度出发，对魏晋南北朝时期侍臣的范围做出过精彩的阐释：侍臣的标志是武冠，高者加貂蝉，侍臣的范围在魏晋南北朝隋唐一直在扩大，在魏晋时期仅指以门下省为核心的门下、侍中、散骑三省官员，到南北朝时期中书省高级官员也逐渐被视为侍臣。③ 可以补充的是，许多在"省中"区域工作的低级官员并非侍臣，但他们也着武冠，如刘宋时期的中书通事舍人、通事令史，门下主事令史等，与之相对，尚书令史则着进贤一梁冠。④ 尚书官员既非侍臣，也不在"省中"办公，在冠服安排上体现得很清楚。

不过，侍臣与尚书的关系不只是简单的排斥。根据徐冲的研究，魏晋以下侍臣的起源，要追溯到汉末曹魏的侍中尚书，即以侍中加诸尚书的做法。⑤

① 《晋书》卷二四《职官志》，第 738 页。在"宋官品"中居第六品的侍御史，在梁"十八班"中降到了第一班，也很值得注意。
② 《宋书》卷四〇《百官志下》，第 1356 页。
③ 叶炜：《从武冠、貂蝉略论中古侍臣之演变》，荣新江主编《唐研究》第 13 卷，北京大学出版社，2007，第 149～176 页。
④ 《宋书》卷一八《礼志五》，第 556、560 页。
⑤ 徐冲：《关于曹魏的侍中尚书》，袁行霈主编《国学研究》第 16 卷，北京大学出版社，2005，第 259～273 页。

一方面，正是熟悉行政运作的尚书通过加侍中进入宫禁，才让士人填补了外戚、宦官留下的权力真空，从而造就不同于汉代的皇权运行方式，新型侍臣的成立可以说部分借助了尚书系统的力量；另一方面，尚书通过加侍中才能进入禁中，也说明尚书一开始就被排除在侍臣之外。①

侍臣是魏晋以来"禁省决策体制"的基础，能够进入禁省成为侍臣，意味着可以参与大政决策的讨论，并与皇帝建立个人性的直接关系。西晋时期，荀勖从中书监升为守尚书令，却有"夺我凤皇池"之叹。② 贾充与侍中任恺争权，将后者升为吏部尚书，果然"侍觐转希"，毁谤得以趁隙而入。③ 东晋时期虽皇权不振，然而权臣也须集监、录于一身，方能掌控政权，犹不免有时为侍中所制约。宋齐时期皇权复振，侍从于皇帝身边的恩倖遂得以擅权。根据小林聪的研究，南朝在太极殿之后的区域形成内省、殿省，政治决策空间一再向内移动，皇帝与入直大臣距离更加接近，以此从贵族层手中夺得政策主导权。④

在这样的时代背景下，"侍臣"成为官员努力追求的目标，"珥貂"是一件非常荣耀的事。专职的侍中、散骑常侍都有员额，但它们仍可被用作加官，授予不在侍臣之列的朝臣，甚至授予地方官。获得此种加官的大臣也就获得了"侍"的资格与荣誉，即便未必能真正地侍从于内省之中。从汉末的侍中尚书开始，外朝包括尚书省官员的最上层惯例性地获得进入内省的资格，内外界限因此不再那么严格。⑤ 从魏晋到隋唐，侍臣的范围不断扩大，意味着外朝大臣不断被皇帝引入身边，赋予"天子私人"的身

---

①　《晋书》卷二五《舆服志》载晋武帝太康八年诏："诸尚书军校加侍中常侍者，皆给传事乘轺车，给剑，得入殿省中，与侍中升降相随。"（第762页）说明不加侍中、中常侍的尚书，就不能获得后面的待遇，也不能与"侍臣"升降相随。

②　《晋书》卷三九《荀勖传》，第1157页。

③　《晋书》卷四五《任恺传》，第1286页。

④　小林聡「晋南朝における宮城の構造と政治空間—入直制度と『内省』に関する一試論—」森田武教授退官記念会編『近世・近代日本社会の展開と社会諸科学の現在：森田武教授退官記念論文集』新泉社、2007、424～430頁；小林聡「晋南朝における宮城内省区域の展開—梁陳時代における内省の組織化を中心に—」『九州大学東洋史論集』35号、2007、69～99頁。

⑤　徐冲：《关于曹魏的侍中尚书》，袁行霈主编《国学研究》第16卷，第268页。

份。当侍臣与外朝重臣趋于合一时，皇帝也就接近成为政府的首脑。[①]

虽然长期趋势如此，但身处其中的南朝皇帝还不得不为扩大侍臣的手段和幅度而颇费思量。若果如魏文帝所言"天下之士，欲使皆先历散骑，然后出据州郡"，[②] 天下官员皆是散骑，散骑也就贬值得毫无意义了。侍臣范围的扩大只能缓慢地进行，所以《宋书·礼志五》载陆澄之议曰："自魏、晋以来，宗庙行礼之外，不欲令臣下服衮冕。故位公者，每加侍官。"[③] 虽然归因明显过于简单，但由此可知，刘宋时期位于公卿者大多带侍中或散骑常侍的加官。萧道成称帝后，想将自己的故旧何戢用为吏部尚书，并加散骑常侍，却遭到尚书令褚渊的反对：

> 渊曰："宋世王球从侍中、中书令单作吏部尚书，资与戢相似。顷选职方昔小轻，不容顿加常侍。圣旨每以蝉冕不宜过多，臣与王俭既已左珥，若复加戢，则八座便有三貂。若帖以骁、游，亦为不少。"乃以戢为吏部尚书、加骁骑将军。[④]

褚渊心里计算的是资望，[⑤] 却用"圣旨每以蝉冕不宜过多"来说服皇帝。尚书八座有"三貂"，此时仍然是超出常理的状况，可见获得侍中、散骑常侍加官的外朝臣不会太多。当然，在侍中、散骑常侍之下，仍有一系列侍臣官职可以用于加官，但对于数量庞大的外朝臣僚，尤其是中下级官员来说，获得加官成为侍臣依然是非常渺茫的。

致力于激活中下层士族从政积极性的梁武帝，显然明白"侍"对于官僚的意义。一方面，侍臣作为加官的授予范围在梁代有所扩大，如褚球

---

① 叶炜：《从武冠、貂蝉略论中古侍臣之演变》，荣新江主编《唐研究》第 13 卷，第 175 页。
② 《三国志》卷二四《魏书·崔林传》注引《魏名臣奏》，中华书局，1959，第 680 页。
③ 《宋书》卷一八《礼志五》，第 572 页。
④ 《南齐书》卷三二《何戢传》，第 646 页。
⑤ 关于这条材料中有关官资的计算，参见柴芃《十八班的实质及意义》，《文史》2018 年第 3 辑，第 118 页。

"迁司徒左长史，常侍、著作如故。自魏孙礼、晋荀组以后，台佐加貂，始有（自）球也"。① 又如尚书左丞贺琛，"迁员外散骑常侍。旧尚书南坐无貂，貂自琛始也"。② 许多此前按惯例不能获得高级侍臣加官的官职，得到了加貂的待遇。尚书省的高级官员如八座，已经比较容易得到加官而成为侍臣，甚至尚书左右丞也有了机会。那么曹郎一级又该如何安排？办法之一是让才能出众的曹郎兼中书通事舍人。尚书郎中在第五班，中书舍人在第四班，然而此时中书舍人权重且为侍臣，得以兼任者必受重用。朱异从太学博士迁尚书仪曹郎，入兼中书通事舍人，此后不断加官，但始终担任舍人，居权要三十余年。③ 刘显从尚书都令史转仪曹郎，数迁之后至"仪曹侍郎，兼中书通事舍人"。④ 殷芸"（天监）七年，迁通直散骑侍郎，兼中书通事舍人。十年，除通直散骑侍郎，兼尚书左丞，又兼中书舍人"。⑤ 贺季"历官尚书祠部郎，兼中书通事舍人"。⑥

　　另一方面，能够兼中书通事舍人者毕竟也是极少数，于是梁武帝还实施了针对更低级官吏的办法，那就是增加新的"侍"职，扩大"侍"的供给范围。本文讨论的尚书侍郎即其中之一。门下、中书、散骑诸侍臣机构皆有侍郎，侍郎不仅在名义上，而且在当时一般人的观感中，也与"侍"联系在一起，何况尚书侍郎的增置已经是在尚书郎重新面奏之后了。正好尚书省在东汉曾经有侍郎，借着复古的名义，可以将复置做得非常典雅。尽管还没有戴上武冠，并非严格意义上的侍臣，大概尚书侍郎也沾到了一点侍臣的荣光。无独有偶，梁武帝还设置了司文侍郎、司义侍郎入直寿光省，周弘正、孔子祛、任孝恭、虞荔等人都曾担任此职，大多很快就兼中书舍人，成为名副其实的侍臣。两相参照，尚书侍郎强调"侍"字的用意就更明白了。

---

① 《梁书》卷四一《褚球传》，第 654 页。
② 《梁书》卷三八《贺琛传》，第 601 页。
③ 《梁书》卷三八《朱异传》，第 596 页。
④ 《梁书》卷四〇《刘显传》，第 632~633 页。
⑤ 《梁书》卷四一《殷芸传》，第 660 页。
⑥ 《梁书》卷四八《儒林·贺季传》，第 748 页。

结　语

尚书郎作为尚书省的中级官员，在政务运作中扮演着重要的角色。汉唐之间，尚书郎在稳定的表象下也发生着变化，梁武帝天监三年复置尚书侍郎是其中比较明显的一次。梁代复置的尚书侍郎成为隋唐时期尚书侍郎在名称上的来源，虽然两者的制度属性有很大差别。尚书郎的品级在魏晋时期提升至第六品后，始终保持着稳定，西晋时"选极清美"，到东晋以后，便因庶务繁多且待遇不高而为高门士族所鄙弃。在任的尚书郎也染上了懈怠政务的风气，因此以都令史为枢纽的政务线变得日益重要，由此进一步削弱了曹郎的地位。

针对这种情况，梁武帝在王朝建立之初就力图重整尚书省，第一步是下诏恢复曹郎奏事，第二步便是复置尚书侍郎。梁武帝命令包括尚书郎在内的百司当面奏事，表示他希望突破中书、门下、散骑垄断皇帝信息来源的格局，直接干预一些官署的事务。这样的做法虽然引起贺琛等大臣的反对，但始终是梁武帝坚持的治国原则。为了激励尚书郎中更积极地处理曹务并奏事，魏晋以来早已消失的尚书侍郎被恢复了。尚书侍郎在官阶和清望度两个方面都较尚书郎中有所提升，在官阶上达到了原第六品官的平均水准，缩小了与尚书系统其他官职的差距；通过比视通直散骑侍郎，并将一些"人才高妙者"从其他职位调任为尚书侍郎，提升了此官职的清望度，让凭借勤劳任职而自郎中升迁者也一并受益。

尚书侍郎的设置还有一重考虑，即以"侍"字建立起与侍臣的模糊联系。侍臣范围的扩大、侍臣与外朝官的一体化，是中古官制史上的一个重要线索。梁武帝因对侍臣"不专任"而要求尚书郎奏事，又尽力扩大侍臣的范围，为那些暂时无法进入侍臣的中级官吏，设置了诸如尚书侍郎、司文侍郎、司义侍郎等带有"侍"字的官职，让他们成为侍臣的候选人。尚书侍郎复置虽非重大举措，但也可反映出梁代政治文化的许多侧影。

再论梁武帝的素食改革[*]

陈志远[**]

摘　要　梁武帝的素食化改革，大体遵循了自身—宗庙—郊祀—僧尼顺序渐次推进，前三个阶段发端于天监七年至十六年，倡导僧尼全面素食的《断酒肉文》的写作时间当在普通三年或四年。在梁武帝的改革之前，儒家士大夫的日常实践中，业已出现若干提倡素食的特殊场合。在倡导僧尼素食的辩论中，梁武帝援引《涅槃经》等如来藏系统的大乘经典，对戒律做了新的诠释。相同的思路也被运用于儒佛关系的调和，沈约创建了一个精致、复杂的历史图景，构成完整的进化论史观，用福柯的术语，可以说是南朝独有的"知识型"（episteme）。

关键词　梁武帝　素食主义　寺院生活　佛教

　　梁武帝天监、普通年间，先后推行了祭祀制度和僧团的素食化改革，这是南朝佛教史上僧俗论争的巅峰，其历时之长、涉及话题之多、调动的思想资源之广，都可谓空前。改革对后世的影响极其深远，如祭祀制度的素食化造成"宗庙不血食"，成为后世批评梁武帝"佞佛"之治的焦点；又如僧团的素食化运动在南北朝末期中国全境内迅速得到巩固，从而奠定

＊　本文是教育部人文社科重点研究基地重大项目"中古中国多元传统的竞争、互动与交融研究"（ZZJJD770006）阶段性成果。

＊＊　陈志远，中国社会科学院古代史研究所副研究员。

了汉传佛教区别于其他佛教传统的独特实践性格。

关于梁武帝素食改革的过程，所幸僧俗史料中保存了相对丰富的记载，使我们可以在一个典型的截面上思考南朝政治文化的若干特点。这包括文化价值如何导向政治实践、本土传统与域外文化的习合，以及僧俗两方在论争中的立场差异等。

笔者曾于 2013 年发表《梁武帝与僧团素食改革》一文，[①] 对梁武帝推动僧团素食化的经典依据、儒学对素食化运动的贡献、儒佛调和的解释方法等问题提出自己的看法。但当时由于篇幅所限以及识见之拘狭，既未能深入讨论祭祀素食改革的过程和影响，也忽略了若干先行研究。时节如流，十年倏尔而过，陆续又读到几篇重要的论文，启发良多。虽然未致改动旧文中所表达的主要论点，却使笔者对梁武一朝佛教改革的漫长前史有了更深刻的认识，同时也意识到之前矜为独创的一些见解，学界早有论断。借此机会，在旧文的基础上融会新知，重新陈述笔者对这个问题的看法。

一　素食改革的实施步骤

梁武帝的素食改革分为两个步骤，最先推动的是宗庙、祭祀的全面素食化，然后是僧团素食。

1. 祭祀素食化改革之始末

以往学者考论梁武帝的祭祀素食化改革，多据正史。《隋书·礼仪志》云（括号中的文字为笔者所加）：

> （天监）十六年四月，诏曰："夫神无常飨，飨于克诚，所以西邻礿祭，实受其福。宗庙祭祀，犹有牲牢，无益至诚，有累冥道。自今四时蒸尝外，可量代。"八座议："以大脯代一元大武。"八座又奏："既停宰杀，无复省牲之事，请立省馔仪。其众官陪列，并同省牲。"

---

① 陈志远：《梁武帝与僧团素食改革——解读〈断酒肉文〉》，《中华文史论丛》2013年第 3 期。

帝从之。十月，诏曰："今虽无复牲腥，犹有脯脩之类，即之幽明，义为未尽。可更详定，悉荐时蔬。"左丞司马筠等参议："大饼代大脯，余悉用蔬菜。"帝从之。……自是讫于台城破，诸庙遂不血食。①

据此可知，天监十六年（517）四月，废除了宗庙祭祀所用的牲牛，用肉干代替牲牛。② 同年十月，又进一步禁止了宗庙荐脩中的肉脯，替换为蔬菜。

诏书中"西邻礿祭，实受其福"一语，出自《易·既济》"九五"："东邻杀牛，不如西邻之禴祭，实受其福也。"王弼注云："牛，祭之盛者也。禴，祭之薄者也。"③ 又说"祭祀之盛，莫盛修德"，祭祀时修德以诚，即使水藻蔬菜，也可进献于鬼神。只要有诚敬之心，享荐之物的厚薄倒在其次。

此外，《南史·武帝纪》云："三月丙子，敕太医不得以生类为药；公家织官纹锦饰，并断仙人鸟兽之形，以为亵衣，裁翦有乖仁恕。于是祈告天地宗庙，以去杀之理，欲被之含识。郊庙牲牷，皆代以面，其山川诸祀则否。"④ 又《梁书·刘勰传》云："时七庙飨荐已用蔬果，而二郊农社犹有牺牲，勰乃表言二郊宜与七庙同改，诏付尚书议，依勰所陈。"⑤ 其后，梁武帝在《断酒肉文》中说："弟子已勒诸庙祀及以百姓，凡诸群祀，若有祈报者，皆不得荐生类，各尽诚心，止修蔬供。"⑥ 这样看来，梁武帝的改革有一个从自身日用常行，推及宗庙，再及郊祀，最后实现梁朝全境之内所有祭祀活动素食化的顺序。

① 《隋书》卷七《礼仪志二》，中华书局，1973，第134页。《梁书》卷二《武帝纪中》云："夏四月甲子，初去宗庙牲。……冬十月，去宗庙荐脩，始用蔬果。"（中华书局，1973，第57页）
② 《礼记·曲礼下》云："凡祭宗庙之礼，牛曰一元大武。"阮元校刻《十三经注疏》，中华书局，2009，第2747页。
③ 《周易·既济》，阮元校刻《十三经注疏》，第150页。
④ 《南史》卷六《梁武帝纪》，中华书局，1975，第196页。
⑤ 《梁书》卷五〇《文学·刘勰传》，第710页。刘勰时任仁威南康王记室，考《梁书·南康简王绩传》，萧绩进号仁威将军在天监十年，郊祀改用蔬荐当在此后。
⑥ 《断酒肉文》，《广弘明集》卷二六，T52，no. 2103，p. 297，b26-28。

近年，学者关注到梁武帝为了推行祭祀素食化改革，还做过一些前期准备。首先是天监七年迎气去牲。《隋书·礼仪志》云：

> 梁制，迎气以始祖配，牲用特牛一，其仪同南郊。天监七年，尚书左丞司马筠等议："……仲春之月，祀不用牲，止珪璧皮币。斯又事神之道，可以不杀，明矣。况今祀天，岂容尚此？请夏初迎气，祭不用牲。"帝从之。①

郊祀礼仪中迎接四季以祈求丰年，谓之"迎气"。《礼记·月令》云："是月也，祀不用牺牲，用圭璧，更皮币。"② 春季为了不损伤生气，不用牲牛，而改用玉璧、兽皮和缯帛。司马筠据此建议，在夏初迎气之时，也废除杀牲。从表面上看，这一动议仍然是在儒家礼仪内部的讨论，改革的范围也只限于夏初的迎气一个环节，但如果结合后来事态的发展，其背后当然渗透了佛教慈悲去杀的价值关怀。远藤祐介指出，在天监七年讨论此事，是因为同年"将有事太庙"，这是梁武帝即位以后首次亲祭，因此与朝臣详细议定相关的仪节。甚至天监六年至七年对范缜"神灭论"的围剿，也可视为宗庙祭祀改革的理论准备。③

还需要加以考辨的，是《广弘明集》卷二六所收《断杀绝宗庙牺牲诏》④ 的构成和时间。这篇文献实则包含了几条诏书和朝臣的奏议，有鉴于此，明本的拟题"叙梁武断绝宗庙牺牲"更恰当。它的主要内容可以分为两个部分：第一部分是上定林寺僧佑和龙华邑正柏超度建议丹阳、琅琊两郡禁止捕猎引起的讨论，第二部分是围绕宗庙祭祀不杀牲的讨论。文

---

① 《隋书》卷七《礼仪志二》，第 129 页。

② 《礼记·月令》，阮元校刻《十三经注疏》，第 2950~2951 页。

③ 遠藤祐介「梁代における『神滅論』批判と宗廟祭祀改革」『武藏野大学仏教文化研究所紀要』33 号、2017 年、1~23 頁。李晓红也注意到这次讨论，但未展开分析，参见李晓红《梁武帝天监十六年"去宗庙牲"始末考论》，夏炎主编《中古中国的知识与社会：南开中古社会史工作坊系列文集》，中西书局，2020，第 237~276 页。

④ 《广弘明集》卷二六，T52, no. 2103, p. 293, b28–p. 294, a12。

章开头有一句总叙："梁高祖武皇帝临天下十二年，下诏去宗庙牺牲，修行佛戒，蔬食断欲。"

以往学者包括笔者本人，都根据正史记载，简单地否定天监十二年之说，认为是十六年之误。事实上，这样的猜测没有版本依据。李晓红则指出，参与两郡禁猎讨论的"尚书臣亶"是都官尚书夏侯亶，天监十五年出任江夏太守；"令莹"是尚书令王莹，任职时间在天监九年到十五年之间；"仆射臣昂"是尚书仆射袁昂，三人同时具名的时间只能是天监十二年，而非十六年。其说甚当。①

但笔者认为，文献的第二部分与前文所述并非同年，应该仍然系于天监十六年。首先，"又敕"以下至"山川诸祀则否"这段文字，几乎与上引《南史》内容完全相同。在没有旁证的前提下，不宜推翻《南史》的纪年。道宣编撰《广弘明集》时，很可能将不同年代的史料连续抄录在一起，而未能给该文献第二部分以恰当的拟题。② 在叙述宗庙去牲之后，他附列了梁武帝的诏书和朝臣的议论。细观文意，诏书提出了较为温和的改进方案，许可山川小祇如俗法所用，而文中所谓"前臣"则援引之前文锦不用仙人鸟兽之形等事，对宗庙以面为牲之类的温和方案提出批评。由此推断，"前臣"当指上文代梁武帝反驳朝臣的周舍。这场讨论所揭示的，就是天监十六年宗庙去牲的一个插曲。

改革还有一个遗留问题，就是郊庙歌词的改撰。《梁书·萧子云传》云："梁初，郊庙未革牲牷，乐辞皆沈约撰，至是承用，子云始建言宜改。……仍使子云撰定。"③ 时在大同二年（536）。若从天监七年议定夏初迎气去牲开始，至此前后已达28年。《隋书·经籍志》著录"《制旨革牲大义》三卷，梁武帝撰"，④ 惜已亡佚。但可以想见，围绕祭祀活动断

---

① 李晓红：《梁武帝天监十六年"去宗庙牲"始末考论》，夏炎主编《中古中国的知识与社会：南开中古社会史工作坊系列文集》，第240~241页。
② 2020年11月，在厦门大学召开的"多元视角下的汉唐制度与社会"青年学者工作坊上，李猛最早提出了道宣拟题失误的看法。但关于"前臣"的解释，笔者与李猛、李晓红二位存在较大不同。
③ 《梁书》卷三五《萧子云传》，第514页。
④ 《隋书》卷三二《经籍志一》，第924页。

杀牲，梁武帝与朝臣进行了多次辩论和较量。保留在僧俗史料之中的若干诏敕，应是《制旨革牲大义》的一小部分。

2.《断酒肉文》的撰作时间

梁武帝推动的僧团素食化改革，全部的记载都见于《广弘明集》卷二六所收《断酒肉文》。我们把它分为三个段落，见表 1。

表 1　《断酒肉文》的主要内容

三个段落	编号	主要内容
段落 1：五月二十三日华光殿训示	A	梁武帝召集诸大德僧尼、诸义学僧、诸寺三官，欲以人王之身份匡正佛法
	B	历数僧人饮酒食肉，不如外道者九事
	C	历数僧人饮酒食肉，不如在家人者九事
	D	阐发《涅槃经·四相品》"食肉者断大慈种"之义，强调水陆众生皆为肉
	E	申明饮酒食肉现在、将来诸恶果
	F	叙述此前北山蒋帝、群祀皆修蔬供
	G	勒令僧尼不得饮酒食肉，并引诸护法神为证，自誓断酒肉
	H	劝令僧尼道心坚固，坚持素食
	I	法云等讲《涅槃经·四相品》，道澄唱断肉之文
段落 2：五月二十九日华光殿辩论	A	诸僧尼犹云律中无断肉事及忏悔食肉法。召集义学僧 141 人、义学尼 57 人集会，梁武帝亲自与法超等律师讨论戒律
	B	敕景猷献读《楞伽经》《央掘魔罗经》经文
	C	附载三段经文：《涅槃经·四相品》，《楞伽阿跋多罗宝经》卷四，《央掘魔罗经》卷一、二
	D	强调断肉不得类比开许皮革事
段落 3：五月二十九日夜重申		梁武帝敕付周舍，再度驳斥众僧

关于《断酒肉文》的撰作时间，学界莫衷一是。第一种说法是天监十年。《佛祖统纪》在这一年记载"上集诸沙门，制文立誓永断酒食"。[①]

---

① 《佛祖统纪》卷三七，T49，no. 2035，p. 349，b1-2。

诹访义纯推测，如此系年可能是根据道宣《集神州三宝感通录》。天监元年武帝派遣郝骞等人求取瑞像，"至天监十年四月五日，骞等达于扬都。……帝由此菜蔬断欲"。[①]此说不足信据，因为梁武帝本人坚持素食，与勒令僧尼素食是性质完全不同的两件事。诹访先生还指出，武帝在《净业赋》中自述食素以后，"谢朏、孔彦颖等屡劝解素"，[②]谢朏卒于天监五年，如此则梁武帝断肉当在此之前。事实上这类自我追忆经常自相矛盾，也不排除一些矫饰的成分。[③]

第二种说法是诹访先生提出的。他指出与梁武帝辩论的僧人法宠，卒于普通五年（524）三月。又，武帝下诏祭祀去杀牲在天监十六年。考虑到辩论发生在五月，因此《断酒肉文》撰作的时间就应该在天监十七年到普通四年之间的五月。[④]

在此基础上，诸家都试图将这一范围进一步缩小。学者都注意到梁武帝于天监十八年受菩萨戒，关键在于如何理解僧团素食改革与受菩萨戒的先后关系。颜尚文认为改革发生在梁武帝受菩萨戒后，诹访先生后来也同意这一看法，并且认为讨论应该发生在受菩萨戒后的当年。[⑤]笔者则根据文中自述"弟子萧衍，虽在居家，不持禁戒"之语，认为此时尚未受菩萨戒，从而推测该文作于天监十七年。其实，"禁戒"之所指非常灵活，既可以指居士、僧人同授的菩萨戒，也可以专指僧尼所遵守的寺院戒律。

需要指出，法国学者 Valérie Lavoix 提示了一条证据，颇有助于解决撰作时间的问题。文中周舍的官职为"员外散骑常侍、太子左卫率"。据《梁书》本传，周舍"为右卫，母忧去职，起为明威将军、右骁骑将军。

---

①　《集神州三宝感通录》卷中，T52，no. 2106，p. 419，b27-c1。

②　《广弘明集》卷二九《净业赋》，T52，no. 2103，p. 336，a20-21。

③　另一个典型的例子是梁武帝断房事的自述，参见钱锺书《管锥编》，中华书局，1979，第 1369~1370 页。

④　諏訪義純『中国中世仏教史研究』大東出版社、1988、79~81 頁。

⑤　颜尚文：《梁武帝》，台北：东大出版公司，1999，第 230~231 页；諏訪義純『中国南朝仏教史の研究』法藏館、1997、119 頁。

服阕，除侍中，领步兵校尉，未拜，仍迁员外散骑常侍、太子左卫率"。① 其母去世之前，周舍曾担任太子右卫，时间晚至天监十八年。② 服阕之后，担任太子左卫率的时间最晚到普通三年。③ 周舍为母服丧，当为斩衰，二十五或二十七个月，即使从天监十八年算起，仍基本上可以推定其迁官的时间在普通三年。④

综合以上诸家意见，笔者认为应当放弃本人先前的结论，而将《断酒肉文》的撰写时间谨慎地限定在普通三年或四年的五月。

3. 小结

我们看到梁武帝的素食化改革，大体遵循了自身—宗庙—郊祀—僧尼顺序渐次推进。祭祀系统的改革，表面上看来运用了儒家经典的话语系统，而其背后有诸如神不灭问题的佛教义理讨论作为形而上学的支撑，用时人的话说，是"孔释兼弘"。僧团的改革，主要以讲经和论议方式展开，援引的理据是以《涅槃经》为代表的一系列大乘经典。

宗庙和郊祀（包括其他山川祭祀和地方神祇）的祭祀对象分别是祖先和神灵。祭祀改革的困难主要来自儒家礼制传统的束缚，以及民间的信仰惯性，所谓"愚夫滞习，难用理移"。然而僧团实践的改革更为艰难。梁武帝欲以世俗帝王之威匡正律仪，对僧团的独立性提出挑战，在理据上则要以大乘经修正戒律，阻力无疑是巨大的。

这场改制运动绝不是梁武帝个人心血来潮，而是东晋南朝佛教思潮的集中表达。如果将考察的范围扩大，便会发现提倡全面素食的最初动议者和理论建构者不在僧团内部，而在居士群体。在全国性的素食化运动推广

---

① 《梁书》卷二五《周舍传》，第 376 页。
② 《梁书》卷一八《康绚传》云："（天监）十八年，征为员外散骑常侍，领长水校尉，与护军韦叡、太子右卫率周舍直殿省。"（第 292 页）
③ 《梁书》卷八《昭明太子传》载始兴王萧憺薨，周舍以太子左率身份议礼（第 166 页）。
④ 参见 Valérie Lavoix, "La contribution des laïcs au végétarisme: croisades et polémiques en Chine du Sud autour de l'an 500," in Catherine Despeux ed., *Bouddhisme et lettrés dans la Chine medievale*, Paris: Editions Peeters, 2002, pp. 103–143. 特别是第 120 页注释 76 值得注意。

之前，居士群体中业已显露出导向这一结果的若干倾向，而且这些微妙的变化与士人的儒学实践有密切的纠缠。

二　提倡素食的价值导向

在许多文化传统中，肉食既是一种美味，也是身份和地位的象征，古代中国和印度都不例外。① 与此相应地，对肉食的排斥，代表了对世俗生活的放弃和拒绝，也成为苦行生活的自然要求。遵循这一原则，日常生活的一些特殊场合会刻意强调素食，最典型的是斋戒与服丧。

1. 关于"斋"

首先，需要澄清一个误解，儒家的斋戒活动并未明确要求全面素食。《论语·乡党》说孔子"斋必变食"。《集解》引孔安国注曰："改常食也。"但没有对变改之后的食物做明确的说明。《礼记·祭统》云："及其将齐也，防其邪物，讫其嗜欲，耳不听乐。"又云："斋者，精明之至也，然后可以交于神明也。"② 这是说斋戒之前要洁净身心，远离可能引起邪念的食物、音乐，以期达到与神明交感的目的，但也没有把肉食包括在"邪物"之中。

有学者根据《庄子·人间世》论"心斋"的段落，认为孔子既然肯定颜回所说的"不饮酒，不茹荤者数月"就是所谓"祭祀之斋"，因而推测儒家的斋戒应该意味着禁止饮酒、荤食。③ 但"荤"字在这里指辛辣的食物，成玄英《疏》云："荤，辛菜也。"④ 因此，先秦文献中并无明文支持斋戒必须素食。

斋戒中是否可以食肉，清代儒家有过讨论。影响较大的是朱彝尊的说

---

① 参见康乐《洁净、身份与素食》，《大陆杂志》第 102 卷第 1 期，2001 年，第 15～46 页。
② 皇侃：《论语义疏》卷五，高尚榘校点，中华书局，2013，第 247 页；《礼记·祭统》，阮元校刻《十三经注疏》，第 3479～3480 页。
③ 王翠玲：《中国佛教的斋讲》，《成大中文学报》第 14 期，2006 年。
④ 郭庆藩：《庄子集释》卷二中，王孝鱼点校，中华书局，2012，第 146～147 页。

法。《释斋》云：

> 今人多以茹蔬不肉食为斋，稽之古，不尔也。《周礼·膳夫》：
> "掌王之食饮膳馐。王日一举，王斋日三举。"杀牲盛馔曰举。盖周
> 制，王日食供一太牢，遇朔加日食一等，当两太牢。而散斋、致斋，
> 斋必变食，故加牲体至三太牢。是斋日仍肉食，反有加矣。①

朱氏引《周礼·天官冢宰·膳夫》"王斋日三举"，郑玄注为"杀牲盛馔
曰举"。王者"散斋""致斋"，"加牲体至三太牢"，是贾公彦《疏》的
说法。② 朱彝尊认为，按照周制，王者斋日要比平日多三倍的馔食，所以
食肉还要多些。

对于朱氏的说法，清代儒家意见不一。朱骏声接受此说，并解释说：
"古人祭祀行礼，委曲烦重，非强有力者弗能胜。三日之先杀牲盛馔者，
所以增益其精神。"③ 金鹗则反对此说，认为三牲之肉气味昏浊，断定
《周礼》经文应作"王斋日不举"，今本"斋日三举"经过窜改。更重要
的是，尽管批评了朱彝尊的论点，金鹗也不认为斋戒必茹蔬菜是经文的本
意。他提出"动物之中，其气味之洁清者莫如鱼，齐者亦自可食"，并总
结说，"务使脏腑清虚，志气精明，此圣人谨齐之道也"。④ 总体说来，儒
家传统中的"斋"，核心要义是洁净身心，肉食即使在食物禁忌之列，主
要的理由也是气味昏浊，但并未主张全面的素食。

佛教传入汉地以后，借儒家传统中"斋"的概念，用来指称集团性的佛
教仪式，后者在印度原来语境中称为"布萨"（*skt.* uposatha, upavasatha）。中
古时期最为流行的方式，是在家、出家人共同参与的"八关斋"。根据船山彻
先生的研究，解说"八关斋"内容的汉译佛经，有孙吴支谦译《斋经》

---

① 朱彝尊：《曝书亭集》卷六〇《释斋》，世界书局，1937，第 701 页。
② 《周礼注疏》卷四，阮元校刻《十三经注疏》，第 1421 页。
③ 朱骏声编著《说文通训定声》卷一二《履部》，中华书局，1984，第 581 页。
④ 金鹗：《求古录礼说·补遗·斋必变食说》，《续修四库全书》第 110 册，上海古籍
出版社，2002，第 477~478 页。

（T87）、失译《优陂夷堕舍迦经》（T88）、东晋僧伽提婆译《中阿含经》卷五五《持斋经》（T26）、鸠摩罗什译《大智度论》卷一三（T1509）、罗什译《十住毗婆沙论》卷八（T1521）、刘宋沮渠京声译《八关斋经》（T89）等。经典中规定，在每月的六个斋日（八日、十四日、十五日、二十三日、二十九日、三十日），一日一夜之间，僧俗共同受持八戒。八戒的内容诸经所载稍有差异，大体来说是：不杀生、不偷盗、不淫、不妄语、不饮酒、不坐高广大床、不着华鬘璎珞、不习歌舞伎乐。在此一日一夜的共同修行时间里，还会加入讲经、忏悔、受菩萨戒等诸多仪式环节，"八关斋"因此成为举行佛教仪式的一个"场"。① 上文提到，梁武帝于五月二十三日、二十九日两次召集名僧讨论素食，都发生在斋日期间。其间请法云讲《涅槃经》，与诸律师议论忏悔，放在斋会的语境中，就能更容易理解其性质。

"八关斋"在汉地的确立，最早见于东晋中期支道林的《八关斋诗》三首并序，其序写道："间与何骠骑期当为合八关斋，以十月二十二日，集同意者在吴县土山墓下，三日清晨为斋。始道士、白衣凡二十四人，清和肃穆，莫不静畅。至四日朝，众贤各去。"② 同时期的居士郗超撰写的《奉法要》，是 4 世纪居士佛教修行的手册，对"八关斋"的内容有更加详细的说明（下划线为笔者所加）：

> 已行五戒，便修岁三、月六斋。岁三斋者，正月一日至十五日，五月一日至十五日，九月一日至十五日。月六斋者，月八日、十四日、十五日、二十三日、二十九日、三十日。<u>凡斋日，皆当鱼肉不御</u>，迎中而食。既中之后，甘香美味一不得尝。洗心念道，归命三尊。悔过自责，行四等心。远离房室，不着六欲。不得鞭挞骂詈，乘驾牛马，带持兵仗。妇人则兼去香花脂粉之饰，端心正意，务存

---

① 船山徹「六朝時代における菩薩戒の受容過程—劉宋・南齊期を中心に—」『東方学報』67 号、1995 年、52~65 頁。
② 《广弘明集》卷三〇《八关斋诗序》，T52，no. 2103，p. 350，a17–20。

柔顺。①

郗超的描述有两点值得注意。一是在八戒之外，加入了禁食鱼肉的内容。这在经典中没有明确的依据，很可能反映了早期汉地佛教僧俗的价值观，这一点留待下文展开。二是除了介绍"月六斋日"，还提倡"岁三长斋"。"岁三长斋"的说法，见于竺法护译《普曜经》、竺佛念译《出曜经》等，但详细解说则只见于汉地撰述。②

在跨文化语境里，同样的概念在不同传统中可能有不同的意涵，"斋"就是一个典型的例子。③ 语境从儒家转换到佛教，"斋"开始与素食建立了明确的联系，并且出现了时间延长的趋势。

2. 丧期延长

除了斋戒，儒家礼仪还规定服丧期间不能饮酒食肉，这被许多学者认为是素食能为中国人所接受的原因之一。④ 按照儒家的礼制，亲人亡故以后，生者要在服饰、饮食等诸多方面做出调整，以表达哀戚之情。根据服

---

① 《弘明集》卷一三，T52，no. 2102，p. 86，b8-16。

② 《普曜经·佛至摩竭国品》云："岁三月六斋，守禁法施戒博闻。"（T03，no. 186，p. 533，b24-25）《出曜经·无常品》云："岁三月六，未始有阙。"（T04，no. 212，p. 617，c7）船山徹指出《冥祥记》有汲郡卫士度之母持长斋事，则西晋时代即已如此。《出三藏记集》卷一二"岁三长斋记"，小注云"出《正斋经》"，今已不存。参见船山徹「六朝時代における菩薩戒の受容過程—劉宋・南齊期を中心に—」『東方学報』67号、1995年、62页。关于月六三长斋在中古时期的流传情况，参见刘淑芬《"年三月十"——中古后期的断屠与斋戒》，《中古的佛教与社会》，上海古籍出版社，2008，第75~114页。

③ 道教的"斋"形成稍晚，可能受到儒家和佛教的影响，关于道教斋会的仪式来源，学界存在较大争议，参见吕鹏志《唐前道教仪式史纲》，中华书局，2008；王承文《古代国家祭祀与汉唐道教"八节斋"渊源论考（上）——兼对吕鹏志博士一系列质疑的答复》，《宗教学研究》2016年第2期；王承文《古代国家祭祀与汉唐道教"八节斋"渊源论考（下）——兼对吕鹏志博士一系列质疑的答复》，《宗教学研究》2016年第3期，第10~21页及其所引诸文献。

④ 諏訪義純『中国中世仏教史研究』、64页；康乐：《梁武帝》，《佛教与素食》，商务印书馆，2017，第129页；Valérie Lavoix，"La contribution des laïcs au végétarisme: croisades et polémiques en Chine du Sud autour de l'an 500," in Catherine Despeux ed.，*Bouddhisme et lettrés dans la Chine medievale*, pp. 110-112；圣凯：《中国佛教信仰与生活史》，江苏人民出版社，2016，第42页。

丧者与死者的亲疏远近，素食的时间有长短之别。① 以丧服最重的父母之丧为例，《礼记·间传》云：

> 斩衰三日不食，齐衰二日不食，大功三不食，小功、缌麻再不食，士与敛焉则壹不食。故父母之丧，既殡，食粥，朝一溢米，莫一溢米。……此哀之发于饮食者也。父母之丧，既虞卒哭，疏食水饮，不食菜果。期而小祥，食菜果。又期而大祥，有醯酱。中月而禫，禫而饮醴酒。始饮酒者，先饮醴酒。始食肉者，先食干肉。②

父母之丧属斩衰，依经文则父母死后三日，子女不进食；入殓之后，用少量的米做粥；行过虞礼之后，"疏食水饮"。"疏食"，孔颖达《疏》的解释是"疏，粗也"，是粗糙的食物。死后 13 个月，始食菜果。25 个月后，食物中可以有调味的醋和酱。这样计算，为父母服丧期间，应该有25 个月的时间不能食肉，所谓"三年之丧"。

笔者希望指出的是，儒家的丧礼固然要求素食，但同时也强调"哭踊有节"。③ 因此严格遵循礼经，服除之后应当恢复正常的饮食。东汉朝廷推崇《孝经》，鼓吹孝道，社会上出现了父母死后长期蔬食的现象。本来礼"用中为常"，不鼓励这种激进行为，但现实中"居丧过礼"现象非常普遍，亲人亡故往往成为终生素食的契机。我们将相关记载整理如表 2。

早期的案例如申屠蟠、庾阐等人，没有佛教信仰，他们的行为是儒学价值观的彰显。在梁武帝素食改革的前后，或者说在梁武帝崇佛的大环境里，儒士在漫长的服丧生活里，自觉地开始加入坐禅、诵经等佛教仪式，推移之迹宛然。

---

① 国君以下至士服三年之丧，都有不同的饮食之礼，也不同程度地要求素食，参见《礼记·丧大记》。
② 《礼记·间传》，阮元校刻《十三经注疏》，第 3603 页。
③ 《礼记·檀弓上》云："礼，为可传也，为可继也，故哭踊有节。"阮元校刻《十三经注疏》，第 2791 页。

表 2　丧期延长事例

姓名	生卒年	事迹	出处
申屠蟠	约 117~190	九岁丧父，哀毁过礼。服除，不进酒肉十余年。每忌日，辄三日不食	《后汉书》卷五三，中华书局，1965，第 1750 页
庾衮	活跃于 290~340 年	永嘉末，为石勒所陷，衮母亦没。衮不栉沐，不婚宦，绝酒肉，垂二十年，乡亲称之	《晋书》卷九二，中华书局，1974，第 2385 页
孟陋	326~388	丧母，毁瘠殆于灭性，不饮酒食肉十有余年	《晋书》卷九四，第 2443 页
刘瑜	?~424	七岁丧父，事母至孝。年五十二，又丧母，三年不进盐酪，号泣昼夜不绝声。勤身运力，以营葬事。服除后，二十余年布衣蔬食，言辄流涕。常居墓侧，未尝暂违	《宋书》卷九一，中华书局，1974，第 2243 页
谢弘微	392~433	（弘微）兄曜……元嘉四年卒。弘微蔬食积时，哀戚过礼，服虽除，犹不啖鱼肉。沙门释慧琳诣弘微，弘微与之共食，犹独蔬素。慧琳曰："檀越素既多疾，顷者肌色微损，即吉之后，犹未复膳。若以无益伤生，岂所望于得理。"弘微答曰："衣冠之变，礼不可逾。在心之哀，实未能已。"遂废食感咽，歔欷不自胜	《宋书》卷五八，第 1592 页
江泌	?~约 498	母亡后，以生阙供养，遇鲑不忍食。菜不食心，以其有生意，唯食老叶而已	《南史》卷七三，中华书局，1975，第 1828 页
何点	437~504	（何）求卒，点菜食不饮酒，讫于三年，要带减半	《梁书》卷五一，第 732 页
阳固	466~523	丁母忧，号慕毁病，杖而能起。练禫之后，犹酒肉不进	《魏书》卷七二，中华书局，1974，第 1611 页
李柬	?~约 528	遵弟柬，字休贤。郡辟功曹。以父忧去职。遂终身不食酒肉，因屏居乡里	《魏书》卷三九，第 895 页
萧宝夤	478~530	宝夤虽少羁流，而志性雅重，过期犹绝酒肉，惨形悴色，蔬食粗衣，未尝嬉笑	《魏书》卷五九，第 1314 页
董景起妻张氏	不详	景起早亡，张时年十六，痛夫少丧，哀伤过礼。形容毁顿，永不沐浴，蔬食长斋	《魏书》卷九二，第 1982 页
秦族	活跃于 535~546 年	寻而其母又没，哭泣无时，唯饮水食菜而已。终丧之后，犹蔬食，不入房室二十许年	《周书》卷四六，中华书局，1971 第 831 页

续表

姓名	生卒年	事迹	出处
梁武帝	464～549	朕布衣之时,唯知礼义,不知信向。烹宰众生,以接宾客,随物肉食,不识菜味。及至南面富有天下,远方珍馐,贡献相继,海内异食,莫不必至,方丈满前,百味盈俎,乃方食辍箸,对案流泣,恨不得以及温清朝夕供养,何心独甘此膳。因尔蔬食,不啖鱼肉	《净业赋》(《广弘明集》卷二九,T52,no. 2103,p. 336,a13～18)
刘杳	487～536	及睹释氏经教,常行慈忍。天监十七年,自居母忧,便长断腥膻,持斋蔬食。及临终,遗命敛以法服,载以露车,还葬旧墓,随得一地,容棺而已,不得设灵筵祭醊	《梁书》卷五十,第 717 页
到溉	477～548	溉家门雍睦,兄弟特相友爱。初与弟洽常共居一斋,洽卒后,便舍为寺,因断腥膻,终身蔬食,别营小室,朝夕从僧徒礼诵。高祖每月三置净馔,恩礼甚笃	《梁书》卷四十,第 569 页
王固	活跃于 550～570 年	固清虚寡欲,居丧以孝闻。又信佛法。及丁所生母忧,遂终身蔬食,夜则坐禅,昼诵佛经	《南史》卷二三,第 644 页

斋戒和服丧都属于日常生活中的特殊场合,但斋戒可以长斋,服丧可以终生为之,亲丧也成为长斋的契机。这种特殊情境一般化的倾向,是理解中古时期儒、佛调和的重要线索。

3. 地方祭祀

如果说在日常起居中坚持素食还是个人饮馔的选择,那么在祭祀活动中废除杀牲则是一件更为敏感的事。儒家的祭祀活动一方面要求行礼者的洁斋（虽然未必是素食）,另一方面则明确规定杀牲,用牲血之气以降神。当改制的对象进入幽冥的世界,就需要一些更为复杂的理论建构。我们先从地方神祇的祭祀谈起。

佛教自传入汉地之时,对杀牲祭祀的排斥就成为它的突出特点。在诏书中,汉明帝描述信仰佛教的楚王刘英"诵黄老之微言,尚浮图之仁祠,洁斋三月，与神为誓"。① 所谓"仁祠"，按照字面意思理解，就是以不献牺牲的方式进行祈祷。支娄迦谶译《般舟三昧经》在说明三皈依的文字之后，告诫信徒"不得事余道，不得拜于天，不得祠鬼神，不得视吉良日"。②

佛教这种自律性的规定要对本土的信仰传统施加影响，主要是通过神异僧人对地方神祇的度化实现的。在僧传和灵验记中，僧人为地方神祇授戒是常见的叙事题材。比较著名的例子如安世高为庐山宫亭庙神授戒，慧远的弟子昙邕为山神授五戒。③ 刘宋末年，从黄龙南渡建康的僧人法度为执掌摄山的山神靳尚授五戒：

> 度曰："人神道殊，无容相屈。且檀越血食世祀，此最五戒所禁。"尚曰："若备门徒，辄先去杀。"于是辞去。明旦，度见一人送钱一万，香烛刀子，疏云："弟子靳尚奉供。"至月十五日，度为设会，尚又来，同众礼拜，行道受戒而去。㠛山庙巫梦神告曰："吾已受戒于度法师，祠祀勿得杀戮。"由是庙用荐止菜脯而已。④

这则故事具体呈现了山神皈依的仪式细节。从中可以清楚地看到，山神的受戒其实是废除进献牺牲的一种隐喻。

此外，官府也经常以强硬手段促成民间祠祀的改革。北魏延兴二年

---

① 《后汉书》卷四二《楚王英传》，第 1428 页。
② 《般舟三昧经·四辈品》，T13，no. 417，p. 901，b15-16。今本《般舟三昧经》可能经过后世的修改，参见 Jan Nattier, *A Guide to the Earliest Chinese Buddhist Translations: Texts from the Eastern Han* 东汉 *and Three Kingdoms* 三国 *Periods*, Tokyo: The International Research Institute for Advanced Buddhology, Soka Unverisity, 2008, pp. 81-83.
③ 释慧皎：《高僧传》卷一《安世高传》、卷六《昙邕传》，汤用彤校注，中华书局，1992，第 5~6、237 页。在早期的版本里，度化宫亭庙神的主人公是无名僧人，后被嫁接到安世高身上。相关考证，参见魏斌《安世高的江南行迹——早期神僧事迹的叙事与传承》，《武汉大学学报》（人文科学版）2012 年第 4 期，第 39~48 页。
④ 释慧皎：《高僧传》卷八《法度传》，第 331 页。对此事件的分析，参见蔡宗宪《中古摄山神信仰的变迁——兼论人鬼神祠的改祀与毁撤》，荣新江主编《唐研究》第 18 卷，北京大学出版社，2012，第 1~20 页。

（472）的改革中，"有司奏天地五郊、社稷已下及诸神，合一千七十五所，岁用牲七万五千五百"，孝文帝下诏"非郊天地、宗庙、社稷之祀，皆无用牲"。① 诏书针对的主要是众多地方神祇。② 在南朝，刘宋张邵曾经默许僧亮从湘州蛮人信仰的伍子胥庙中夺取铜器造立佛像；梁初萧琛在吴兴太守任上，将项羽神座迁回庙中，"又禁杀牛解祀，以脯代肉"。③ 萧琛为吴兴太守的时间，当在普通元年以前。上文提到，天监十六年曾提出民间诸祀从俗的折中方案，萧琛此举是在梁武帝颁布《断酒肉文》之前，地方上积极实践祭祀素食的案例。

北魏君主、张邵、萧琛都虔诚地信仰佛教，张、萧二人还有死后以蔬果为奠的临终安排（详见下文）。但需要注意的是，这类对民间淫祀的限制，都是世俗官府的合法权力，因而完全不需要背负礼法和道德的指摘。

4. 薄葬蔬奠

在祖先祭祀中废除杀牲，会面临更大的阻力。但既然生前坚持素食，死后作为祖先祭祀的享用者，当然有权利要求后代按照自己的意愿来安排荐享之物，有学者称此为一种"死后的素食实践"（végétarisme posthume）。④

吉川忠夫系统地研读过唐前终制类作品，指出从汉代开始，士人中间流行薄葬的风俗。起初的考虑是自愧不能完成国家之职任，因而死后拒绝接受封赠。魏晋之际，则加入了人死是复归本真的道家观念。⑤ 在薄葬观

① 《魏书》卷一〇八之一《礼志一》，第2740页；杜佑：《通典》卷五五《礼十五·沿革十五·吉礼十四》，王文锦等点校，中华书局，1988，第1559页。刘淑芬指出，此时孝文帝尚未亲政，《魏书》云显祖下诏，实则诏书体现的是冯太后的意志。参见刘淑芬《"年三月十"——中古后期的断屠与斋戒》，《中古的佛教与社会》，第79页。

② 孝文帝改制的前夕，逐渐将北魏前期内亚传统中的诸多神格归入杂祀，并加以清整，此后太和十五年进一步简省群祀。参见刘凯《清整与转化：北魏杂祀简考》，《东岳论丛》2021年第4期。

③ 《梁书》卷二六《萧琛传》，第397页。

④ Valérie Lavoix, " La contribution des laïcs au végétarisme: croisades et polémiques en Chine du Sud autour de l'an 500, " in Catherine Despeux ed. , *Bouddhisme et lettrés dans la Chine medievale*, p. 114.

⑤ 吉川忠夫「漢代人の遺言・遺書と沐並の『終制』」「遺言・遺書なかの仏教」『中國人の宗教意識』創文社、1998、213~242頁。吉川忠夫「薄葬の思想」「皇甫謐の『篤終論』」『六朝隋唐文史哲論集』法藏館、2020、59~75頁。

念的影响下，祭祀之物日趋简素。但如果以"牺牲—肉脯—蔬菜"作为标尺的话，祭祀素食化的关键转变大概发生在宋、齐两朝。

李猛注意到，梁武帝的祭祀素食化改革其实早有先例，最典型的是南齐武帝萧赜永明末年的去杀牲之令，以及遗诏命用酒脯代替牺牲。他进一步指出，"永明中后期，一种向往、仰慕菜食者的风气似乎悄然形成"，并且特别点出吴郡张氏的四位成员——张邵、张敷、张绪、张融，都有不用牲祭或不设祭的要求。①

笔者根据前贤研究，将相关记载整理如表 3 所示。

表 3　薄葬蔬奠事例

姓名	生卒年	事迹	出处
江夷	约 377~424	遗命薄敛蔬奠，务存俭约	《宋书》卷五三，第 1526 页
张邵	?~440	邵临终，遗命祭以菜果，苇席为輴车，诸子从焉	《宋书》卷四六，第 1395 页
张敷	?~440	冲父初卒，遗命曰："祭我必以乡土所产，无用牲物。"冲在镇，四时还吴园中取果菜，流涕荐焉	《南齐书》卷四九，中华书局，1972，第 853 页
张绪	活跃于 473~489 年	遗命作芦葭輴车，灵上置杯水香火，不设祭	《南齐书》卷三三，第 602 页
萧嶷*	444~492	嶷临终，召子子廉、子恪曰："……三日施灵，唯香火、槃水、干饭、酒脯、槟榔而已。朔望菜食一盘，加以甘果，此外悉省。葬后除灵，可施吾常所乘轝扇伞。朔望时节，席地香火、槃水、酒脯、干饭、槟榔便足……"	《南齐书》卷二二，第 417 页
齐武帝*	440~493	又诏曰："我识灭之后，身上着夏衣画天衣，纯乌犀导，应诸器悉不得用宝物及织成等，唯装复夹衣各一通。常所服身刀长短二口铁环者，随我入梓宫。祭敬之典，本在因心，东邻杀牛，不如西家禴祭。我灵上慎勿以牲为祭，唯设饼、茶饮、干饭、酒脯而已。天下贵贱，咸同此制。未山陵前，朔望设菜食……"	《南齐书》卷三，第 61~62 页

① 李猛：《从"御膳不宰牲"到"不用牲祭"：齐武帝"断杀"考论》，《齐梁皇室的佛教信仰与撰述》，中华书局，2021，第 28~43 页。

续表

姓名	生卒年	事迹	出处
王秀之*	440~494	隆昌元年卒,遗令"朱服不得入棺,祭则酒脯而已。世人以仆妾直灵助哭,当由丧主不能淳至,欲以多声相乱。魂而有灵,吾当笑之"	《南史》卷二四,第652页
张融	444~497	遗令建白旐无旒,不设祭	《南齐书》卷四一,第728页
王敬胤	?~509	先是有太中大夫琅邪王敬胤以天监八年卒,遗命:"不得设复魄旌旗,一芦藉藉下,一枚覆上。吾气绝便沐浴,篮舆载尸,还忠侯大夫遂中。若不行此,则戮吾尸于九泉。"敬胤外甥许慧诏因阮研闻。诏曰:"……棺周于身,土周于椁,去其牲奠,敛以时服……"	《南史》卷四九,第1226~1227页
沈麟士	419~503	葬不须輴车、灵舫、魁头也。不得朝夕下食。祭奠之法,至于葬,唯清水一杯	《南史》卷七六,第1892页
顾宪之	436~509	朔望祥忌,可权安小床,暂设几席,唯下素馔,勿用牲牢。蒸尝之祠,贵贱罔替。备物难办,多致疏怠。祠先人自有旧典,不可有阙。自吾以下,祠止用蔬食时果,勿同于上世也。示令子孙,四时不忘其亲耳。孔子云:"虽菜羹瓜祭,必齐如也。"本贵诚敬,岂求备物哉?	《梁书》卷五二,第760页
庾子舆*	?~528	遗令单衣帢履以敛,酒脯施灵而已	《南史》卷五六,第1392页
萧琛	480~531	遗令诸子,与妻同坟异藏,祭以蔬菜	《梁书》卷二六,第398页
孔休源	469~532	遗令薄葬,节朔荐蔬菲而已	《梁书》卷三六,第521页
崔孝直*	活跃于532年	顾命诸子曰:"……敛以时服,祭勿杀生。"	《魏书》卷五七,第1271页
梁元帝*	508~555	慎无以血膻腥为祭也	萧绎撰,陈志平、熊清元疏证校注《金楼子疏证校注》卷二,上海古籍出版社,2014,第323页
陈章皇后	506~570	遗令丧事所须,并从俭约,诸有馈奠,不得用牲牢	《陈书》卷七,中华书局,1972,第126页
韦夐	502~578	朝晡奠食,于事弥烦,吾不能顿绝汝辈之情,可朔望一奠而已。仍荐素蔬,勿设牲牢	《周书》卷三一,第546页

姓名	生卒年	事迹	出处
姚僧恒	？~583	遗诫衣白帢入棺，朝服勿敛。灵上唯置香奁，每日设清水而已	《周书》卷四七，第843 页
颜之推	531~597	灵筵勿设枕几，朔望祥禫，唯下白粥清水干枣，不得有酒肉饼果之祭。……<u>四时祭祀，周、孔所教，欲人勿死其亲，不忘孝道也。求诸内典，则无益焉</u>。杀生为之，翻增罪累。若报罔极之德，霜露之悲，<u>有时斋供，及七月半盂兰盆，望于汝也</u>	王利器：《颜氏家训集解》卷七，中华书局，1993，第602 页
姚察	533~606	遗命薄葬，务从率俭。其略曰："吾家世素士，自有常法。吾意敛以法服，并宜用布，土周于身。又恐汝等不忍行此，必不尔，须松板薄棺，才可周身，土周于棺而已。葬日，止粗车，即送厝旧茔北。吾在梁世，当时年十四，就钟山明庆寺尚禅师受菩萨戒，自尔深悟苦空，颇知回向矣。尝得留连山寺，一去忘归。……<u>且吾习蔬菲五十余年，既历岁时，循而不失</u>。瞑目之后，不须立灵，置一小床，每日设清水，六斋日设斋食果菜，任家有无，不须别经营也。"	《陈书》卷二七，第352~353 页

注：＊表示该人物遗命祭祀使用肉脯，而非全素。下划线为笔者所加。

资料来源：主要参考上引吉川忠夫、Valérie Lavoix、李猛三氏的研究，也包括笔者检索所得。

　　在此略做一些分析和推论。首先，我们看到顾宪之将自己与上代祖先的祭祀方式区别对待，姚察也表示自己坚持素食"五十余年，既历岁时，循而不失"，这生动地表明了祭祀的素食化可以视为生者饮馔习惯的延续。

　　其次，从私人的实践到齐武帝下诏"天下贵贱，咸同此制"，确实是个不小的飞跃。相比较早前北魏朝廷废除牺牲的诏令，针对的对象并未触及朝廷核心的宗庙和郊祀，齐武帝的改制在思想史上的意义更为重要，开启了梁武帝祭祀素食改革的先河。

　　最后，吴郡张氏的素食实践如此集中，其思想来源确实令人感兴趣。

这一家族在政治上崛起于晋宋之际，从宗教信仰来看，是有名的奉佛家族。① 笔者推测，或许其思想渊源来自庐山慧远的教团。沈约《究竟慈悲论》称："昔涅槃未启十数年间，庐阜名僧已有蔬食者矣。"② 慧远生前曾讲《丧服经》，"雷次宗、宗炳等，并执卷承旨"。《佛祖统纪》尚有"远师《丧服》"佚文一条，③ 临终之时，"以凡夫之情难割，乃制七日展哀，遗命使露骸松下"。几乎可以断言，慧远曾经参酌儒家的丧礼，制定了佛教僧俗的丧葬仪式。

张邵有长期任官于荆州的经历，史书记载他使其子张敷与宗炳谈《系辞》《象传》，宗炳每每不敌。张敷在襄阳时，还向乃父推荐曾经从学于慧远的道温。④ 荆襄之地，本来就是慧远圆寂以后僧俗弟子的会聚之所。⑤ 张邵、张敷父子必然受到慧远学说的熏染，而葬仪安排很可能是其中之一端。可惜书阙有间，并无确证，姑志此以待考。

5. 周颙的素食

本节的最后，需要对周颙的个案进行仔细分析。在笔者看来，周颙的素食实践是在佛教伦理观指导下的自觉行为，其鲜明的自律性格甚至引起时人的广泛关注，代表了完全不同于以往的居士佛教形态，也成为梁武帝素食改革真正的先导。

周颙其人在《南齐书》中有传，与本文讨论直接相关的，是其在建康钟山营构草堂的"隐居"生活。周颙刘宋末年曾随益州刺史萧惠开入蜀，泰始四年（468）萧惠开解职，携之还都。《文选》李善注引梁简文帝《草堂传》云："汝南周颙，昔经在蜀，以蜀草堂寺林壑可怀，乃于钟

①　关于吴郡张氏的佛教信仰，参见汤用彤《汉魏两晋南北朝佛教史》，中华书局，1983，第307~308页。
②　《广弘明集》卷二六，T52，no.2103，p.293，a13-14。
③　《佛祖统纪》卷三三《法门光显志》"丧服"条引远师《丧仪》："受业和上同于父母，皆三年服。若依止师、随师丧，暂为服。"（T49，no.2035，p.323，c19-20）
④　《宋书》卷四六《张敷传》，第1395页；释慧皎：《高僧传》卷七《道温传》，第288页。
⑤　参见拙文《六朝前期荆襄地域的佛教》，《中山大学学报》（社会科学版）2019年第2期，第108~123页。

岭雷次宗学馆立寺，因名草堂，亦号山茨。"① 周颙改造雷次宗的学馆，建立草堂寺，约当此时。② 此后周颙并未坚持"隐居"生活，频繁外任，因此孔稚珪模拟钟山之英、草堂之灵的口吻，对其加以讥嘲，这就是《文选》中收录的名篇《北山移文》。尽管如此，周颙对草堂寺的喜爱是始终如一的，"于钟山西立隐舍，休沐则归之"。

关于周颙的素食实践，《南齐书》本传云：

> 清贫寡欲，终日长蔬食，虽有妻子，独处山舍。卫将军王俭谓颙曰："卿山中何所食？"颙曰："赤米白盐，绿葵紫蓼。"文惠太子问颙："菜食何味最胜？"颙曰："春初早韭，秋末晚菘。"时何胤亦精信佛法，无妻妾。太子又问颙："卿精进何如何胤？"颙曰："三涂八难，共所未免。然各有其累。"太子曰："所累伊何？"对曰："周妻何肉。"其言辞应变，皆如此也。③

这几组对话发生在永明年间。④ 周颙与王俭和太子的对答被记录下来，盖因其言辞机变，用语充满诗意。南朝清谈，多依仿魏晋风度，这里隐含的模仿对象也可能是张天锡对客之语。⑤

---

① 萧统编，李善注《文选》卷四三《北山移文》李善注，上海古籍出版社，1986，第 1957 页。

② 道宣《续高僧传》卷六《慧约传》载："齐中书郎汝南周颙为剡令，钦服道素，侧席加礼，于钟山雷次宗旧馆造草堂寺，亦号山茨，屈知寺任。"（郭绍林点校，中华书局，2014，第 183 页）周颙为剡县令在元徽元年（473），谀访义纯指出《北山移文》讥周颙不能全节，"张英风于海甸，驰妙誉于浙右"，则周颙为剡县令之前已在草堂寺，故此处记载有误。参见諏訪義純「南齊周顒の生涯とその宗教思想」『愛知学院大学文学部紀要』第 6 卷、1976 年、58～80 页，特别是第 62 页。

③ 《南齐书》卷四一《周颙传》，第 732 页。

④ 王俭于永明元年（483）进号卫将军。参见《南齐书》卷二三《王俭传》，第 436 页及校勘记。

⑤ 《世说新语·言语》记载说："（有人）于坐问张：'北方何物可贵？'张曰：'桑椹甘香，鸱鸮革响。淳酪养性，人无嫉心。'"余嘉锡笺疏《世说新语笺疏》，中华书局，2007，第 174 页。对话的提问方含有某种挑衅的意味，酬答者要以对偶和音韵协调的方式迅速做出回应。

这里值得注意的是周颙对食物的刻意讲究。在周颙亡故以后，沈约追忆说："此生笃信精深，甘此藿食。至于岁时，苞筐每见请求，凡厥菜品，必令以荐。弟子辄靳而后与，用为欢谑。"① 似乎周颙的食物务求品类之丰，有积极探索素食食材之意。他对于肉食的排斥也极为彻底，参见其劝何点止杀以及何胤晚年断绝肉食事。

据正史所载，何胤为国子祭酒，虽然号称断食生，"犹欲食白鱼、𩽾脯、糖蟹，以为非见生物。疑食蚶蛎，使学生议之"。学生钟岏逢迎其意，曲为之说。萧子良闻之大怒。《出三藏记集》卷一二萧子良《法集录》有"《与何祭酒书赞去滋味》一卷"，② 很可能因此而作。李猛指出，从何胤任国子祭酒的时间推断，此事当在永明八年至十年之间。这场讨论发生在国子学之内，其间讨论确认了鳝鱼、螃蟹、贝类等水生动物的属性，诸生讨论情况还会被呈递给萧子良。抛开个人立场不谈，至少可以确认这是一场严肃的讨论。周颙的佛法精进，独特的实践方式吸引了不少人的目光。

至于周颙的书信，分别见于《南齐书》、《南史》和《广弘明集》，但致信的对象不同。学者指出，《广弘明集》的小序说周颙于梁普通年间致信何胤，与史实不符，周颙所劝当为何点。③ 信中说（下划线为笔者所加）：

> 丈人之所以未极退蹈，或在不近全菜邪？……若云三世理诬，则幸矣良快，如使此道果然，而受形未息，则一往一来，一生一死，轮回是常事。杂报如家，人天如客，遇客日鲜，在家日多，吾侪信业，未足长免，则伤心之惨，行亦自及。丈人于血气之类，虽无身践，至于晨兔夜鲤，不能不取备屠门。财贝之经盗手，犹为廉士所弃；生性之一启鸾刀，宁复慈心所忍。驺虞虽饥，非自死之草不食，闻其风岂

---

① 《广弘明集》卷二八《与约法师书》，T52, no. 2103, p. 326, b17-20。据上引《续高僧传》，慧约受周颙之邀，住锡草堂寺。此处约法师当为其人。

② 释僧祐：《出三藏记集》卷一二，苏晋仁、萧炼子点校，中华书局，1995，第452页。

③ 曹道衡、沈玉成：《中古文学史料丛考》，《曹道衡文集》第9卷，中州古籍出版社，2018，第441、444~445页；李猛：《论萧子良永明中后期的奉法与弘法》，《齐梁皇室的佛教信仰与撰述》，第104~110页。

不使人多愧。众生之禀此形质，以畜肌背，皆由其积壅痴迷，沉流莫反，报受秽浊，历苦酸长。此甘与肥，<u>皆无明之报聚也</u>。何至复引此滋腴，自污肠胃。①

此信寥寥数行，却足以反映周颙素食思想的若干特色。诹访先生指出，周颙的素食主张明确以因果报应的原理为理据，不再单纯是慈仁不杀之类的儒学话语。早在陪侍宋明帝时期，"帝所为惨毒之事，颙不敢显谏，辄诵经中因缘罪福事"，②此时业已显出对报应思想的偏好。③另外，周颙对后来梁武帝援引的《涅槃经》等如来藏系统的大乘经说，似乎全无所知。考虑到周颙曾撰写《三宗论》，诹访先生将他的学问立场定性为般若中观系。④

笔者基本同意这一判断，同时补充两个细节。第一，周颙自言，菜食味道最佳者是"春初早韭，秋末晚菘"。韭菜是"五辛"之一，《断酒肉文》引《楞伽经》明确断除"五辛"，与此相矛盾（关于"五辛"的讨论，详见下文）。第二，周颙认为动物的肉"皆无明之报聚"，是畜生道恶报的结果，而《断酒肉文》所引诸经强调鱼、肉食气昏浊，应当远离，同时又屡次指出食肉"断大慈种"，六道众生皆父母兄弟，"自肉、他肉，则是一肉"。二者的思路完全不同。相比而言，周颙的理论表达还比较朴素直接。

周颙坚持素食，在齐梁士人圈子中产生了不小的影响。在周颙劝说下，何胤晚年绝去滋味。梁初，为周颙提供素馔的沈约创作《究竟慈悲论》，进一步阐发素食思想。更重要的是，梁武帝与诸僧辩论时最受器重的近臣周舍，正是周颙的儿子。将周颙视为佛教居士素食运动的自觉先驱，实不为过。

---

① 《南齐书》卷四一《周颙传》，第 733 页。
② 《南齐书》卷四一《周颙传》，第 730 页。《高僧传》卷七《僧瑾传》云："时汝南周颙入侍帷幄。瑾尝谓颙曰：'陛下比日所行，殊非人君举动。俗事讽谏，无所复益，妙理深谈，弥为奢缓。唯三世苦报，最切近情。檀越傥因机候，正当陈此而已。'帝后风疾，数加针炙，痛恼无聊，辄召颙及殷洪等，说鬼神杂事，以散胸怀。颙乃习读《法句》《贤愚》二经，每见谈说，辄为言先。帝往往惊曰：'报应真当如此，亦宁可不畏。'因此犯忤之徒，屡被全宥。"（第 295 页）
③ 諏訪義純「南齊周顒の生涯とその思想」『愛知学院大学文学部紀要』第 6 卷、1976 年、63 頁。
④ 諏訪義純『中国中世仏教史研究』、71～72 頁。

6. 小结

本节考察了梁武帝改制以前，本土传统中发生的有利于引入和确立全面素食的若干动向。这些动向多数比较温和、渐进，少有清晰、精致的理论表达，尽管背后可能有佛教慈悲观念的影响，大体而言仍可在儒学的话语内部加以辩护。然而我们看到，本节涉及的所有变化，都体现在梁武帝的素食改革中。可以说，梁武帝动用国家行政的力量，以"快进"的方式集中推动东晋南朝数百年间散发的素食尝试，如此势必引起争议。上文已经谈到改革在朝臣中引起的争议，然而更大的阻力来自僧界。

三　素食改革的新理据

细读《断酒肉文》，可以看出梁武帝与诸寺僧官争执的焦点，在于以主张素食的大乘经典取代有限许可肉食的戒律，这是此前从未被公开提及的新理据。汉译佛典内部的矛盾，本身反映了印度文化语境中佛教教团内外相互冲突的价值观。关于印度佛教中的素食问题，学界已有许多深入的研究。[①] 本节的讨论主要关注三个问题：第一，戒律和佛教经典中素食观

[①] 笔者管见所及的重要研究有：David S. Ruegg 提出素食运动与如来藏系大乘经典的联系；下田正弘系统地梳理了诸部戒律和《涅槃经》等大乘经典中的素食观；Lambert Schmithausen 细致分析了诸大乘经典关于素食问题的立场差异，特别关注了东亚注疏中的讨论，并且重新搜集梵文断片，给出了《楞伽经·断食肉品》的校订本以及《涅槃经》的对勘本；Hyoung Seok Ham 在 Lambert Schmithausen 校订本的基础上，着重讨论了《楞伽经》对戒律中"三种净肉"说的解释策略。参见 David S. Ruegg, "Ahiṃsā and Vegetarianism in the History of Buddhism," in *Buddhist Studies in Honour of Walpola Rahula*, London：The Gordon Fraser Gallery Ltd. , 1980, pp. 234–241；下田正弘『涅槃経の研究：大乗経典の研究方法試論』春秋社、1997、388～419 頁；Lambert Schmithausen, "Meat-eating and Nature：Buddhist Perspectives," in *Supplement to the Bulletin of the Research Institute of Bukkyo University*, 2005, pp. 183 – 201；Lambert Schmithausen, "Some Philological Remarks on Chapter VIII of the *Laṅkāvatārasūtra*," in 『古写経研究の最前線：シンポジウム講演資料集成』, Tokyo：ICPBS, Abteilung, 2006, pp. 85 – 107；Lambert Schmithausen, *Fleischverzehr und Vegetarismus im indischen Buddhismus*, Bochum/Freiburg：Projekt Verlag, 2020；Hyoung Seok Ham, "Manipulating the Memory of Meat-Eating：Reading the *Laṅkāvatāra*'s Strategy of Introducing Vegetarianism to Buddhism," *Journal of Indian Philosophy* 47（2019）, pp. 133–153。

的不同，是否能给理解汉地素食运动提供某种镜鉴？第二，主张全面素食的大乘经典译出后，在南朝被接受的过程以及梁武帝的主张如何建立在这些经典之上？第三，辩论中的解释技术及其思想史意义何在？

1. 戒律中的素食观

众所周知，佛教倡导慈悲精神，反对杀害生灵。但在早期佛教僧团之中，并不禁止肉食。诸部广律中，由鱼、肉等构成的五种美食或称正食（P. paṇītabhojanīya），是律文之常语。[①]

戒律中有禁食特定种类的动物之肉的规定，即所谓"十种肉"。各个部派开出的禁忌种类名单略有差异，共同的四种分别是人肉、象肉、马肉、蛇肉。从制定戒条的因缘谭来看，食物的禁忌反映出多种社会文化力量的作用，包括宗教伦理本身的要求、国家权力的介入（象是古代印度的国家军备）、对龙神信仰的让步、种姓制度的要求（狗肉是下等种姓所食）。[②] 其中，最值得注意的是基于食物之洁与不洁，而对社会阶层所做的区分。本文相关讨论反复提及的"三种净肉"（skt. trikoṭipariśuddha）之说，也是在洁净与身份区隔的思想背景下产生的。

关于"三种净肉"提出的缘起，佛教文献中有两种说法。一种见于巴利律《大品》，诸部广律略同。在此引用《十诵律》如下（下划线为笔者所加）：

> 佛在毗耶离城中，有一大将字师子，大富多钱谷帛，田宅宝物丰足，种种福德成就。其人本是外道弟子，于佛法中始得信心，以好肥肉时时施僧。外道以嫉妒心，讥嫌诃责："沙门释子正应尔耳，人故为杀而啖。何以故？师子杀肥众生，以肉时时施僧。"诸比丘少欲知足行头陀，闻是事心惭愧。以是事白佛。佛以是因缘集僧，集僧已告诸比丘："三种不净肉不应啖。何等三？若见、若闻、若疑。云何见？自见是生为我夺命，如是见。云何闻？可信人边，闻是生故为汝

---

①　David S. Ruegg, "Ahiṁsā and Vegetarianism in the History of Buddhism," in *Buddhist Studies in Honour of Walpola Rahula*, p. 234；下田正弘『涅槃経の研究：大乗経典の研究方法試論』、390~391 頁。

②　下田正弘『涅槃経の研究：大乗経典の研究方法試論』、399~400 頁。

杀，如是闻。云何疑？有因缘故生疑，是处无屠儿、无自死，是主人恶，能故为我夺命，如是疑。是三种不净肉不应啖。<u>三种净肉听啖。何等三？若眼不见、耳不闻、心不疑。</u>云何不见？自眼不见是生故为我夺命，如是不见。云何不闻？可信优婆塞人边，不闻是生故为我夺命，如是不闻。云何不疑？心中无有缘生疑，是中有屠儿家、有自死者，是主人善，不故为我夺命，如是不疑。是三种净肉听啖。"①

诸部广律将故事中的外道指实为耆那教徒（nigaṇṭha/尼乾子）。这一教派特别提倡苦行，其素食主张在古印度各宗教传统中最为彻底。② 按照这一叙事，佛教最初提出"三种净肉"之说，是为了回应耆那教徒的嘲讽、讥嫌而做出的一个折中方案。

"三种净肉"还被作为提婆达多分裂教团的主张之一，相关记载散见于诸经、律。这里仍引《十诵律》如下（下划线为笔者所加）：

> 佛在王舍城方黑石圣山……食后诣讲堂随次第坐，坐已，调达僧中唱言："比丘应尽形受着纳衣，应尽形受乞食，应尽形受一食，应尽形受露地住，<u>应尽形受断肉鱼</u>。是五法，随顺少欲知足、易养易满、知时知量、精进持戒清净、一心远离、向泥洹门。若比丘行是五法，疾得泥洹。"……佛言："痴人！……我不听啖三种不净肉：若见、若闻、若疑。见者，自眼见是畜生为我故杀。闻者，从可信人闻为汝故杀是畜生。疑者，是中无屠卖家，又无自死者，是人凶恶，能故夺畜生命。痴人！如是三种肉我不听啖。痴人！<u>我听啖三种净肉。何等三？不见、不闻、不疑。</u>不见者，不自眼见为我故杀是畜生。不闻者，不

---

① 《十诵律·医药法》，T23，no. 1435，p. 190，b1-20；巴利律 *Vinayapitaka*，（i. 237. 20-238. 9）；《五分律·八食法》，T22，no. 1421，p. 149，b27-c25；《四分律·药揵度之一》，T22，no. 1428，p. 872，a18-b17。值得注意的是，《根本说一切有部律》和《摩诃僧祇律》的记述有较大不同，参见下田正弘『涅槃経の研究：大乗経典の研究方法試論』、401～402、668～669 頁注 145。
② 参见姚卫群《印度宗教哲学概论》，北京大学出版社，2006，第 124 页。

从可信人闻为汝故杀是畜生。不疑者，是中有屠儿，是人慈心，不能
夺畜生命。我听啖如是三种净肉。"①

提婆达多是佛陀的堂弟，他提出的"五法"诸部广律略有出入，但
"断肉鱼"是共通的。按照这个叙事，佛陀没有同意这些提议，而开许
"三种净肉"。仍然坚持素食的提婆达多最终引起教团的分裂。②

下田正弘认为，后者的叙述中提及"三种净肉"相对简略，从文脉判
断，"五法"的讨论当是以"三种净肉"的成立为前提的。③ 这样看来，
"三种净肉"之说起初是为了回应教团外部的指责，随着时间的推移，是否
推行全面素食也在佛教教团内部引起了显著的分歧。最终以戒律形式确定
下来的教团主流意见，相对温和保守。如"三种净肉"之说规定，从屠户
处购买或提供自然死亡的生物之肉，供养者和僧人都可以免除杀生的罪恶。这
一原则在后世引起了很大争议，一些大乘经典否定或者重新界定了这一说法。

2. 如来藏系大乘经

《断酒肉文》列举了支持全面素食论据的佛经凡五种，除了引用最多的大
乘《涅槃经》，还有《楞伽经》《央掘魔罗经》《缚象经》《大云经》。最后两部
只提到了经题，连同《央掘魔罗经》，都在《楞伽经》里被加以引用。④ 表 1

---

① 《十诵律·杂诵中调达事》，T23，no. 1435，p. 264，b23 - p. 265，a7。巴利律
Vinayapitaka，（iii. 171. 1 - 172. 14）对五法的记载与《十诵律》同，且均以"三种净
肉"为理由拒绝提婆达多的建议。《四分律》《五分律》《根本说一切有部律》没有提
及"三种净肉"之说，《摩诃僧祇律》则完全没有出现"五法"，对破僧事有不同的
记载。参见下田正弘『涅槃経の研究：大乗経典の研究方法試論』、404～407 頁。

② 关于提婆达多的研究很多，代表成果参见《佛教开创初期一场被歪曲被遗忘了的路
线斗争——提婆达多问题》，《季羡林文集》第 7 卷，江西教育出版社，1998，第
278～313 页。

③ 下田正弘『涅槃経の研究：大乗経典の研究方法試論』、404～407 頁。

④ 《楞伽阿跋多罗宝经·一切佛语心品》云："《缚象》与《大云》，《央掘利魔罗》，
及此《楞伽经》，我悉制断肉。"（T16，no. 670，p. 514，b6 - 8）Lambert
Schmithausen 注意到《楞伽经》的"魏译本"和"唐译本"都加入了《涅槃经》，
梵文本当读作 Nirvāṇe（'）ṅgulimālike，因此推测"宋译本"可能意识到《涅槃经》
说时在《楞伽经》之后，但也有可能是"宋译本"出现后加入了《涅槃经》的经
名。参见 Lambert Schmithausen，"Meat-eating and Nature：Buddhist Perspectives，" in
Supplement to the Bulletin of the Research Institute of Bukkyo University，p. 102。

《断酒肉文》（段落 2-C）抄录了前三部佛经与素食有关的段落，今检藏经，也可在另外两部经中找到素食相关的论说。

　　《缚象经》（*skt.* Hastikakṣya）对应刘宋昙摩蜜多译《象腋经》（T814）。① 经文中说佛告诫文殊："若有菩萨欲通达此陀罗尼章句，当好净行，不食于肉。"② **《大云经》**（*skt.* Mahāmeghasūtra）实即北凉昙无谶译《大方等无想经》（T387），经云"如是经典凡有三名，一名《大云》，二名《大般涅槃》，三名《无想》"，又云"世尊不听受畜一切不净之物，贪味食肉"。③

　　在南朝影响比较大的是《涅槃经》《楞伽经》《央掘魔罗经》。三部佛经集中在 5 世纪初的元嘉年间译出并在江南扩散开来，并且经文的核心主题都与如来藏思想有关，在经典成立史上称为如来藏系大乘经。这里简单介绍其在南朝的接受史。

　　《涅槃经》有 3 个汉译本④：东晋义熙十三年（417）法显、佛陀跋陀罗译《大般泥洹经》六卷（T376），简称"法显本"；北凉玄始十年（421）昙无谶译《大般涅槃经》四十卷（T374），简称"北本"；刘宋元嘉七年（430）慧观、谢灵运改治"北本"，并根据法显本重新区分品题，简称"南本"。

　　从《断酒肉文》中援引"四相品"及其文字来看，所据当为"南本"。《涅槃经》的改治本身，说明此经在南朝颇受重视，关于"一阐提成佛"的争议更是牵动朝野。南朝僧人对经文的解释，集中保存于《大般涅槃经集解》（T1763）。此书收录了十九位南朝僧人的经说，卷首有梁

---

① 此经有两个汉译本，除"宋译本"还有竺法护译《无希望经》（T813），以及梵文本、藏文本、于阗语本。在"魏译本"、"唐译本"《楞伽经》中，经题分别作"象腋""象胁"。刘震、陈怀宇解释了这一比喻的含义，参见 Liu Zhen, Chen Huaiyu, "Some Reflections on an Early Mahāyāna Text *Hastikakṣyasūtra*," *Bulletin of SOAS* 77, 2 (2014), pp. 293-312.

② 《佛说象腋经》，T17, no. 814, p. 787, a10-11。

③ 《大方等无想经·增长键度》，T12, no. 387, p. 1099, c8。

④ 《涅槃经》还有两个藏译本和若干梵文断片，参见 Shimoda Masahiro, "Mahāparinirvāṇamahāsūtra," in *Brill's Encyclopedia of Buddhism*, Leiden: Brill Academic Publishers, 2019, pp. 158-170。

武帝所作宝亮《涅槃经义疏》序。此书的作者存在争议，成书时间大概在天监八年以后。①

《楞伽经》和《央掘魔罗经》的译者是求那跋陀罗，中天竺人，早年习学说一切有部的《杂阿毗昙心论》，后辞小乘师，进学大乘。元嘉十二年，他被宋文帝从广州迎至建康，开始译经事业。《楞伽经》在丹阳郡译出之时，"徒众七百余人，宝云传译，慧观执笔"。他后随谯王刘义宣至荆州辛寺，译出《央掘魔罗经》。②

《楞伽经》有三个汉译本③：刘宋元嘉二十年，求那跋陀罗译《楞伽阿跋多罗宝经》（T670），简称"宋译本"；北魏延昌二年（513），菩提流支译《入楞伽经》（T671），简称"魏译本"；唐长安四年（704），实叉难陀译《大乘入楞伽经》（T672），简称"唐译本"。④

特别需要关注的是，以上三部经在南朝都有抄略本，这表明其中的素食主张受到时人的充分关注。《楞伽经》关于素食的论述，集中见于《一切佛语心品》，"魏译本""唐译本"皆单立一品，题为"遮食肉品"或

---

① 菅野博史指出此书作者有宝亮、明骏、法朗三说，他认为是建元寺法朗（或作僧朗）。参见菅野博史『南北朝·隋代の中国仏教思想研究』大蔵出版、2012、358-361 页。今按，宝亮是《集解》所收的一家，应当不是全书编撰者。《集解》引诸家学说以"案"字领起，引明骏则作"明骏案"，很可能明骏是全书最后的裁定者。不过，明骏和法朗都有僧传和目录记载可为旁证，也都存在疑点，此处暂且存疑。梁武帝序文说"以天监八年五月八日乃敕亮撰《大涅槃义疏》，以九月二十日讫"，则《集解》之成立大概在此后不久。

② 释慧皎：《高僧传》卷三《求那跋陀罗传》，第 131 页。

③ 《楞伽经》的藏译本和梵文本，参见 Shanshan Jia, "Laṅkāvatārasūtra," in *Brill's Encyclopedia of Buddhism*, in *Brill's Encyclopedia of Buddhism*, pp. 138-143.

④ 《历代三宝纪》卷一〇云："《楞伽阿跋多罗宝经》四卷（元嘉二十年，于道场寺译，慧观笔受。见道慧、僧佑、法上等录）。"（T49, no. 2034, p. 91, a26-27）《出三藏记集》《高僧传》皆不载出经年代。《历代三宝纪》卷九云："《入楞伽经》一十卷（延昌二年译，是第二出……沙门僧朗、道湛笔受）。"（T49, no. 2034, p. 85, c15-16）《开元释教录》卷九云："《大乘入楞伽经》七卷（第四出……久视元年五月五日于东都三阳宫内初出，至长安四年正月五日缮写功毕）。"（T55, no. 2154, p. 565, c24-26）《历代三宝纪》卷九著录昙无谶译《楞伽经》四卷（T49, no. 2034, p. 84, b7）。《出三藏记集》不载此经，似不足凭信。

"断食肉品"，梵文本题作 *amāṃsabhakṣaṇaparivarta*。① 今检《出三藏记集·新集续撰失译杂经录》有"《楞伽阿跋多罗宝一切佛语断食肉章经》一卷"，注云："《大楞伽经》所出，或云《楞伽抄经》。"② 是则僧祐撰录以前，"宋译本"原本并无分品的这一段落，被冠以"断食肉章"的题目抄出单行。

《央掘魔罗经》（T120）提倡素食的相关文字，③ 已见于《断酒肉文》（段落 2-C）部分。无论著录还是藏经中的版本，均为四卷。此处抄录的经文，本来位于卷一和卷四，但在此题为"第一卷"和"第二卷"。《出三藏记集》著录萧子良"抄《央掘魔罗经》二卷"，则梁武帝的引文很可能来自萧子良的抄经。④

关于被梁武帝邀请讲说《涅槃经》的法云，《续高僧传》记载了这样一则故事：

> 夷陵县渔人于网中得经一卷，是《泥洹·四相品》，末题云："宋元徽二年王宝胜敬造，奉光宅寺法云法师。"以事勘校，时云年始十岁，名未远布，寺无光宅，而此品正则初云弘法，次断鱼肉，验今意行，颇用相符。⑤

元徽二年即 474 年。如果相信僧传所述的时间细节，大概刘宋末年便有《涅槃经·四相品》的节抄本出现。至少在普通年间五月二十三日大会以前，法云曾经屡次讲说《涅槃经》，《四相品》的素食主张是其重要内容。

---

① Lambert Schmithausen, "Some Philological Remarks on Chapter VIII of the *Laṅkāvatārasūtra*," in『古写経研究の最前線：シンポジウム講演資料集成』, p. 86.

② 释僧祐：《出三藏记集》卷四，第 170 页。

③ 《央掘魔罗经》还有一个藏译本，参见 Michael Radich, "Tathāgatagarbha Sūtras," in *Brill's Encyclopedia of Buddhism*, vol. 1, pp. 261–273, esp., pp. 268–269.

④ 释僧祐：《出三藏记集》卷五，第 218 页。

⑤ 道宣：《续高僧传》卷五《法云传》，第 164 页。"四相"，别本作"四法"，此从元、明本。《涅槃经》无"四法品"。

3. 素食与如来藏

《涅槃经》《楞伽经》《央掘魔罗经》与素食相关的教说彼此呼应，但也存在一些差异。其中《涅槃经》的成立年代最早，而引用若干经典的《楞伽经》成立年代最晚，《央掘魔罗经》受到前者的强烈影响，又被后者所引用，则成立年代大致位于两者之间。①

《涅槃经》给出的最重要理由，是"断大慈种"之说。此说见于"南本"《涅槃经·四相品》。平行文本见表 4。

表 4　三种《大般涅槃经》译本对大慈种的表述

版本	内容	出处
南本	善男子！夫食肉者,断大慈种	T12,no. 375,p. 626,a10
法显本	诸佛所说,其食肉者,断大慈种	T12,no. 376,p. 868,c25~26
藏译本	sha za ba ni byams pa chen po chad par'gyur ro zhes ngas bstan to	

注：经文对勘参见 Lambert Schmithausen, *Fleischverzehr und Vegetarismus im indischen Buddhismus*, Teil 3, p. 17。下划线为笔者所加。

经文的意思，似乎只是说食肉行为断绝了慈悲的可能性，或者说与慈悲的精神相悖。藏译本也简单地表示为"大慈"。下田正弘指出，《涅槃经》中的素食论述实与佛性、如来藏思想没有关系。②

然而，由于汉译本引入了"大慈种"的概念，后世的注疏中逐渐发展出了对这一概念具有如来藏思想特色的解释。这是一个比较显著的趋势，在此简单追溯其源流。梁初成书的《大般涅槃经集解》中对此句经文的解释是：

---

① 下田正弘认为目前所见主张素食的大乘经典，尚无确证存在早于《涅槃经》的作品，参见下田正弘『涅槃経の研究：大乗経典の研究方法試論』、407~408 頁。然而诸经成立的绝对年代，仍然争议较大。一般认为，刘宋译本出现的 5 世纪上半期，接近各经成立的年代。

② 下田正弘『涅槃経の研究：大乗経典の研究方法試論』、411 頁。

道生曰：滋味之浓，莫深肉食。肉食苟浓，必忘慈恻。慈恻之大，谓之种也。种既断，长寿理绝也。

僧宗曰：夫杀伤大慈，而啖伤小慈，因小得大，故小慈是大慈种也。又释云：果为大慈，因为小慈，是则因慈为果慈种也。今既啖肉，违因地之慈，故言断慈种也。

惠诞曰：食肉障生厚集善根之小慈也，何有能生种性以上之大慈耶？①

可以明确，六朝诸家皆以小大、因果来理解"种子"之意。惠诞（亦作慧诞）的解释则引入了修行阶位的理论，按照《菩萨璎珞本业经》规定，种性以上四十二贤圣位为菩萨（不包含预备阶段的十信位）。

再看梁武帝本人的解释，《断酒肉文》云：

若食肉者障菩提心，无有菩萨法。以食肉故，障不能得初地。以食肉故，障不能得二地，乃至障不能得十地。以无菩萨法故，无四无量心。无四无量心故，无有大慈大悲。以是因缘，佛子不续。所以经言，食肉者断大慈种。②

这仍然是从食肉妨碍修行者菩萨道之阶次的角度立论。但到了灌顶撰《大般涅槃经疏》中，则出现了另外两个解释：

第二云断大慈种有三解：一云佛是大慈，二云初地是大慈，三云性地是大慈。大慈必借小慈为种，若食肉者则无小慈，故言断种。又云：只众生是大慈种，定应作佛。《华严》名诸众生以为佛子，食之即是断佛种也。③

---

① 《大般涅槃经集解》卷一一，T37，no. 1763，p. 428，a8-15。
② 《广弘明集》卷二六，T52，no. 2103，p. 296，a19-23。
③ 灌顶：《大般涅槃经疏》卷九，湛然再治，T38，no. 1767，p. 88，a29-b5。

"又云"以后的第二解明显受到如来藏思想的影响。如来藏思想主张，有情众生内部具备成佛的可能，称为"如来藏"或者"佛性"。因此，从众生绍续如来种性这个角度理解，食肉的行为切断了众生成佛的可能，因此不仅在伦理意义上是不人道的，而且在形而上层面是罪恶的。

这一新理解的出现，是印度和汉地语境中普遍的思想倾向。《涅槃经》中佛陀告诫弟子不应食肉，"若受檀越信施之时，应观是食如子肉想"。① 这个主题在另外两部经里得到发挥。《楞伽经》云："一切众生从本已来，展转因缘，常为六亲，以亲想故，不应食肉。"② 《央掘魔罗经》把这个意思演说得更为详尽（下划线为笔者所加）：

> 文殊师利白佛言："世尊！因如来藏故，诸佛不食肉耶？"佛言：
> "如是。一切众生无始生死生生轮转，无非父母、兄弟、姊妹，犹如
> 伎儿变易无常。自肉、他肉，则是一肉，是故诸佛悉不食肉。复次，
> 文殊师利！一切众生界、我界，即是一界。所宅之肉，即是一肉。是
> 故，诸佛悉不食肉。"③

这里众生经过生死轮回，皆为父母眷属的观念，是本经中反复出现的主题。④ 众生与佛同属一界，"界"的梵文原语当为"dhātu"，最朴素的含义是"构成要素"。《涅槃经》和受其影响成立的如来藏系经典利用了这个词的多义性，由佛身/舍利的用法，发展出了佛性的概念（buddha-dhātu），成为如来藏的同义语。《央掘魔罗经》格外明确地指出了如来藏

---

① 《大般涅槃经·四相品》，T12，no. 375，p. 626，a8-9。
② 《楞伽阿跋多罗宝经·一切佛语心品》，T16，no. 670，p. 513，c13-14。
③ 《央掘魔罗经》卷四，T02，no. 120，p. 540，c22-27. 藏文本的对应部分，参见 David S. Ruegg，"Ahiṁsā and Vegetarianism in the History of Buddhism," in *Buddhist Studies in Honour of Walpola Rahula*, p. 236。
④ 同经云："佛告央掘魔罗：'勿作是说。一切众生有如来藏，一切男子皆为兄弟，一切女人皆为姊妹。……如来一切智知一切，观察世间一切众生，无始已来无非父母兄弟姊妹，升降无常迭为尊卑，如彼伎儿数数转变，是故如来净修梵行。'"《央掘魔罗经》卷四，T02，no. 120，p. 540，a29-b17。

思想与素食的联系。

考虑到《央掘魔罗经》与《楞伽经》同由求那跋陀罗译出，以及两经在内容主旨上的亲缘性，前者的主张自然会影响到后者的解释。我们注意到，"魏译本"《楞伽经·遮食肉品》比其他平行文本多出许多内容，其中特别援引了《涅槃经》的"大慈种"之说，又强调"若食肉者，当知即是众生大怨，断我圣种"。① 一般认为，"魏译本"《楞伽经》掺入了汉译者解释经文的内容，这段经文显然是根据如来藏学说对"断大慈种"所做的阐释。

上文谈到，《断酒肉文》所引若干大乘经典，都是以如来藏思想为主旨的作品，以至有学者认为，素食运动在印度的兴起，既非早期佛教不杀生戒的直接推演，也与印度社会的文化语境无关，而是与大乘佛教中的如来藏思想这一特定的理论相联系。② 然而综合以上的考察，我们可以更加细致地描述这批经典的成立史及其在东亚的展开。

这里暂且不谈素食与印度其他宗教传统的关系，只想指出素食与如来藏思想的合流经历了一个过程。《涅槃经》是一部内容庞杂的经典，根据下田正弘的研究，汉藏译本重合的部分，可以大致分为两组三个层次。第一组中经文的宣讲者常以法师（skt. * dharmakathika）、比丘自称，第二组则自称菩萨。第二组根据教理学的内容，又可以分为两个层次。从第一组向第二组内容的过渡，反映了巡行乡间的说法师到重视教团规制的菩萨修行者的社会背景变化。《涅槃经》主张素食的段落以及如来藏思想，都出现在该经较晚成立的第二组。③ 然而从经文的表述上看，素食的理由与如来藏没有直接而明确的联系。时代较晚的《楞伽经》和《央掘魔罗经》则大大发挥了轮回众生为父母眷属的思想，从而建立了素食与如来藏的关联。这样的新思想影响到"魏译本"《楞伽经》的汉译者，也影响到隋代的注疏家对《涅槃经》的解释。

---

①　《入楞伽经·遮食肉品》，T16，no. 671，p. 561，c4-5。

②　David S. Ruegg, "Ahiṁsā and Vegetarianism in the History of Buddhism," in *Buddhist Studies in Honour of Walpola Rahula*, pp. 236-237.

③　参见 Shimoda Masahiro, "Mahāparinirvāṇamahāsūtra," in *Brill's Encyclopedia of Buddhism*, pp. 163-164。

在这个思想脉络中，反观梁武帝的《断酒肉文》，笔者认为，尽管文中援引了《楞伽经》《央掘魔罗经》等如来藏系统的经典，但在梁武帝本人乃至《集解》所见诸家涅槃师在"断大慈种"的理解上，尚未见到如来藏思想的影响。

4. 素食与"外道"

印度佛教的研究者大多认为，素食运动的兴起，与婆罗门教、耆那教的外部压力有关。这一点在戒律中制定"三种净肉"的因缘谭中已有反映，大乘经典中也能察觉类似的迹象。

"宋译本"《楞伽经》素食相关的讨论，是以大慧菩萨与佛的对话开始的。大慧请求道："恶邪论法，诸外道辈，邪见断常，颠倒计着，尚有遮法，不听食肉。况复如来，世间救护，正法成就，而食肉耶？"[1] 其余诸本进一步将"外道"指实为顺世论者（Lokāyata）。但也有学者指出，该词汇常被用以泛称所有外道。[2] 因此，素食原则的提出是以同其他宗教传统的竞争为背景的。

《涅槃经》没有明确表示提倡素食的背景，但在迦叶菩萨根据素食的原则，进一步提出五种美食、憍奢耶衣、皮革等物亦应禁断的时候，佛陀拒绝了这一请求："善男子！不应同彼尼乾所见。"[3] 所谓"憍奢耶衣"（skt. kauśeya）是指绢料制作的袈裟。关于禁绝绢衣的问题，中古时期同样引起了许多讨论，此处不拟展开，[4] 只想强调佛教在因应素食主义的潮流，与其他宗教传统在同一方向上竞争的同时，又在刻意保持自身的身份区隔。这也是宗教间竞争的普遍现象。

---

① 《楞伽阿跋多罗宝经·一切佛语心品》，T16，no. 670，p. 513，c7-9。
② 《入楞伽经·遮食肉品》云："诸外道等说邪见法，卢迦耶陀堕俗之论。"（T16，no. 671，p. 561，a25-26）《大乘入楞伽经·断食肉品》云："路迦耶等诸外道辈。"（T16，no. 672，p. 623，a6-7）参见 Hyoung Seok Ham, "Manipulating the Memory of Meat-Eating: Reading the *Laṅkāvatāra*'s Strategy of Introducing Vegetarianism to Buddhism," *Journal of Indian Philosophy* 47（2019），p. 137。
③ 《大般涅槃经·四相品》，T12，no. 375，p. 626，a23-24。
④ 参见諏訪義純「中国仏教における絹衣禁絶の思想の展開と挫折」『中国中世仏教史研究』、92~128 頁。

《楞伽经》还将肉食与"五辛"并提加以避忌。《楞伽经》云："不净气分所生长故，不应食肉。众生闻气，悉生恐怖，如旃陀罗及谭婆等，狗见憎恶，惊怖群吠故，不应食肉。……凡愚所嗜，臭秽不净，无善名称故，不应食肉。令诸咒术不成就故，不应食肉。……彼食肉者，诸天所弃故，不应食肉。令口气臭故，不应食肉。"又云："酒肉葱韭蒜，悉为圣道障。"① 这一思路在《涅槃经》中已有暗示："善男子！如人啖蒜，臭秽可恶，余人见之，闻臭舍去。设远见者犹不欲视，况当近之？诸食肉者亦复如是，一切众生闻其肉气悉皆恐怖，生畏死想。"②

这一主张显然与佛教的不杀生戒和慈悲原则无关，而是考虑到食用者散发出令人不悦的气味，也会影响传法者的社会形象和传教效果，背后同样反映了印度社会的阶级划分。以食物的洁与不洁区隔种姓的高低，在印度文化中十分普遍。③

《断酒肉文》开篇（表1段落1-B、段落1-C）中，梁武帝历数僧人饮酒食肉不如外道者九事、不如在家人者九事。其中对外道的描述，其实杂取自各种经典，在汉地佛教的语境里，显得有些无所准的。但如果深入观察印度佛教教团对素食主义的接受过程，汉地佛教与之处于十分相似的情境。对印度佛教来说，素食的需求主要来自印度社会对修道者形象的期许，以及其他宗教传统的竞争压力；而对汉地佛教来说，中古社会对于方外之人也有某种形象期许。同时，正如上文谈到的，在家居士自觉而且真挚地实践素食，这是推动僧团走向全面素食的主要动力。

5. 随事渐制

大乘经典要主张全面素食，则必须克服戒律中的"三种净肉"之说。经

---

① 《楞伽阿跋多罗宝经·一切佛语心品》，T16，no. 670，p. 513，c16－23；p. 514，b13。

② 《大般涅槃经·四相品》，T12，no. 375，p. 626，b3-6。

③ 参见下田正弘『涅槃経の研究：大乗経典の研究方法試論』、412～414 頁；康乐《洁净、身份与素食》，《大陆杂志》第 102 卷第 1 期，2001 年，第 12～46 页；Hyoung Seok Ham，"Manipulating the Memory of Meat-Eating：Reading the *Laṅkāvatāra*'s Strategy of Introducing Vegetarianism to Buddhism，" *Journal of Indian Philosophy* 47 (2019)，pp. 138-140。关于"五辛"，参见船山徹『東アジア仏教の生活規則梵網経：最古の形と発展の歴史』臨川書店、2017、366～369、478～482 頁。

文中提示的解释原则，在梁武帝与僧团的辩难中得到运用，并且有所发展。

《涅槃经·四相品》云：

> 迦叶又言："如来何故先听比丘食三种净肉？""迦叶，是三种净肉，随事渐制。"迦叶菩萨复白佛言："世尊，何因缘故十种不净，乃至九种清净而复不听？"佛告迦叶："亦是因事渐次而制，当知即是现断肉义。"①

经文中提及的遮止"十种"，以及开许"三种净肉"之说，上文已经介绍过。"九种清净"在经典中没有明确的讲法，《集解》引僧宗云：

> 九种受者，昔日一往唱言"离见闻疑听食"。当时虽制，而损命犹多，故第二重制除十之外，离见闻疑听食也。虽尔而伤损尚多，故第三稍令精尽。向者三事，各有前后方便，一事有三，合成九也。见中三者，谓见断命时，见牵去时，见杀后屠割时。闻中三者，闻杀时，闻牵去时，闻屠割时。疑三者，亦不离见闻也。疑此为是为我杀耶，为他杀耶，乃至前后方便亦疑也。又释疑者，如向在彼家，今于此家得肉，情中生疑，为是向肉，为非向肉，亦不得啖。如前后方便生疑，悉不得啖。闻中生疑，类如前也。但见闻事异，各分为三，则成六也。二家之疑，不复分别，同是一疑耳。今常教既兴，一切悉断，此则去滞有渐，不可顿也。②

这段文字颇为费解，大致的解释方向是将见、闻、疑按照动作发生的先后拆分为九种，是对"三种净肉"更加细密的规定。

《楞伽经》云：

---

① 《大般涅槃经·四相品》，T12, no. 375, p. 626, a11-15。
② 《大般涅槃经集解》卷一一，T37, no. 1763, p. 428, a22-b7。值得注意的是，此处注疏引用的经文"九种受"，出自法显本《佛说大般泥洹经·四法品》，T12, no. 376, p. 868, c28-29。

　　大慧！我有时说，遮五种肉，或制十种。今于此经，一切种、一切时，开除方便，一切悉断。①

　　这里的"遮五种肉"含义不明，"魏译本"和"唐译本"意为开许三种。David S. Schmithausen 建议将梵本修订为 nava uddiśyakṛtāni（九种为僧所杀之肉），并主张此与《涅槃经》所述之"九种肉"对应。②

　　注经家的解释虽然烦琐，其解释原则是清晰的。《涅槃经》《楞伽经》提示的第一条解释思路，认为戒律中前后不同的规定是一个标准不断提高、禁网不断收紧的过程，随着时间的推移，僧团的自我约束越发严格，最终导向全面素食。

　　然而，有学者指出，《楞伽经》还提供了另一种解释的思路。经云：

　　　　凡诸杀者，为财利故，杀生屠贩。彼诸愚痴食肉众生，以钱为网而捕诸肉。彼杀生者，若以财物，若以钩网，取彼空行水陆众生，种种杀害，屠贩求利。大慧！亦无不教、不求、不想，而有鱼肉。以是义故，不应食肉。③

　　上文指出，"三种净肉"中的"不疑"，免除了食用自死肉和从屠夫处购买行为的罪责。而此处经文的逻辑，是今日熟知的"没有买卖就没有杀害"，认为消费肉食本身，就背负了杀生的罪责。换句话说，开许"三种净肉"就等于全面素食，因为根本不存在这样的肉食。④

　　在《断酒肉文》中，梁武帝和诸律师就戒律与大乘经典的关系反复

---

① 《楞伽阿跋多罗宝经・一切佛语心品》，T16，no. 670，p. 514，a8-10。
② Lambert Schmithausen, "Some Philological Remarks on Chapter VIII of the *Laṅkāvatārasūtra*," in 『古写経研究の最前線：シンポジウム講演資料集成』，pp. 96-102.
③ 《楞伽阿跋多罗宝经・一切佛语心品》，T16，no. 670，p. 514，a3-8。
④ Hyoung Seok Ham, "Manipulating the Memory of Meat-Eating: Reading the *Laṅkāvatāra*'s Strategy of Introducing Vegetarianism to Buddhism," *Journal of Indian Philosophy* 47 (2019), pp. 142-143.

辩论，从中可以看到两种解释策略都在起作用：

> 法超奉答："律教是一，而人取文下之旨不同。法超所解，律虽许啖三种净肉，而意实欲永断。何以知之？先明断十种不净肉，次令食三种净肉，末令食九种净肉。如此渐制，便是意欲永断。法超常日讲，恒作如此说。"
>
> 制又问僧辩法师："复作若为开导？"僧辩奉答："僧辩从来所解大意，亦不异法超。但教有深浅，阶级引物。若论啖三种净肉，理当是过。但教既未极，所以许其如此。"
>
> 制又问宝度法师："复若为开导？"宝度奉答："愚短所解，只是渐教，所以律文许啖三种净肉。若《涅槃》究竟，明于正理，不许食肉。若利根者，于三种净肉教，即得悉不食解。若钝根之人，方待后教。"

法超引《涅槃经》解律，律文是渐教，《涅槃经》是究竟，这是几位律师的共识，与《集解》所引僧宗的看法也完全一致。他们的分歧在于，如何决定当下的实践？僧辩主张现阶段"教既未极"，戒律中的渐教仍然适用。宝度则建议针对读者的不同根器，"钝根之人，方待后教"。法超的立场最为激进，认为律文本身就意味着全面禁止肉食。

在接下来的几个回合里，梁武帝反复发问"律教起何时"，僧辩奉答"起八年已后，至涅槃"，道恩则答"集前四时，不集涅槃时"。梁武帝运用各种手段迫使僧人承认，优波离所撰集的戒律包含了佛陀入涅槃以前的最后教说，虽然没有亮明自家论点，实则暗示戒律的本文与《涅槃经》并无矛盾。这接近《楞伽经》所示的第二种解释思路。①

---

① 《断酒肉文》载："（僧辩）奉答：'若约教解，不全言不许；若论其意，未尝开许。'问：'今正问约教时为许，为不许？'"此后又继续辩问："问：'以钱买鱼肉，是疑非疑？'答：'若理中，理自是疑。'问：'不得以理中见。'答：'若理中为论，众僧不应市鱼肉。今所问事中是疑不，答若约教非疑。'问：'今正问，约教时为许，为不许？'"（《广弘明集》卷二六，T52, no. 2103, p. 299, b23−c5）梁武帝反复强调"约教""事中"，意在坚持戒律的本文与《涅槃经》不矛盾，而非从中逻辑地推演出后者的结论。其中提及买鱼肉是疑，正是延续了《楞伽经》的解释思路。

回到辩论两方的共识，即以戒律为渐教、《涅槃经》为究竟的观念，这种将不同经典安排在线性的时间顺序上的解释方法，是南朝教相判释的典型特色。众所周知，判教是中国佛教独有的，整理、调和佛教各派学说的思想方法，最初出现于 5 世纪初鸠摩罗什的弟子僧睿、竺道生、慧观等人的作品中。竺道生提出四种法轮说，慧观提出顿渐二教、五时教判说，虽然细节上的判释不同，但南朝教判的主流是以"说时论"为基调，认为佛陀生涯中讲说顺序的先后，意味着所说教义的由浅入深。①

梁武帝与僧人之所以在戒律的说时、现今应该执行渐教还是究竟之教的问题上反复纠缠，争执的实质是如何将渐进的教理体系对应到现实的历史阶段。需要指出的是，这种教理体系与历史观的平行建构，不仅限于佛教。在儒佛关系的辩论中，六朝士人构筑起了一个更为宏大的理论架构。这不仅关乎时人对经典文本的理解，更触及整个中古时期基底的政教观、历史观，需要仔细的分梳。

6. 儒佛调和

上文谈到，佛教在印度的出现和传播，是伴随着对婆罗门祭祀传统的激烈批评的。传入汉地以后，虽然佛教的戒律可对儒家的伦理价值如"仁""义"等加以比附，但如何处理居于儒家礼制核心地位的祖先祭祀，始终是一个棘手的问题。如果地方淫祀的裁撤尚可以通过行政手段，那么要撬动儒家的祭祀礼仪，则必须在理论上给予解释。

现存史料中，最早提出儒佛调和方案的大概是东晋的孙绰。《论语·述而》云："子钓而不网，弋不射宿。"皇侃《论语义疏》引孙绰语曰："杀理不可顿去，故禁网而存宿也。"②《隋志》著录孙绰撰《集解论语》十卷，③ 今已散佚，孙绰之说或来源于此。此外，在《喻道论》中尚可看到完整的论述。

孙绰首先提出，儒家"王者之常制"的刑杀较报应之理仍有精粗之

① 藤井淳「中国における教判の形成と展開」桂紹隆等編『大乗仏教とは何か』春秋社、2011、222~251 頁。
② 皇侃：《论语义疏》，第 174 页。
③ 《隋书》卷三二《经籍志一》，第 936 页。

别。当被问及报应之理丝毫不爽，则圣人执掌诛杀的必要性何在时，他说：

> 圣人知人情之固于杀，不可一朝而息，故渐抑以求厥中。犹蝮蛇螫足，斩之以全身，痈疽附体，决之以救命。亡一以存十，亦轻重之所权。故刑依秋冬，所以顺时杀。春搜夏苗，所以简胎乳。三驱之礼，禽来则韬弓。闻声睹生，肉至则不食。钓而不网，弋不射宿。其于昆虫，每加隐恻。至于议狱缓死，眚灾肆赦，刑疑从轻，宁失有罪。流涕授钺，哀矜勿喜。生育之恩笃矣，仁爱之道尽矣。所谓为而不恃，长而不宰。德被而功不在我，日用而万物不知。举兹以求，足以悟其归矣。

孙绰谈论的话题不是杀牲祭祀，而是刑罚。他广泛援引了《论语》《孟子》《礼记》等儒家经典中的段落，[①] 强调圣人"无心于杀，杀故百姓之心耳"，圣人的制礼作乐乃至刑杀，都是与具体时代的民情相妥协的结果。他将儒释关系概括为"周孔救极弊，佛教明其本耳。共为首尾，其致不殊"。[②] 这个概括包含两个层面的含义：首先，意味着佛教为本，儒家的教化是权宜的；其次，暗示儒家的教化随着时间的推移，会朝向佛教的价值观不断推进。后一种声音在东晋以后逐渐加强，并在齐、梁达到高潮。

元嘉年间，当时著名的士大夫何承天与颜延之发生了一场辩论，来往一组书信被收录在《弘明集》中，题曰"达性论"。[③] 论辩的核心问题，正是祭祀与不杀生戒的冲突。何承天主张作为"三才"之一的人类，不应"与夫飞沈蠕蠕并为众生"，具有享用其他生物的权力，道德的体现只在于"取之有时，用之有道"。这里的"取"和"用"，在儒家礼制中最

① 参见牧田谛亮编『弘明集研究』卷下、京都大学人文科学研究所、1975、151 页注释。

② 《弘明集》卷三，T52，no. 2102，p. 16，c15—p. 17，a11。

③ 《高僧传·慧严传》记载，元嘉十二年宋文帝对何尚之说："近见颜迎之折《达性论》、宗炳难《白黑论》，明佛汪汪，尤为名理，并足开奖人意。"据此可知，这一系列论文作于元嘉十二年稍早。参见牧田谛亮编『弘明集研究』卷中、京都大学人文科学研究所、1973、197 页注 1。

为刚性的义务无疑便是祭祀。如果拘忌于一己的轮回果报（"外惮权教，虑深方生"），而不能履行社会义务，这是何承天无法接受的立场。

何承天引用了与孙绰大致相同的儒家经典，却得出了相反的结论。何氏认为，圣人制礼，已经去其泰甚，达致中道。而在信仰佛教的颜延之看来，圣人只是"哀其若此，而不能顿夺所滞"，而"与道为心者，或不剂此而止"。在之后的几番论辩中，何承天始终认为，这样的逻辑推演"意必欲推之于编户"，将会从少数较高道德追求的人，导向一场社会运动，这是两人都无法想象的社会图景。尽管颜延之引经据典，提出了若干肉食替代方案，何承天却说：

> 夫稯稷茞栗，宗社三牲，膮芗豆俎，以供宾客，七十之老，俟肉而饱。岂得唯陈列草石，取备上药而已？吾所忧不立者，非谓洪论难持，退嫌此事不可顿去于世耳。

在以宗庙祭祀为代表的特定场合，肉食是无法被废除的。在这个问题上，颜延之的态度也缓和下来了，在辩论的最后如是表达（下划线为笔者所加）：

> 神农定生，周人备教，既唱粒食。又言上药既用牺牢，又称苹蘩祭膳之道，故无定方。前举市庖之外复有御养者，指旧刽瀹之滞，以明延性不一，非谓经世之事，皆当取备草石。然乌豢之功，希至百龄，芝术之懿，亟闻千藏。由是言之，七十之老何必谢恩于肉食？但自封一域者，舍此无术耳。想不顿去于世，犹是前释所云不能顿夺所滞也。始获符同，敢不归美。既知不可顿去，或不谓道尽于此。①

这样的回应只是在原则上援引三代上古的传说，强调祭祀用品并无定法，但仍然达成了一个共识，即祭祀活动中的牺牲是"不可顿去"的。

---

① 《弘明集》卷四，T52，no. 2102，p. 21，c17–p. 27，a29。

到了梁初，沈约构建了一套全新的历史观，在这个奇异的历史叙述里，祭祀的素食改革呼之欲出。《广弘明集》保存了两篇文献，前后连贯起来，可以窥见沈约设想的历史图景。第一篇是沈约和陶弘景辩论的记录——《均圣论》，写作时间是天监三年或稍后。① 第二篇是《究竟慈悲论》，时间不详，只能判断早于沈约卒没的天监十二年。

《均圣论》云：

> 炎昊之世，未火未粒，肉食皮衣。仁恻之事，弗萌怀抱。非肉非皮，死亡立至。虽复大圣殷勤，思存救免。而身命是资，理难顿夺。实宜导之以渐，稍启其源。故燧人火化，变腥为熟，腥熟既变，盖佛教之萌兆也。何者？变腥为熟，其事渐难。积此渐难，可以成著。……自此以降，矜护日广。……周、孔二圣，宗条稍广。见其生不忍其死，闻其声不食其肉。草木斩伐有时，麛卵不得妄犯。渔不竭泽，佃不燎原。钓而不网，弋不射宿。肉食蚕衣，皆须耆齿。牛羊犬豕，无故不杀。②

在沈约的叙述里，人类的历史从茹毛饮血的蛮荒时代开始，经历燧人氏、神农氏，一直到周公、孔子制礼作乐，是一个"导之以渐"的过程，其间儒家礼制对杀生的限制日趋严密（"宗条稍广"），圣人对众生的矜护之情渐次彰显。沈约不仅继承了孙绰、颜延之以来对周、孔制礼的解释，还把远古的圣人也编织到进化论的历史叙述中，将儒家的礼法视作"佛教之萌兆"。

与此相配合，沈约又在《究竟慈悲论》对未来做了展望。其中回顾了佛陀制戒从许开"三种净肉"到全面素食的历程，佛教内部的各种教说也被认为是"立教设方，每由渐致"。上文介绍过，《涅槃经·四相品》

---

① 陈庆元校笺《沈约集校笺》，浙江古籍出版社，1995，第149页。文献中沈约的官职是"镇军将军"，据《梁书·武帝纪》，天监三年"前尚书左仆射沈约为镇军将军"。

② 《广弘明集》卷五，T52，no. 2103，p. 121，c15—28。

在谈及素食问题时，明确拒绝了断绝绢衣的实践，声言"不应同彼尼乾所见"。沈约则主张彻底禁止使用桑蚕。之所以能做出超越经典规定的激进提议，他给出的理由是（下划线为笔者所加）：

> 夫常住密奥，传译退阻，《泥洹》始度，咸谓已穷。中出河西，方知未尽。关中晚说，厥义弥畅，仰寻条流，理非备足。又案：《涅槃》初说，阿阇世王、大迦叶、阿难三部徒众独不来至，既而二人并来，惟无迦叶。迦叶佛大弟子，不容不至，而经无至文，理非备尽。昔《涅槃》未启，十数年间，庐阜名僧已有蔬食者矣，岂非乘心暗践，自与理合者哉？且一朝裂帛，可以终年；烹牢待膳，亘时引日。然则一岁八蚕，已惊其骤，终朝未肉，尽室惊嗟。拯危济苦，先其所急，敷说次序，义实在斯。①

这段表述有两点值得关注：第一，沈约认为佛陀的所有教说是因应时势的，经典中没有明文规定，甚至明确否定的文字，也不妨碍读者根据佛教慈悲的原则，做出自己的推演；第二，沈约这种不拘泥于文字的灵活理解，其实是基于南朝，或者更具体地说，是基于晋宋之际佛典翻译繁盛局面之实感。

　　笔者曾经注意到，刘宋元嘉年间围绕踞食问题的论争中，由于经典的集中译出，佛教内部的教义分歧第一次被突出地展现出来。② 竺道生在《涅槃经》大本尚未传到江南之时，孤明先发，提出一阐提有佛性，虽然一时受到僧团的排斥，终于被后出的经典肯定。沈约这里也援引了庐山僧人率先实践素食的行为。这类"乘心暗践，自与理合"的先例促使南朝僧俗特别是居士群体，对经典采取灵活的解释，在实践上推导出更严苛的道德要求。因为先前译出的经典，无论多么卷帙浩繁，在理论上也只是佛陀全部教说的一部分，需要读者根据经文的原则去补完。

---

① 《广弘明集》卷二六，T52, no. 2103, p. 293, a8–18。
② 参见拙文《祇洹寺踞食之诤再考》，《中国中古史研究》第 5 卷，中西书局，2015，第 38~54 页。

7. 小结

以上围绕《断酒肉文》及其所引用的佛教经典，分析了梁武帝敦促僧尼实践素食的新理据。笔者试图描述如来藏系大乘经典在印度的成书及南朝人士对它的接受过程。素食主义在大乘经典中的确立，只有放置在印度社会的背景中才能得到理解。汉地素食运动的兴起，也同样不是佛教经典传播单独作用的结果。

除了前文介绍的实践层面沉默的潜流，在精英辩论的层面，《涅槃经》《楞伽经》所揭示的解释方法，与居士群体独立发展出的调和儒释的思路，两者颇为契合。最终，在梁武帝改革前夕，沈约创建了一个精致、复杂的教理体系和历史图景，既包含儒、佛，又包含小乘戒律和大乘经，并且还导向更激进的实践，构成了完整的进化论史观。或者运用福柯的概念，它可以说是一种南朝独有的"知识型"（episteme）。对这一"知识型"的独特性，当我们把考察的目光下延，看看梁武帝改革之后的历史走向，便会认识得更加清晰。

四　素食改革的影响

梁武帝的素食改革沿着祭祀和僧团生活两个方向展开。在他治下推展相当顺利的祭祀改革，在后世饱受诟病，"宗庙不血食"被认为是亡国之征；华光殿上几番激辩的僧尼戒律改革，其成果却似乎稳固下来，成了迄今为止中国佛教寺院生活的日常规范。

然而正如本文一再强调的，素食运动绝不是梁武帝个人的异想天开，而是有着佛教内外、僧俗两界深广的社会历史背景。不能将祭祀改革的挫折归咎于梁武帝的荒唐，也不能将僧尼戒律改革的成就归功于梁武帝的魄力。评估这场改制运动的实际效果，我们一方面希望观察佛教价值主导对本土传统的冲击及其限度，另一方面也希望反思国家权力介入对教团实践可能造成的影响。

1. 祭祀素食化的挫折及调整

首先需要指出，尽管后世经常批评梁武帝佞佛导致了王朝的覆亡，这一批评甚至成为唐代的官方话语，但在实践层面，梁武帝对祭祀制度的素食改革并未完全被历代淘汰，而是经过一番调整，在唐代以相对温和的形式被继承下来。

最初公开批评梁武帝祭祀素食改革的，是梁武帝的朝臣荀济。荀济的上表激怒了梁武帝，为躲避杀身之祸，他逃至北方，武定五年（547）因参与东魏孝静帝谋杀高澄的政变，事败被杀。① 荀济上表的内容，最早被编入唐初傅奕所撰《高识传》，此书在宋代以后亡佚，道宣《广弘明集》卷六、卷七"历代王臣滞惑解"抄录了其书部分文字，并对其加以驳斥。今日所见荀济的上梁武帝表文，是荀济到北方以后回忆和叙述，并且经过傅奕、道宣两个带有强烈护教热情，却又立场相反的编纂者两次整理和删改的版本。② 荀济对梁武帝的指责，其中一项便是祭祀制度的素食化（下划线为笔者所加）：

> 济表云：稽古之诏未闻，崇邪之命重沓。岁时禘祫，未尝亲享，竹脯面牲，欺诬宗庙。违黄屋之尊，就苍头之役。朝夕敬妖怪之胡鬼，曲躬供贪淫之贼秃，耽信邪胡，谄祭淫祀。恐非聪明正直，而可以福佑陛下者也。
>
> 济吐斯言，故动怒也。梁祖享祀于晦朔，四时交易于温清，流涕动于臣下，兴言赋于孝思。故景阳台、至敬殿，咸陈文祖献后之奠，何得言未尝亲享？故反前事，肆情骂之。竹脯面牲，用替牺栗，苹藻礿祭，岂惟有梁之时？屈尊就卑，乃万代之希有。遗若脱屣，岂百王之虚构哉！自非行总八恒，位邻上忍，安能行慈绝欲于盛年，长斋竭诚于终事哉。③

---

① 《魏书》卷一二《孝静帝纪》，第313~314页；《北史》卷八三《荀济传》，中华书局，1974，第3786页。《资治通鉴》卷一六〇《梁纪》系此事于梁太清元年，即547年（中华书局，1956，第4959~4960页）。

② 关于傅奕《高识传》，参见张蓓蓓《傅奕〈高识传〉所述排佛人物考略》，《中古学术论略》，台北：大安出版社，1991，第277~346页。

③ 《广弘明集》卷七，T52，no.2103，p.129，a8~20。

荀济第一次点明梁武帝在祭祀上的更张是出于佛教信仰，是对宗庙的欺骗和亵渎。道宣指出，荀济的指控颇有故意激怒梁武帝的意思。本文已经指出，梁武帝对祭祀制度的改革，从来是以儒家的话语自我辩护的，祭祀素食有齐武帝的先例，前代也不乏不同程度的改制措施，此举不仅没有亵慢宗庙，反而敦崇孝道。梁武帝在《孝思赋》自道断肉的经历，正是如此标榜的。这些事情历历在目，时人不容不知。此后南朝系统的历史书写，如《金楼子·兴王篇》《梁书·武帝纪》，都对梁武帝之恭俭、持戒加以赞扬。①

史书中没有明确记载荀济上表的时间，从文本内证判断，大致在大通初年。② 是时恰逢东西魏分裂前夕，南方则"江表无事"，荀济的批判即使确有其事，也难对梁武帝的威信构成实际的威胁。时移世易，侯景乱起，梁武帝困死台城。天保五年（554），魏收奏进国史，佞佛就成了梁武帝悲剧结局的祸根。③《魏书·岛夷萧衍传》的结尾历数梁武帝奉佛情事，其中提到："衍自以持戒，乃至祭其祖祢，不设牢牲。时人皆窃云，虽僭司王者，然其宗庙实不血食矣。"④ 从此，梁武帝对祭祀的素食改革便成为佞佛亡国论的口实。

南北敌对，北人著史，当然对南朝君主极尽诋毁之能事。然而在祭祀素食的问题上，魏收这样的批评是一件危险而尴尬的事，因为此时文宣帝高洋正在朝同一方向迈进。史载，天保七年五月，"帝以肉为断慈，遂不

---

① 诹访义纯指出，《梁书》对梁武帝日常生活的记载暗合"八斋戒"的描述。Mark Strange 详细梳理了 6~7 世纪史书中对梁武帝的不同评价。道宣提到的"景阳台、至敬殿"等设置，最初来源是萧绎的《金楼子》。参见諏訪義純「『梁書』武帝紀の一記載について—梁武帝の八齋戒の奉持」『中国南朝仏教史の研究』、79~84 頁；Mark Strange, "Representation of Liang Emperor Wu as a Buddhist Ruler in Sixth-and Seventh-century Texts," *Asia Major* (3rd series) 24, 2 (2011), pp. 53~112。

② 道宣记载，荀济上表前"以不得志，常怀悒怏二十余载"，是则上表在 520~530 年。表文中提到梁武帝在同泰寺舍身的经历（"违黄屋之尊，就苍头之役"），而史载梁武帝第一次同泰寺舍身是在普通八年。因此，笔者推测上表时间在 527~530 年。

③ 《北史》卷五六《魏收传》，第 2036 页。

④ 《魏书》卷九八《岛夷萧衍传》，第 2187 页。

复食"。次年"夏四月庚午，诏诸取虾蟹蚬蛤之类，悉令停断，唯听捕鱼。乙酉，诏公私鹰鹞俱亦禁绝"；八月"庚辰，诏丘、郊、禘、祫、时祀，皆仰市取，少牢不得剖割，有司监视，必令丰备；农社先蚕，酒肉而已；雩、禖、风、雨、司民、司禄、灵星、杂祀，果饼酒脯。唯当务尽诚敬，义同如在"。① 僧传则记载，文宣帝从僧稠"受菩萨戒法。断酒禁肉，放舍鹰鹞，去官畋渔，郁成仁国。又断天下屠杀，月六年三，敕民斋戒，官园私菜，荤辛悉除"。②

笔者曾经指出，高氏父子在东魏后期引入了南朝的菩萨戒法。③ 文宣帝的种种举措，如以食肉为断慈，断除虾蟹等水生动物，祭祀以酒脯代牺牲，连同"五辛"一齐禁断，无一不是参照梁武帝的剧本，体现了天保后期热切模仿南朝文化的风潮。

这种激进的举措最终没有成为北齐礼制的主流。《隋书·音乐志》云，北齐"武成之时，始定四郊、宗庙、三朝之乐。群臣入出，奏《肆夏》。牲入出，荐毛血，并奏《昭夏》"。④ 其后所附诸歌词，也都有用牲的内容。又《北史·高元海传》载："元海好乱乐祸，然诈仁慈，不饮酒啖肉。文宣天保末年，敬信内法，乃至宗庙不血食，皆元海所为。及为右仆射，又说后主禁屠宰，断酤酒。"⑤ 是则宗庙祭祀的彻底素食化，只在文宣帝在位后期维持了很短的一段时间。唐初撰齐史，遂将责任推到后来失势的高元海头上。

不过，北齐君主开创了一个新的传统，即提倡"三长斋月"。上文谈到，斋月之说虽已见于东晋郗超《奉法要》、梁初僧佑《法苑杂缘原始集》，但南朝君主没有大规模地推行"三长斋月"。北魏亦无先例。此后隋文帝开皇三年（583）下诏，"其京城及诸州官立寺之所，每年正月、

---

① 《北齐书》卷四《文宣帝纪》，中华书局，1972，第61~64页。
② 道宣：《续高僧传》卷一六《僧稠传》，第576页。同书卷一五《义解总论》（第549页）记载略同。
③ 参见拙文《从〈慧光墓志〉论北朝戒律学》，《人文宗教研究》2016年第2期。
④ 《隋书》卷一四《音乐志中》，第314页。
⑤ 《北史》卷五一《高元海传》，第1854页。《北齐书》卷一四《高元海传》（第184页）乃据《北史》所补。

五月、九月，恒起八日至十五日，当寺行道。其行道之日，远近民庶，凡是有生之类，悉不得杀"。① 唐高祖武德二年（619）下诏，正月、五月、九月，天下普断屠杀。② 有唐一代大部分时间，虽然制度的细节屡有迁改，但"三长斋月"经常成为断屠的名目，涉及法律刑杀、官吏选任等诸多方面。③

上文指出，"三长斋月"在汉译佛典中没有明确的依据，只有《提谓波利经》之类的疑伪经中可见详细的说明。太武帝灭佛以后，北方佛教受到沉重打击，失去了十六国以来的实践传承，伪经《提谓波利经》应运而生。直到隋初，关中地区"往往民间犹习《提谓》，邑义各持衣钵，月再兴斋，仪范正律，递相监检，甚具翔集云"。④ 这是说当时僧俗仍以此经代替戒律，每月两次对照检查自身之言行。民间教团和社邑组织的实践，最终通过诏敕和国家法令的形式确定下来。刘淑芬指出，北齐、隋唐提倡"月六三长"的一个背景，正是《提谓波利经》的流行。

六朝前期的素食实践，是在私人领域的一些特定场合零散发生的，例如不定期举行的斋会、亲属服丧期等。梁武帝的改革将素食主义制度化，并且推向礼仪的所有方面，自然与本土传统产生冲突。"三长斋月"现象的意义，在于从制度上将素食实践收缩回特定场合，但这个场合具有全民共享的时间起止，并且在其中充实了忏悔、俗讲之类的种种活动，从而改

---

① 《历代三宝纪》卷一二，T49，no. 2034，p. 108，a14~17。按，《佛祖统纪》卷三九云："三年，诏天下正、五、九并六斋日，不得杀生命。"（T49，no. 2035，p. 359，c6-7）史源不详，怀疑是改写《历代三宝纪》的文字。

② 《新唐书》卷一《高祖纪》云："诏自今正月、五月、九月不行死刑，禁屠杀。"（中华书局，1975，第 8 页）另可参见宋敏求编《唐大诏令集》卷一一三《禁正月五月九月屠宰诏》，中华书局，2008，第 586 页。

③ 刘淑芬：《"年三月十"——中古后期的断屠与斋戒》，《中古的佛教与社会》，第75~114 页。值得注意的是，不宜过高估计斋月对儒家祭祀活动的影响。例如，"三长斋月"规定正月不得宰杀，但南郊祭祀等若干大型仪式集中在正月，断杀基本上不影响祭祀活动。《册府元龟》记载，武德九年皇帝亲祀稷，仍然提到"禋燎"，说明燔燎仪节中仍然有牲牢的存在。参见王钦若等编《册府元龟》卷三三《帝王部·崇祭祀》，中华书局，1960，第 356 页。此条幸蒙牛敬飞、赵永磊两位老师教示，谨此致谢！

④ 道宣：《续高僧传》卷一《昙曜传》，第 13 页。

变了整个社会的岁时行事。①

隋唐时期祭祀制度的素食化还有一个重要的变化，就是道教对国家祭祀的参与。道教同样反对杀牲祭祀。玄宗朝的高道司马承祯声称道教仙真高于血祀之神，试图以道教的五岳真君祠等制度，参与改造儒家传统的岳渎祭祀，但最终效果仍然有限。雷闻认为，真君祠的建立并未对五岳祭祀构成实质的挑战，晚唐杜光庭的洞天福地学说，进一步放弃了道教仙真的优势地位，体现出国家权威的影响。② 吴丽娱提出从公、私关系理解唐代礼制中佛道因素与儒家礼仪的分界，则对笔者启发尤多。③

纵览北朝隋唐时期祭祀制度的变化，可以看出两种倾向。第一种倾向，是北齐、隋唐的素食实践很大程度上仍然继承了梁武帝改革的制度化方向，不过只是以"三长斋月"的规定，为素食参与公共生活"赋形"。第二种倾向，是这一变化避开了素食主义与最为敏感的宗庙、郊祀祭之间的冲突，而在山川岳渎祭祀中部分地采取儒道并行的方式，体现出明显的部门化倾向。

2. 素食改革前夕的僧团状况

考察梁武帝推行僧团全面素食的实际效果，无疑非常困难。诹访义纯曾经全面统计《高僧传》《续高僧传》在梁武帝改革前后实践素食僧人的人数和分布。④ 一方面，早在佛教传入早期，蔬食苦节就是僧传书写中被表彰的行为，即使拈举梁代以后坚持素食的个案，也无法证明素食主义是经过梁武帝的提倡才变得更加巩固的。另一方面，从践行素食的人数数据出发，也难以描述僧团实践的总体趋势，因为数字受制于史家搜集材料的

① 玄宗朝以后，道教的"十斋日"被吸纳到佛教之中，并与地藏信仰相融合，产生了《地藏菩萨本愿经》这样影响深远的汉地撰述，呈现丰富的社会生活面相。参见刘淑芬《"年三月十"——中古后期的断屠与斋戒》，《中古的佛教与社会》，第 93~98 页。

② 雷闻：《郊庙之外：隋唐国家祭祀与宗教》，三联书店，2009，第 200~219 页。

③ 吴丽娱：《皇帝"私"礼与国家公制：开元后礼的分期及流变》，《中国社会科学》2014 年第 4 期。

④ 諏訪義純「菜食主義思想形成（一）」『中国中世仏教史研究』、41~63 頁；諏訪義純「梁武帝の『酒肉を断つ文』提唱の文化史的意義—南北朝隋唐の僧侶たちの動向から」『中国南朝仏教史の研究』、118~136 頁。

客观条件。

近年来，Eric Greene 更提出了一个颠覆性的结论。通过仔细对勘若干最早期的汉译佛经，他注意到汉译本比其他平行文本在涉及饮酒的文句中经常多出了不食肉的内容，这种差异大体可以断定是汉译者的加笔，并且也存在于汉地僧俗撰述之中。上文谈到郗超《奉法要》将素食写入"八关斋"的规定，正是这样的例子。5 世纪前期，不仅是主张全面素食的《涅槃经》等译出的时代，同时也是开许"三种净肉"的诸部广律流行的时代。于是，汉地的素食运动呈现完全不同于以往认识的图景。在佛教传入的初始阶段，素食主义并非如印度佛教僧团那样只是少数派的主张，在汉地获得人们的接受毫无压力，这是因为素食是佛教、道教区别于其他杀牲祭祀的信仰传统的身份标签。素食在 5 世纪末 6 世纪初成为问题，引起广泛的讨论，其原因不在于此时传来的主张素食的佛教经典，而在于时人第一次读到开许肉食的经典。[①]

如果此说能够成立，那么梁武帝素食改革的意义将会大大消解。然而，这样的论述错失了梁武帝素食改革的层次和目标。本文开头即已指出，梁武帝的素食改革包含祭祀和僧团实践两个方向，在祭祀活动中废除杀牲和僧尼日常生活中实践全面素食，本来就是两个问题。佛教区别于其他信仰传统，其重要的宗教身份能指（signifier of religiosity）是废除杀牲，但不是僧尼素食，二者不能混淆。早期汉译佛经和撰述中的相关表述，的确表明素食作为方外之士的理想生活，在佛教传入的初期即被广泛接受，[②] 但是梁武帝对僧团实践的改革所针对的，其实是推行全面素食面临的几种非常顽固的角落，例如周颙、何曾斤斤计较地研讨素食的食谱。在这样严肃、严格的讨论兴起之前，素食主义是否在僧团日常生活中得以确立，是一个无法证实也无法证伪的问题。

因此，为了评估梁武帝素食改革对僧团实践的效果，我们需要把考察

---

① Eric Greene，"A Reassessment of the Early History of Chinese Buddhist Vegetarianism," *Asia Major* (3rd Series) 29, 1 (2016), pp. 1~43，特别是第 30~38 页。

② 诹访义纯也指出实践木食和辟谷的黄老之徒、方士、道士对早期佛教徒的熏染。参见諏訪義純「菜食主義思想の形成(二)」『中国中世仏教史研究』、64 頁。

的范围集中在改革之前、之后一段相对较短的时间范围以内，并且考察的方式一定是思想史的，而非定量统计的社会学方法。素食主义的确立，本质上是某种理想型（ideal type）被接受的过程。具体来说，是要看改革前夕在思想层面遇到哪些阻力，以及改革提出的新观念在之后一段时间是否得到加强。

按照这个思路，两个事实浮现在视野中。第一个事实，是在梁武帝改革的前夕，戒律中开许"三种净肉"之说，确如 Eric Greene 所设想的那样，成为僧人全面素食的障碍。这种情况，尤其集中出现在身份地位较高的学问僧之中。

《断酒肉文》记载梁武帝曾经询问各寺执行素食的情况，立场最为激进的法超向来不食肉，僧辩"中年疾病，有时暂开"，宝度的答复是定林、光宅两处不允许食肉，"若在余处，为疾病亦不免开"。① 定林寺是律师僧佑的住寺，光宅寺是梁武帝旧宅，两处寺院与齐梁皇室关系密切。除此之外，建康寺院没有强制素食的硬性规定，特别是僧侣发生疾病之时，以肉为药、以肉进补是普遍状况。

《历代三宝纪》还记载了这样一则轶事。扶南僧人僧伽婆罗到建康以后，"太尉、临川王问曰：'法师为当菜食、鲑食？'答云：'菜食。病时则索。'又问：'今日何如？'答曰：'四大之身，何时不病？'王大悦，即为设食"。② 后注云出自《宝唱录》《名僧传》。《宝唱录》属于当时人写当时事之作，不仅可靠，而且生动传神。上述对话中，僧伽婆罗巧妙地运用维摩诘"众生病，从四大起，以其有病，是故我病"的典故，③ 为自己食用肉食开脱，一座尽欢。此事时间不详，大致判断是在普通以后、梁武帝改革以前。④

还有一条间接的例证，见于《冥祥记》。根据小说的叙述，刘宋元嘉

① 《广弘明集》卷二六，T52，no. 2103，p. 299，b11-19。
② 《历代三宝纪》卷一一，T49，no. 2034，p. 98，c10-13。
③ 《维摩诘所说经·文殊师利问疾品》，T14，no. 475，p. 544，c16-17。
④ 《梁书》卷二二《临川静惠王宏传》云："普通元年，迁使持节、都督扬、南徐州诸军事、太尉、扬州刺史，侍中如故。"（第341页）

十六年，河东人阮稚宗由于生前喜欢从事渔猎，死后堕入地狱，备受荼毒，还阳之际，"见有蚁数头。道人指曰：此虽微物，亦不可杀。无论复巨此者也。鱼肉自死，此可啖耳。"① 这则故事一面谆谆教诲世俗信仰者要严格戒杀，同时还不忘告诫他可以食用自死之肉。创作者想必熟知戒律中的"三种净肉"之说。②

这些情况表明，在学理上确立大乘经典对戒律的优势地位，对"三种净肉"之说做出新的解释，对于在实践中推行素食无疑是必要的。梁武帝改革以后，除了标榜示迹同凡的圣者菩萨，再难见到援引"三种净肉"之说为食肉辩护的记载。梁武帝发起的论辩，应当起到了廓清疑惑的作用。

3. 新理据的自觉运用

从一些迹象来看，梁武帝动用国家行政的力量，推动僧尼戒律的变革，曾受到僧界的强烈抵制。笔者曾经考证过梁武帝欲自任白衣僧正，智藏与之抗辩之事，认为此事当发生在天监末年。③ 结合《断酒肉文》的写作年代来看，此举必然属于素食改革前夕的准备动作之一，但由于智藏的反对，遭遇了挫折。不过，梁武帝的改革决心甚为坚定。陈代马枢《道学传》云（下划线为笔者所加）：

> 东乡宗超，字逸伦，高密黔陬人。……日中而食，餐止麻麦。门人眷属，皆慕蔬肴，所处精庐，鲜味不进也。……<u>梁武帝三教兼弘，制皆菜食。虽有诏敕，罕能遵用</u>。逸伦奉行。于是馆中法众，莫不菜

---

① 释道世著，周叔迦、苏晋仁校注《法苑珠林校注》卷六四《渔猎篇》，中华书局，2003，第 1915 页。参见王国良《冥祥记研究》，台北：文史哲出版社，1999，第 201 页。
② 《冥祥记》中也有声称食肉堕恶狗地狱的（第 69 条竺慧炽事）。关于《冥祥记》中的素食内容，参见 Robert Campany, *Signs from the Unseen Realm：Buddhist Miracle Tales from Early Medieval China*, Honolulu：University of Hawaii Press, 2012, pp.59-60。
③ 参见拙文《内律与俗法——从〈续高僧传·智藏〉再探南朝政教关系》，《中华文史论丛》2017 年第 4 期。

蔬。私有犯触，即加斥遣。乃至厨醯不血味，远近嗟称，独为清
素也。①

这是反映梁武帝素食改革在地方执行情况的唯一直接记载。《道学传》中
的时间、地点均不明确，孙齐指出，从下文"庐陵威王在镇"之语看，
此事发生在庐陵王萧续大同五年至中大同二年（539～547）任荆州刺史期
间或稍早。② 由此可知，梁武帝的改革是在全境范围内推开的，细玩文
意，似乎也是在儒、释、道三教之内展开的。一方面，推行效果不理想，
除了僧团对自身独立性的捍卫，也有宗教修行者普遍的惰性。但另一方
面，我们也看到地方上存在着宗超这样主动践行素食的人士，道教中有，
佛教中更多。

　　接续上文所说，便可看到值得关注的第二个事实。梁武帝改革之后的
一段时期，在四处散见的素食实践中，越来越多地出现了自觉运用《涅
槃经》等新理据的案例，有个别案例甚至在文字上袭用了《断酒肉文》
中的语句。

　　梁、陈之际，南朝境内东阳郡乌伤县人傅大士（497～569），曾经三
次入都活动，面见梁武帝。死后弟子请求徐陵撰碑，叙述其人生平，作品
经过历代整理，最终结集为《善慧大士录》四卷。笔者曾经指出，徐陵
所撰碑的碑阴"记大士问答语，并题眷属、檀越弟子名"，很可能构成
《善慧大士录》卷二后半傅大士与弟子问答的内容主体。③ 在这一部分中，
傅大士回答了弟子关于"菜食经久或致病"、"天下人民学道，不尽菜食，
大士何独执菜食耶"以及食用自死之肉的问题。傅大士给出的理由有自
由发挥的成分，但弟子的疑虑与《断酒肉文》力图澄清的问题高度重合。
傅大士的事例至少说明，在梁武帝改革前后，地方教团也在同一方向上积
极推动素食运动。

---

① 陈国符：《道学传辑佚》，《道藏源流考》，中华书局，1963，第468页。
② 孙齐：《唐前道观研究》，博士学位论文，山东大学，2014，第181～182页。
③ 参见拙文《傅大士作品早期流传考》，武汉大学中国三至九世纪研究所编《魏晋南
　北朝隋唐史资料》第44辑，上海古籍出版社，2021，第87页。

时代稍晚，有益州僧崖（约 488~559）的事迹。众所周知，益州是由梁朝控制易手为北周辖境的地区。僧崖其人出生于广汉金渊山谷，北周武成元年（559）以降，他在益州城中几度烧身，劝信者行慈断肉：

> 有孝爱寺僧佛与者，偏嗜饮啖，流俗落度。随崖轝后，私发愿曰："今值圣人，誓断酒肉。"及返至寺，见黄色人曰："汝能断肉，大好。汝若食一众生肉，即食一切众生肉；若又食者，即食一切父母眷属肉矣。必欲食者，当如死尸中虫，虫即肉也。"①

僧崖自言"我在山中，初不识字"，早年为悉禅师侍者，出身甚为卑贱。但他凭借极端宗教行为，在益州信众中获得了巨大的社会影响，以至有"菩萨"之号。僧崖所言众生肉即"父母眷属肉"，典出《楞伽经》，难以考证他从何种渠道获知这一说法。《续高僧传》所依据的史源之一是亡名《僧崖菩萨传》。亡名出身南阳宗氏，受梁元帝礼接，是从后梁入蜀、显名于北周的人物。② 如果圣者的事迹经过圣徒传作者的加工，那么传记中所反映的思想，有可能是从梁朝文化的继承者——后梁地区扩散所致。

北齐文宣帝高洋在僧稠影响下实践素食，已如上述。北周境内，还有居住在河东蒲坂的僧妙（？~570）之事。其人"讲解《涅槃》，以为恒业，……化行河表，重敬莫高，延及之乡，酒肉皆绝，现生葱韭，以土掩覆，并非由教令，而下民自徙其恶矣"。③

降及初唐，居住在苏州常乐寺的法聪（586~656）也有类似事变。贞观十九年（645），"嘉兴县高王神降其祝曰：'为我请聪法师，受菩萨戒。'依言为授。又降祝曰：'自今以往，酒肉五辛，一切悉断。后若祈福，可请众僧在庙设斋行道。'又，二十一年，海盐县鄱阳府君神因常祭

① 道宣：《续高僧传》卷二九《僧崖传》，第 1145~1146 页。
② 道宣：《续高僧传》卷七《亡名传》，第 240~241 页。
③ 道宣：《续高僧传》卷八《僧妙传》，第 266 页。

会降祝曰：'为我请聪法师讲《涅槃经》。'道俗奉迎，幡花相接，遂往就讲，余数纸在。"①

僧妙、法聪的事例都很难说是梁武帝改革的直接后果，但两人都自觉地强调了《涅槃经》的重要性，僧妙还排斥"五辛"，体现了《楞伽经》等佛经的影响。

除了史传材料，再来看几部汉地撰作的疑伪经。这些以翻译佛典的形式创作的作品，如果能大致判断其产生和流行的时空范围，则可以窥见其所反映的社会现状。后世影响最大的疑伪经作品是《梵网经》，此经以"十重四十八轻"的叙述形式，将大乘佛教的实践伦理整理成与声闻戒律相似的教团规制。禁止食肉和断绝"五辛"的内容，分别构成菩萨戒的第三、第四轻戒。此经成立在 450～480 年这段时间，较梁武帝改制的年代略早。②

《华严十恶（品）经》《法经录》以降均著录为疑伪经。经文中强调了"一切众生食肉者，断大慈种"，此说来自《涅槃经》。经文又说"煮肉、炙肉、斩肉"与"煞生"之人都要堕入地狱，食肉意味着君臣、父子、兄弟、姊妹、夫妻、内外眷属相互吞噬，显然这是对《楞伽经》六道众生皆父母兄弟之思想的发挥。此经有 15 件敦煌、吐鲁番写本，另外还见于山东巨野北齐河清三年（564）刻经碑，以及南宋时期大足石刻石佛湾地狱变刻经。③ 可以推断，此经成立年代大概稍早于撰录《法经录》的开皇十四年。④

萧子良抄略《央掘魔罗经》两卷，为梁武帝《断酒肉文》所引用，已如上述。《法经录》将萧子良抄经一律著录为疑伪，这是对抄经性质的理解不同。然而《开元录》著录"《央崛摩罗经》二卷"，注云："亦直

---

① 道宣：《续高僧传》卷二七《法聪传》，第 1073 页。
② 船山彻『東アジア仏教の生活規則梵網経：最古の形と発展の歴史』、18～19 頁。
③ 参见曹凌编著《中国佛教疑伪经综录》，上海古籍出版社，2011，第 182～186 页。
④ 据笔者调查，敦煌写本的年代在 7～10 世纪。北齐刻经碑系节抄经文中破斋者入地狱的内容，因此尚难判断《华严十恶经》整体在北齐已经成立。

云《央崛经》，与真经名同。萧子良抄撰中有《央崛摩罗经》二卷，疑此经是。"① 根据这一描述，智升所见的二卷本《央崛经》，显然与今本存在较大差别。今检《法苑珠林·酒肉部》，在引用一段《央掘魔罗经》之后，以"又此经云"领起一段引文。这段文字不见于今本《央掘魔罗经》，但与《断酒肉文》的辩论文字颇多重合，对比见表 5。

表 5　两段文字的对比

《法苑珠林》引《央掘魔罗经》	《断酒肉文》
又此经说："众生身内有八十万户虫。若断一众生命，即断八十万户虫命。"若炙、若煮、若淹、若暴，皆有小虫、飞蛾、蝇蛆而附近之。如是展转傍杀无量生命	又敕舍云：众生所以不可杀生，凡一众生具八万户虫，经亦说有八十亿万户虫。若断一众生命。即是断八万户虫命。自死众生又不可食者。前附虫虽已灭谢。后所附虫其数复众。若煮若炙此断附虫，皆无复命。利舌端少味，害无量众生。其中小者，非肉眼能观。其中大者，炳然共见。灭慈悲心，增长恶毒。其实非沙门释子所可应行（T52，no. 2103，p. 303，a26~b4）
虽不自手而杀，然屠者不敢自食，皆为食肉之人杀之。故知食肉之人，即兼有杀业之罪	又外道虽复非法说法法说非法，各信经书死不违背。今出家人啖食鱼肉，或云肉非己杀犹自得啖，以钱买肉，亦复非嫌。如是说者是事不然。《涅槃经》云："一切肉悉，断及自死者。"自死者犹断，何况不自死者？《楞伽经》云："为利杀众生，以财网诸肉。二业俱不善，死堕叫呼狱。"何谓以财网肉？陆设置罝，水设网罟，此是以网网肉。若于屠杀人间以钱买，此是以财网肉。若令此人不以财网肉者，习恶律仪捕害众生，此人为当专自供，亦复别有所拟？若别有所拟，向食肉者岂无杀分？何得云我不杀生？此是灼然违背经文，是则七不及外道（T52，no. 2103，p. 295，a1~13）

资料来源：左栏引文出自释道世著，周叔迦、苏晋仁校注《法苑珠林校注》卷九三《酒肉部》，第 2700 页。点校本以碛砂藏为底本，高丽本文字稍有出入，江南系统诸本则与《诸经要集》接近。又见《诸经要集》卷一七，T54，no. 2123，p. 161，b17~24。

---

① 《开元释教录》卷一八，T55，no. 2154，p. 673，a16-18。参见曹凌编著《中国佛教疑伪经综录》，第 479~480 页。

《断酒肉文》的风格是引经据典，夹杂议论，语气连贯而雄辩。第一段引文众生身上有八万户虫的说法，也见于今本《央掘魔罗经》。梁武帝引用了某种不知名的经，云有"八十亿万户"，我们当然可以设想可能在《断酒肉文》写作以前，已经存在一个文本，就是表5左栏所引的异本《央掘魔罗经》。但观察表5左栏文字，不难看出两段文字语意并不连贯，将出家僧尼与白衣、外道进行比较，更使人想起《断酒肉文》（表1段落1-B、段落1-C）独特的论辩方式。因此笔者认为，《法苑珠林》所引异本《央掘魔罗经》，很可能也就是智升所见到的疑伪经，它将《断酒肉文》的文字撮要、点窜，从而形成了比较简洁精炼的佛经式文体。[①]

4. 小结

梁武帝作为一个结合了学识和权力的士人君主、菩萨皇帝，同时既是开国之君，又是梁朝实际的终结者，如何理解他的种种创制留给后世的遗产？或者如何理解不同时空尺度下的逆与顺、必然与偶然？素食改革这一个案向我们展开了思想与社会之间丰富的历史层次。

在僧团戒律的方向上，我们在长时段中观察到这样的趋势：戒律中开许"三种净肉"的说法逐渐衰落，代之而起的是《涅槃经》《楞伽经》等如来藏系的大乘经典所宣传的全面素食主张。弘扬这一主张的僧人，在南北朝后期形成了浩浩洪流。纵观唐代以降的中国戒律学，根本的学术方法就是以《涅槃经》等大乘经为原则，引导声闻律的解释，属于保守的部派戒律与大乘菩萨行的结合。

在这个此消彼长的交替中，梁武帝的改革恰好站在一个关键的时间节点上，因此，虽然无法逻辑自洽地证实此后的潮流都是梁武帝开辟鸿蒙之功，但至少可以推测他的改革和辩论有推动促进之效。《断酒肉文》对一

---

① 王微认为《断酒肉文》（段落2-B）部分引用的是伪经《央掘魔罗经》，并且认为《法经录》著录的《华严十恶经》是萧子良之抄经，皆误。《法经录》言《华严经》以下二十三经是萧子良所抄，没有包括《华严十恶经》。但是，王微关于《华严十恶经》央掘魔罗事迹乃窜改《涅槃经》阿逸多故事的观点，值得注意。参见Françoise Wang-Toutain, "Pas de boissons alcoolisées, pas de viande-Une particularité du bouddhisme chinois vue à travers les manuscrits de Dunhuang-," *Cahiers d'Extrême-Asie* 11 (1999), pp. 91-128, 特别是第96、115页。

些重要问题的体察和辨析，在傅大士与弟子的对话中发出回响，甚至其部分文字也在伪经《央掘魔罗经》中有所再现。

在祭祀和公共生活的领域，后世的意识形态话语与实践之间存在很大的分歧。这种分歧在东魏、北齐业已出现。且出于敌对的立场，它们必须对梁武帝加以批判。事实上，梁武帝虔诚的佛教信仰和他在制度上的革新也是北齐僧俗模仿的对象。唐初君主的表态和历史书写的定调，使梁武帝因佞佛亡国的说法成为唐人的一个基本认识。① 然而到具体的实践层面，素食运动的影响还在延续，只要确保素食与国家祭祀各行其是，素食、断杀的实践仍在向社会生活的各个方面推展。

余 论

素食问题是儒佛交涉的界面、僧俗交诤的战场，梁武帝的素食改革由于扭结了若干思想—实践的传统，显得格外复杂。在对这一个案的考察中，如同此前考察过的其他个案，笔者都尝试将六朝佛教传播描述为一个自下而上、从隐至显的连续过程。疾速输入的佛教新学说，经过居士群体的倡导和灵活解释，最终导向激进的实践。梁武帝动用国家权力推动素食改革，只是此前百余年社会思潮最为激烈的表达。而从整体的演进过程来看，繁荣的译经活动、居士的积极参与、三教调和的解释思路，始终是南朝佛教连贯传播的构成要件。

---

① 唐太宗在贞观二年对侍臣说："至如梁武帝父子，志尚浮华，惟好释氏、老氏之教……未尝以军国典章为意。"（吴兢撰，谢保成集校《贞观政要集校》卷六《慎所好》，中华书局，2009，第 330~331 页）贞观十七年，萧瑀请求出家，太宗说："至若梁武穷心于释氏……子孙覆亡而不暇，社稷俄顷而为墟，报施之征，何其缪也。"（《旧唐书》卷六三《萧瑀传》，第 2403 页）这一立场也反映于《南史》的史臣论赞："帝留心俎豆，忘情干戚，溺于释教，弛于刑典。"（《南史》卷七《梁本纪中》，第 226 页）

"戎秩"与"虏姓"：西魏—北周的"官族"认定和谱录撰述

陈　鹏[*]

摘　要　宇文泰主政下的西魏朝廷两次赐复"虏姓"，不仅有着现实政治目的，也是一次新的姓族评定。宇文泰集团以"戎秩"高下为标准，赐复"虏姓"，认定"官族"，建立起一套以"戎秩"为内核、以"虏姓"为外在形式的姓族体制，并沿用至北周。列入"官族"者，往往撰述谱录，确认"官族"身份，并重塑家族记忆，将自家谱系与拓跋鲜卑姓族连接起来。西魏—北周的"官族"体制呈现"门阀化"面貌，但以"戎秩"高下为标准，重军功，尚冠冕，本质上是一种军功贵族制，是对传统门阀体制的破坏。

关键词　西魏—北周　戎秩　虏姓　官族　谱录

庾信《出自蓟北门行》诗云："梅林能止渴，复姓可防兵。"所谓"复姓"，后世注家认为与西魏—北周赐复"虏姓"相关。[①] 赐复"虏姓"，[②] 包

---

*　陈鹏，吉林大学文学院中国史系、历史研究院副教授。

①　庾信撰，倪璠注《庾子山集注》卷五《乐府》，许逸民校点，中华书局，1980，第391页。

②　赐复"虏姓"，近人研究不乏表述为赐复"胡姓"。唐代柳芳《氏族论》称"代北则为'虏姓'"，唐宋姓书亦多用"虏姓"一词。今从古人。

括恢复南迁代人"虏姓"和赐予"虏姓"两类，作为西魏—北周一个重要政治、社会现象，颇受学人关注，成果丰硕。小林安斗、林静薇、王兴振等先后对既往研究进行过梳理和检讨。[①] 研究者观点虽不尽相同，但大体形成三点共识：第一，赐复"虏姓"起到整合胡、汉人群，凝聚成一个新政治集团（关陇集团）的功能；第二，赐复"虏姓"与府兵制度密切相关；第三，宇文氏在赐复的"虏姓"数量中占比较大，反映了扩展宇文氏势力的考量。

上述观点深化了今人对于赐复"虏姓"目的和功能的认识，但赐复"虏姓"毕竟是一个姓族政策，与姓族体制和谱录撰述有着更直接的关联。滨口重国注意到，赐复"虏姓"具有重定姓族的效果；[②] 朴汉济抓住北周碑石中"官族"一词，提出"凡接受赐姓者即可成为'官族'"，并指出赐姓影响到西魏—北周时期的宗谱撰述；[③] 熊伟、王兴振等就"官族"资格、赐姓条件等进行了补充和修正。[④] 不过，"官族"的资格或标准，以及"官族"与赐复"虏姓"、府兵制及谱录撰述间的关系，尚存进一步讨论的空间。本文拟在前贤研究的基础上，由西魏—北周"官族"资格入手，揭示西魏—北周姓族体制的内容和性质。

① 小林安斗「胡漢問題についての覚書：『賜姓』をめぐる研究史を中心に」『千葉大学社会科学研究科研究プロジェクト報告書』第 35 集、2003、3～11 頁；林静薇：《西魏北周姓氏政策与杨坚代周建隋之关系》，《中正历史学刊》2007 年第 9 期；王兴振：《墓志的史相：基于魏周赐姓书写的考察》，苍铭主编《民族史研究》第 12 辑，中央民族大学出版社，2015，第 152～177 页。新近研究较重要者，包括：熊伟《魏周"官族"资格认定的再探讨——兼与韩国学者朴汉济先生商榷》，《广西社会科学》2011 年第 7 期；熊伟《府兵制与北朝隋唐国家政治生态研究》，人民出版社，2014，第 93～102 页；苏航《"汉儿"歧视与"胡姓"赐与——论北朝的权利边界与族类边界》，《民族研究》2018 年第 1 期；李宗俊《论北朝鲜卑姓氏的三次改易——从〈拓跋昇墓志〉谈起》，《中国边疆史地研究》2021 年第 3 期。
② 濱口重国「西魏に於ける虜姓再行の事情」『秦漢隋唐史の研究』下卷、東京大学出版会、1966、747～749 頁。
③ 〔韩〕朴汉济：《西魏北周时代胡姓的重行与胡汉体制》，《北朝研究》1993 年第 2 期；〔韩〕朴汉济：《西魏北周的赐姓与乡兵的府兵化》，《历史研究》1993 年第 4 期。
④ 熊伟：《魏周"官族"资格认定的再讨论——兼与韩国学者朴汉济先生商榷》，《广西社会科学》2011 年第 7 期；王兴振：《墓志的史相：基于魏周赐姓书写的考察》，苍铭主编《民族史研究》第 12 辑，第 152～177 页。

一 赐复"虏姓"与"官族"资格

西魏—北周时期赐复"虏姓"，549年、554年先后颁布过两次诏令（括号中的文字为笔者所加）：

> （大统十五年五月）初诏诸代人太和中改姓者，并令复旧。①
>
> （恭帝元年）魏氏之初，统国三十六，大姓九十九，后多绝灭。至是，以诸将功高者为三十六国后，次功者为九十九姓后，所统军人，亦改从其姓。②

对赐复"虏姓"的目的和功能，学界虽有异议，但就《周书·文帝纪》"以诸将功高者为三十六国后，次功者为九十九姓后"来看，显然具备重新分定姓族的功能。

北周碑志提及"官族"之说，印证了赐复"虏姓"行为的上述功能。如北周普屯威（即辛威）的神道碑写道（括号中的文字为笔者所加）：

> （大统）十三年，授车骑大将军、仪同三司，寻迁骠骑大将军开府，仍赐姓普屯，即为官族。③

再如贺娄慈即张慈的神道碑记载道："国家官族，君为姓首。"④ 所谓"官族"，《左传》隐公八年云"官有世功，则有官族，邑亦如之"，盖指以官为氏者。降及中古，"官族"泛指官宦世族，例如《晋书·索靖传》称敦

---

① 《北史》卷五《西魏文帝本纪》，中华书局，1974，第180页。
② 《周书》卷二《文帝纪下》，中华书局，1971，第36页；参见《北史》卷九《太祖文帝纪》，第329页。
③ 庾信撰，倪璠注《庾子山集注》卷一四《碑》，第883页。
④ 庾信撰，倪璠注《庾子山集注》卷一四《碑》，第868页。

煌索氏"累世官族"。① 朴汉济认为西魏—北周的"官族"，是"通过赐姓成为担任国家特定官职的家族"，"或赋予其子孙以特定的官职为起家的资格"。② 此说强调"官族"之仕宦特权，显示出西魏—北周的"官族"是一种具备特殊身份的家族。

"官族"身份的获得，似与赐复"虏姓"存在关联。但需注意的是，西魏—北周存在一批长期使用"虏姓"、没有改用汉族姓氏的家族，即迁戍北镇和留居代地之胡人，比如宇文泰、独孤信、侯莫陈崇、尉迟迥、贺兰祥等。他们显然不可能被排除在"官族"之外，因而与赐复"虏姓"者共同构成西魏—北周的"官族"。以往研究往往忽略了这些家族在西魏—北周姓族体制中的意义。不过，难以确定这些家族获得"官族"身份的具体时间，也就无从考察其"官族"资格，而对于赐复"虏姓"者，赐姓往往可视作列入"官族"的标志。换言之，赐复"虏姓"虽然不是获得"官族"身份的必要条件，却是充分条件，可由此入手分析"官族"的资格或标准。

上引《周书·文帝纪》载西魏恭帝元年诏令，称诸将依功勋高低分别承继"三十六国""九十九姓"，透露出"功"堪称"官族"身份界定的标准。这从墓志中可得到进一步证实，如北周《赵佺墓志》称"凯入策勋，命为尉迟氏……赐姓命氏，必有殊功"，③《宇文业（岐业）墓志》曰"既以世功而赐帝族"，④《杨济墓志》曰"魏末诸高勋望族，擢而赐姓"。⑤ 显然，功勋是赐姓的基本条件，是成为"官族"的资格。在一定程度上，西魏—北周的赐复"虏姓"延续了《左传》"官族"源自"世功"之说。

那么，获得"官族"身份需要怎样的功勋？检《周书》《北史》和魏周碑志，不乏因沙苑、河桥、邙山诸战立功，而获升迁、封爵乃至赐姓的例

① 《晋书》卷六〇《索靖传》，中华书局，1974，第 1648 页。
② 〔韩〕朴汉济：《西魏北周的赐姓与乡兵的府兵化》，《历史研究》1993 年第 4 期。
③ 王连龙编撰《南北朝墓志集成》，上海人民出版社，2020，第 901 页。
④ 王连龙编撰《南北朝墓志集成》，第 912 页。
⑤ 王连龙编撰《南北朝墓志集成》，第 934 页。

子，可知当时存在"阀阅""勋簿"等功勋记录和功勋等级标准。具体需要何等功勋，或积累多少功勋，才能列入"官族"，史书则无明确记载。不过，西魏—北周的"戎秩"具有奖赏功勋的功能，正可给考察赐姓资格提供直观标准。上引《普屯威神道碑》称"寻迁骠骑大将军、开府，仍赐姓普屯，即为官族"，也透露出"戎秩"与赐姓、"官族"的关联性。

所谓"戎秩"，西魏至北周建德元年（572）以前，包括柱国大将军、大将军、开府仪同三司（骠骑大将军）、仪同三司（车骑大将军）等四级；建德二年，大都督、帅都督、都督被列为"戎秩"；[①] 建德四年，改开府仪同三司为开府仪同大将军，仪同三司为仪同大将军，增置上柱国、上大将军、上开府仪同大将军和上仪同大将军等四级，共计十一级；入隋称"散实官"，入唐发展为"勋官"。[②]

西魏设置"戎秩"，意在"以酬战士"，[③]"置以赏功"，[④] 正可用于考察"官族"资格。朴汉济据上引《普屯威神道碑》《贺娄慈神道碑》，提出"当时的官族指的是任车骑大将军、仪同三司以上官职的家族"。[⑤] 熊伟通过整理《周书》所载赐姓者的"戎秩"，注意到大统九年（543）尤其是大统十六年以后，赐姓对象主要是拥有仪同以上"戎秩"者，并认为"赐姓并非'官族'资格的充分条件"，"在确定'官族'资格上更显重要"的是"戎秩"，位至车骑大将军、仪同三司以上者，接受赐姓即意味着成为"官族"。[⑥] 陈苏镇从制度史角度，曾指出柱国、大将军、开府、仪同是身份高贵的标志，[⑦] 正可与朴、熊二氏之说相互印证。

---

① 王仲荦：《北周六典》卷九《勋官》，中华书局，1979，第580页。

② 陈苏镇：《北朝隋唐的散官与勋官》，《两汉魏晋南北朝史探幽》，北京大学出版社，2013，第199~203页。

③ 《旧唐书》卷四二《职官志一》，中华书局，1975，第1807页。

④ 《资治通鉴》卷一六六《梁纪》"敬帝绍泰元年"胡三省注，中华书局，1956，第5126页。

⑤ 〔韩〕朴汉济：《西魏北周赐姓与乡兵的府兵化》，《历史研究》1993年第4期。

⑥ 参见熊伟《魏周"官族"资格认定的再探讨——兼与韩国学者朴汉济先生商榷》，《广西社会科学》2011年第7期；熊伟《府兵制与北朝隋唐国家政治生态研究》，第94~102页。

⑦ 陈苏镇：《北朝隋唐的散官与勋官》，《两汉魏晋南北朝史探幽》，第204页。

不过，既往研究对"官族"资格的探讨，未能充分搜集赐姓案例，亦未依据赐姓者身份予以分类考察，留下了进一步研究的空间。丁爱博（Albert E. Dien）将赐姓者划分为高级将领、赐姓宇文氏的亲随、赐其他"虏姓"的亲随和地方豪右四类。[①]然就赐姓资格而言，高级将领和地方豪右，大抵均因功勋赐姓，可归入一类。丁爱博所言亲随，成分较复杂，既包括宇文泰亲近的朝臣，又包括宇文泰或其他高级将领的宗亲、僚佐、部属和家臣，仅按是否赐姓宇文氏来分类，存在不合理之处：其一，宇文泰的部分亲信、僚佐，并未赐宇文氏，而赐予其他"虏姓"，将之视作他姓亲随似不妥；其二，其他高级将领的僚属、家臣赐予同姓，实与兄弟子侄跟随父兄、宗人跟随宗主、部曲跟随军将更改姓氏的性质相近，丁爱博统计的案例中子侄、宗人附从改姓情况极少，但新出墓志所见颇多。

鉴于以上原因，本文将西魏—北周赐姓者大体上分为三类：一是因军功赐姓的勋将，含北镇诸将和关陇、河东、河南豪右；二是宇文泰的亲信，包括宇文泰亲近的朝臣及其僚佐、部属；三是附从诸将改姓者，即跟随父兄、宗主、府主、军将而改姓者。

本文在前贤基础上，共收集赐复"虏姓"案例 106 例，包括勋将 48 例，亲信 26 例，附从 27 例，1 例其他身份者（杨尚希），[②]另有 4 例身份不详（详见附表）。其中，"戎秩"可确定为仪同三司以上者 60 例，约占 56.6%。仅就比例来看，似不足以说明"官族"资格为"戎秩"仅同三司以上，但具体分析不同类型赐姓，将会发现"戎秩"在赐复"虏姓"和认定"官族"中的重要性。

---

① 〔美〕丁爱博（Albert E. Dien）：《西魏—北周统治下的赐姓：一个反同化的案例》，解呈译，刘跃进、徐兴无主编《大夏与北魏文化史论丛》，凤凰出版社，2020，第 388 页。

② 杨尚希为太学生时，宇文泰"尝亲临释奠"，令其"讲《孝经》，词旨可观"，宇文泰"奇之，赐姓普六茹氏，擢为国子博士"（《隋书》卷四六《杨尚希传》，中华书局，2019，第 1412 页）。杨尚希赐姓之际，尚未出仕，既非勋将，亦非宇文泰亲信。杨尚希被杨坚视作同宗，二家皆赐姓普六茹氏，但杨尚希赐姓在 551 年，早于杨忠赐姓时间 554 年（参见附表），可知杨尚希赐姓，亦非作为杨忠之附从。

第一，勋将赐姓者48例，其中41例"戎秩"达仪同三司以上，5例"戎秩"未达仪同三司，另有2例"戎秩"不详或待定：1例（田弘）为帅都督或仪同三司待定，1例（阴嵩）"戎秩"不详。勋将赐姓者，"戎秩"达仪同三司以上约占85.4%，占此类赐姓者之绝大多数。勋将正因参与小关、沙苑、河桥、邙山、玉璧等战役有功，得以赐姓，列入"官族"。至于5例"戎秩"未达仪同三司者，王德、侯植、苏椿、杜达（赫连达）、梁台赐姓时间较早，最晚者梁台赐姓在西魏大统七年。当时赐复"虏姓"尚未制度化，赐姓资格也未"标准化"，甚至连"戎秩"也还不是单独一类官阶（详见下文），拜仪同三司以上者并不多。他们未达仪同三司以上，并非功勋不够，而是赐姓制度化之前的现象，不构成反例。

第二，亲信赐姓者26例，其中"戎秩"仪同三司以上者16例，未及者10例，"戎秩"达仪同三司以上约占61.5%。这批人员成分较为复杂，包括宇文泰亲近的朝臣及其僚佐、部属。西魏时期，朝廷和宇文泰霸府并存，很多大臣出入朝廷和宇文泰霸府之间，甚至兼任朝廷官职和宇文泰大行台、丞相府僚佐。考诸史传或墓志，16例"戎秩"仪同三司以上者，皆为地位较高的朝臣和僚佐。他们不乏资劳积累，甚至立有军功，赐姓同样是对他们功勋和资劳的奖赏。例如薛端为大丞相府户曹参军，"从擒窦泰，复弘农，战沙苑，并有功"，后历任丞相东阁祭酒、吏部郎中、尚书左丞、吏部尚书诸职。[①] 他在霸府立过战功，入朝堂后于政务颇有贡献，得以位至车骑大将军、仪同三司，赐姓宇文氏。16例中，13人赐姓宇文氏，显示出宇文泰拉拢朝臣、僚佐，以巩固和增强宇文氏的地位；[②] 其余3人，赵肃赐姓乙弗，寇俊赐姓若口引，当是依循赵氏、寇氏赐"虏姓"之惯例，柳虬赐姓乙弗，原因暂不详，[③] 可能是宇文泰特意安排所致。

---

① 《周书》卷三五《薛端传》，第621~622页。

② 参见大川富士夫「西魏に於ける宇文泰の漢化政策について」『立正大学文学部論叢』第7号、1957、79~80页；吕春盛《关陇集团的权力结构演变：西魏北周政治研究》，台北：稻乡出版社，2002，第161~165页。

③ 柳虬弟柳庆及其子侄，一般赐姓宇文氏，当系入北周后，柳庆赐姓宇文，柳氏子弟附从柳庆改姓。柳虬在西魏赐姓乙弗，缘由不详。

10 例未及仪同三司者，则为宇文泰的僚佐、部属，获得赐姓主要源自宇文泰的宠信。他们近似附从赐姓者，而非依靠功勋、资劳赐姓，也就不需考虑本人"戎秩"等级。典型者如李贤妻吴氏，因照顾宇文泰子宇文邕、宇文宪，赐姓宇文氏，"养为侄女，赐与甚厚"。[①] 不过，因为宇文泰地位特殊，这些亲信不尽赐姓宇文氏。10 例中，赐姓宇文氏者 5 例，赐其他"虏姓"者 5 例，原因暂不明。[②]

第三，"附从"赐姓 27 例，其中仅 2 例达仪同三司以上，所占比例极低，似为赐姓"戎秩"标准之反例。2 例中，唐瑾先为宇文泰僚佐，"从破沙苑，战河桥，并有功"，后为朝廷文臣，参与政务和"朝章国典"创立，位至骠骑大将军、开府仪同三司，赐姓宇文氏；独孤信有意结交，"愿与之同姓，结为兄弟"，"更赐瑾姓万纽于氏"，可谓附从赐姓的特例。另外 1 例为韦子迁，是因其兄韦孝宽获赐宇文氏而改姓。韦子迁在北魏分裂之际，留于山东，死于北齐，至"周齐和睦，礼送归乡"，"赠仪同三司"，[③] 亦属特例。是故，附从赐姓者，本人"戎秩"不作为赐姓资格，而是跟随父兄、宗主或府主、军将改姓。《周书·文帝纪》载恭帝元年令"所统军人，亦改从其姓"，即"军人"跟随军将改姓。北周令狐整赐姓宇文氏，"宗人二百余户，并列属籍"，[④] 即宗亲附从改姓。[⑤]

"戎秩"未及仪同三司以上赐姓者 25 例，其中 4 例为附从府主改姓，[⑥] 与宇文泰之僚佐、部属赐姓宇文氏性质类似。其余 21 例，皆为附

① 《周书》卷二五《李贤传》，第 417 页。
② 刘雄、王杰、吴氏、岐业、裴鸿等 5 人，赐姓宇文氏；赵伥赐姓尉迟，或依天水赵氏赐姓惯例（赵廓一支亦赐姓尉迟）；其余 4 人，赐姓俟吕陵（韩褒）、乙弗（华绍）、贺兰（裴文举）、叱罗（张羡），或系宇文泰有意增加赐姓的丰富性。
③ 王连龙编撰《南北朝墓志集成》，第 913 页。
④ 《周书》卷三六《令狐整传》，第 643 页。
⑤ 西魏北周宗亲附从改姓范围，似并不一致，有的为赐姓者直系后裔，有的则覆盖兄弟、侄子乃至宗人（例如令狐整）。
⑥ 4 例附从府主改姓如下：李屯、高宾为独孤信部属，樊深为于谨僚属，赵陟为宇文导部将。尤其赵陟赐姓宇文氏，但并非作为宇文泰亲信改姓，而是附从宇文导改姓。

从父兄改姓，而且，除裴玑、崔显玉和石氏外，[①] 其他人父兄“戎秩”皆达仪同三司以上（参见表1，含上文韦子迁）。其中寇和、周宣华稍特别，赐姓在其父亡后。《周书·寇洛传》称：“世宗二年，录勋旧，以洛配享太祖庙庭，赐和姓若口引氏。”[②] 寇和因父“勋旧”赐姓，本质上与附从父兄改姓相同。周宣华父周惠达亡于大统十年，武成元年（559）赐姓宇文氏，亦当为追录父勋。另外，辛乐“以父、叔有大勋，赐为国姓焉”，[③] 表述稍嫌不详，但不排除也是追录父、叔勋功而获赐姓。总之，这些人是以勋臣子弟身份附从父兄改姓，本质上是因功勋、“戎秩”赐姓的延伸，不仅并非赐姓“戎秩”标准之反例，反提供了更多间接证据。

表1 附从父兄赐姓者的父兄“戎秩”一览

序号	附从者	所获赐姓	父兄名字	两人关系	父兄的“戎秩”
1	陆逞	步六孤	陆通	兄弟	开府仪同三司
2	李纶	徒河	李弼	父子	柱国
3	韦揔	宇文	韦孝宽	父子	大将军
4	韦瓘	宇文	韦孝宽	叔侄	大将军
5	韦子迁	宇文	韦孝宽	兄弟	大将军
6	马诞	莫仁	马相	父子	仪同三司
7	杨操	越勤	杨寘	父子	开府仪同三司
8	杨戾	越勤	杨寘	父子	开府仪同三司
9	吕建崇	宇文	吕兴成	叔侄	开府仪同三司
10	郑毗罗	贺兰	郑僧覆	父女	开府仪同三司
11	柳带韦	宇文	柳庆	叔侄	开府仪同三司
12	柳鸿渐	宇文	柳庆	叔侄	开府仪同三司
13	柳逢恩	宇文	柳庆	叔侄	开府仪同三司
14	柳斌	宇文	柳庆	叔侄	开府仪同三司

---

① 裴玑附从其兄裴文举改姓，而裴文举以宇文泰亲信赐姓宇文，“戎秩”未达仪同三司以上；崔显玉，为宇文泰妃、宇文通（宇文泰十二子）母，赐姓乌六浑氏，疑从父兄改姓，但墓志未载其父兄情况；石氏，据墓志，“父，魏司空、兰陵郡公”，“戎秩”不详，但就官职来看，或达仪同三司以上。

② 《周书》卷一五《寇洛传》，第238页。

③ 《乌六浑乐墓志》，王连龙编撰《南北朝墓志集成》，第894页。

续表

序号	附从者	所获赐姓	父兄名字	两人关系	父兄的"戎秩"
15	寇和	若口引	寇洛	父子	开府仪同三司
16	周宣华	宇文	周惠达	父女	仪同三司
17	赵廓	尉迟	赵芬	父子	开府仪同大将军
18	张慈	贺娄	张璨	父子	仪同三司
19	辛乐	乌六浑	孝昌公（名字不详）	父子	开府仪同三司

资料来源：详见附表。

通过以上对西魏—北周赐复"虏姓"的统计分析，足以证实"官族"认定主要依据功勋，而以"戎秩"为基本标准。"戎秩"仪同三司以上者，得以赐姓，成为"官族"。少数例外者，或是西魏早期相关制度尚未完善，或因为属于宇文泰和诸将的亲信、附从而改姓。就此来看，"戎秩"等级是获得"官族"身份的资格依据，而"虏姓"则是"官族"身份的外在标签。

二 "戎秩"阶序与"官族"秩序

西魏—北周的"官族"资格，为"戎秩"仪同三司以上。然而，从赐复"虏姓"的时间来看，不乏"戎秩"高者晚于低者的现象，比如柱国赵贵、李虎、李弼，获得赐姓即比不少开府、仪同晚（参见附表）。这难免令人产生疑问：他们为大将军或开府、仪同时，为何未获赐姓？当时是否已列入"官族"？"戎秩"等级不同者，"官族"等第是否存在差异？

要解答上述疑问，必须先理清一个关键问题：作为一类官阶，"戎秩"即"柱国—大将军—开府—仪同"阶序的形成时间。在此基础上，我们才能确认"官族"认定的时间，以及"戎秩"阶序与"官族"秩序的关系。西魏"戎秩"包括柱国、大将军、开府和仪同四级，来源并不一致：柱国，自北魏末设置以来，即为"酬赏勋功的散官性质"；大将军本为职事官，但北魏末逐渐散官化；开府和仪同，本来就是散官。① 它们何时告别散官或职事官性质，组成单独一类官阶序列？陈苏镇指出，"宇文泰建立府兵制度，便采用了这些名号"。② 宇文泰采用柱国、大将军、开府、仪同作为府兵军将军号，并确立了位阶等级和督统关系，令这四个不同来源的名号组成一套不同于散官和将军号的单独官阶序列。可以说，府兵制推动了柱国、大将军、开府和仪同阶序化，形成"戎秩"。唐长孺考证府兵组织系统正式确立在大统十六年，③ 基本得到学界赞同。④ "戎秩"四级阶序确立，当亦在大统十六年或稍前。

需指出的是，除府兵军号外，还存在所谓"散秩"。西魏"散秩"与府兵军号相同，只是"无所统御"（不统府兵），⑤ 但同样用于奖赏功勋或资劳，标识官员等级。至西魏废帝三年（554）春正月，"始作九命之典，以叙内外官爵"。⑥ 由是，"戎秩"阶序更加清晰，柱国和大将军为正九命，开府和仪同为九命。⑦

那么，"官族"认定起于什么时候？上引《北史·西魏文帝纪》《周书·文帝纪》载西魏大统十五年和恭帝元年（554）两次赐复"虏姓"，是西魏姓族政策推行的两次标志性事件。大统十五年"初诏诸代人太和中改姓者，并令复旧"，与"戎秩"阶序确立时间相近；恭帝元年再次赐

① 〔日〕滨口重国：《西魏时期的二十四军与仪同府》，刘俊文主编《日本学者研究中国史论著选译》第 4 卷，夏日新等译，中华书局，1992，第 185~187 页。

② 陈苏镇：《北朝隋唐的散官与勋官》，《两汉魏晋南北朝史探幽》，第 199 页。

③ 唐长孺：《魏周府兵制度辨疑》，《魏晋南北朝史论丛》，中华书局，2011，第 250~255 页。

④ 参见吕春盛《关陇集团的权力结构演变：西魏北周政治研究》，第 66 页。

⑤ 《周书》卷一六《赵贵独孤信侯莫陈崇列传》"史臣曰"，在列述府兵八柱国、十二大将军后讲道："此后功臣，位至柱国及大将军者众矣，咸是散秩，无所统御。"（第 271~273 页）可知"散秩"为不统府兵之"戎秩"位阶。不过，"散秩"并非府兵制确立后渐次出现的，而是在府兵制确立之际即已存在。吕春盛曾统计大统十六年开府仪同三司共 31 人（吕春盛：《关陇集团的权力结构演变：西魏北周政治研究》，第 72~85 页），多于府兵二十四开府，其中显然已存在"散秩"者。

⑥ 《周书》卷二《文帝纪下》，第 34 页。

⑦ 北周建德四年，将柱国、大将军、开府、仪同由 4 级增成 8 级，所改仅为"散秩"，而府兵军号仍旧。至此，"戎秩"（"散秩"）与府兵军号在形式上亦出现不同。参见陈苏镇《北朝隋唐的散官与勋官》，《两汉魏晋南北朝史探幽》，第 200 页。

复"虏姓"，则与"作九命之典"在同一年份而稍晚。① 上文指出"戎秩"是认定"官族"之标准，两次赐复"虏姓"与"戎秩"确立、变化时间相近，恐非巧合，当视作宇文泰集团按一定计划推行的结果。

大统十五年，首次下诏赐复"虏姓"。就笔者统计数据来看，自大统十五年开始，赐姓进入高峰期，当即"官族"认定推行之表现。《周书·于寔传》的一段记载，展现出宇文泰对诸将"戎秩"的安排，也透露出"官族"认定当始自大统十五年（括号中的文字为笔者所加）：

> 是岁（大统十四年），太祖（宇文泰）与魏太子西巡，寔时从。太祖刻石于陇山之上，录功臣位，以次镌勒，预以寔为开府仪同三司。至十五年，方授之。②

宇文泰刻石陇山，"录功臣位，以次镌勒"，不仅拟定大统十四年时的功臣位次，还做了预期安排，次年"方授之"。此事发生于府兵制确立略前，表明宇文泰等在设计府兵制度时，已预先安排诸将"戎秩"。唐长孺注意到大统十三年至十五年，赵贵、李弼、独孤信、李虎、于谨、侯莫陈崇等升迁或超迁至柱国，大统十六年宇文导、侯莫陈顺、达奚武、李远、豆卢宁、宇文贵、贺兰祥、杨忠等同授大将军；③ 吕春盛的研究也显示出诸将拜开府和仪同，多在大统十三年至十六年。④ 从于寔之例来看，大统十四年"录功臣位"，很可能已拟定柱国、大将军、开府、仪同的次序，至十五年、十六年方授之，以便构建府兵组织系统。拟定功臣位次和稍后升迁"戎秩"，不仅为府兵制推行奠定了基础，也为十五年"初诏"赐复"虏姓"、认定"官族"提供了依据。是故，西魏政权，或者说宇文泰集

① 西魏"作九命之典"在废帝三年正月，而恭帝之立，《周书·文帝纪》记在当年四月，《北史·西魏恭帝纪》《资治通鉴》则记于正月。再次赐复"虏姓"，《周书·文帝纪》未详具体月份，附记于当年之末，而《资治通鉴》记于恭帝之立当月。参见《资治通鉴》卷一六五《梁纪》"元帝承圣三年"，第5111页。
② 《周书》卷一五《于寔传》，第251页。
③ 唐长孺：《魏周府兵制度辨疑》，《魏晋南北朝史论丛》，第254页。
④ 吕春盛：《关陇集团的权力结构演变：西魏北周政治研究》，第84、99页。

团，以"戎秩"为标准来认定"官族"，计划当萌发于大统十四年，至大统十五年、十六年始推行。

至于大统十五年前，赐姓的主要目的是拉拢汉人官僚，整合不同人群，① 而非认定"官族"。赵贵、李虎、李弼等人，在大统十五年前未赐"虏姓"，即因当时尚未推行"官族"认定，不是非赐姓不可。不过，这些早期赐姓案例，为大统十五年后构建一套以"虏姓"为外在形式的"官族体制"奠定了基础。

恭帝元年再次下诏赐复"虏姓"，又该如何理解？从史料记载来看，恭帝元年再次赐复"虏姓"，较诸大统十五年的"初诏"，有两点明显发展。第一，《资治通鉴》称恭帝元年"复姓拓跋氏，九十九姓改为单者，皆复其旧"，② 明确指出西魏皇室复姓拓跋氏。这意味着恭帝元年赐复"虏姓"，较诸此前，覆盖面更广，推行也更彻底、更完备。第二，《周书·文帝纪》称"至是，以诸将功高者为三十六国后，次功者为九十九姓后"，"至是"二字透露出此前尚未如此推行。这表明恭帝元年赐复"虏姓"，正式确立了"官族"等级秩序，评定出"国""姓"二级。

"官族"等级秩序可能早就存在。大统十四年"录功臣位，以次镌勒"，显示出不同等级"戎秩"者的地位差异。"官族"等级，起初可能即按"戎秩"分为四级。至恭帝元年，"以诸将功高者为三十六国后，次功者为九十九姓后"，"官族"才正式评定为"国""姓"二级。"国"和"姓"分别对应"功高者"和"次功者"，实质也是"戎秩"等级之别。问题在于，如何界定"功高者"和"次功者"的"戎秩"等级？

雷家骥曾"怀疑大统十六年之十二大将军与二十四开府将军即是三十六国（部落）的组合，其下的仪同府等即为九十九姓（氏族）的组合"。③ 西魏府兵高级将领，包括八柱国、十二大将军、二十四开府和九

---

① 参见苏航《"汉儿"歧视与"胡姓"赐与——论北朝的权利边界与族类边界》，《民族研究》2018 年第 1 期。

② 《资治通鉴》卷一六五《梁纪》"元帝承圣三年"，第 5111 页。

③ 雷家骥：《略论魏周隋之间的复古与依旧——一个胡汉统治文化摆荡改移的检讨》，《中国中古史研究》第 9 期，台北：兰台出版社，2009，第 111 页。

十六仪同。① 就功勋高下而言，大将军和开府确为"功高者"，而仪同为"次功者"，数目也与"三十六国""九十九姓"大体相当。倘这一推论成立，八柱国似可比拟拓跋鲜卑"八氏十姓"。② 陈寅恪即称"八柱国者，摹拟鲜卑旧时八国即八部之制者也"，"拓跋族在塞外时，其宗主为一部，其余分属七部，共为八部"。③

上述推论中，"戎秩"与"官族"在等级和数目上似都能对应得上，但并非没有问题。首先，在"戎秩"等级上，大将军与开府仪同三司，无论作为府兵军将还是"散秩"位阶，都存在明显差距，似不大可能定为同一"官族"等级。其次，府兵军将数目虽与"八氏十姓""三十六国""九十九姓"大体相当，但"散秩"仪同三司以上者，同样列入"官族"，无疑会超出这一数目。再次，上文指出"官族"等级的正式认定发生在恭帝元年，当时宇文护、尉迟迥、窦炽、尉迟纲、史宁等已升大将军，大将军至少达 15 人，④ 开府、仪同的人员和数目变化恐怕更甚，这令"戎秩"与官族在数目对应上难度更大。最后，拓跋鲜卑的"八氏十姓"并未断绝，其后裔在西魏—北周不乏仍用这一身份来夸耀门庭者，⑤ 倘将八柱国比作"八氏十姓"，与其后裔无疑存在身份上的冲突。

以上是从逻辑和情理上对此前假说提出的怀疑，更关键的是，一些材

---

① 仪同三司数目，存在四十八和九十六两种说法，滨口重国、谷霁光等持九十六仪同说。《邺侯家传》称府兵"初置府，不满百"，《资治通鉴》称西魏府兵"合为百府"。"百府"当即仪同府，与九十六仪同大体相当。参见王应麟辑《玉海》卷一三七《兵制三》引《邺侯家传》，广陵书社，2016，第 2601 页；《资治通鉴》卷一六三《梁纪》"简文帝大宝元年"，第 5059 页；〔日〕滨口重国《西魏时期的二十四军与仪同府》，刘俊文主编《日本学者研究中国史论著选择》第 4 卷，第 197～206 页；谷霁光《府兵制度考释》，中华书局，2011，第 45～48 页。

② 《魏书·官氏志》载，在献帝邻时，拓跋鲜卑"七分国人，使诸兄弟各摄领之，乃分其氏"，加上献帝叔父之胤乙旃氏和疏属车焜氏，是为"八氏十姓"，又称"帝之十族"。参见《魏书》卷一一三《官氏志》，中华书局，2017，第 3266 页。

③ 陈寅恪：《隋唐制度渊源略论稿·唐代政治史述论稿》，三联书店，2015，第 140～141 页。

④ 参见吕春盛《关陇集团的权力结构演变：西魏北周政治研究》，第 159 页。

⑤ 庾信撰《丘乃敦崇传》《长孙俭神道碑》叙述祖源，即标榜丘氏（丘乃敦氏）、长孙氏为"十姓"之一。参见庾信撰，倪璠注《庾子山集注》卷一一《传》，第 660 页；同书卷一三《碑》，第 812 页。

料提供了直接反证。《周书·独孤信传》曰："魏氏之初，有三十六部，其先伏留屯者，为部落大人，与魏俱起。"[1] 显然，独孤氏被视作"三十六部"（即"三十六国"）之一，而独孤信正是西魏八柱国之一。又《周书·文帝纪》记叙宇文氏先世："其俗谓天曰宇，谓君曰文，因号宇文国，并以为氏焉。"[2] 这当是北周官方说法，"宇文国"一说，表明宇文氏也被定为"三十六国"。以上两条，可证八柱国之"官族"当为"国"级。隋代《耿雄墓志》曰："公有世功之贵，兼为一姓之重，授车骑大将军、仪同三司"。[3] 耿雄为耿豪子，耿豪于大统十五年"赐姓和稽氏，进位侍中、骠骑大将军、开府仪同三司"。[4] "一姓之重"，表明和稽氏应为"姓"级。其"官族"等级认定，当据耿豪之"戎秩"。这似可作为开府对应"姓"级之证明。以上材料，表明柱国"官族"对应"国"级，开府对应"姓"级，与上述假说明显相悖。

事实上，从上引材料来看，"以诸将功高者为三十六国后"，更可能限定为柱国和大将军，"次功者为九十九姓后"，则指开府仪同三司和仪同三司者。开府和仪同明确对应"九十九姓"的材料较少，但大将军与"三十六国"对应，可略做补充。《贺兰祥墓志》曰："魏氏南徙，有卅六国，贺兰国第四焉。"[5] 贺兰祥在大统十六年至恭帝元年，皆为大将军，大将军"官族"当为"国"级。《尉迟运墓志》曰："始祖吐利，封尉迟国君，从魏圣武南迁，因以国命氏。"[6] 尉迟运为尉迟纲子、尉迟迥侄，大统十六年府兵制确立之际，尉迟纲和尉迟迥皆为开府仪同三司，但同年稍后尉迟迥即升大将军，废帝二年尉迟纲升大将军。恭帝元年，认定"官族"等级，尉迟氏当以大将军参评，亦可证大将军"官族"为"国"级。柱国和大将军对应"三十六国"，开府和仪同对应"九十九姓"，恰

---

① 《周书》卷一六《独孤信传》，第263页。

② 《周书》卷一《文帝纪上》，第1页。

③ 周晓薇、王其祎：《贞石可凭：新见隋代墓志铭疏证》，科学出版社，2019，第155页。

④ 《周书》卷二九《耿豪传》，第495页。

⑤ 王连龙编撰《南北朝墓志集成》，第870页。

⑥ 王连龙编撰《南北朝墓志集成》，第953页。

与稍前西魏废帝三年"作九命之典"中"戎秩"四级的命数相符。在西魏九命秩序中，柱国和大将军为正九命，而开府和仪同为九命。就命数来看，前者正是"功高者"，后者正是"功次者"。这一对应模式（见表 2）更符合以"戎秩"为核心的"官族"秩序设计。

表 2　西魏"戎秩"与官族等第对应模式

命数	戎秩	功勋	官族
正九命	柱国	功高者	三十六国
	大将军		
九命	开府仪同三司	次功者	九十九姓
	仪同三司		

当然，上述对应模式在数目上也不大可能完全相符，尤其开府和仪同数目总和，应大于 99。不过，所谓"三十六国""九十九姓"之数目，恐怕是一种理想模式，似不必苛求。另外，同姓宗亲（尤其兄弟、父子、叔侄），不止一人"戎秩"达仪同三司以上，列入"官族"，当依"戎秩"高者确定本族"官族"等级。这会令开府、仪同对应之"姓族"不至超出 99 太多，或有助于协调诸将与官族数目的对应。

简言之，西魏大统十四年，"录功臣位，以次镌勒"，已拟定诸勋将"戎秩"和位次，十五、十六年正式授予；十五年，"初诏"赐复"虏姓"，开始认定"官族"；十六年，府兵制确立，"戎秩"阶序正式形成；恭帝元年，再次赐复"虏姓"，以"虏姓"为外在形式的"官族"认定全面推行，评定为"国""姓"二级："戎秩"为柱国、大将军者，对应"三十六国"；"戎秩"为开府、仪同者，对应"九十九姓"。

西魏—北周以"戎秩"为标准，认定"官族"，建立起一套看似回归拓跋鲜卑旧貌的姓族体制，可称作"官族体制"。朴汉济谓西魏—北周"官族""赋予其子孙以特定的官职为起家资格"。[1] 可以说，西魏—北周

---

① 〔韩〕朴汉济：《西魏北周的赐姓与乡兵的府兵化》，《历史研究》1993 年第 4 期。

的"官族"，一定程度上呈现门阀化、贵族化倾向。"官族体制"以"戎秩"为核心，而后者恰是西魏—北周勋贵身份地位的标志。陈苏镇指出，"戎秩"是"关陇贵族的门第标志"，"功臣权贵子弟亦得以父勋授戎秩，且大多初授便为开府或仪同"。① 顾江龙进一步提出西魏、周、隋勋官具有"本品"地位，"是一切礼仪、待遇的决定标准"，勋贵子孙门荫起家，"世子初授勋官"一般低于其父三等，非世子则"要比世子低一等"，勋贵妻、母封夫人号，亦依据其夫、其子之勋官。② "戎秩"作为西魏—北周官员"本品"，赋予了"官族"门阀色彩。大统十六年，八柱国即已成为西魏—北周门阀的代表，至唐"称门阀者，咸推八柱国家"。③ 上引《耿雄墓志》也称耿雄因"一姓之重"，被授予相应"戎秩"，亦体现了"官族"的"门阀性"。

不过，西魏—北周"官族体制"与北魏以来的门阀体制相比，存在较大差异。北魏太和年间分定姓族，包括评定汉人郡姓和代人姓族。所谓郡姓，即一郡之著姓，由"郡望＋姓氏"构成。北魏评定各郡郡姓，包括膏粱、华腴和甲、乙、丙、丁四姓；④ 代人家族则比照汉人郡姓，定为"姓"或"族"；⑤ 而迁洛代人改汉姓，"悉为河南洛阳人"，⑥ 亦呈现郡姓化趋势。至西魏—北周评定"官族"，无论虏、汉姓族，通过赐复"虏姓"，基本皆用"虏姓"，昔日郡姓身份不复存在。更关键的是，西魏—北周评定"官族"与北魏分定姓族，在评定标准上存在着变化。北魏分定姓族，主要依据当朝三世官爵；⑦ 而西魏—北周评定"官族"，则以本人"戎秩"等级为标准，个别人会追述其父兄"戎秩"，表明了对军功的认可。

---

① 　陈苏镇：《北朝隋唐的散官与勋官》，《两汉魏晋南北朝史探幽》，第207～208页。

② 　顾江龙：《周隋勋官的"本品"地位》，武汉大学中国三至九世纪研究所编《魏晋南北朝隋唐史资料》第26辑，武汉大学文科学报编辑部，2010，第76～102页。

③ 　《周书》卷一六《赵贵独孤信侯莫陈崇列传》，第272页。

④ 　《新唐书》卷一九九《儒学·柳冲传》，中华书局，1975，第5678页。

⑤ 　《魏书》卷一一三《官氏志》，第3274～3275页。

⑥ 　《魏书》卷七下《高祖纪下》，第211页。

⑦ 　唐长孺：《论北魏孝文帝定姓族》，《魏晋南北朝史论拾遗》，中华书局，2011，第80～82页。

吕春盛提出："西魏虽不重视旧门第，但因重视军功，久之亦形成以府兵将领为主体的新军阀集团，亦即新门阀贵族。"① 其实，西魏—北周"官族"与其说是"门阀贵族"，不如说是"军功贵族"。"官族"身份由军功决定，打破了原本的士庶之别，实质是对北魏以来门阀制度的破坏。

三 "官族"确认与谱录撰述

西魏—北周的"官族体制"，以"戎秩"为内核，而以"虏姓"为外在形式。但这并不意味着"虏姓"不重要，相反，"虏姓"是"官族"身份的重要标志。正如研究者指出的，西魏—北周"将鲜卑姓氏包装为一种政治荣誉和政治待遇"。② 更关键的是，西魏—北周赐复"虏姓"，以诸将勋臣为所谓拓跋鲜卑"三十六国""九十九姓"之后，确定"官族"等级。但这并非简单比附，而是伴随着家族记忆重塑和谱录撰述。

《隋书·经籍志》"史部谱系篇"曰：

> 后魏迁洛，有八氏十姓，咸出帝族。又有三十六族，则诸国之从魏者；九十二姓，世为部落大人者，并为河南洛阳人。其中国士人，则第其门阀，有四海大姓、郡姓、州姓、县姓。及周太祖入关，诸姓子孙有功者，并令为其宗长，仍撰谱录，纪其所承。又以关内诸州，为其本望。③

针对"周太祖入关"云云，陈寅恪认为此"实专指汉人而言"，即山东、河北汉人诸将入关"以关内诸州，为其本望"，例如李虎号称陇西李氏，

---

① 吕春盛：《关陇集团的权力结构演变：西魏北周政治研究》，第65页。
② 李宗俊：《论北朝鲜卑姓氏的三次改易——从〈拓跋昇墓志〉谈起》，《中国边疆史地研究》2021年第3期。
③ 《隋书》卷三三《经籍志二》，第1119页。

并撰述谱录予以确认。① 陈寅恪侧重从改关中郡望的角度，论证关陇集团的形成。不过，似未见李虎、杨忠等自居陇西李氏、弘农杨氏之"宗长"。揣摩《隋书·经籍志》之说，"诸姓子孙有功者，并令为其宗长"，似非指汉人入关后，以关内诸州为本望，撰谱录冒认攀附著姓之"宗长"。从《隋志》记叙来看，"功"是成为"宗长"之必要条件，与"官族"标准是一致的。所谓"诸姓子孙有功者，并令为其宗长"，当即"以诸将功高者为三十六国后，次功者为九十九姓后"，"其"为拓跋鲜卑姓族。王兴振提出西魏—北周"赐姓政策由'功'落实到'谱录'"，② 即将《隋书·经籍志》所载视作赐姓结果。

关于赐姓后成为所赐之姓"宗长"，墓志提供了一些例证。北周《贺屯植墓志》曰：

> 太祖文皇帝以公忠效累彰，宜加旌异，爰命史官，赐姓贺屯氏。时推姓首，寔主宗祀。③

贺屯植，本姓侯，"时推姓首，寔主宗祀"表明他已经成为贺屯氏的宗长。再如夏侯忠，"赐姓达奚氏，以为姓头，进爵为公"；④ 马相，"器宇渊弘，显居望首，锡姓莫仁，树为宗主"。⑤ "姓头""宗主"，即相当于"姓首""宗长"。是故，"撰谱录，纪其所承"，是把诸将与拓跋鲜卑姓族的宗亲或拟宗亲关系，用"谱录"形式记述下来。

---

① 陈寅恪：《隋唐制度渊源略论稿·唐代政治史述论稿》，第 195 页。另可参见陈寅恪《李唐武周先世事迹杂考》，《金明馆丛稿二编》，三联书店，2015，第 312 页。
② 王兴振：《墓志的史相：基于魏周赐姓书写的考察》，苍铭主编《民族史研究》第 12 辑，第 176 页。
③ 王连龙编撰《南北朝墓志集成》，第 874 页。
④ 《达奚忠墓志》，王连龙编撰《南北朝墓志集成》，第 915 页。达奚忠，墓志未载本姓，但从墓志叙述先世事迹、官爵，可推测其姓夏侯。参见王哲《北周〈达奚忠墓志〉再考》，西安碑林博物馆编《碑林集刊》第 22 辑，三秦出版社，2016，第 72~76 页。
⑤ 《莫仁相墓志》，王连龙编撰《南北朝墓志集成》，第 945 页。

拓跋鲜卑早期"统国三十六，大姓九十九"的具体情况，[①] 早已不见详载，《魏书·官氏志》亦不能加以确认。西魏—北周赐复"虏姓"，只能"数祖而无典"，所赐"虏姓"，不少不见于《魏书·官氏志》，恐非拓跋鲜卑姓族。[②] 不过，人们选择历史记忆不在于符合历史，而在于维护自身利益，为此或选择、遗忘甚至伪造历史。[③] 西魏—北周赐复"虏姓"，意在建立一种混合胡、汉的军功贵族制，历史真实性不是他们关心的内容，甚至可能对"三十六国""九十九姓"重新编排。上引《贺兰祥墓志》所称的"魏氏南徙，有卅六国，贺兰国第四焉"，当属西魏—北周时的人为编排。西魏—北周重建"三十六国""九十九姓"，虽不符合拓跋鲜卑本貌，但需通过"撰谱录"，将西魏—北周的"官族"与拓跋鲜卑姓族连接起来，以明确诸将勋臣的"官族"身份。

在西魏—北周诸将勋臣中，来自迁洛代人的家族与拓跋鲜卑姓族可能存在真实血缘关系，比如长孙兕家族。其余家族与拓跋鲜卑姓族的血缘关系并不明确。获赐"虏姓"的汉人或氐羌，显然与拓跋鲜卑无涉。北镇或代地的"虏姓"诸将，亦不乏出自高车等其他胡族，而非拓跋鲜卑旧姓族者；即便出自拓跋鲜卑者，可能也不在北魏定代人姓族之列，系"三十六国""九十九姓"旁支。[④] 是故，西魏—北周认定"官族"，承继拓跋鲜卑姓族，"仍撰谱录，纪其所承"，往往重塑甚至伪造家族谱系。

获赐"虏姓"者往往编排谱系，将自家塑造成拓跋鲜卑姓族后裔。比如韩褒，赐姓俟吕陵氏。[⑤] 俟吕陵氏，或作"俟吕邻氏"。《元和姓纂》

---

① 《魏书》卷一《序纪》，第 1 页。

② 马长寿：《乌桓与鲜卑》，广西师范大学出版社，2006，第 275 页。

③ 参见罗新《遗忘的竞争》，《有所不为的反叛者》，上海三联书店，2019，第 25~50 页。

④ 北魏分定代人姓族，五服以内"支亲""微有一二世官者""亦入姓族"，"五世已外，则各自计之，不蒙宗人之荫"（《魏书》卷一一三《官氏志》，第 3275 页）。是故，代人宗族不同房支未必皆入"姓族"。居代地或北镇者，往往姓族等级较低，甚至未入姓族。北魏后期代人房分"在镇者便为清途所隔"（《魏书》卷一八《太武五王列传·广阳王建传附孙深（渊）传》，第 498 页），可能与此有关。

⑤ 《周书》《北史》本传作"俟吕陵氏"，但据《俟吕陵褒（韩褒）墓志》可知，当为"俟吕陵氏"，"俟"字讹误。参见《周书》卷三七《韩褒传》，第 660 页；《北史》卷七〇《韩褒传》，第 2415 页；王连龙编撰《南北朝墓志集成》，第 897 页。

曰："俟吕邻，改为吕氏。"① 《通志·氏族略》曰："俟吕陵氏，改为吕氏。周赐韩褒姓俟吕陵。"② 据此，俟吕陵氏显非韩褒家族旧姓。然《俟吕陵褒（韩褒）墓志》曰：

> 俟吕陵，国姓，出自漠北匹也头辱纥酋长之胄焉。魏并州刺史、北平公斤曾孙，魏泾州刺史、安定公璟孙，魏大都督、河州金城郡守、长乡子演仲子，魏灵泾东秦三州刺史、仪同三司、彭城伯惠公悦长弟。③

所谓"国姓"，即拓跋鲜卑"三十六国""九十九姓"。墓志显然将韩褒家族视作俟吕陵氏后裔，即"匹也头辱纥酋长之胄"。然墓志载韩褒先世，不无可讨论之处：墓志载韩褒祖璟、父演，见于《周书》《北史》本传；而韩褒曾祖"魏并州刺史、北平公斤"，却不无疑问。在《元和姓纂》《新唐书·宰相世系表》《古今姓氏书辩证》中，韩褒高祖被追溯为北魏鲁阳侯韩延之。④ 照此说，"北平公斤"为韩延之子。⑤ 然考《魏书》《北史》之《韩延之传》，韩延之子嗣并无"韩斤"。⑥ 《元和姓纂》《新唐书·宰相世系表》《古今姓氏书辩证》之说，不排除是唐代韩氏家族追溯，未必属实，但至少表明，唐代韩氏谱系记忆中没有"北平公斤"一代。"北平公斤"的名讳具有较强的北族色彩，似与

---

① 林宝：《元和姓纂》卷六"俟吕邻"姓条，岑仲勉校记，中华书局，1994，第850页。

② 郑樵：《通志二十略·氏族略五》"俟吕邻氏"条，王树民点校，中华书局，1995，第185页。

③ 王连龙编撰《南北朝墓志集成》，第897页。

④ 林宝：《元和姓纂》卷四"韩"姓条，第483页；《新唐书》卷七三上《宰相世系表三上》，第2854页；邓名世：《古今姓氏书辩证》卷八"韩"姓条，王力平点校，江西人民出版社，2006，第118页。

⑤ 宋婷即持此说，参见氏著《新出土北周〈三水贞公墓志〉补正韩褒传》，《文献》2015年第2期。

⑥ 《魏书》卷三八《韩延之传》，第973～974页；《北史》卷二七《韩延之传》，第986页。

韩氏汉人身份不符，其爵位北平公，与子"安定公瓛"亦存在矛盾。疑"北平公斤"实为俟吕陵氏，而非韩氏，是韩褒获赐姓氏后，将自家谱系与北魏俟吕陵氏嫁接起来的结果。韩褒之子的《韩恒贵墓志》、其孙的《韩仲良碑》皆未提及"北平公斤"，仅追溯至韩演；① 唐代韩氏谱系（《元和姓纂》《新唐书·宰相世系表》）也不载"北平公斤"。盖韩氏恢复汉姓后，不再将"俟吕陵斤"视作自家先祖。②

北镇和代地"虏姓"诸将也会嫁接谱系，以将自家与北魏所定代人姓族联系起来，西魏"八柱国"之一的于谨家族堪称典型。于谨家族为鲜卑万纽于氏，但与北魏"勋臣八姓"之一的于栗磾家族并非一支。从北魏定姓族角度来讲，于谨家族属于万纽于氏旁支，但是，于谨家族将于谨的高祖于天恩塑造成于栗磾之孙、于洛跋之子，与于栗磾家族谱系嫁接起来，以示为万纽于氏正胤。③

此外，一些"虏姓"家族或许未伪造或重构谱系，但强调本氏族与拓跋氏的关系，以示同样位于"三十六国""九十九姓"之列。例如《周书·贺拔胜传》称"其先与魏氏同出阴山。有如回者，魏初为大莫弗"；《周书·独孤信传》称"魏氏之初，有三十六部，其先伏留屯者，为部落大人，与魏俱起"；《周书·侯莫陈崇传》称"其先，魏之别部，居库斛真水"；《周书·贺兰祥传》称"其先与魏俱起，有纥伏者，为贺兰莫何弗，因以为氏"；《周书·叱列伏龟传》称"世为部落大人。魏初入附，遂世为第一领民酋长"；《周书·尉迟迥传》称"其先，魏之别种，号尉迟部，因而姓焉"。④

---

① 《韩恒贵墓志》，转引自周晓薇、王其祎《贞石可凭：新见隋代墓志铭疏证》，第 280 页；《韩仲良碑》，王昶：《金石萃编》卷五○，上海古籍出版社，2020，第 832 页。

② 韩仲良之子韩瑗为唐高宗时宰相，倘"北平公斤"确为韩氏先祖，在唐代韩氏谱系中，似不当缺位。

③ 详见陈鹏《嫁接世系与望托东海——北周隋唐虏姓于氏谱系建构之考察》，苍铭主编《民族史研究》第 12 辑，第 178~187 页。

④ 《周书》卷一四《贺拔胜传》，第 215 页；同书卷一六《独孤信传》，第 263 页；同书卷一六《侯莫陈崇传》，第 268 页；同书卷二○《贺兰祥传》，第 335 页；同书卷二○《叱列伏龟传》，第 341 页；同书卷二一《尉迟迥传》，第 349 页。

简言之，西魏—北周诸将勋臣获得"官族"身份后，撰述谱录，重塑谱系，将自家与拓跋鲜卑姓族，特别是与北魏太和年间所定的代人姓族连接起来，从而强化了自家的"官族"身份和历史渊源。上引《贺屯植墓志》称"爰命史官，赐姓贺屯氏"，可见撰编"谱录"的工作很可能是由史官负责的。赐姓"必须经过史官的备案"，① "官族"身份亦需通过"撰谱录"才能得到确认，换言之，这是官方主持下集体性历史记忆和谱系的虚造。

除纵向谱系嫁接之外，赐复"虏姓"也令诸将谱系发生横向同姓联结。韩国学者朴汉济提出，西魏—北周利用游牧民族特有的"对宗谱的记忆丧失症"（genealogical amnesia），"通过赐姓捏造出一个宗谱，使新构成的集团成员均认同一祖先"。② 这点在北周宗室宇文氏上表现得尤为显著。比如北周宇文猛的姓氏源于赐姓，但被皇室视作"宗室勋旧"。③ 再如荥阳郑氏之郑常，"赐姓宇文，与国同乘之荣；周之宗盟，非复异姓之后"；④ 郑孝穆女《郑氏墓志》曰"籍连帝谱，既同磐石"，⑤ 盖郑孝穆"赐姓宇文氏"。⑥ 西魏末，宇文泰令丞相府右长史宇文测"详定宗室昭穆远近，附于属籍"，⑦ 曾编撰宇文氏宗谱，或已包含宇文泰疏属和赐姓者；周武帝时，敕鲍宏"修《皇室谱》一部，分为《帝绪》《疏属》《赐姓》三篇"，⑧ 则明确包括赐姓宇文氏者。可见，赐姓宇文氏者，在西魏—北周时期是被官方视作宇文氏宗室的。所谓"帝谱""属籍""皇室谱"，亦即宇文氏之"谱录"。

---

① 李文才：《试论西魏北周时期的赐、复胡姓》，《民族研究》2001 年第 3 期。
② 〔韩〕朴汉济：《西魏北周赐姓与乡兵的府兵化》，《历史研究》1993 第 4 期。另可参见〔韩〕朴汉济《西魏北周时代胡姓的重行与胡汉体制》，《北朝研究》1993 年第 2 期。
③ 王连龙编撰《南北朝墓志集成》，第 878 页。
④ 《郑常墓志》，王连龙编撰《南北朝墓志集成》，第 1008 页。
⑤ 王连龙编撰《南北朝墓志集成》，第 906 页。墓志称郑氏祖琼，父穆，当即北周郑孝穆之女。
⑥ 《周书》卷三五《郑孝穆传》，第 610 页。
⑦ 《周书》卷二七《宇文测传》，第 454 页。
⑧ 《隋书》卷六六《鲍宏传》，第 1736 页。

当然，赐姓宇文氏或有一定特殊性，但证据表明，赐复其他相同"虏姓"者，很可能也结为宗亲。最典型的案例，即于谨愿与唐瑾同姓，"结为兄弟"，唐瑾得以赐姓万纽于氏。《周书·唐瑾传》曰（括号内容为笔者所加）：

> （唐）瑾乃深相结纳，敦长幼之序；（于）谨亦庭罗子孙，行弟侄之敬。①

于谨复姓万纽于氏，唐瑾赐姓万纽于氏，结为同姓兄弟，子孙"行弟侄之敬"，可见相同"虏姓"者结成宗亲，不仅停留于谱系上。北周末年，杨坚主政，以静帝名义发布的诏书提及赐姓弊端："不歆非类，异骨肉而共烝尝；不爱其亲，在行路而叙昭穆。"② 这正是赐姓之后旧的宗族关系被打破、新的姓族关系得以确立的表现。必须指出的是，横向的同姓联结，本质上仍是纵向谱系嫁接的产物。盖"虏姓"相同者，上溯谱系，先世必会出现交叉点，从而建立起宗亲关系。

综上，西魏—北周在赐复"虏姓"、认定"官族"后，会通过"撰谱录"的形式确认"官族"身份，并通过追溯谱系呈现其与所赐"虏姓"的承继关系。为此，"谱录"中不乏建构和虚造的成分。

结　语

西魏—北周依据"戎秩"等级，认定"官族"，建立了以"虏姓"为外在形式的姓族体制。其"官族"认定，大体经历如下步骤：建立或积累功勋→达到"戎秩"仪同三司以上→（赐复"虏姓"）→认定"官族"，评定等级→撰述"谱录"。其中赐复"虏姓"一步，对于原使用汉姓者颇为重要，对于本即使用"虏姓"者，则非必要。西魏—北周认定

---

① 《周书》卷三二《唐瑾传》，第 564 页。
② 《周书》卷八《静帝纪》，第 135 页。

"官族"，实际上确立了一个军功贵族集团，即陈寅恪所谓"关陇集团"。① 这一做法将武川勋将、入关大族、关中著姓、关陇氐羌豪强等皆整合进西魏国家体制，成为日后北周灭齐的政治基础。②

西魏—北周"官族体制"作为一种新的门阀制度，较北魏门阀制度变化巨大，打破了传统门阀制度的士庶之别。"官族"身份及其等级，对当朝官品（"戎秩"）的依赖性更强，或者说其官僚性更强，而且，"官族"以"戎秩"为标准，门第具有不稳定性。首先，列入"官族"者，自身"戎秩"可能会升降；其次，"官族"子弟虽然往往初授即为开府或仪同，但能否达到父辈"戎秩"则未可知；最后也是最关键的，"散秩"逐渐增加，"位至柱国及大将军者众矣"，造成"戎秩"贬值。这些对最初认定的"官族"等级无疑会造成冲击。北周建德四年，将柱国、大将军、开府、仪同四级"戎秩"，增至上柱国、柱国、上大将军、大将军、上开府、开府、上仪同、仪同等共八级，③ 这一调整无疑也会冲击原本的"官族体制"。

至周、隋之际，传统门阀制度呈现回归趋势。唐代谱学家柳芳曰："周建德氏族以四海通望为右姓；隋开皇氏族以上品、茂姓则为右姓。"④"建德氏族""开皇氏族"似不再以"戎秩"为标准，这可能是为了适应北方统一和南北统一形势的需要。在周静帝时期，杨坚主持恢复汉姓，⑤以"虏姓"为外在形式的北周"官族体制"自然瓦解。周、隋之际的谱牒编撰，反映了北魏以来郡姓评定的回归。⑥

不过，西魏—北周姓族体制，对隋代以降门阀制度、氏族政策并非没

---

① 陈寅恪：《隋唐制度渊源略论稿·唐代政治史述论稿》，第198页；万绳楠整理《陈寅恪魏晋南北朝史讲演录》，贵州人民出版社，2007，第262~272页。

② 参见杨端程、秦汉元《战争、精英与国家兴衰的分流——东魏-北齐和西魏-北周的比较分析》，《社会学评论》2021年第4期。

③ 《周书》卷六《武帝纪下》，第93页；同书卷二四《卢辩传》，第407页。

④ 《新唐书》卷一九九《儒学·柳冲传》，第5678页。

⑤ 《周书》卷八《静帝纪》，第135页；《隋书》卷一《高祖纪上》，第7页。

⑥ 参见陈鹏《北朝官修谱牒的类型与发展脉络》，杨共乐主编《史学理论与史学史学刊》第18卷，社会科学文献出版社，2018，第34~35页；陈鹏《隋代谱牒与郡姓评定》，杜文玉主编《唐史论丛》第28辑，三秦出版社，2019，第220~222页。

有影响。胡戟指出，关陇集团是士族门阀政治的最后支柱，"却不是门阀制度的忠实堡垒"。① 西魏—北周重军功、尚冠冕的"官族体制"，对唐朝定氏族时"崇重今朝冠冕"的理念②产生了直接影响，推动了门阀制度走向崩溃。

附　录

附表　西魏—北周赐姓一览

序号	时间	人物	所获赐姓	身份	戎秩	文献出处
1	534	王德	乌丸	勋将	X	周 17/北 65
2	535	韩褒	侯吕陵	亲信	X	周 37/北 70/志（集成 897～898）
3	535	侯植	侯伏侯	勋将	X	周 29/北 66
4	535～537	苏椿	贺兰	勋将	X	周 23/北 63
5	535～557	刘雄	宇文	亲信	X	周 29/北 66
6	537	杜达	赫连	勋将	X	周 27
7	537～554	唐瑾	宇文	亲信	9Ba	周 32/北 67
8	537～556	韩欢	匹娄	勋将	9Bb	志（集成 916）
9	537～557	李屯	独孤	附从	X	隋 55/北 73
10	538	王盟	拓王	勋将	9Bb	周 20
11	538～548	田弘	纥干	勋将	X/9Bb	周 27/北 65 碑（庚集 14）/志（集成 926）
12	541	梁台	贺兰	勋将	X	周 27/北 65
13	543	刘亮	侯莫陈	勋将	9Ba	周 17/北 65
14	543	刘道生	侯莫陈	勋将	9Ba	志（集成 895）
15	543	陆通	步六孤	勋将	9Ba	周 32/北 69
16	543？	陆逞	步六孤	附从	X	碑（庚集 13）
17	543～550	王杰	宇文	亲信	X	周 29/北 66

---

① 《关陇集团的形成及其矛盾的性格》，《胡戟文存·隋唐历史卷》，中国社会科学出版社，2000，第 134 页。
② 《旧唐书》卷六五《高士廉传》，第 2444 页。

续表

序号	时间	人物	所获赐姓	身份	戎秩	文献出处
18	543~550	吴氏	宇文	亲信	X	周25/北59
19	543~551	赵佺	尉迟	亲信	X	志（集成901）
20	543~553	夏侯忠	达奚	勋将	9Bb	志（集成915）
21	543~556	阎庆	大野	勋将	9Ba	周20/北61
22	543~557	杨纂	莫胡卢	勋将	9Ba	周36/北67
23	545~557	王光	乌丸	勋将	9Bb/9Ba	志（集成865、869）
24	546~551	高宾	独孤	附从	X	周37/隋41/北72 志（集成910）
25	547~554	蔡祐	大利稽	勋将	9Ba	周27/北65
26	547~556	辛威	普屯	勋将	9Ba	周27/北65/碑（庾集14）
27	549	耿豪	和稽	勋将	9Ba	周29
28	549~554	唐瑾	万纽于	附从	9Ba	周32/北67
29	549~554	赵贵	乙弗	勋将	9Aa	周16/北59
30	549~555	樊深	万纽于	附从	X	周45/北82
31	550	岐业	宇文	亲信	X	志（集成912）
32	550	华绍	乙弗	亲信	X	志（集成885）
33	550	赵陟	宇文	附从	X	志（陕西5）
34	550~552	段永	尔绵	勋将	9Ba	周36/北67/碑（庾集14）
35	550~554	李虎	大野	勋将	9Aa	旧唐1
36	550~556	令狐整	宇文	勋将	9Ba	周36/北67
37	550~556	薛端	宇文	亲信	9Bb	周35/志（集成866）
38	551	崔猷	宇文	亲信	9Ba	周35/北32
39	551	赵肃	乙弗	亲信	9Bb	周37/北70
40	551	杨尚希	普六茹	其他	X	隋46/北75
41	552	李弼	徒河	勋将	9Aa	周15/北60
42	552	李檦	徒河	勋将	9Ba	志（集成877）
43	552	李纶	徒河	附从	X	志（集成924）
44	552	崔谦	宇文	勋将	9Ba	周35/北32
45	552?	崔说	宇文	勋将	9Bb	周35/北32/碑（庾集13）
46	552~555	李彦	宇文	亲信	9Bb	周37/北70
47	552~557	郑孝穆	宇文	亲信	9Bb	周35/北35
48	553	侯植	贺屯	勋将	9Ba	志（集成874）
49	553	申徽	宇文	亲信	9Ba	周32/北69
50	553	张轨	宇文	亲信	9Bb	周37/北70

序号	时间	人物	所获赐姓	身份	戎秩	文献出处
51	553~554	柳敏	宇文	亲信	9Ba	周 32/北 67
52	553~554	王秉	拓王	勋将	9Ba	北 62
53	554	李穆	拓跋	勋将	9Ab	周 30/北 59
54	554?	李贤	拓拔	勋将	9Ba	志（集成 890）
55	554	杨忠	普六如	勋将	9Ab	周 19/北 11
56	554	韦孝宽	宇文	勋将	9Ab	周 31/北 64/志（集成 967）
57	554	韦惣	宇文	附从	X	志（韦氏 62）
58	554	韦瑾	宇文	附从	X	志（集成 946）
59	554	王雄	可频	勋将	9Ab	周 19/北 60
60	554	杨绍	叱利 （叱吕引）	勋将	9Ba	周 29/北 68/志（集成 910~911）
61	554	薛善	宇文	亲信	9Ba	周 35/北 36
62	554	柳虬	乙弗	亲信	9Bb	志（乙弗虬墓 46）
63	554	裴鸿	宇文	亲信	X	碑（周文 21）
64	554~555	王勇	库汗	勋将	9Ba	周 29/北 66
65	554~556	马相	莫仁	勋将	9Bb	志（集成 945）
66	554~556	马诞	莫仁	附从	X	志（集成 929）
67	555	陈忻	尉迟	勋将	9Ba	周 43/北 66
68	555	裴文举	贺兰	亲信	X	周 37/北 38
69	555?	裴玑	贺兰	附从	X	志（集成 881）
70	555	韦瑱	宇文	勋将	9Bb	周 39/北 64
71	556	叱罗协	宇文	亲信	9Ba	周 11/北 57/志（集成 925）
72	556	寇儁	若口引	亲信	9Bb	周 37
73	556?	李和	宇文	勋将	9Ba	周 29/北 66/志（隋考 28）
74	556?	李昶	宇文	亲信	9Bb	周 38/北 40
75	西魏	张羡	叱罗	亲信	X	隋 46/北 75
76	西魏	杨操	越勤	附从	X	志（集成 922）
77	西魏	杨庆	越勤	附从	X	志（集成 939）
78	西魏	王兴	若干	勋将	9Bb	志（集成 943）
79	西魏	崔显玉	乌六浑	附从	X	志（陕西 8）
80	西魏	吕建崇	宇文	附从	X	《建崇寺造像记》（关中 235）
81	西魏末	郑毗罗	贺兰	附从	X	志（韦氏 44、47）
82	557	柳庆	宇文	亲信	9Ba	周 22/北 64

续表

序号	时间	人物	所获赐姓	身份	戎秩	文献出处
83	557?	柳带韦	宇文	附从	X	志(柳带韦墓 22)
84	557?	柳鸿渐	宇文	附从	X	志(北大续 159)
85	557?	柳逢恩	宇文	附从	X	志(集成 912)
86	557?	柳斌	宇文	附从	X	志(百品 19)
87	557	韩雄	宇文	勋将	9Ba	周 43/北 68
88	557	周摇	车非	勋将	9Ba	隋 55/北 73
89	557	宇文猛	宇文	勋将	9Ba	志(集成 878)
90	557~560	王悦	宇文	勋将	9Ba	周 33/北 69
91	558	刘志	宇文	亲信	9Bb	周 36
92	558	寇和	若口引	附从	X	周 15
93	559	赵昶	宇文	勋将	9Ba	周 33/北 69
94	559	周宣华	宇文	附从	X	志(陕西 6)
95	576	郭衍	叱罗	勋将	9Ba	隋 61/北 73
96	577	郑常	宇文	勋将	9Ba+	碑(庚集 14)/志(集成 1008)
97	北周初	赵廓	尉迟	附从	X	志(集成 955)
98	北周	阴嵩	邱目陵	勋将	—	姓纂 5("阴"姓条)
99	北周	箱耳通同	大理稽	不详	—	姓纂 5("箱耳"姓条)
100	北周	韦子迁	宇文	附从	9Bb	志(集成 913)
101	—	寮允	宇文	不详	9Ba	周 37
102	—	张慈	贺娄	附从	X	碑(庚集 14)
103	—	石氏	乌石兰	附从	X	志(集成 882)
104	—	辛乐	乌六浑	附从	X	志(集成 894)
105	—	侯远	侯伏侯	不详	X	志(集成 1007)
106	—	梁曦	纥豆陵	不详	—	志(陕西 3~4)

附表说明:本表是在丁爱博、叶炜工作基础上完成的,其中丁爱博统计 70 人次,叶氏补充 11 人,笔者增补 25 人。参见〔美〕丁爱博《西魏—北周统治下的赐姓》,刘跃进、徐兴无主编《大夏与北魏文化史论丛》,第 409~422 页;叶炜《从王光、叱罗招男夫妇墓志论西魏北周史二题》,武汉大学中国三至九世纪研究所编《魏晋南北朝隋唐史资

料》第 28 辑，武汉大学人文社会科学学报编辑部，2012，第 93 页。

表中各栏具体说明如下。

第一，"时间"栏：将年号纪年转化为公元纪年，年数加"？"者表示推测；部分赐姓时间，只能确定大致范围或"西魏""北周"；个别赐姓时间暂无法确定，标识以"—"。

第二，"人物"栏：使用本姓，唯宇文猛本姓暂不详，姑且用鲜卑族姓氏。

第三，"身份"栏：身份主要分勋将、亲信、附从三类，详见正文；此外情形，另列"其他"和"不详"两类。

第四，"戎秩"栏：用数字（命数）、字母和符号标识赐姓时的"戎秩"。北周建德四年前，"戎秩"标识如下：柱国（9Aa）、大将军（9Ab）、开府仪同三司（9Ba）、仪同三司（9Bb）。建德四年后，以上四级分化为八级，标识如下：上柱国（9Aa+）、柱国大将军（9Aa）、大将军（9Ab+）、大将军（9Ab）、上开府仪同大将军（9Ba+）、开府仪同大将军（9Ba）、上仪同大将军（9Bb+）、仪同大将军（9Bb）。"戎秩"未达到仪同三司者，标识为"X"；"戎秩"无从断定者，标以"—"。

第五，"文献出处"栏：为了增加表格的清晰感，征引文献做简化示意处理。"周""隋""北""旧唐"，分别表示《周书》《隋书》《北史》《旧唐书》，一般指人物正史本传；"碑""志"一般指赐姓人物碑刻和墓志（个别为子嗣或配偶墓志）。征引古籍的具体出处由"简称+卷数"的格式组成，现代碑志著作或考古简报由"简称+页数"组成。征引文献简称对应文献和出版信息如下：

（1）"周"即《周书》，中华书局，1971；

（2）"隋"即《隋书》，中华书局，2019；

（3）"北"即《北史》，中华书局，1974；

（4）"旧唐"即《旧唐书》，中华书局，1975；

（5）"庾集"即庾信撰，倪璠注《庾子山集注》，许逸民校点，中华书局，1980；

（6）"姓纂"即林宝《元和姓纂》，岑仲勉校记，中华书局，1994；

（7）"周文"即严可均辑《全后周文》，史建桥审订，商务印书馆，1999；

（8）"集成"即王连龙编撰《南北朝墓志集成》，上海人民出版社，2020；

（9）"隋考"即王其祎、周晓薇编著《隋代墓志铭汇考》第1册，线装书局，2007；

（10）"百品"即胡戟《珍稀墓志百品》，陕西师范大学出版总社，2016；

（11）"北大续"即胡海帆、汤燕编《1996～2017北京大学图书馆新藏金石拓本菁华（续编）》，北京大学出版社，2018；

（12）"韦氏"即戴应新编著《长安凤栖原韦氏家族墓地墓志辑考》，三秦出版社，2021；

（13）"陕西"即故宫博物院、陕西省考古研究院编《新中国出土墓志·陕西》（四）下册，文物出版社，2021；

（14）"关中"即魏宏利《北朝关中地区造像记整理与研究》，中国社会科学出版社，2017；

（15）"乙弗虬墓"即西安市文物保护考古研究院《陕西西安西魏乙弗虬及夫人隋代席氏合葬墓发掘简报》，《考古与文物》2020年第1期；

（16）"柳带韦墓"即西安市文物保护考古研究院《陕西西安北周康城恺公柳带韦墓发掘简报》，《文博》2020年第5期。

第六，个别条目的补充说明：

（1）韩欢（序号8）：《匹娄欢墓志》未载志主汉姓，王仲荦提出本姓韩，但未说明理由（参见王仲荦《鲜卑姓氏考》，《蜡华山馆丛稿续编》，中华书局，2007，第31页；王仲荦《代北姓氏考》，《蜡华山馆丛稿续编》，第132页）。墓志云"汉世尚书，赐龙渊而表德"，指后汉章帝赐尚书韩棱龙渊剑事（《后汉书·韩棱传》），可知匹娄欢本姓韩。

（2）高宾（序号24）：高宾的赐姓时间，按《周书》《北史》，似在北周明帝二年（558），丁爱博即执此说。但《隋书·高颎传》曰："父宾，背齐归周，大司马独孤信引为僚佐，赐姓独孤氏。"独孤信任大司马在西魏大统十二年至恭帝三年（546~556）。《独孤宾墓志》称"魏世大统中，赐姓独孤氏焉"，兼顾独孤信出任大司马的时间，可推断高宾赐姓在大统十二年至十七年（546~551）。

（3）李纶（序号43）：李纶为李弼子，《徒河纶（李纶）墓志》曰："初以魏大统十六年，赐姓为徒河氏。"然《周书》《北史》之《李弼传》皆明确称："魏废帝元年，赐姓徒河氏。"据墓志，李纶于大统十六年方18岁，废帝元年20岁，不大可能因个人功勋赐姓，当附从其父李弼赐姓。兹从《周书》《北史》。

（4）韦孝宽（序号56）：《周书》《北史》本传称恭帝二年韦孝宽"赐姓宇文氏"，而《韦孝宽墓志》称"有周御历，赐姓宇文氏"，韦孝宽子《韦惣墓志》称"皇周肇运，赐姓宇文"，则在周初。然韦孝宽侄《韦瓛墓志》曰："本姓韦氏，后魏末改焉。"韦瓛父夐为处士，赐姓当附从其叔，则韦孝宽赐姓当在西魏末。今从《周书》《北史》。

（5）王兴（序号78）：《若干兴墓志》称其父兴，"太祖文皇帝赐姓若干氏"，但未载其家本姓为何。员安志认为本姓王氏（参见员安志编著《中国北周珍贵文物——北周墓葬发掘报告》，陕西人民美术出版社，1993，第73页），但未说明原因。墓志称"涿郡王尊、平陵公仲，即公之先也"，盖指西汉涿郡王尊、平陵王嘉（字公仲）。此虽显系伪冒，但可推知志主本姓王氏。

（6）柳带韦（序号83）：《柳带韦墓志》称"大（太）祖之世，郁为宇文"，赐姓似在宇文泰执政时期，即西魏。然从柳庆、柳逢恩、柳鸿渐、柳斌来看，柳氏（柳僧习子孙）赐姓宇文氏，是在北周刚建立之际。《宇文（柳）斌墓志》曰"有周之兴，赐族宇文氏"，表明柳氏获赐姓宇文是以族为单位的。柳庆兄弟四人：长兄柳鸷卒于北魏；次兄柳虬在西魏赐姓乙弗，卒于恭帝元年；三兄柳桧，未见赐姓记载，卒于废帝元年；柳庆赐姓于北周孝闵帝元年（557）。疑柳氏在西魏因柳虬赐姓乙弗，至北周因柳庆改姓宇文。

"奉法"与"秦法":《史记》一处校勘的政治文化解读

陈侃理[*]

摘　要　本文尝试通过政治文化变迁,来解释《史记》中的一个校勘学问题。《史记》在叙述萧何的功业时用了"奉法"二字,但后人根据今本《汉书》将之改作"秦法"。这一校改没有版本上的坚实依据,而是出于对汉初政治文化的误解。追溯校改的源头,是由于北宋中后期馆臣重校官刻《汉书》时,受到当时崇尚革新的政治风气影响,轻视"奉法",不自觉地将之排除在功业之外。

关键词　《史记》　《汉书》　校勘　政治文化

《史记·萧相国世家》篇末载太史公曰:

> 萧相国何于秦时为刀笔吏,录录未有奇节。及汉兴,依日月之末光,何谨守管籥,因民之疾,奉法顺流,与之更始。淮阴、黥布等皆以诛灭,而何之勋烂焉。①

---

*　陈侃理,北京大学中国古代史研究中心长聘副教授。

① 《史记》卷五三《萧相国世家》,中华书局,1982,第 2020 页。此处改正了文字、标点,详后。本文引《史记》除特别标明外,皆用此本。

明末清初著名文人金圣叹评点道，此节欲扬先抑，而"'谨守管籥'四句，是相国一生真才实学"，又说："此四句十六字，便是'录录未有奇节'人也。有奇节人，正不能尔。"① 称扬萧何谨慎守职，遵奉法度，顺应民心，功勋卓著，人生结局与"有奇节"而被诛死的枭雄韩信、英布等恰好相反。

在金圣叹的阐发中，"奉法"二字对文意相当关键。但就是这"奉法"一词的"奉"，却被另一位著名文人查慎行认定为"俗本"讹字。查慎行说，《汉书·萧何曹参列传》的班固赞语融合了《史记》中萧、曹两《世家》的"太史公曰"，而"奉法"却作"秦法"。在他看来，"因民之疾秦法，顺流与之更始"应是六字为句，"辞义极足"；出现四字为句的错误读法，不过是因为"俗本《史记》'秦'字讹作'奉'"罢了。②

查慎行的判断，还仅是以《汉书》校正《史记》之文。乾嘉时期专研《史记》的学者梁玉绳则又补充了新的证据。他说，《班马异同》中的《史记》之文也作"秦"，可知"奉"是讹字。③ 这个意见被清末主持刊刻金陵书局本《史记》的张文虎采入校刊札记。④ 日本学者泷川资言作《史记会注考证》亦引此说，并补注云日本有古抄本亦作"秦"；水泽利忠在《史记会注考证校补》中列出了他所见作"秦"字的诸本。⑤ 王叔岷也认为此处"'奉'乃'秦'之误"。⑥ 梁玉绳的意见还经由张文虎的札记，被中华书局点校本所采纳，而新的《史记》点校修订本更据梁氏之说，将正文改为"秦法"，标点亦以六字为句。⑦ 如此一来，金圣叹的

① 金圣叹：《天下才子必读书》卷七《西汉文》，陆林辑校整理，凤凰出版社，2016，第 285 页。
② 查慎行：《得树楼杂钞》卷一二，中华书局，2017，第 259 页。
③ 梁玉绳：《史记志疑》卷二六，中华书局，1981，第 1159~1160 页。
④ 张文虎：《校刊史记集解索隐正义札记》卷四，中华书局，2012，第 468 页。
⑤ 〔日〕泷川资言考证，〔日〕水泽利忠校补《史记会注考证附校补》卷二八，上海古籍出版社，1986，第 1217 页左上、1219 页左上。
⑥ 王叔岷：《史记斠证》卷五三，中华书局，2007，第 1886 页。
⑦ 《史记》卷五三《萧相国世家》，中华书局，2014，第 2453 页。

评点就彻底落了空。

"奉""秦"二字形近易讹，"奉法"与"秦法"两词却含义迥别。两者究竟孰是孰非？今本《汉书》为何不同于《史记》？梁玉绳以降，学者对《史记》的校读是否可信？这不仅是版本校勘问题，还需要从政治文化的变迁中一窥究竟。

一　《史记》《汉书》文本的版本校勘

相比于金圣叹的评点气味和查慎行的文人武断，梁玉绳以来的校勘显得相当学术化。但在"奉法"与"秦法"之间作取舍，不是单纯技术性的文献校勘，还至少要考虑三个层次的问题：第一，《史记》《汉书》的原文究竟是"奉法"还是"秦法"？第二，"太史公曰"和班固赞语分别指向西汉初年的什么史实，评述是否准确？第三，《史记》《汉书》中的异文是如何产生的，在历史上有过怎样的变化，原因是什么？

版本校勘仅是处理第一个层次问题的手段之一。问题的全部解决，归根结底还取决于如何认识萧何的功业和汉初的政治文化。当然，为了思考后两个层次的问题，必须先厘清第一个层次，还得从版本校勘说起。

梁玉绳论证《史记》作"奉"为讹字，有两个依据，一是《汉书》，二是《班马异同》。后者是南宋倪思所编比较《史记》《汉书》文章的书，以大字录《史记》本文，用小字注明《汉书》的删改增补。其中的《史记》文本有一定参考价值，但处处与《汉书》比勘，难免受其影响，终究不能视同《史记》本书。可以说，梁氏断定"奉"为讹字，并无《史记》的版本依据。

水泽利忠的《史记会注考证校补》提供了不少作"秦法"的校勘资料，有"南化""枫""梅""梅""绍""详节"诸本，但作为文献学证据是否可靠，仍需具体分析。其中，"南化""枫""梅""梅"四种都不是实际的版本，而是日本所藏南宋黄善夫、元代彭寅翁刻本上手写的标注，反映了日本室町至江户时代（约当明清）学者校读《史记》的成果。① 这些标注取材范围颇广，并不限于《史记》本书各卷和各个版本，而往往以他书参校。不少异文或来历不明，或可以确知不是出自《史记》。比如"南化"即"南化本"，指现藏日本国立历史民俗博物馆的南宋中期建安黄善夫刻三家注本《史记》，因曾归僧人南化玄兴而得名。此本现有日本汲古书院影印本和中国国家图书馆出版社的翻印本，正文原字仍作"奉"，而在板框下方栏外，标注"奉乍（作）秦"（见图 1）。② 这未必自《史记》的某个版本，而前后还有几个校字注记，如"谨乍（作）慎""以乍（作）已""畺乍（作）功"，都未见版本依据，需要慎重对待。另一套黄善夫刻本，为日本狩谷棭斋求古楼旧藏，现藏中国国家图书馆。此页与"南化本"显系同版，而在"奉"字上加朱点，书眉对应处标注"秦"字（见图 2）。③ 同页还在"何谨守管籥"上标注了"信"字，显系据《汉书》"何以信谨守管籥"而校改。④ 这个迹象提示，校"奉"为"秦"应该也是对勘《汉书》的结果。水泽利忠接下来提到的"详节"，指南宋吕祖谦所编《史记详节》；而"绍"则指南宋绍兴十年（1140）邵武朱中奉刊本《史记》。朱中奉本现仅存一部，藏日本武田科学振兴财团杏雨书屋，但一度在南宋颇有影响。水泽利忠说，此本独异的文字与《史记详节》的一致之处非常之多。⑤ 我推测很可能这就是《史记详节》"奉"作"秦"的来源。如学者所说，朱中奉本校刻质量不高，

---

① 参见〔日〕水泽利忠《史记会注考证校补：史记之文献学的研究》（六），史记会注考证校补刊行会，1970，台北：广文书局，1972 年影印本，第 85～120 页。

② 《宋本史记》第 13 册，国家图书馆出版社，2018，第 124 页。

③ 《史记》第 21 册，中华再造善本，北京图书馆出版社，2003 年影印本。

④ 据〔日〕水泽利忠《史记会注考证校补》，"枫本""棭本"校记也将"何谨守管籥"的"何"校改为"信"。见〔日〕泷川资言考证，〔日〕水泽利忠校补《史记会注考证附校补》，第 1219 页左上。按：《史记》此处并无有脱文。《汉书》在"谨"上增"以信"二字，是为了与后文新增的"参与韩信具征伐"一句形成对文。

⑤ 参见〔日〕水泽利忠《史记会注考证校补：史记之文献学的研究》（六），第 23 页。

错讹甚多。① 此本作"秦法",或是无心之失,或是受《汉书》影响而改,是不足据以认定《史记》原文的。

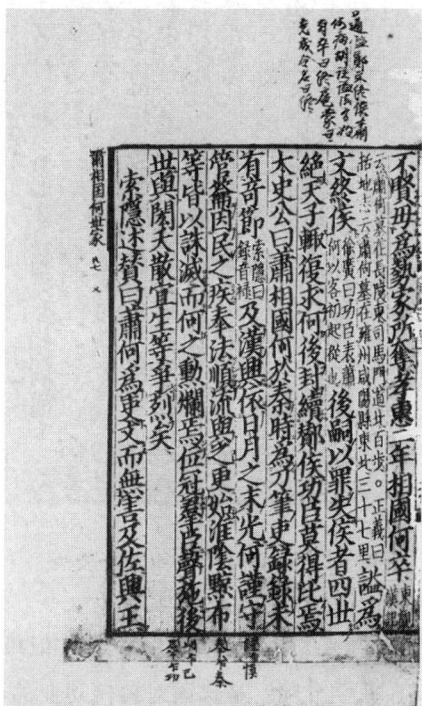

图 1 　《史记》"南化本"校记标注

目前所见的《史记》各宋本,除朱中奉本独异,都作"奉法"。这些版本的共同源头是北宋前期的官刻本。北宋官刻本《史记》现已不存,但宋真宗景德年间编修的《册府元龟》引"太史公曰"之文,正作"奉法",② 可以旁证北宋前期《史记》官本此处也应是"奉法"。

以上已经说明《史记》原文作"奉",校改作"秦"在版本上没有坚实

① 水泽利忠校勘后,发现朱中奉本错讹较多,认为其版本价值不高(〔日〕水泽利忠:《史记会注考证校补:史记之文献学的研究》(六),第 23 页)。尾崎康赞同其说,并指出此本首数卷字体优美,而自第五卷以后,字迹渐趋潦草(〔日〕尾崎康:《正史宋元版之研究》,中华书局,2018,第 252 页)。

② 《册府元龟》卷三二九《宰辅部·任职》,凤凰出版社,2006,第 3709 页。

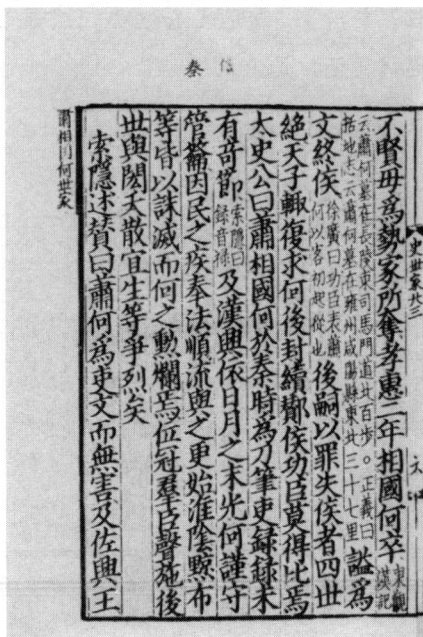

图 2 《史记》"国图本"校改

的依据，主要还是根据了《汉书》中的班固赞语。但班固赞语既是改编自"太史公曰"，为何要在此立异呢？是班固对萧何功业的看法不同于太史公，还是所见本《史记》文字异于今本，抑或是今本《汉书》文字错讹，已失原貌？

带着这些疑问反观《汉书》，可以发现，作"秦"字并非确凿无疑。《汉书》的早期引文中有作"奉"的例子。北宋孙逢吉《职官分纪》卷三"相国"条云萧何"起刀笔吏"，自注云：

> 班固曰："萧何、曹参皆起秦刀笔吏，当时录录，未有奇节。汉兴，依日月之末光，何以信谨守管籥，参与韩信具征伐。天下既定，因民之疾，奉法顺流，与之更始，二人同心，遂安海内。"①

---

① 孙逢吉：《职官分纪》卷三，文渊阁四库全书本，叶 49A，中华书局，1988 年，影印本，第 67 页上。

其中引述的"班固曰"无疑取自《汉书·萧何曹参列传》末尾的班固赞语,与通行本文字略同,唯"秦法"二字引作"奉法",反而同于《史记》。①

　　《职官分纪》此条异文有很高的校勘价值。其书虽成于北宋后期,但述宋以前事则是承袭北宋前期杨侃所著的《职林》,上引班固语亦在其列。②杨侃还著有《两汉博闻》十二卷,很熟悉《汉书》和汉史,而他所见《汉书》应与今本多有不同。据《东都事略》记载,杨侃举进士后"直集贤院者二十七年不迁",任职至仁宗天圣四年(1026)。③由是可知,他初直集贤院当在咸平三年(1000)前后,而编撰《职林》大约也始于此。咸平中,太宗淳化五年(994)启动的《史记》《汉书》《后汉书》"三史"校刊工程刚刚完成。④这是"三史"第一次版刻,成为此后官刻"三史"的基础,也为杨侃提供了便于利用的资料。但这个"淳化本"因"当时校勘官未能精详,尚有谬误",随即被真宗要求进行校正修订。其

---

① 《职官分纪》历代无刻本,中华书局1988年影印此书,亦取文渊阁四库全书本。四库本应来自更早的抄本,今未见。已知可能依据的旧抄本,有《江苏省第一次书目》著录的十本和《浙江省第四次汪启淑家呈送书目》著录的十本五十卷。参见吴慰祖校订《四库采进书目》,商务印书馆,1960,第11、99页。此外,国内各大图书馆还藏有明清抄本多种。明抄本有国家图书馆藏一部,缺本卷;天津图书馆藏一部,未见。就所见者而言,文津阁四库全书本(商务印书馆,2005,第926册第65页上)及北京大学图书馆藏"旧抄本"(典藏号NC/9297/1934),此字皆作"秦",同于今本《汉书》。不过,《职官分纪》明引"班固曰",文津阁本抄写应晚于文渊阁本,可能经过校勘,已据《汉书》改字,而文渊阁本根据《史记》改班固语的可能性则几乎不存在。至于北大藏本,抄写可能较晚,脱讹满目,价值不高。两者都不足以否定文渊阁四库全书本《职官分纪》的"奉"字,反而让后者更显得珍贵。
② 《职官分纪》书前有宋哲宗元祐七年(1092)秦观序,称此书是在真宗咸平中(998~1003)杨侃所著《职林》二十卷的基础上增广事目而成,所增主要是本朝之事。然则上引班固语当属杨侃《职林》原本所有,被孙逢吉所沿用。
③ 王称:《东都事略》卷六○《杨大雅传》,《二十五别史》,刘晓东点校,齐鲁书社,2000,第482页。
④ 关于北宋官刻"三史"的刊刻、校订过程,可参见〔日〕尾崎康《正史宋元版之研究》,第9~11页。

中，《汉书》在景德二年（1005）校订完毕，总共订正了三千多字。[1] 三十年后，仁宗景祐元年（1034）至二年，馆阁又重加校勘，奏上《汉书刊误》三十卷，并"改旧摹版，以从新校"，[2] 在此前"淳化—景德本"的原版片上剜改。现存最早的《汉书》版本——北宋末南宋初刻本的书末题记称"凡增七百四十一字，损二百一十二字，改正一千三百三字"，[3] 而书叶中有不少文字较疏或挤刻的地方，显示出剜改的痕迹。此后，神宗熙宁二年（1069）又曾印行过一部重校后的《汉书》，[4] 但详情不得而知。上述北宋末南宋初刻本由于有景祐校刊的题记，过去被称为"景祐本"，现在学界公认是北宋末南宋初刻本，所覆底本不会早于真正的景祐刊本，相比咸平中所能见到的官刻本，差异至少已达数千字。这数千字在整部《汉书》中占比不大，但仅就容易讹误的地方而言，修订的比例已经相当高了。存世《汉书》刻本皆源于较晚的校印本，《职官分纪》所保留的"奉法"二字，却很可能通过继承杨侃《职林》的原文，保存了北宋"淳化本"甚至更早抄本的面貌。

也许有人要问：杨侃、孙逢吉会不会根据《史记》，将所见本《汉书》的原文"秦法"改成了"奉法"呢？可能性很小。因为，编辑《职林》《职官分纪》这样的类书，功夫重在抄撮而非校勘，不太会主动校订文字，更不可能依据他书校改所引书。考虑到梁玉绳以降的学者纷纷将"奉法"改为"秦法"，如果要"反其道而行之"，改"秦法"为"奉法"，更需经过特别的思考，不像是类书作者会有的作为。

综上所述，《汉书》的原文应该与《史记》相同，也作"奉法"。那么，为何古今众多校勘者会倾向于将《史记》《汉书》中的"奉法"改为"秦法"？我想，在这样缺乏版本依据又大幅变更文义的校改中，他书

---

① 程俱撰，张富祥校证《麟台故事校证》卷二中《校雠》，中华书局，2000，第 283~284 页。

② 程俱撰，张富祥校证《麟台故事校证》卷二《修纂》，第 70~71 页。

③ 《宋本汉书》第 24 册，国家图书馆出版社，2017，第 240 页。

④ 《玉海》载："熙宁二年八月六日，参政赵抃进新校《汉书》印本五十册及陈绎所著是正文字七卷，赐绎银绢。"参见王应麟撰，武秀成、赵庶洋校证《玉海艺文校证》卷一五《论史》"嘉祐重校汉书"条，凤凰出版社，2013，第 725 页。

异文、判定形讹都不过是表面的理由，真正起决定作用的，还是校读者的历史认识。

二　关于萧何与秦法的历史认识

今本《汉书》中，班固所谓"因民之疾秦法，顺流与之更始"，意思可以理解为顺应百姓痛恨秦法的心理，将之废除，而更新统治。稍知汉史的读者很容易联想到汉高祖的"约法三章"。刘邦入关之初，宣称"父老苦秦苛法久矣"，因此"与父老约，法三章耳"，"余悉除去秦法"。① 这似乎构成了上面两句话的本事，让人下意识地以为"疾秦法"文意通顺，作"奉法"则与史实相矛盾。

但揆诸史实，尽废秦法是临时之举。韩国磐指出，三章之法"只是一时的策略"，张建国则推断三章之法的有效期只有两个月或最多两年。② 陈苏镇进一步认为，三章之法的施行时间可能只有三到五个月；等到汉元年年末或次年年初，萧何负责处理关中事务时，就开始"为法令约束"，突破三章之法，而具体办法"很可能是重申曾被刘邦废除、后被三秦王恢复的'秦法'"。汉初政权既然"据秦之地""用秦之人"，那么"入乡随俗"，继承包括法律在内的一系列秦制，就成为统治关中、进取天下的关键一步。③

对此，史有明文。《汉书·刑法志》说："三章之法不足以御奸，于是相国萧何攈摭秦法，取其宜于时者，作律九章。"④ 这已明确指出，三章之法不能持久，萧何很快就制定了汉律。所谓汉律，正是删选、修订

---

① 《史记》卷八《高祖本纪》，第 362 页；《汉书》卷一《高帝纪上》，中华书局，1962，第 23 页。

② 参见韩国磐《汉高祖除秦苛法质疑》，《求索》1992 年第 6 期；张建国《试析汉初"约法三章"的法律效力——兼谈"二年律令"与萧何的关系》，《法学研究》1996年第 1 期。

③ 陈苏镇：《〈春秋〉与"汉道"——两汉政治与政治文化研究》，中华书局，2020，第 66~70 页。

④ 《汉书》卷二三《刑法志》，第 1096 页。

"秦法"作成的。班固既然已经认识到萧何"攟摭秦法"，就不大可能再说他"因民之疾秦法，顺流与之更始"了。

揆诸史实和作者的历史认识，"疾秦法"说不通，那么作"奉法"又当如何理解呢？在汉初人看来，"秦法"不必尽废，而"奉法"更是官吏善治的良好表现。张家山汉简《奏谳书》"淮阳守行县掾新郪狱"章中，汉初的治狱者问责原新郪县令信，称他"不谨奉法以治"。① 可见，"奉法"是官吏的职责，但并非人人都能做到。汉宣帝时，吏治号称良善，但也曾下诏书说"今吏修身奉法，未有能称朕意"，指出许多官吏在约束自身行为和奉行法律方面还不达标。② 除了指奉行法律之外，"奉法"还往往与"守职""遵职"连言，含有不越职分的意味。《史记》记载苏建劝谏卫青举贤纳士，卫青坚拒，说："人臣奉法遵职而已，何与招士！"③ 这样谦退、保守的"奉法"，正符合"汉承秦制""萧规曹随""清静无为"的统治风格。

统治风格的变化，是汉初用秦法而不重蹈亡秦覆辙的原因之一。汉初统治与秦的根本差别，不在所用的法律条文本身，而在如何看待法律、执行法律。大体来说，萧何、曹参为相时期，朝廷对法律较少更动、增益，④ 主政大臣缩减自上而下的主动施为，而让属下的事务官吏严守既定的法规章程，给予人们明确、稳定的行为预期。汉初所用仍是秦法，但为政风格却从秦的崇尚细密、高效、多事，一变而为崇尚"无为"、任用"长者"，⑤"举事无所变更"。⑥ 其效果正如司马迁所说："守闾阎者食粱

---

① 《奏谳书》简 86，张家山二四七号汉墓竹简整理小组编著《张家山汉墓竹简〔二四七号墓〕》（释文修订本），文物出版社，2006，第 99 页。
② 《汉书》卷八《宣帝纪》，第 255 页。颜师古等认为，这是说官吏虽然已经修身奉法，但还不能胜任、称意，但宋人刘敞、刘攽已加驳斥，王先谦亦赞同其说。参见王先谦《汉书补注》卷八《宣帝纪》，中华书局，1983，第 113 页下。
③ 《史记》卷一一一《卫将军骠骑列传》，第 2946 页。
④ 《汉书·刑法志》述汉代律令的滋繁主要发生在武帝即位以后。程树德据此说："法令之繁，自武帝始也。"参见程树德《九朝律考》，中华书局，1963，第 143 页。
⑤ 关于汉初任用"长者"，可参见陈苏镇《〈春秋〉与"汉道"——两汉政治与政治文化研究》，第 245~249 页。
⑥ 《汉书》卷三九《萧何曹参列传》，第 2019 页。

肉,为吏者长子孙,居官者以为姓号。故人人自爱而重犯法,先行义而后绌耻辱焉。"① 阎步克指出,汉初在继承秦制基础上调整政策,将官僚机器的转速降到最低,减少其承担与发动的事务,从而缓和对社会的压力。② 这种作风顺应了大乱之后民心思定的时代潮流,逐渐化育出一种高稳定、低竞耗的政治生态,也促成了社会的休息和再生。当时民歌唱道:"萧何为法,顜若画一。曹参代之,守而勿失。载以清净,民以宁一。"③ 这正好可以用作"奉法顺流"的注脚。如此看来,用"奉法顺流"来形容萧何、曹参为相的特色,是恰当的。

要说明的是,汉人对"奉法"的态度不尽相同,并且会随时风而改变。这在《史记》一书之内就有踪迹可寻。

《太史公自序》云:"奉法循理之吏,不伐功矜能,百姓无称,亦无过行,作《循吏列传》第五十九。"④ 据此可知,司马迁对奉法之循吏的评价不高,只说无功无过。然而,《循吏列传》的传主都是先秦人物,如郑子产等,所获评价甚高,绝非无功无过之辈,如云:"公仪休者……奉法循理,无所变更,百官自正。"⑤ 朱东润甚至据此认为《循吏列传》是伪窜之作。⑥ 不过,公认的《史记》亡佚篇目并无《循吏列传》,⑦ 说今本伪窜,失之武断。更有可能的是,《太史公自序》中的《循吏列传》小序是司马迁所作,而《循吏列传》本身则保存了司马谈的旧文。⑧《萧相国世家》的"太史公曰",很可能也出自崇尚黄老道家的司马谈之手。

---

① 《史记》卷三〇《平准书》,第 1420 页。

② 参见阎步克《士大夫政治演生史稿》,北京大学出版社,2015,第 246~247 页。

③ 《史记》卷五四《曹相国世家》,第 2031 页。

④ 《史记》卷一三〇《太史公自序》,第 3317 页。

⑤ 《史记》卷一一九《循吏列传》,第 3101 页。

⑥ 朱东润:《〈史记〉序传质疑》,《史记考索》(外二种),华东师范大学出版社,1996,第 37 页。

⑦ 关于《史记》亡篇,可参见余嘉锡《太史公书亡篇考》,《余嘉锡论学杂著》,中华书局,1963,第 1~108 页。

⑧ 顾颉刚曾经表彰司马谈在写作《史记》上的贡献,推测他在记载楚汉之际史实方面"为其首功"。参见顾颉刚《司马谈作史》,《史林杂识初编》,中华书局,1963,第 226~233 页。

《太史公自序》述《萧相国世家》之宗旨云："楚人围我荥阳，相守三年。萧何填抚山西，推计踵兵，给粮食不绝，使百姓爱汉，不乐为楚。"重在表彰萧何在楚汉之争中的事功，与《世家》本篇末尾的"太史公曰"大异其趣。这也是父子之间思想旨趣不同所致。

无论如何，将《史记》《汉书》对萧何功绩的评价，解读为"人民痛恨秦法，而他顺应民情，推翻秦法，重新开始"，既不符合史实，也不符合《史记》《汉书》作者对汉初历史的认识。后人根据所见本《汉书》，改《史记》之"奉法"为"秦法"，是由于他们对秦汉之间政治上的断裂印象深刻，忽视了法律的连续性，也没有理解汉人对"奉法"的推崇。这样的倾向，同样可能存在于《汉书》的早期传抄者中。他们中有人将"奉法"改作"秦法"，而北宋官方的校刻者也据此误以"奉"字为形讹，作"秦"是正字了。由于北宋时期《汉书》和《史记》的历次校刻、刊正一般都由不同的人分工负责，《汉书》的误改没有影响到官刻《史记》。如今，自然也不应该依据《汉书》的误字校改《史记》原文。至于今本《汉书》中的"秦法"，自北宋刻本以来业已形成传统，倒不妨保留下来，供读者思考致误之由吧！

三 宋刻本致误之由蠡测

北宋官刻正史，校勘者皆一时名家，以精审著称。《汉书》的校勘者为何会误改"奉法"为"秦法"？要找到致误之由加以证实，谈何容易！行文至此，本可结束。不过，清代文献学家顾广圻自取室名"思适斋"，以此主张通过思考致误之由来增进读书的乐趣。斋号典出北齐文士邢邵"日思误书，更是一适"之语，而邢邵还说："若思不能得，便不劳读书。"[1] 这就不免让人想要寻根究底起来。

"奉法"二字，《史记》各本不误，关键的变化应归结于《汉书》的北宋官刻本将杨侃所见本中的"奉法"改成"秦法"。考察《汉书》校刻的过程，宋太宗淳化五年奉诏校刻的负责人有陈充、阮思道、尹少连、

---

① 《北齐书》卷三六《邢劭传》，中华书局，1972，第 479 页。

赵况、赵安仁、孙何，① 真宗咸平至景德年间覆校"淳化版"的责任人有刁衎、晁迥、丁逊，仁宗景祐元年至二年再校修版的负责人有余靖、王洙、张观、李淑、宋郊，② 嘉祐六年（1061）又命秘书丞陈绎重校，并诏参政欧阳修看详，至熙宁二年印行新校本。③ 以上诸人，都有可能对今本《汉书》文本施加了影响。下面从存世的宋祁校语寻绎线索，结合校刊时的政治风气、参与者的思想观念，试作推测。

南宋庆元刘之问刊本、嘉定蔡琪刊本收录了宋祁等人的校语，中国国家图书馆藏北宋末南宋初刻本《汉书》上亦有过录。④ 后者卷八一《匡张孔马传》之末录有宋祁校后记，云"景祐四年三月廿三夜校毕"，又云"康定二年（1041）用浙本再校"，时间在"景祐本"刊定之后。宋祁的参校本中包括多种早期写本以及官刻"淳化本""景德本"，也包括经过余靖刊误的"景祐本"。值得注意的是，在《萧何曹参列传》的"秦法"处，并无宋祁校语；若非遗漏，则可说明此处在景祐至康定年间宋祁校勘时尚无异文。杨侃在咸平中所见之本既作"奉法"，宋祁所见各本也应该是作"奉法"，故不必出校。因此，《汉书》的"奉法"很可能是到了"景祐本"以后才被改作"秦法"的。这就不能不让人将目光集中到始于仁宗嘉祐六年，由陈绎和欧阳修负责的重校了。⑤

---

① 孙何、赵安仁两人衔名亦见北宋末南宋初刻本《汉书》书末，《宋本汉书》第24册，第240页。另，《汉书》此本卷四〇、四八、五七下、六五、八七等末尾附刻有"臣佖"校语。据庆元本《汉书》卷首"景祐刊误本"部分"臣佖"条下录宋祁语，"臣佖"即自南唐入宋的张佖。张佖于淳化五年任右谏议大夫、史馆修撰，见李焘《续资治通鉴长编》卷三五"淳化五年四月癸未"条，中华书局，2004，第774页。

② 据程俱撰，张富祥校证《麟台故事校证》卷二中《校雠》，第281~284页；卷二《修纂》，第70~71页。

③ 王应麟撰，武秀成、赵庶洋校证《玉海艺文校证》卷一五《论史》"嘉祐重校汉书"条，第725~726页。

④ 关于宋祁校语的情况，可参见马清源《〈汉书〉宋人校语之原貌与转变——以宋祁、三刘校语为主》，聂溦萌、陈爽编《版本源流与正史校勘》，中华书局，2019，第1~19页。

⑤ 承蒙北大中文系王雨桐君提示，北宋本《重广会史》引《汉书》此语亦作"秦法"（《重广会史》，中华书局，1986，第44页下），值得注意。据影印说明，其书可能是根据更早的《会史》一书增广而成的，刊刻时间不明，据考当在仁宗嘉祐五年以后。若然，则其中的"秦法"二字也有可能是依据了嘉祐重校以后的《汉书》文本。

仁宗朝是宋代士大夫政治发展的关键时期。邓小南指出，这一时期士大夫对自身的定位变得比以前积极，不再满足于"奉行圣旨"、因循成法，而是更主动地承担道义责任，力求推行先王之法、三代之制，以此与君主"共治天下"。① 在这样的政治意识下，宋代原有的行政风格、人事选任就显得保守僵化，而"奉法"一词的正面意义大为削弱。

根据李更的研究，馆阁校勘的分工也在仁宗朝发生变化，从全由馆职完成，改为由馆职或准馆职及国子监官员承担具体校勘，翰林学士、知制诰等"文学侍从之臣"负责审校。② 在嘉祐六年的《汉书》重校中，承担具体校勘的是秘书丞陈绎，身为宰执的欧阳修负责最终定稿。次年，欧阳修又以参知政事"提举三馆、秘阁写校书籍"，③ 成为馆阁校勘工作的总负责人。

在欧阳修文集中检索"奉法"一词，可以发现，其感情色彩大体属于中性或略带贬义。庆历二年（1042），欧阳修为集贤校理，作《武成王庙问进士策》，其第二问曰：

> 礼乐，治民之具也。……大宋之兴八十余岁，明天子仁圣，思致民于太平久矣。而天下之广，元元之众，州县之吏奉法守职，不暇其他，使愚民目不识俎豆，耳不闻弦匏，民俗顽鄙，刑狱不衰，而吏无任责。④

这是责备地方官不兴礼乐教化，而"奉法守职，不暇其他"正是不负责任的表现。欧阳修知制诰时，撰写有不少任命官吏的制敕，其中对占绝大多数的治绩平平而循资升迁者，往往用"奉法"来形容，语气稍显贬抑。比如，庆历四年拟制敕曰：

---

① 参见邓小南《祖宗之法：北宋前期政治述略》（修订版），三联书店，2014，第404~427 页。
② 李更：《宋代馆阁校勘研究》，凤凰出版社，2005，第 152~154 页。
③ 李焘：《续资治通鉴长编》卷一九六"嘉祐七年三月辛酉"条，第 4745 页。
④ 李之亮笺注《欧阳修集编年笺注》卷四八《居士集·武成王庙问进士策二》，巴蜀书社，2007，第 276~277 页。

　　唯奉法守职而免于有过者,考其积日,皆得叙迁。苟有能称,岂无懋赏?尔等寄于民政,咸上岁成,俾登于朝,盖用常典。若夫异绩,在尔勉焉。①

大意是"奉法守职"仅是无功无过,算不上有"能称""异绩";尔等积累资历而得升迁,不过是因循常例,还应更加努力才是。类似的制敕文颇多,不烦赘举。

　　欧阳修能够如此代拟"王言",说明对"奉法"的这种看法应当已经不专属于他个人,而可以反映朝中比较普遍的观念。比欧阳修更加年轻的一辈士大夫,对于"奉法"似乎更加轻蔑乃至担忧。苏轼在嘉祐六年的应制文中写道:"天下务为奉法循令,要以如式而止,臣不知其缓急将谁为之倡哉?"② 这样不推崇"奉法"而倾向于革新进取的风气,不久之前已经促成了"庆历新政",下一步即将孕育出"熙宁变法"。沐浴在如此时风中的人们,读到《汉书》中大力称扬萧何,将"奉法"当作功业的字句,自会感到意有未安吧?

　　在仁宗朝后期,欧阳修作为重校《汉书》的看详官,有权决定最终的文本。我们无法断言他是否校改了"奉法"二字,但至少可以说,欧阳修和他的同僚有这样的时机,也有这样的动机。很可能在此之前,已有某个史失其名的校读者提出了这个意见,最终被官刻本所采纳。直接的采纳者,可能是欧阳修,可能是陈绎,也可能是我们所不知道的哪位馆臣。何人何日,难言必是,而此时此书,宜有斯事。确定校改者的名字,或许并不那么重要。③

　　嘉祐六年开始的重校《汉书》工作,直到熙宁二年才告成功。这一

---

① 李之亮笺注《欧阳修集编年笺注》卷七九《外制集·大理寺丞袁穆许恢授殿中丞著作佐郎程适授秘书丞制》,第568页。

② 李之亮笺注《苏轼文集编年笺注》卷九《策别训兵旅三·倡勇敢》,巴蜀书社,2011,第629页。

③ 熙宁新印本究竟是在原版上剜改还是另雕新版,已不可考。今所见北宋末南宋初复刻本未必是"熙宁本"的直接后裔,但嘉祐至熙宁年间的校勘成果,仍然很有可能被此本或其底本吸收。

年，欧阳修 63 岁，身在青州外任之上，年事已高，老眼昏花；而 49 岁的王安石刚刚出任参知政事，即将展开变法。书成之后，欧阳修因"尝预刊定"，获赐一部。为此，他写了一道谢表奏上。其文曰：

> 惟汉室上继三代之统，而班史自成一家之书。文或舛讹，盖共传之已久；诏加刊定，俾后学之无疑。一新方册之文，增焕秘书之府。……然臣两目昏眊，虽嗟执卷之已艰；十袭珍藏，但誓传家而永宝。①

宋朝君臣重视《汉书》，反复校刊，无疑抱有取鉴盛汉、追法三代的宏愿。而馆职不仅是为图书的编辑出版，更是为未来的侍从、宰执之臣储备人才。他们的校勘不仅反映学识，也间或透露出对历史、人生和政治的体察和主张。今本《史记》《汉书》，都曾经宋人校刊，也经过历代读书人的研讨。读者考校一字之是非，所思所虑，或亦有不能止乎一字之是非者也。

---

① 李之亮笺注《欧阳修集编年笺注》卷九四《表奏书启四六集·谢赐汉书表》，第 493~494 页。

"文以成政：中国政治文化传统的形成与早期发展"学术研讨会纪要

冯斌涛[*]

2021年10月16~17日，由北京大学历史学系、北京大学中国古代史研究中心和北京大学人文学部主办的"文以成政：中国政治文化传统的形成与早期发展"学术研讨会，在北京大学中国古代史研究中心学术报告厅举行。来自国内13所高校、研究机构的20位中青年学者受邀参加了此次会议。

10月16日9时15分，会议正式开幕。北京大学中国古代史研究中心主任陈苏镇教授代表主办方致欢迎辞。陈苏镇指出，北大中古史中心是中国古代政治文化研究的发源地。从引入西方学界的"政治文化"概念，到逐渐摸索出符合研究对象实际状况的概念定义，形成被普遍接受为具备重要价值的学术领域，中国古代政治文化研究已走过20多年的发展历程。陈苏镇强调该领域还有很大空间，鼓励年轻学者继续扩展和深入，取得更多成果。

会议的第一场报告于9时30分开始，由武汉大学历史学院教授胡鸿主持。首位报告人是北京大学中国古代史研究中心长聘副教授韩巍，题目为《历史记忆的"虚"与"实"——读曾公求编钟铭文》。曾公求编钟

　＊　冯斌涛，北京大学历史学系博士研究生。

铭文是春秋时期极少见的追述本国历史的长篇铜器铭文，韩巍认为，铭文中的"高祖""伯适""皇祖""南公"都是指文献记载的周初重臣南宫适。钟铭称"王客（格）我于康宫"，涉及著名的"康宫"说。唐兰提出"康宫"指康王之庙，铭文出现"康宫"的铜器，其年代必晚于康王时期。由于"南公"受封不会晚于成王时期，部分学者将此处铭文作为质疑"康宫说"的有力证据，支持"康宫"说的学者则主张此受封者是晚于南宫适的曾国君主。韩巍则指出，钟铭是春秋时人将西周中晚期册命铭文的成熟形态挪用到西周早期的产物。一方面，铭文对"王格我"和"尹氏"等语使用不当，暴露出作者不熟悉周初的制度、用语；另一方面，铭文也保留了西周初年史事的许多细节，比如在应国都城中殷遗民的"亳社"举行誓师仪式，反映出召氏和南宫氏家族的商文化背景，他们选择的行军路线可能也与商人经营南土的基础有关。评议人聂溦萌指出，文献必须经过必要的定位、定性，才能作为历史研究的材料，韩巍的报告为此提供了很好的范例。聂溦萌还结合秦汉史料的案例解读，讨论了史家叙事的"合理化想象"传统。韩巍在回答现场提问时强调，"康宫"说得到了考古资料的一再验证。

第二位报告人为北京大学中国古代史研究中心长聘副教授李霖，题目是《〈史记〉"书法"举隅——由〈殷本纪〉盘庚迁殷和"九世乱"说起》。文章旨在借助归纳词例的实证方法，证明《史记》存在"义例"或"书法"，如果论证成立，就意味着太史公有意运用某些一以贯之的理论来剪裁驳杂的史源，从而为读者理解其撰作意旨的努力提供实证基础。李霖在文中指出，"诸侯去就"既能体现王朝更迭之际的天命归属，又能体现王朝历史之内的兴衰轨迹，其原理基于《尚书》学。"是为""代立"书法则用来叙述非嫡长子继承等不正常继位现象，也可用于开国天子或始封之君，其来源可能与《春秋》学有关。跟《公羊》家"质家立弟，文家立子"的解释不同，司马迁坚持嫡长子继承是唯一合法的继位制度，《史记》多处表达对非嫡长子继位现象的批评。李霖也提示，"书法"仍存在反例，不完全等同于太史公的价值判断。《史记》在承袭旧文与主观剪裁之间的分寸，是有待继续研究的难题。评议人华喆指出，李霖尝试理解司马迁的写作意图，这一取向会更加吸引希望与"伟大心灵"交流的古典式读者。他提出三点意见：第一，明代《史记》评点学已将《史记》"书法"看作《春秋》"书法"的延伸，应在学术史部分加以补充；第二，"是为""代立"等语的使用也可以理解为旨在避熟，这种可能的排除仍值得探讨；第三，文章开头引入的盘庚迁殷故事和下文讨论的逻辑关系尚需明确。李霖一一回应，指出汉人通常使用的"代""代立"的意思与《史记》有别，盘庚迁殷之前的"九世乱"多次提及作为非嫡长子继承的"是为""代立"。

在自由讨论环节，孙正军谈到史料批判方法包括揭示作者在书写体例中隐含的想法，但如果能够进行文本比勘的史源太少，会给研究造成困难，论证中也容易出现逻辑跳跃。

第二场于10时50分开始，主持人为李霖。第一位报告人是北京大学中国古代史研究中心长聘副教授陈侃理，题目为《奉法与秦法——〈史记〉〈汉书〉校读背后的政治文化》。《史记·萧相国世家》的"太史公曰"和《汉书·萧曹列传》的班固赞语出现了"奉"与"秦"的异文，存在"因民之疾，奉法顺流，与之更始"和"因民之疾秦法，顺留与之更始"两种读法，意思大相径庭。现代《史记》点校修订本吸收前人之说，改"奉法"为"秦法"，缺乏可靠的版本依据，也不符合《史记》作者对萧何功业和汉初政治的理解，根本上是校读《汉书》的结果。至于《汉书》，北宋前期类书《职官分纪》征引时仍作"奉法"，今本作"秦法"可能是仁宗朝的校刊者在当时政治文化风气影响下改字的结果。评议人王尔肯定了报告对汉初统治风格的理解，也提出对《汉书》"秦法"的另一种理解：班固将《史记》两篇合成一篇，可能会参考《史记·曹相国世家》"太史公曰"中的"离秦之酷"，在赞语中改"奉"为"秦"，这也符合《汉书》对汉初"除秦法之烦苛"以安天下的宏观解释。陈侃理回应称，班固改用一个字形相近却否定原意的字，这种做法的可能性比较小，并从《萧相国世家》可能成稿于司马谈的角度，进一步补充论证《史记·萧相国世家》原作"奉法"。

第二位报告人为首都师范大学历史学院副教授顾江龙，题目是《公孙弘"请为博士置弟子员"辨疑》。顾江龙指出，《汉书》所载公孙弘奏疏包括两个层次，先是引用丞相、御史相关奏文中的旧有诏令，然后才是公孙弘自己的建议，且仅针对既有的"予博士弟子"方案，补充完善若干细则。结合儿宽的仕途，可以证明博士弟子制度在元光年间已经实施，而公孙弘的补充细则至晚在元朔初也已行用。公孙弘奏文所见的"太常臧"不是孔臧，而是元光元年至四年间任太常的王臧。由于奏疏不具年号，班固误以为其中的丞相即公孙弘本人，于是在《汉书·武帝纪》中将"为博士置弟子员"系于元朔五年，认定倡议者是公孙弘。评议人董涛认为文章证据充分、推理严谨，并就如何把握对班固"犯错"原因的推论尺度，如何处理班固、司马迁叙述异同的具体细节等问题提出了疑问。顾江龙回应称，班固在叙述一条史实后增加的评述性质的话往往模棱两可，且可能与其他记载矛盾，把《百官公卿表》当作考证前提也有风险。

在自由讨论环节，陈苏镇强调早期史书作为经学附庸的色彩浓重，作者的想法很复杂，需要仔细处理。柴芃、陈侃理就《史记》《汉书》具体的异文情况展开了讨论，陈侃理强调宋人校勘成果对后世的影响远比抄本时代的异文大得多。胡鸿、陈侃理、李霖还讨论了如何理解《史记》评价萧何功绩的问题。

第三场于 13 时开始，主持人为顾江龙。第一位报告人是清华大学人文学院历史系长聘副教授孙正军，题目为《官之为"官"与中国早期官职通称演变》。文中指出，甲骨文尚未出现指代官职的"官"和"吏"，金文开始零星使用"官"，直至战国时期才将"官"和"吏"同时用作官职通称，且在战国后期成为常见用法。秦代，律令、官府文书乃至非官方文献都用"吏"，"吏"上升为官职通称主体，当与秦政相关。此后，"官"变得比"吏"更受欢迎。汉代律令文书称"官"渐多，铜镜铭文吉语多用"官"，训释多以"官"为据，抄写先秦文献改用"官"字等。"官"战胜"吏"，根源在于先秦的正、事之别："正""尹"指官长，"事"指承担具体事务者；"官"同于"正"，"吏"出自"事"。后来，"官"和"吏"的区别从标识"长官—属吏"转向界定等级高低，官品制出现后，九品成为"官"和"吏"的分界。然而"官""吏"之间仍有联系，"官"的含义得以慢慢扩张为泛指全部官吏。简言之，秦百官皆吏，汉以后百吏皆官。评议人黄桢认为，这一研究视野广阔、体系庞大，学术意义巨大，但文中对于不同时间段的材料选取标准并不统一，如分析早期材料时穷尽所有官职通称，而秦汉以后只关注"官"和"吏"。时代、场景、性质不同的文献所使用的官职通称，能否放到一条连贯的演进脉络中来叙述，黄桢表示对此有所怀疑，认为字义演变背后的实际状况可能更重要；先秦没有类似于后世官吏的群体，自然就不存在作为官职通称的"官"。孙正军回应称，受限于不同时代材料的数量与类型，不得不面对有限的材料勾勒各时代的状况；早期一直存在承担后世官吏功能的群体，问题在于用来指称的词汇；而秦汉以后的其他官职通称中则有不少是修辞用法。

第二位报告人为中国艺术研究院中国文化研究所助理研究员焦天然，题目是《肩水金关"为吏"简所见西汉边郡官吏训育》。文中所谓"训育"包括行政培训和道德教育两方面。焦天然指出，肩水金关遗址第24探方出土的7枚残简形制相近、书体相似，内容都是对"为吏"者的教育与规定，可命名为"为吏"简，抄写年代应在西汉中期，或可具体到宣帝时期。居延汉简被命名为"《吏》篇"的506.7号木牍内容也与"为吏"相关，文字多可与刘向《说苑》对读，年代或在《说苑》之后。"为吏"文献中的一些内容，从秦代一直沿用至西汉中后期，不断有新内容增补在旧文本之上，性质更类似于杂抄的吏道格言，而非颁行全国的官员教材。她还认为，肩水金关"为吏"简与居延汉简"《吏》篇"的形制、内容差异，反映出西汉基层官吏教育标准从"能书、会计""知律令"向"任德教"转变。评议人韩巍提示说，"为吏"简所见"戒之戒之"句式亦见于北大汉简《周驯》；"为吏"文本杂糅各家思想，与秦汉之际盛行的黄老思想倾向类似，形式上采用便于推广的韵文；"为吏"文本基本素材相同，可能有类似的底本，但传抄自由度较大。韩巍还就秦代流行于南方的"为吏"文本不见于汉初，却在西汉中晚期西北边郡重新发现的现象提出了疑问。焦天然回应称，有学者提出秦统一思想后，兼容道、法的

"为吏"文本一度失去了传播土壤，可以推测西汉中期儒家抬头，"为吏"文本随之复兴。

在自由讨论环节，孙正军指出根据内容判断"《吏》篇"年代及思想倾向需谨慎，要考虑到早期文献往往存在"公共素材"。

第四场于 14 时 20 分开始，主持人为韩巍。第一位报告人是北京大学中国古代史研究中心助理教授郭津嵩，题目为《太初改历始末考》。《汉书·律历志》将改历全程置于元封七年之下叙述，郭津嵩则指出，系统测候天象及选募治历者等事必定要耗费相当长时间，太初改历的整个过程应在三四年以上，准备工作当始于元封元年。首先，《律历志》"三十六岁"与《续律历志》"积百三十年"互相印证，支持了上述观点。其次，《史记·封禅书》所载公孙卿述黄帝"迎日推策"故事，说明公孙卿意在表明汉武帝同样肩负迎接宇宙时间新纪元的使命，当时一定已经推算出新历历元落在元封七年"中冬十一月甲子朔旦冬至"。改元太初的诏书称引"黄帝合而不死"，指的是封禅，待封禅成功确认天意所属以后，改历正式提上日程。因此，初封泰山的元封元年是汉历修改工程的初起之年。这也得到了《汉书·兒宽传》所引明堂上寿辞的印证。由此，郭津嵩更订了太初改历事件发展的次第，纠正《汉书》记载之失。评议人陈鹏认为《续律历志》"天凤"定汉历之说恐怕不符合事实，将"合而不死"等同于封禅亦有距离，并建议细化对制历术语的解释。陈鹏还推测"太元神策"是十九年周期，定"大元本瑞"就是定历元。郭津嵩回应称，"天凤"可能指刘歆定《三统历》，"大元本瑞"指元封七年新纪元到来，按方士的说法，封禅成功就是"合"。

第二位报告人为重庆大学人文社会科学高等研究院副教授董涛，题目是《信仰失控与新朝的崩溃》。自西汉中后期以来，对"更始"思想的信仰在社会上广泛流传。董涛指出，"更始"最初指历法上天文现象开始周期性回归，到汉代以后衍生出重新开始的含义，又逐渐具有既往不咎之意。人们期待通过"更始"解决日益严重的政治、社会问题，王莽政权定名为"新"也是"更始"思想的一种表现，迎合了时人的期待。但新莽政权一系列改制行为反而脱离常轨，使人们生活更加痛苦。"更始"思想失去号召力，王莽政权的合法性也就被逐渐解构了。王莽为了避免"人心思汉"，有意割裂与汉朝在信仰尤其是宗庙信仰方面的联系，如不敬高庙，毁坏汉朝宗庙，兴建王莽九庙。这些行为伤害了刘歆等儒家士大夫的感情，也使王政君、王莽之女等亲人处于尴尬境地，最终使王莽统治集团走向内溃，滋生出以刘歆为核心的反对力量。评议人张辞修将"更始"信仰的作用概括为"双刃剑"：新莽借"更始"推动改制代汉，却因没有遵循"更始"定下的继汉目标而灭亡；后世禅让王朝不具备这样明显的兴衰线索，原因是皇权"祛魅"，神圣信仰逐渐消解。评议人张辞修提出，文章内容不仅涉及新朝之亡，也涉及新朝之兴，目前的题目不能完全涵盖这些内容；"信仰"概念更多是现代语词，建议把"更始"概念提炼出来，与古代的"革命"概念形成对照。董涛在回应中对皇权"祛魅"的看法表示赞同，也谈到机械循环观念在古代社会的巨大影响力。

在自由讨论环节，韩巍、田天、陈鹏等学者就"宝鼎神策"的"策"字的含义展开了热烈讨论，胡鸿、郭津嵩、陈侃理讨论了"十一月甲子朔旦冬至"能否精确测定的问题。韩巍谈到"更始"信仰是贯穿秦汉时代的普遍问题，陈侃理则指出新莽的"更始"有特殊性。

第五场于15时50分开始，主持人为山西大学历史文化学院讲师柴芃。第一位报告人是北京大学考古文博学院预聘副教授田天，题目为《在县道与郡国：重新认识秦汉宗庙》。报告指出，岳麓、里耶秦简记载，秦始皇在统一之初曾在县一级行政单位设太上皇庙，要求官吏定期巡视。秦二世对宗庙制度进行了激烈改革。他大量破坏先君宗庙，建立七庙制，独尊始皇庙为"帝者祖庙"。秦始皇与秦二世都试图将秦帝国的宗庙系统与秦国的宗庙区分开来。而汉初郡国庙是对始皇庙制的模仿。田天认为，秦始皇重新定义了何谓帝国的宗庙，他废除了作为先秦宗庙存在基础的宗法制；绕开庙数问题，淡化了昭穆序列；规定地方官吏主祭，取消了"宗子亲祭"——这些特征，被汉初的宗庙制度所继承。从汉文帝到宣帝，郡国庙制逐渐变为表彰皇帝功德的手段，也有确认皇帝在世系中位置的用意。元帝的宗庙改革强调天子亲祀，因此强烈要求废除郡国庙。元、成时期的宗庙改革本于礼书，所涉者不只郡国庙或庙数，而且再次定义了帝国的宗庙。田天强调，先秦秦汉的宗庙文化并非连续发展，秦的县道庙与西汉的郡国庙应被视作秦汉宗庙制度演进的核心线索。评议人焦天然提示了一些可资参考的简牍材料，指出从"坏宗庙"字面上无法推出秦二世破坏县道庙。田天回应称，秦二世破坏县道庙的确没有实证，还需继续考虑。

第二位报告人为北京大学哲学系博雅博士后王尔，题目是《重构两汉关系：东汉初年三种宗庙的演变及其义涵》。汉光武帝立国之初，以供奉西汉"十一帝神主"的高庙和祭祀本人父祖的南顿四亲庙构成"五庙"。此后，西汉遗臣张纯指出光武"中兴"应遵循"为人后者为之子"的原则，不可为私亲立庙。王尔指出，光武帝本意是借"五庙"凸显自己"创革之君"的身份；在张纯进谏后，他裁撤南顿四亲庙，在奉"一祖二宗"的洛阳高庙增加宣、元二帝神主，将成、哀、平三帝神主留在长安高庙，形成光武"绍继元帝"的东、西庙格局。新庙制意在彰显天命在元帝之后发生分途，抛弃成、哀、平三帝而转向光武帝。永平初年，明帝另建世祖庙单独供奉光武帝神主，形成高庙与世祖庙并立的格局，包含了继承和创业两方面义涵。明帝以后诸帝神主均置于世祖庙更衣室，祭祖仪式转移到二祖庙，呈现西汉、东汉法统二分，各自绵延的义涵。明帝永平二年（公元 59 年）举行"宗祀光武皇帝于明堂"之礼，是以周文王譬喻光武帝，追认其"受命祖"的地位。由此，明、章二帝顺理成章开展礼乐建设，成就"新汉"。评议人华喆认为文章结论大体无误，但南顿四亲庙可能只是在尚未确定继承西汉哪一帝系情况下的临时妥协，不存在两种经义的纷争，也未必与王莽有关。王尔回应称，推测南顿四亲庙和王莽的关系，是因为王莽以前没有先例；刘秀表述合法性的方式因时而变，某些场合强调继统，某些场合又强调受命。

在自由讨论环节，华喆、陈侃理就如何理解"受命中兴"提出疑问，指出东汉人将光武"中兴"看作"受命"的内容。多位学者围绕明堂的功能、经学对明堂宗祀的解说、明堂宗祀的政治意味展开了热烈讨论。

第六场于 17 时 10 分开始，主持人为吉林大学文学院中国史系副教授陈鹏。第一位报告人是湖南大学岳麓书院助理教授单敏捷，题目为《孙吴权臣执政与"政治性格"》。单敏捷认为，三国之中，只有孙吴政权很难容纳强势的集权者。这一特点不因某些人的主观意愿而改变，引导了政治行为的方向，可称之为"政治性格"。孙权借用"二宫之争"加强皇权，但始终有意限制打压大臣的力度。诸葛恪正是在这样的背景下，凭借孙权的临终顾命成为辅政大臣，但他的专权行为引发众怒。孙峻发动政变上台，不仅是与全公主阴谋的结果，更顺应了很多人废黜诸葛恪的心声。但等到孙峻专断行事，私自选定孙綝为接班人时，原先支持孙峻的盟友转而反对孙綝，孙綝只能极力争取先前与孙峻关系较疏远的人。孙吴的这种政治性格不仅不容许大臣专权，也使君主很难实现高度集权。它主要由两方面决定：从孙策渡江开始，孙氏集团的权力结构就有着鲜明的分权特点；守备长江的防务需要又赋予了各镇将领较大的自主权。评议人柴芃指出，文章对孙吴政治探幽发微，颇有贡献，但整体论述与主题"政治性格"的关系有待加强，应使论旨更加集中，叙述更为切题；另有一些细节存在疑问，如史书没有明言朱据二子生母，不能直接将其当作朱公主，又如仅从孙权临死时将大权交付诸葛恪，是否能推论出孙权不曾处心积虑对付儒学大族。单敏捷在回应中表示，未来会认真考虑上述细节和表述问题。

　　第二位报告人为北京师范大学历史学院讲师张辞修，题目是《魏末司马氏集团内部矛盾与晋初党争研究——以贾充一党为中心的考察》。张辞修认为，司马昭在司马师暴卒后意外地接班掌权，声望不足、地位不稳，需要组建忠于自己的政治集团，既与魏室示以切割，也要和司马师时期的权力核心有所不同。文中考察了贾充、钟会进入司马氏集团权力核心的过程，指出他们都为实现权力交接做出贡献，因此迅速赢得了司马昭的信任。荀勖、裴秀、王沈、羊祜等司马氏集团核心成员进入权力中枢的途径不同，彼此矛盾很深。到西晋初年，贾充和荀勖一党占据优势。司马炎利用魏末司马氏集团的内部矛盾，既委任贾充，也提拔同贾、荀不和的人与之共事，以制衡二人的权力。张辞修还分享了自己对魏晋政治史研究的思考，指出西晋史料往往存在时间错乱、人物混淆、履历不详等问题，研究者只能审慎地在史料及其空白中找出线索、提出疑问。评议人顾江龙认为，集团派系分析是研究政治史行之有效的方法，并对司马昭"意外"接班的说法提出了疑问。他指出，毌丘俭檄文将司马昭看作司马氏的第二号人物，司马师病重时已经把军权交给司马昭，从中都可见司马昭是司马师的当然继任者。张辞修回应称，司马师死时还未开设霸府，还不能排除权力继承的其他可能性。

在自由讨论环节，多位学者围绕司马师生前司马昭在司马氏集团内部的地位发表意见。张辞修、单敏捷就诸葛恪是否集权展开讨论，单敏捷指出集权体现在诸葛恪撤换了一大批权要职位，张辞修认为，从孙吴官制来看，诸葛恪集权程度值得怀疑。

会议进入第二天，第七场报告于 17 日 8 时 30 分开始，主持人为田天。第一位报告人是中国社会科学院古代史研究所助理研究员陈志远，题目为《舍利信仰在汉地的初传》。他指出，考古发掘最早的有纪年的舍利容器，是 453 年定州静志寺地宫所出，上距汉地佛教的初传有四个多世纪的时间。讨论这一时段舍利信仰在汉地的传播和发展，需要以严格的史料批判对文献记载进行甄别。汉晋壁画墓"舍利"榜题对应的图像是一种瑞兽；汉明帝感梦在洛阳白马寺安置舍利一事是唐人的杜撰；魏明帝因舍利灵验建官佛图的传说并不符合曹魏宫室营建的实况，而是北魏时人的历史记忆和想象；康僧会打试舍利故事的最早史源是晋宋之际的佛教作品，故事人物存在改写，真实性存疑。通过分析六朝灵验记所见舍利信仰，陈志远指出舍利信仰在西晋首都洛阳已经流行开来，永嘉之乱前后僧俗信众携带舍利向南方移动，这是比较可靠的舍利初传汉地的记载。陈志远还指出，舍利崇拜在汉地兴起与犍陀罗地区相比有数百年的时间差，舍利作为朝贡物也是晚起现象，这就需要考虑佛教内部经书、舍利、佛像作为崇拜物各自独立的发展节奏，以及汉传佛教早期皇室供养的性质。评议人孙正军指出，文章"去伪"价值很高，但"存真"尚需要明确标准，经过更加严格的史料批判程序。陈志远回应称，理解灵验记类作品可以遵循"无关原则"，即文献不经意间透露的时、地细节，和灵验记的弘教目的没有直接关系，没有杜撰的动机，一般可以采信。

第二位报告人为胡鸿，题目是《尚书侍郎复置与梁代政治文化》。胡鸿指出，梁武帝天监三年（504）复置尚书侍郎是汉唐间尚书省曹郎级一次明显的变化。东晋以降，尚书郎懈怠政务，地位边缘化。梁武帝在王朝建立之际，力图重整尚书省：其一，令曹郎为主的百司恢复奏事，突破权臣垄断君主信息渠道的格局；其二，复置尚书侍郎。尚书侍郎在品级和清望度上都高于尚书郎，在制度上为曹郎开辟了升迁渠道，以激励其工作。中古时代，侍臣的重要地位使"侍"成为官员们努力追求的目标。梁武帝利用"侍"对官僚的激励意义，不仅复置尚书侍郎，还增加新的"侍"职，扩大"侍"的供给范围。这从政治文化角度解释了尚书侍郎复置的原因。评议人柴芃指出，侍臣作为加官只是提升官资的"带贴官"，褚渊反对何戢加散骑常侍的理由一般也是从官资角度来理解的；"侍"字与进入禁中面见皇帝的关系并不明确，还需进一步论述。胡鸿回应称，文章更关注的是褚渊所谓"八座便有三貂"的说法。顾江龙提出需要厘清"奏事"的概念，区分汇报本职工作和政治信息两种"奏事"。孙正军认为证明尚书侍郎有侍臣身份的论述仍显不足。胡鸿回应称，侍臣使"侍"字有了重要意义，但实际上尚书侍郎并不是侍臣。陈侃理补充称，对"侍"字可着重从文化角度进行解释。

第三位报告人是首都师范大学历史学院讲师聂溦萌，题目为《魏晋南北朝的仪注文书与礼典编纂》。学界对魏晋南北朝时期作为文书的仪注少有注意，聂溦萌指出仪注文书不断积累、改订、汇总，最终促成礼典的修撰。与仪注文书形成相关的机构主要是尚书和太常。尚书发起礼仪事务，下太常撰仪注，仪注回到尚书省接受审查，然后经门下省奏呈皇帝批准，颁下实施，成为本次礼仪活动的正式指导。已经施行的仪注文书作为档案保存下来，成为尚书、礼官等检核礼仪故事的重要依据，尚书检核故事是礼仪事务准备过程中的必经程序。在东晋南朝很长一段时间里，历次施行的仪注文书构成存档、查阅、援引的基本单位。同类仪注文书被汇总在一起，进一步彼此参酌，制成定本，遂进入编纂典章的领域。南齐至梁修撰《五礼仪注》主要依据的材料，是礼仪事务运作过程中产生的仪注和奏议，修撰方式也仿照了礼仪事务处理的流程，实际工作内容与尚书仪曹关系密切。评议人唐星提出了两点疑问：文章称撰立仪注是太常官员的任务，但有史料显示存在一些非太常所撰的仪注；汉代缺乏仪注积累，没有编纂礼仪典章，是否确实可能有国家意志的因素。聂溦萌回应称，大部分仪注由太常撰写，但任何类型政务都可能存在特事特办的情况；积累偏向于分类、整理工作，汉代留下的职官礼仪文献也为后世礼仪典章的编纂打下了基础。在场学者就汉代士人编纂的礼仪著作的性质、正史礼志编纂依据的材料和有关礼典编纂的律令展开了热烈讨论。

第八场会议于 10 时 35 分开始，主持人为孙正军。第一位报告人是复旦大学历史学系青年副研究员黄桢，题目为《树影里的拓跋华化》。黄桢从拓跋鲜卑的三个历史阶段分别选取典型案例，勾勒人和林木的关系。他指出，草原上的游牧生计离不开树木，制造生产生活工具须取材于林，物质层面的人树关系留下了深刻的文化烙印：匈奴"蹛林祭"的形式亦见于拓跋鲜卑，树或树状杆柱是拓跋祭典中的关键装置，人与天可经树的桥接而交流；赋予帝王神性的"成林"神话反映出游牧部族对乔木的珍视，榆树受崇重则与其成材迅速、果实可作食物的实用价值密切相关。在华北，桑撑起丝织业，枣提供果品，树竟构成衣食的支柱，这是游牧人群未曾想象和体验过的。双方初遇伴有激烈的文化碰撞，但随着时间推移，北魏统治者习得了华北的民间经验，进而颁布与树木有关的政策，强制推动桑、枣、榆树的种植。迁都洛阳后，北魏君臣接触到典故中常见的梧桐、竹等树木的实物，摆脱了日常生活与文化修养的背离感。中原的树木意象，逐渐支配了拓跋鲜卑对树的情绪感受。评议人单敏捷就如何理解王肃《悲平城》诗、树木实用价值与文化价值之间的联系等问题提出疑问。他还指出，树木崇拜是各文明的普遍现象，并提示长城一线有许多跟榆树有关的地名，含义值得探讨。旁听会议的北京大学中国古代史研究中心教授罗新也发表了意见，指出中古环境史研究难度较大，鼓励黄桢继续提出有价值的问题，推进研究的深度。

第二位报告人是陈鹏，题目是《"戎秩"与"官族"：西魏—北周姓族体制与谱录编撰》。陈鹏指出，赐复"虏姓"的本质是姓族政策，"虏姓"胡人与赐复"虏姓"者共同构成西魏—北周的"官族"，而"戎秩"是认识赐姓与"官族"联系的突破口。文章统计西魏—北周赐复"虏姓"

案例，发现勋将赐姓人群中"戎秩"达仪同三司以上者占绝大多数，例外者的时代均早于"戎秩"的正式确立；亲信赐姓人群中"戎秩"达仪同三司以上者过半数，其余则近似附从赐姓者；附从赐姓人群看似赐姓"戎秩"标准的反例，但实际上大多是以勋臣子弟身份附从父兄改姓，仍是功勋、"戎秩"赐姓的延伸。西魏—北周赐复"虏姓"主要依据功勋，而以"戎秩"为基本标准，"戎秩"仪同三司以上者被认定为"官族"。"官族"认定始自大统十五年（549）前后；至恭帝元年（554），"官族"等级被评定为"国""姓"二级。这套赐复"虏姓"、认定"官族"的姓族体制，虽在形式上呈现出门阀化倾向，但本质上是一种军功贵族制，对传统门阀体制是一种破坏。赐复"虏姓"并非与拓跋鲜卑"三十六国""九十九姓"简单比附，而是伴随着家族记忆重塑和谱录撰述。赐予"虏姓"者，往往编排谱系，将自家塑造为拓跋鲜卑姓族后裔，或令诸将谱系产生横向同姓联结，从而强化对自家"官族"身份和渊源的认同。评议人胡鸿认为文章论述稳妥，推进有逻辑，并就"戎秩"与赐姓之间的条件关系提出了疑问。陈鹏回应称，"戎秩"是"官族"认定最重要的标准，赐复"虏姓"只是形式上的包装；几乎所有"官族"都要被赐姓，只有个别家族可以未经赐姓保留汉姓，同时成为"官族"。

　　第三位报告人是广州新华学院中国语言文学系讲师唐星，题目为《南北朝正统之争与秦正统的确立》。唐星认为，《唐会要》所载唐玄宗确立的历代帝王祭祀序列，是天宝七载（748）的官方正统谱系。日本具平亲王所著《弘决外典钞》书前附有《年代略记》，是改编唐人各种《年代历》而成，其正统谱系与前述官方正统谱系非常接近。《太平御览·皇王部》唐以前部分的正统谱系与唐人正统谱系基本一致，却与同时期所修类书《册府元龟》在谱系和体例上相差很大，可能是因袭唐人所修《文思博要》而来。这三种正统谱系都把秦视为正统，不同于西汉末刘歆以来将秦置于闰位的做法。唐星回溯了唐以前的官方正统谱系，指出北朝并不认同秦的正统地位，南朝正统谱系则发生过确立秦正统地位的变动。梁武帝敕撰《通史》，秦入本纪而非世家或夷狄传，可证至迟到萧梁时，秦已摆脱闰位，进入官方正统谱系中。梁人费长房《历代三宝记》以秦为正统，可作旁证。秦进入南朝官方正统谱系的时间，当早于《通史》本纪和世家部分的编撰者吴均的卒年，即普通元年（520），而晚于否认秦正统的《宋书·符瑞志》的编撰时间，即永明五年（487）。萧梁之所以将秦列入正统，可能与南朝对北朝正统论的攻击有关。评议人陈志远就文章所用《弘决外典钞》的版本提出建议，并指出需要考虑类书编修者的能动性，同一文献讨论同一问题也可能有多个层次，而《三宝记》的正统名单不仅包括秦，还包括了新莽。唐星回应称，正统谱系文献有规律可循，唐以前的正统名单把新莽这类僭伪放到注释之中，只能算作附录而非正文。

会议最后，北京大学历史学系副主任叶炜致闭幕词。他指出，政治文化研究是北大历史学的优势和未来发展方向之一，这一跨学科视角能够揭示新现象，开拓新领域。政治文化概念的适用范围也有边界，需要学者认真考虑。叶炜还强调，对政治文化线索的思考应带入中国古代史研究和教学当中，以教学刺激研究，有利于学者发现和解决重要问题。至此，本次"文以成政：中国政治文化传统的形成与早期发展"学术研讨会圆满结束。

新旧嬗变中的青年学者

——沈元的史学研究

冯斌涛[*]

摘　要　新中国成立至"文化大革命"前的"十七年史学",受现实政治的强烈影响,呈现出新旧交替的时代特点。沈元是这一时期成长起来的新一代史学工作者的突出代表。沈元在北大求学期间受实证史学传统的影响,后来又坚持研读《汉书》、积累经验,培养出扎实的文献功底。他由衷地信仰马克思主义,自觉运用唯物史观和阶级观点分析历史问题。他发表的论文涵盖《急就篇》与汉代社会、古代度量衡、洪秀全早期思想等问题,展现出实证技术和理论素养两方面的优秀能力。透过沈元这一微观个案,可以更细致地体察"十七年史学"的研究方法、理论热点和学术论辩。

关键词　沈元　"十七年史学"　《急就篇》　大小石　太平天国

从 1962 年初进入中国科学院近代史研究所任职,到 1964 年最后一次公开发表论文,在短短三年的时间里,年仅二十多岁的沈元在《历史研

---

*　冯斌涛,北京大学历史学系博士研究生。

究》《考古》等著名刊物上发表了六篇论文和一则书讯，① 其中两篇论文还得到《人民日报》的转载。② 然而，他随后就因"右派"身份被禁止发表文章，接受审查和改造，还在"文化大革命"中屡遭批斗，最终在1970 年被枪决。作为新中国培养的第一代青年学者之一，他的学术生涯如流星般绚丽而短暂。③

沈元的人生悲剧无疑是时代悲剧的产物和缩影，他的史学研究也是"十七年史学"的产物和缩影。今天回顾沈元为数不多的研究成果，既是回顾其人短暂学术生涯的亮点与贡献，也是回顾当年备受历次政治运动冲击的青年史学工作者如何开展学术研究，借此一窥历史漩涡中的学者、学术与学界。

除了生前发表的文章，沈元还在自己研读过的《汉书补注》书页空白处写下大量批注，并夹入多张单页注解。这部书稿近年已影印出版，同样是我们了解沈元史学研究的重要资料。④ 本文将利用沈元的著述和笔记，结合时代局势、学术史和个人经历，探讨沈元史学研究的特点和渊源。

一 《汉书补注》阅读及批注

1959 年初，作为"右派"分子在北京西郊斋堂接受劳动改造的沈元请假

---

① 高自强（沈元的笔名之一）：《汉代大小斛（石）问题》，《考古》1962 年第 2 期；沈元：《〈急就篇〉研究》，《历史研究》1962 年第 3 期；沈元：《居延汉简牛籍校释》，《考古》1962 年第 8 期；沈元：《〈敦煌遗书总目索引〉出版》，《历史研究》1962 年第 5 期；沈元：《洪秀全和太平天国革命》，《历史研究》1963 年第 1 期；张玉楼（沈元的笔名之一）：《马克思主义阶级分析方法和历史研究——评刘节〈怎样研究历史才能为当前政治服务〉》，《历史研究》1963 年第 3 期；曾武秀（沈元的笔名之一）：《中国历代尺度概述》，《历史研究》1964 年第 3 期。下文引用前列文章概括沈元的学术观点，如已随文说明，则不再出注。

② 沈元：《论洪秀全》，《人民日报》1963 年 2 月 12 日，第 5 版；张玉楼：《马克思主义阶级分析方法和历史研究——评刘节〈怎样研究历史才能为当前政治服务〉》，《人民日报》1963 年 6 月 18 日，第 5 版。

③ 关于沈元的生平经历，参见徐姝《学术与人生——青年史学工作者沈元之研究》，北京大学学士学位论文，2020。

④ 沈元：《〈汉书补注〉批注》，西泠印社，2008。

回城，从此一去不返。① 这年 1 月，商务印书馆重印《汉书补注》排印本（1941 年初版）。4 月，回城不久的沈元购得此书。② 大学期间，沈元已对汉代历史产生兴趣。到近代史研究所工作以后，沈元学习和研究主要着力的领域是秦汉史，他发表的文章近半数与秦汉史相关。沈元批注《汉书补注》的形式近于集释，即将可以看到的资料、观点抄写在正文旁以备参考，有时也会加上按语，这也是传统学者读书治学的常见做法。因此，这部遗稿并非沈元注释《汉书》的工作成果，而是他学习和研究《汉书》乃至汉代历史的读书笔记。

从影印出版的《〈汉书补注〉批注》来看，同卷乃至同页之内存在深浅、粗细不一的手写笔迹，可见这些批注是在多年研读的过程中不断增补上去的。有些批注引用了 20 世纪 60 年代刊出的学界研究成果，也能证明研读《汉书》是一项贯穿沈元学术生涯始终的长期工作。如《高帝纪》"上奉玉卮"之旁，沈元摘抄了段熙仲和王振铎的观点来训释"玉卮"。③ 段熙仲的文章发表于1963 年，王振铎的文章发表于 1964 年，沈元当然不可能迟至购书数年以后才读完《高帝纪》，这些注解必然是在读到学界新发表的论文以后补充抄入的。又如《地理志》"勃海郡文安县"条之侧，有关文安故城遗址的批注抄自 1966年《历史研究》刊发的一篇考古调查报告。④ 那一年，沈元已深陷"自我改造"的困境，当期《历史研究》也是受"文化大革命"冲击停刊前的倒数第三期，但从这条批注可以知道，此时的沈元仍未放弃学术工作。

经过对《〈汉书补注〉批注》部分内容的初步整理，⑤ 可以看到沈元

---

① 雷光汉：《关于沈元的一封信》，2010 年 4 月 24 日，https：//mp. weixin. qq. com/s/Qy6NRVan3AL5Q01zg7YTtw，最后访问日期：2021 年 7 月 25 日。

② 沈元作批注的《汉书补注》卷首扉页写有"沈元 1959，4，北京"的字样，当是对购书时间、地点的记录。

③ 段熙仲：《说醨》，《文史》第 3 辑，中华书局，1963，第 121 ~ 122 页；王振铎：《论汉代饮食器中的卮和魁》，《文物》1964 年第 4 期。

④ 天津市文化局考古发掘队：《渤海湾西岸考古调查和海岸线变迁研究》，《历史研究》1966 年第 1 期。

⑤ 邱德仁整理抄清了《汉书补注》之八页批注和一张单页批注，见宋诒瑞主编《难以纪念的纪念——一个北大高材生之死》，香港：明报出版社，2002，第 252 ~ 260 页。2018 年 9 月至 2019 年 7 月，以"沈元《〈汉书补注〉批注》整理"为题，笔者和徐姝开展了北京大学古典语文学本科生科研项目的研究，初步整理了部分批注。

的批注较多以"杨曰"标引，此皆抄录自杨树达《汉书窥管》一书。沈元应当是在阅读《汉书补注》时，同时参读《汉书窥管》，并将后者按照标目逐条抄写在对应文段附近，几近全数录入。移录偶有疏误，如《高后纪》"六月，赵王恢自杀"条窥管，沈元误抄于前页"赵王友幽死于邸"之下。这更可说明沈元阅读《汉书补注》的第一个步骤是将《汉书窥管》散入其中。杨树达是训诂学名家，《汉书窥管》以训释字词、驳正旧注为功。沈元参《汉书窥管》而读《汉书》，以便在阅读过程中疏通字词、了解文意，体现了他重视训诂、考据的读书理念，践行了北大教授向达对他们的教诲，"读古书要弄明白每一个字，每一句文，还要学会考辨真伪"。①

除了杨树达《汉书窥管》，沈元的批注还广泛引用各种文献资料，既有《史记》《汉书》等文献中足以互相参证的文句，也有古今学者的考证研究成果。如朱文鑫的《历代日食考》一书利用现代天文学方法重新推算了历代日食的日期，沈元将其中《两汉日食考》一节的内容逐条摘抄到《汉书》帝纪所载的各次日食之下，以作补正。陈直《汉书新证》一书搜集大量实物史料作为文献旁证，也多为沈元所写录。顾颉刚《〈禹贡〉注释》和谭其骧《〈汉书地理志〉选释》不仅注释疑难字词，还补充了许多政区沿革、自然物产、水道变迁等方面的信息，是沈元研读《地理志》的重要参考资料。在前述著作中，《汉书窥管》初版印发于1955 年，《汉书新证》初版印发于 1959 年，顾、谭的注释则出自 1959 年出版、由中国科学院地理研究所编辑的《中国古代地理名著选读》第一辑。② 20 世纪 50 年代，得益于相对平稳的社会环境和行政力量对学术工作的推动，老一辈和中生代学者继续推进研究，他们取得的成果也在不断滋养着以沈元等为代表的这一代学术新人。

作为读书笔记，沈元在汇集诸家之说时并非照单全收，而是有所采择，时下己意。对近乎全文照录的《汉书窥管》，沈元也会作批判性

---

① 雷光汉：《关于沈元的一封信》，2010 年 4 月 24 日，https://mp.weixin.qq.com/s/Qy6NRVan3AL5Q01zg7YTtw，最后访问日期：2021 年 7 月 25 日。

② 杨树达：《汉书窥管》，科学出版社，1955；陈直：《汉书新证》，天津人民出版社，1959；侯仁之主编《中国古代地理名著选读》第 1 辑，科学出版社，1959。

思考，或为杨树达之说补充书证，或指正杨氏之说。如《惠帝纪》"有两龙见兰陵家人井中"之"家人"，杨氏释为庶民，沈元引《五行志》"困于庶人井中"补证。又如《霍光金日䃅传》"封山为乐平侯"下，杨氏以为《外戚恩泽侯表》失载霍山、霍云封侯，沈元指出二人封侯附见"霍去病"条，不属"霍光"条。总之，沈元在阅读过程中发现问题，引证他书，排比诸说，逐渐形成了自己的看法。由此形成的批注既体现了他日常研习的过程，也构成他进一步开展专门研究的基础。通过对照沈元的批注和他的研究成果，我们可以更清晰地把握他为学的方法。

《历史研究》1962年第5期刊出署名沈元的一则书讯《〈敦煌遗书总目索引〉出版》，介绍了当年5月由商务印书馆出版的《敦煌遗书总目索引》一书的编纂、体例与价值。这部目录书大部分篇幅都是抄录和重编自既有目录，真正新编的内容只有总目第二种《斯坦因劫经录》。这一部分是刘铭恕依据1957年中国科学院图书馆购得的英藏敦煌文献显微胶片编成的。由同在科学院工作的沈元来撰写书讯，大概也是单位安排的工作。可能是借此机会，沈元接触了一些敦煌文献。1958年出版的王重民《敦煌古籍叙录》著录了六则《汉书》抄本残卷，还做了校勘异文、推断源流的工作。沈元将叙录文字逐一抄录到《刑法志》《萧望之传》等有关篇卷之前。《汉代大小斛（石）问题》和《居延汉简牛籍校释》是沈元的两篇专门研究出土汉简相关问题的文章，而他阅读汉简资料的记录同样可以在《汉书补注》的批注中找到。[①]

综上所述，沈元批注的价值固然体现在他零星出现的灵感和创见上，但可能更多在于忠实记录了沈元的个人阅读史，反映了他如何构筑自己的知识框架与学术路径。沈元于1955年入读北京大学历史学系，此时执掌

[①]　如《高帝纪》"而衅鼓旗"，颜注引应劭曰："杀牲以血涂鼓衅呼为衅。"沈元引述了罗振玉《流沙坠简》的考释，读"呼"为"幠"（第13页）。

教鞭的多是民国时期接受高等教育成长起来的学者。① 这些"旧知识分子"服膺近代实证史学，也有一定的传统考据学功底，在研究方法上强调对史料的占有和考证。1957 年反右风波以前，高校仍能系统开展正常教学。新一代青年学子沐浴其中，自然受到这种学术传统的深刻影响，沈元则是其中的一位佼佼者。

二 《急就篇》与汉代社会

《历史研究》1962 年第 3 期发表的《〈急就篇〉研究》，可谓沈元的代表作。正是这篇文章，使沈元赢得了黎澍（时任近代史研究所副所长兼《历史研究》主编）的赞赏与器重，被招入近史所工作；也正是这篇文章的公开发表，使作为"摘帽右派"的沈元招致不满，逐渐被推上"白专典型"的风口浪尖。②

《急就篇》是西汉晚期黄门令史游编撰的蒙学课本。沈元先从蒙学课本的思想旨趣、题材内容和文体风格三个方面的编撰要求切入，指出有必要将这些流行广泛、影响深远的蒙学课本与时代背景联系起来考察："我们要在它们的时代背景之上来理解它们，又要借它们而丰富我们对于那一时代的认识。"③ 作为西汉晚期到隋唐之际数百年间最受欢迎的蒙学课本，《急就篇》当然也不例外——这就是《〈急就篇〉研究》第一部分的"问题意识"。

接下来，沈元从"汉代社会生活的一面镜子""在教育史上的意义"

---

① 关于 20 世纪 50 年代北大历史学系的师资和授课情况，参见徐姝《青年史学工作者沈元的学术人生》（未刊稿）。举例言之，邓广铭 1935 年毕业于北京大学史学系，周一良 1935 年毕业于燕京大学历史系，张政烺 1936 年毕业于北京大学史学系，汪篯 1938 年毕业于西南联大史学系，宿白 1944 年毕业于北京大学史学系。

② 郭罗基：《一个人才，生逢毁灭人才的时代》，郭罗基主编《历史的漩涡——一九五七年》，香港：明报出版社，2007，第 247~248 页；丁守和：《科学是为真理而斗争的事业——忆黎澍的学术生涯》，黎澍纪念文集编辑组编《黎澍十年祭》，中国社会科学出版社，1998，第 114~115 页。

③ 沈元：《〈急就篇〉研究》，《历史研究》1962 年第 3 期，第 61 页。

"文学形式和语言形式"三个层面揭示了《急就篇》对于汉代历史研究的价值。他首先强调《急就篇》"分别部居不杂厕"的编写原则，将社会生活的讨论重点放在封建制度形成以后严格确定的社会秩序上来；而在农民、豪强与奴婢三大阶级中，"奴婢私隶"是与"枕床杠"等作为聘礼或嫁奁的"日用品"并列的，反映出汉代奴婢的两个特点：是物而不是人，是生活资料而不是生产资料。然后，沈元从《急就篇》描述农业生产生活的段落出发，阐明了编户齐民才是承担生产劳动责任的社会阶级，而闾里组织正是强迫农民为封建国家服务的超经济强制形式。接着，他从《急就篇》记录的刑法知识出发，申述刑法的酷烈和统治者借刑法以胁民、戒吏的用意。沈元还将《急就篇》开首"叙姓字"的姓氏部分看作对当世显赫宗族姓氏的记录，由此引出对豪强地主血缘宗族组织的讨论。至于《急就篇》对豪强地主的道德训诫，则被认为是反映了专制皇权与强宗豪族的矛盾。

从这一节的论述来看，沈元主要是抓住某些关键的词句或段落，将其归纳为某一类别的事物，再引用各类史料来阐释此类事物在汉代社会秩序的位置。例如对闾里组织和宗族组织的讨论，后者通过"叙姓字"引出，前者就是从"籍受验证记问年，闾里乡县趣辟论"两句话引申而来。讨论闾里组织，主要引述传世文献说明"古代社会"（周代）氏族组织的崩溃与收司连坐的闾里秩序的形成。讨论宗族组织，则引用居延汉简乡里纳赋的原始记录和《说苑·善说篇》的齐宣王出猎故事，说明作为宗族长老的"父老"同时获得了主宰乡里的权力；又通过秦汉之际父老在统一战争中发挥作用以及汉代良吏利用父老管理地方的事例，说明父老在封建国家政权中的支柱地位。这些论述在今天看来有的仍可成立，有的则不无疑问，但都不是能够直接从《急就篇》本身得出结论的。也就是说，本节的研究思路主要是在"时代背景之上来理解"《急就篇》，用其他汉代史料为之作注脚。①

---

① 沈元在讨论闾里组织时，引用了晁错设计的边郡村邑制度，称"正好作为《急就篇》这两句话的注解"。参见沈元《〈急就篇〉研究》，《历史研究》1962 年第 3期，第 65 页。

　　至于借《急就篇》"而丰富我们对于那一时代的认识"，主要体现在对教育史意义和文学语言形式两节的论述上。在教育史意义方面，沈元认为，《急就篇》广泛而全面地记录了物质世界的知识，道德伦理少直接训诫而多与物质知识传授结合，体现了新兴地主阶级重视知识技能、德育和智育结合的教育方式；《急就篇》极力描绘物质生活的丰富多彩，直接颂扬对物质财富的追求、占有和享受，更是表现出新兴地主阶级积极进取的思想面貌。他还把《急就篇》和后世流行的蒙学课本作对比，将不同的教育理念归因于不同的时代背景。在文学和语言形式方面，沈元则简略说明了《急就篇》对七言诗形成的促进作用，对于训诂古籍词汇、研究汉代语音的重要价值，以及口语韵文便于启蒙教育的特点。

　　文章第二部分是对《急就篇》的目录学考察。《急就篇》通行的唐代颜师古注本较松江《急就》碑多出一章，沈元依据敦煌出土汉代木觚《急就篇》残篇所标章次，推定"松江碑本"比"颜注本"更接近原本，又通过这一章的用韵情况，推断其增补于前后汉之际。至于篇末增补的两章，沈元引述王国维的考证并有所修正，推测在东汉早期和建安年间分两次增补。沈元还辨析了魏晋流传异本的脉络，区分出"皇象本"和"钟繇本"两个系统，认为"皇象本"一系较近于原本。在注本一节，沈元举出全篇结构、正文校改和音释三方面的证据，证明现存"颜注本"无一不出于南宋王应麟的补注本。① 在校本一节，沈元罗列了见闻所及的所有《急就篇》校本，一一臧否得失，还参照新见版本指出了王国维校本的一些缺点。

　　站在今天的学术范式来看，"辨章学术，考镜源流"的目录学研究是对文献展开进一步研究的前提和基础。沈元对《急就篇》的目录学考察，体现出他对文献学方法的重视以及自身扎实的文献学素养。

---

① 王国维已提出"以章论，皇本尚存先汉之旧"和"王氏补注出，而唐宋旧本亦废"等论点，并做了初步分析，沈元的论述显然是基于王国维的论断展开的。参见王国维《校松江本急就篇》（原题《急就篇校正》），《王国维全集》第6卷，浙江教育出版社，2009，第631~633页。

在进入近史所工作以前，沈元曾在北京图书馆查资料自学，①《〈急就篇〉研究》一文也写作于此时，文中提及的北京图书馆藏本必为沈元所亲见，甚至这项研究的选题也可能缘起于读《急就篇》不同版本所发现的问题。不过，首先进行的目录学考察在写作时却被放到第二部分，居于类似附录的次要地位。1958 年掀起的"史学革命"高举"厚今薄古"的旗帜，"厚古薄今，烦琐的考证，唯史料论"被看作"资产阶级历史学的特点"，② 沈元此文的顺序安排或许也受到了当时学术风气的影响。③

　　《〈急就篇〉研究》一文发表两年以后，《历史研究》刊登了孙淼的批评文章。除去价值判断的分歧④和对原文观点的曲解，⑤ 孙淼的确指出了沈元此文的一些不足之处，如夸大了《急就篇》的史料价值，拔高了汉代教育思想重视"实际知识"的程度，部分观点和材料与前人研究雷同却未注明出处等。⑥《急就篇》本身只是一部儿童启蒙教材，针对汉代文化、教育研究确能作为史料贡献新知。不过一旦面向领域更加广阔的社会史研究，这种以小见大、由此及彼的研究思路固然有其巧妙的启发性，

---

① 1961 年，沈元试图恢复北大学籍未果，在郭罗基的建议下到北京图书馆自学，"充分利用那里的藏书，苦心孤诣，埋头研究"。参见郭罗基《一个人才，生逢毁灭人才的时代》，郭罗基主编《历史的漩涡——一九五七年》，第 243~244 页。

② 翦伯赞：《历史科学战线上两条路线的斗争》，《人民日报》1958 年 7 月 15 日，第 7 版。

③ 沈元此文的目录学考察部分虽居于次要地位，但毕竟得以保留。这说明当时重理论、轻史料的风气还未发展到极端，因而也为文献学工作保留了一定的施展空间。在 20 世纪 60 年代初，部分学者反思"史学革命"的某些提法，指出无产阶级研究历史也要掌握史料，反对"唯史料论"不意味着不重视史料，而是要用马克思主义统率史料。参见翦伯赞《关于史与论的结合问题》，《文汇报》1962 年 1 月 21 日，第 4 版。

④ 如孙淼批评沈元过度美化了剥削阶级的享乐生活和教育思想，在思想领域中"不仅错误，而且有害"。这类批评纯属价值判断，有将学术问题政治化的嫌疑，如今已无从学术角度探讨的必要。

⑤ 如孙淼批评沈元将《急就篇》的"姓名表"看作豪强地主的"谱牒"，指出"姓名表"不符合文献学上谱牒的定义。然而沈元的原话不过是说《急就篇》是中古"谱牒之学"的"记录"，并未直接将"叙姓字"定义或归类为谱牒。也就是说，孙淼实际上批评了一个不存在的观点。

⑥ 孙淼：《评〈《急就篇》研究〉》，《历史研究》1964 年第 5、6 期。有关这篇批评文章的讨论，可参见徐姝《学术与人生——青年史学工作者沈元之研究》。

但难免存在以偏概全的风险。沈元的行文确实存在对某些史料解读过于简单、机械，部分论断较为片面、主观的问题。

三 中国古代度量衡研究

1962 年，《考古》发表了沈元的两篇文章。《汉代大小斛（石）问题》署名"高自强"，研究西北汉简所见"大石"和"小石"两种斛的名目。《居延汉简牛籍校释》由简文"令史官移牛籍太守府"指出一种簿籍"牛籍"的存在，列出记录牛只色貌、年齿、身长的十条牛籍残简，释出其中"齿""左斩"等词语；还通过对比汉简马籍和牛车籍，论证了这些牛是供屯田役使的耕牛。1964 年《历史研究》发表了沈元的《中国历代尺度概述》，但他署以笔名"曾武秀"。这也是他发表的最后一篇文章，主要内容是区分常用尺和乐律用尺，利用文献记载和古尺实物的尺度数据，整理和排比出历代用尺的长度表。①

同一时期，考古学家陈梦家也着力于搜集古代度量衡资料，撰写了《关于大小石、斛》《战国度量衡略说》《亩制与里制》三篇论文。② 戴逸忆及黎澍和沈元的一席谈话，说："可能陈梦家写文章引用了沈元的话而未注明出处，沈元大为不满，指责陈梦家抄袭和剽窃。"③ 这次争执当是因度量衡研究而起，但究竟是陈梦家哪一篇文章引发沈元不满，则无法确知。④ 时过境迁，

---

① 由于这篇文章以搜集材料和整理数据的基础性工作为主，加之发表年代较早，因而后来专门研究或利用古代尺度数据的文章也较多引用这篇文章。如果以期刊数据库著录的被引次数为标准，那么《中国历代尺度概述》反而是沈元影响最大的研究成果。

② 陈梦家：《关于大小石、斛》，《汉简缀述》，中华书局，1980，第 149~151 页；陈梦家：《战国度量衡略说》，《考古》1964 年第 6 期；陈梦家：《亩制与里制》，《考古》1966 年第 1 期。

③ 戴逸：《睿智的学者 勇猛的斗士》，《黎澍十年祭》，第 94 页。

④ 《关于大小石、斛》写成于 1963 年 2 月，但在陈梦家生前并未发表，直至 1980 年才编入《汉简缀述》出版（参见编后记）；《战国度量衡略说》与《中国历代尺度概述》则几乎是同时发表（1964 年 6 月）。考虑到沈元和陈梦家都在科学院工作（陈氏任职于考古研究所），两人的确有可能获知甚至读过对方未发表或待发表的文章。在没有更多证据的情况下，我们很难把这次争执的起因准确对应到其中一篇文章。

所谓"抄袭和剽窃"是否真有其事已经难以对证。但沈元和陈梦家的上述研究时间相近，有关汉代大小石的两篇文章所用材料又相差无几，无疑可以通过比较两文来进一步认识沈元的学术视野与贡献。

杨联陞较早地依据汉代粟米转化比例与大小石比例同为 5∶3 的事实，提出了大小石是分指粟、米的观点——这也是沈、陈两文共同的商榷对象。二人都注意到了相同的现象：一是在汉简的粮食出入和禀食记录中，原粮之粟或以大石计，或以小石计，无一定规律；二是传世战国秦汉量器大多以 2000 毫升为一斗，少数特例推算的一斗容量恰好是其 3/5。再辅以传世文献透露的蛛丝马迹，两文得出了相同的结论：大小石不是米、粟计量名称的区别，而是两种容量有别的计量单位。

但沈元和陈梦家对大、小石量制成因的解释并不相同。陈梦家仍然认为"大小石之称起于粟、米的比率"，先有大石，后有基于粟、米比例的小石，只是在分化以后不再限于专门区别粟、米；且大小石的使用也有模糊的界限，"谷、粟、糜、穄穈及麦有大小石之称，而米、黄米、粱米则无之"。相比之下，沈元的观点更加"激进"。他认为各种谷物的出米率不同，5∶3 只适用于粟，当时官府发放禀食并不限于粟，因此大小石的比例只是"纯数量的区别"，不因谷物不同而改变。沈元还把大小石与日本学者关野雄提出的先秦大小尺、大小斤（比例同为 5∶3）联系起来，推测战国秦汉时期存在过两种不同系统而比例一定的量制，汉代大小石正是两种量制并行的产物。

现在我们知道，秦汉的大小石是为便于粮食等值换算而创制的计量单位，当时不仅有量粟的大小石（比例为 5∶3），有量麦的大小石（比例为 3∶2），还可能有量稻的大小石。[①] 陈梦家的持平之说更接近事实，沈元关于"小量制"的推论则不能成立。当然，沈、陈当时无法预测他们身后才不断出土和整理的简牍资料，今人绝不能以"后见之明"贬低他们的识见。沈元的思考已经触及谷物的出米率问题，也看到了用大石计量麦的零散记录，可惜未见到每月以麦发放禀食的精确记录，自然不可能推算

---

① 　代国玺：《试论西北汉简所见大小石的几个问题》，《考古》2019 年第 3 期。

出大小石的另一个比例。沈元只能利用"出粟"记录得出 5：3 的单一比例，又要解释出米率并非 5：3 的麦也可以用大石计量，于是将其归结于"纯数量的区别"，并用"小量制"来解释这种区别。在材料不足以定谳的情况下，沈元试图通过推理和猜想来给出"一般性结论"，① 陈梦家则止步于揭示材料本身反映的现象，这种差异或许和两人从事学术研究的经验多寡有关。沈元发表《汉代大小斛（石）问题》时年仅 24 岁，青年的进取精神多少也体现在了他的研究风格之中。

关野雄的研究对沈元的"小量制"猜想有较大影响，沈元在文章最后提到关野雄得出的具体数字还需进一步讨论，对先秦度量衡的研究"有待日后专文研讨"——这大概就是沈元搜集古代尺度资料，写成《中国历代尺度概述》一文的缘起。经过对先秦尺度实物和文献的归纳分析，沈元不再取信关野雄测度的小尺数据，对先秦是否行用小尺转而采取谨慎的存疑态度。先秦一节的结论，则是战国各国的尺度大体相同，反映出政治统一以前各地区已存在"较密切的经济联系和趋向统一的文化"。② 这与陈梦家《战国度量衡略说》的结论也是一致的。

1966 年，陈梦家《亩制与里制》一文也发表了一组历代量地尺数据，与沈元总结的历代常用尺度表在时段划分和具体数字上均略有参差。如陈梦家区分了"西汉尺长 23.2 厘米"和"新尺长 23.1 厘米"，③ 沈元则通计秦汉时代尺长为 23.1 厘米。这可以联系到沈元文章开篇提及的一个方法论特点，即"数据不求过细"：受生产技术和保存条件所限，遗留至今的标准器精度是有限的；在文章的具体论述中，只有超过 0.5 厘米的出入才构成尺度演变的意义。从古尺实测数据来看，新莽尺（23.1 厘米）较部分西汉尺（23.2 厘米、23.3 厘米）为短，陈梦家认为这是"王莽复古"的表现，④ 而以沈元的标准，如此幅度的差异可以忽略。遗憾的是，除已发表的《战国度量衡略说》外，陈梦家详细的计算和推定过程都

---

① 高自强：《汉代大小斛（石）问题》，《考古》1962 年第 2 期，第 94 页。
② 曾武秀：《中国历代尺度概述》，《历史研究》1964 年第 3 期，第 166 页。
③ 陈梦家：《亩制与里制》，《考古》1966 年第 1 期，第 37 页。
④ 陈梦家：《战国度量衡略说》，《考古》1964 年第 6 期，第 314 页。

"别见稿本"。① 当年 9 月，陈梦家不堪"文化大革命"批斗，自缢故去，有关度量衡研究的遗稿至今未见整理面世，因此也就无法全面对比沈、陈尺度研究的异同了。政治运动对学术研究正常发展的干扰，由此可见一斑。

四　马克思主义史学观点

新中国成立以后，马克思主义史学理论在历史学领域确立了指导地位，但在运用唯物史观指导具体历史研究的过程中，"意识形态或社会政治对学术的影响与史家对历史原始面目的学术认知"两条线索的交错引发了许多争论。② 20 世纪 60 年代前期，在纯理论层面有围绕"历史主义"及其与"阶级观点"关系的激烈论战，在理论联系实际层面又有关于"史"与"论"结合问题的讨论。毫无疑问，争论双方都坚持马克思主义史学理论（尤其是阶级分析方法），而争论的焦点则在于，运用史料还原历史本来面目的研究方法究竟有无独立存在的价值。③ 若以这些争论的线索为背景，映照沈元的学术风格，不难看出他读书和研究的方法带有重视史料的一面，而《〈急就篇〉研究》对汉代社会的分析框架又能体现出沈元在理论层面受到阶级观点的影响。对沈元寄予厚望的黎澍，其时也倾向于"使阶级观点与历史主义相结合"的立场。④

在身边的同龄人之中，沈元最早加入少年儿童团（少先队前身）和共青团，上大学以后又"以马克思主义史学家自许"。⑤ 求学北大期间，沈元

---

① 陈梦家：《亩制与里制》，《考古》1966 年第 1 期，第 44 页。
② 王学典、蒋海升：《"历史主义"与"阶级观点"》，肖黎主编《20 世纪中国史学重大问题论争》，北京师范大学出版社，2007，第 264 页。
③ 王学典、蒋海升：《"历史主义"与"阶级观点"》，肖黎主编《20 世纪中国史学重大问题论争》，第 276 页。
④ 丁守和：《科学是为真理而斗争的事业》，《黎澍十年祭》，第 109~110 页。
⑤ 郭罗基：《一个人才，生逢毁灭人才的时代》，郭罗基主编《历史的漩涡——一九五七年》，第 163 页。

在图书馆阅读了"大批的马列主义理论书籍或中国的古文史料"，① 开始运用马克思主义史学观点来思考历史问题：对于史学界"五朵金花"中的古史分期问题，沈元认可秦汉封建论，因而立志研究秦汉史；② 在资本主义萌芽问题上，他对沈氏家谱产生了浓厚兴趣，将之作为"解剖中国从封建社会向资本主义社会过渡时期特征的有价值的案例"。③ 明白了沈元的思想背景和理论思考，就不难理解《〈急就篇〉研究》为什么会给予汉代教育思想比较积极的评价，充分肯定"比较年轻的"地主阶级"推动历史的巨轮前进"的进步作用。④ 当然，"以论带史"的研究取径也容易有意无意地轻忽史实，导致武断。比如沈元为了凸显《急就篇》的价值，指出随着地主阶级统治的稳固和程朱理学的支配，宋元以来的蒙学课本都是些"没有任何实际知识的、封建教条的汇编"。这一论断机械地套用了唯物史观关于社会发展阶段的认识，没有具体分析后世的蒙书材料，过分贬低了它们的价值。

1963 年，沈元在《历史研究》发表了《洪秀全和太平天国革命》和《马克思主义阶级分析方法和历史研究——评刘节〈怎样研究历史才能为当前政治服务〉》。前者是近代史领域的专题研究，后者是史学理论范畴的批评文章，这两篇文章集中反映了沈元的马克思主义史学观点。

《洪秀全和太平天国革命》首先探讨洪秀全革命思想的形成过程，从通过宗教宣传劝谕民众"改邪归正"的道德自我改善理论，发展到有明确革命对象、目标和领导集团以至组织群众起来造反的彻底革命思想。其次，沈元讨论了洪秀全革命思想和基督教之间的关系，指出洪秀全一是将基督教神学世界观的某些因素改造为农民革命的理论武器，⑤ 二是利用宗

---

① 沈元：《给老师的信（1955 年 10 月）》，宋诒瑞主编《难以纪念的纪念——一个北大高材生之死》，第 29 页。

② 郭罗基：《一个人才，生逢毁灭人才的时代》，郭罗基主编《历史的漩涡——一九五七年》，第 164 页。

③ 沈蓓：《牛牛，我想你啊》，宋治瑞主编《难以纪念的纪念——一个北大高材生之死》，第 6 页。

④ 沈元：《〈急就篇〉研究》，《历史研究》1962 年第 3 期，第 70~71 页。

⑤ 具体来说，就是用独一真神的权威否定了专制皇权的权威，赋予革命合法性；将基督教平等互爱的思想与农民革命传统的平等口号结合起来，从人人都是上帝平等的子女引申到凡间社会绝对平等的原则。

教情绪严明革命道德、发动农民群众，三是采用了某些宗教仪式。接着，文章分析了太平天国革命思想的顶峰《天朝田亩制度》是"以平分土地为基础的完整的社会改革方案"，植根于封建社会晚期租佃矛盾尖锐的社会背景，表达了废除封建土地制度的革命诉求。然后，沈元又从平均主义幻想和"平等天国"政治理想的破产、封建专制和等级制度的重建、文化政策的转化、领导集团的内讧、宗教幻梦的束缚等方面，论述了太平天国运动停滞乃至失败的过程。最后，文章讨论了太平天国与外国打交道的得失，指出洪秀全等革命者受限于时代和阶级，不仅对反对帝国主义侵略的革命任务没有自觉，也并未形成近代的民族意识和国家主权观念。

　　沈元对太平天国的研究以革命思想为重点，关注思想观念的演变过程及社会基础，使用的史料集中在太平天国的各种宣传资料、思想文献和制度纲领。太平天国史研究是"文化大革命"前史学的热门领域，大量太平天国文物资料被搜集整理并编纂出版，为学者研究提供了良好条件。①1952年中国史学会主编《中国近代史资料丛刊》第二种《太平天国》出版，1961年南京太平天国历史博物馆编《太平天国印书》出版，同年还出版了英国人吟唎所著《太平天国革命亲历记》的中译本，这几种文献都屡为沈元论文所征引。没有这些方便易得的资料，很难想象沈元可以如此迅速地转入陌生的学术领域并产出成果。

　　此外，近史所从香港购得的《劝世良言》排印本，②成为沈元辨析洪秀全早期思想演变的核心史料。通过对比《劝世良言》和洪秀全作品的用词、用典和观念，可以推测各篇作品撰述时间的先后，从而寻绎洪秀全早期思想的变迁过程。这篇文章的一大贡献，就在于判断富于革命性的《原道觉世训》写于1847年入桂以后，③凸显了"多盗之都"广西对于推动洪秀全彻底走向革命的关键意义。总之，农民战争问题是20世纪五六

---

① 岑大利、刘悦斌：《中国农民战争史论辩》，百花洲文艺出版社，2004，第27～31页。

② 郭罗基：《一个人才，生逢毁灭人才的时代》，郭罗基主编《历史的漩涡——一九五七年》，第247页。

③ 王庆成：《论洪秀全的早期思想及其发展》（下），《历史研究》1979年第9期。

十年代史学界"五朵金花"之一，这一研究热点推动了太平天国史料的搜集整理，而充足的资料又能够促进相关研究的进展，沈元对洪秀全早期思想的研究自然也得益于这种良性循环。

在研究视角上，沈元将太平天国运动放到中国封建社会崩溃进程、明清江浙武装抗租斗争乃至西方资本主义扩张等更长时段、更广地域的历史现象中来观察，一方面肯定太平天国运动反抗皇权专制的革命理想，颂扬农民群众的革命壮举；另一方面也指出这种革命理想的非科学性，揭示传统农民战争的悲剧命运。这一思路和1951年《人民日报》社论对太平天国的评价是一致的："太平天国是旧式的农民战争——没有先进阶级领导下的农民战争所发展到的最高峰。"① 这则社论对新中国的太平天国史研究有很强的指导意义，② 沈元之论自不能外。比如他对太平天国对外关系的论述，与社论"太平天国革命者由于历史条件的限制，不能充分认识他所面对着的资本主义侵略势力"的说法若合符节。

《洪秀全和太平天国革命》一文是在黎澍的指导下写成的，某些观点和结论还可能来自黎澍。③ 1961年，《历史研究》发表了蔡美彪《对中国农民战争史讨论中几个问题的商榷》一文，这篇文章赞同孙祚民的观点，认为农民起义建立的政权"都只能是封建性政权"，农民领袖"不能不以封建王朝的体制作为自己建立统治的蓝本"。④ 蔡文是黎澍约写的。⑤ 当时孙祚民正遭到批判，黎澍认为这是"'左'的思想作祟"，还在和戴逸私下交谈时表示"农民战争很难说是严格意义上的革命"。⑥ 沈元公开发表的观点当然不会与官方评价背道而驰，但他引用马克思对小农生产方式局

---

① 《（一）纪念太平天国革命百周年》，《人民日报》1951年1月11日，第1版。

② 岑大利、刘悦斌：《中国农民战争史论辩》，第28页。

③ 回忆沈元写作此文时，黎澍曾说："沈元真是善于吸收别人的思想。我跟他闲谈，海阔天空，他都能组织到文章里。"参见郭罗基《一个人才，生逢毁灭人才的时代》，郭罗基主编《历史的漩涡——一九五七年》，第247页。

④ 蔡美彪：《对中国农民战争史讨论中几个问题的商榷》，《历史研究》1961年第4期。

⑤ 王学典：《思想史上的"八十年代"：新时期黎澍侧记》，《思想史上的新启蒙时代：黎澍及其探索的问题》，河南人民出版社，2013，第70页。

⑥ 戴逸：《睿智的学者　勇猛的斗士》，《黎澍十年祭》，第91页。

限性的论述，指出农民革命领袖"只能回到封建专制制度和等级制度的老路上去"，这一认识大概就是在黎澍指点下形成的。

《马克思主义阶级分析方法和历史研究——评刘节〈怎样研究历史才能为当前政治服务〉》是针对历史学家刘节相应文章的批判，论战意味甚浓。刘节的短文以"仁""礼"的抽象普适意义为例，主张孔子、孟子等古代思想家没有明显的阶级观念，不应教条化、机械化地运用阶级斗争理论来解释古代历史事件。[①]沈元则坚定捍卫阶级分析方法对于历史研究的指导地位，指出古代思想家主观上对阶级观念的无意识并不能否认阶级的客观属性；即便孔子将"仁""礼"看作"普遍概念"，学者也不能脱离其社会背景与阶级属性来理解"仁""礼"的内容。就刘节和沈元所讨论的具体历史现象而言，他们的不同观点毋宁说是从不同侧面点出了认识古人思想的不同路径。这场争论本应有其增进史学理论发展的学术价值，然而在当时政治批判氛围的笼罩之下，沈元的文章固然"比较说道理"，[②]但锋芒毕露的文笔、尖锐辛辣的讽刺乃至逼问，已使此文蒙上了学术问题政治化的阴影。

结　语

回顾沈元的短暂人生，以研究历史为志业的他无疑也是所处历史的产物。1949年沈元考入中学，适逢上海解放。中学期间的沈元学习成绩优异，积极参与学生工作，在兴趣的驱动下逐渐确立了研究历史的志向。[③]他怀抱着建设社会主义与报效祖国的满腔热忱进入大学，勤奋阅读，刻苦学习，对学术和生活充满了期许，孰料却埋下了此后悲惨命运的种子。离开北大以后，沈元的学术生涯大致可以划分为三个阶段：1959年购买《汉书补注》，后来又到北京图书馆自学，这三年的阅读和写作为他后来

---

① 刘节：《怎样研究历史才能为当前政治服务》，《学术研究》1963年第2期。

② 戴逸：《睿智的学者　勇猛的斗士》，《黎澍十年祭》，第95页。

③ 沈蓓：《牛牛，我想你啊》，宋治瑞主编《难以纪念的纪念——一个北大高材生之死》，第5页。

从事学术研究做了充足的准备；1962 年初，得到黎澍赏识，获聘为近史所实习研究员，正式从事学术研究的工作，在随后三年里多篇文章获得发表；1964 年下半年以后，接连遭遇审查改造、"四清"运动和"文化大革命"批斗的冲击，基本失去了从事研究的条件，但仍坚持阅读，终究没有意料到自己的学术生涯乃至生命行告终结。

大学期间受实证史学传统的影响，沈元培养出扎实的文献功底，掌握了熟练阅读史料的方法。即便屡遭现实冲击，沈元仍然没有停止学习，《〈汉书补注〉批注》正是他长年阅读文献的记录和见证。这使他能够较好地征引传世史籍、出土简牍和实物资料来论述观点、解决问题。《〈急就篇〉研究》围绕一部文献做系统考察，《汉代大小斛（石）问题》和《居延汉简牛籍校释》解决简牍材料具体的小问题，这些研究的选题都是直接从材料生发而来。至于《洪秀全和太平天国革命》的撰作，也离不开当时整理出版的各类太平天国史料文献。太平天国史研究对沈元来说是新领域，虽然他的宏观框架和主要观点呼应了官方对太平天国的定性，没有独特的问题意识，但他能够结合翔实的史料展开论述，更能在文献的缝隙之间，对洪秀全早期思想的演变问题提出创见。

相对于那些受意识形态和现实政治影响更深的同龄人，沈元的史学研究能够从实证出发、用材料说话，某些考证成果在历史事实的层面贡献了有价值的突破。而与旧式的朴学家相比，他又能乘时代之风，运用马克思主义史学理论研究具体历史问题，尝试在历史解释的层面触碰前人未曾涉及的领域。这些特征当然不独属于沈元个人，而应代表了"十七年史学"之于当代史学史的价值。新中国成立以后，新旧学术范式的交融与碰撞激发出许多焕然一新的研究成果，也激起了声势浩大的学术论战。沈元在实证技术和理论素养两方面都表现出了优秀的才华与能力，可谓新旧交替时期成长起来的新一代史学工作者的突出代表。

遗憾的是，由于 20 世纪五六十年代学术政治化倾向的强化，学术自由渐次受限，"影射史学"大行其道，不仅其他史学理论失去了生存空间，连独擅正统的马克思主义史学观点也趋于机械僵化。以马克思主义史学家自许的沈元，终究成为如此时代悲剧的牺牲品。

Table of Contents and Abstracts

Abstract: The records in the *Hanshu* state that the Conselor-in-chief Gongsun Hong reported to Emperor Wu and proposed to recruit disciples for the Erudites in 124 BC. However, based on a detailed analysis of the structure of Gongsun Hong's memorials and other historical evidence, it can be concluded that the first recruitment of the disciples actually occurred between 134 to 129 BC, and had nothing to do with Gongsun Hong. His main contribution was to suggest broadening the prospective careers of Erudite's disciples a few years later, which gained the permission of Emperor Wu.

Keywords: Erudite's Disciples; Gongsun Hong; Emperor Wu's Imperial Edicts

The Inception and Completion of the Taichu Calendar Reform Reexamined

Guo Jinsong ╱ 28

Abstract: The "Monograph on Harmonics and Calendarics" (Lüli zhi) in the *Hanshu* offers vital information on the Taichu calendar reform. The dates and the sequence of events in the account, however, are questionable. The proposal and the preparation of the reform could not be as late as the seventh year of the Yuanfeng reign, as the Monograph states. The stories of Yellow Emperor (Huangdi) as told by Gongsun Qing and recorded in the "Monograph on Feng-Shan Ceremonies" (Fengshan shu) in the *Shiji*, as well as the toast to Emperor Wu's longevity given by Ni Kuan and recorded in his biography in the *Hanshu*, indicate that the reform was conceived as early as in the fourth year of the Yuanding reign, and its plan was already formally discussed in the first year of the Yuanfeng reign. These two texts also show that the calendar reform was closely connected to major ritual events such as the jiao and the feng-shan ceremonies, and was part of the same cultural program. The error in dating the reform in the *Hanshu* probably resulted from a misreading of the imperial edict for changing the reign title to "Taichu". The edict was issued around the same time as promulgating the calendar reform and other reforms, in the fifth month of the first year of the Taichu reign. But Bangu mistook edict as issued before astronomers started preparing the new calendar. Once we break the obstacles set by the *Hanshu* monograph's narrative, a new timetable of the calendar reform can be reconstructed.

Keywords: Taichu Calendar Reform; "Monograph on Harmonics" (Lüli zhi) in the *Hanshu*; Gonsun Qing; Stories of Yellow Emperor (Huangdi); Ni Kuan

The South Virtue of Fire in Early Han Dynasty

Abstract: The early Han did not carry out systematic ritual reform according to Zou Yan's theory of Five Virtues. However, based on transmitted and excavated texts, we can find that the dynasty prioritized the color of red (*shang chi*) because of its origin in the south, and renamed the vermilion bird representing the south as Grand Virtue (*Huangde* 皇德) to symbolize the heaven's mandate of Han. Red and vermilion bird were believed to correspond to the element of fire, and could be understood as symbols for the Virtue of Five as connected to the direction of south. These symbols were re-adopted in the new Five Virtues theory founded at the end of the Western Han Dynasty, and were placed into the generation sequence of the virtues. Wang Mang's theory tied the arrangement of the La festival on Xu days to the virtue of fire, though there was initially no such connection. The identification of the Han with the virtue of fire from the Eastern Han onward followed the interpretations of Liu Xiang, Liu Xin, and Wang Mang, whereas the historical memory of the virtue of fire as the potency of the south disappeared.

Keywords: Virtue of Fire; Heaven's Mandate of Han; Five Virtues

The Idea of Gengshi and the Political Culture of the Han Dynasty

Abstract: The idea of "Gengshi" originated from perceptions of astronomical phenomena, and was resonated in folk culture. The records of "make a fresh start together with the people" at the beginning of the new dynasty have had an impact on political culture. After Emperor Wu of the Western Han Dynasty, there was a close relationship between "Gengshi" and "Gaiyuan". From Emperor Wu's reign title "Taishi", Emperor Xuan's "Benshi", to Emperor Ping's "Chushi" as decided by Wang Mang, the underlying idea was consistently hoping to "get rid of the old to make way for the new" through the change. The planning and design of ceremonial buildings such as ancestral temples and suburban sacrifices in Chang'an, the Western Han capital, were mostly inconsistent with Confucian ideas. Since the mid-to-late Western Han, many the Confucian scholars have strenuously made modifications, but only to find the reform too complex to complete without setting a new capital. From Yi Feng to Wang Mang, the idea of moving the capital was conceived and tried, but ultimately failed.

Keywords: Gengshi; Gaiyuan; Move the Capital; Wang Mang

Training and Cultivation of Local Officials in Western Han Border Prefectures
—An Investigation Based on Jianshui Jinguan *Weili* Slips and Juyan Manuscript *Li*

Jiao Tianran / 85

Abstract: A few wooden slips related to *Weili* have been excavated from Jianshui Jinguan excavation unit 24. *Weili* wooden slips and Juyan 506. 7 *Li* wooden slip reflect the training and education on local officials in border prefectures of the Western Han Dynasty. The contents of Peking University Qin bamboo slips *Congzheng Zhi Jing*, Shuihudi Qin bamboo slips *Weili Zhi Dao*, Yuelu Academy Qin bamboo slips *Weili Zhiguan Ji Qianshou* are similar. It shows that *Weili* is a relatively mature textual category, the nature of which is close to a kind of miscellaneous aphoristic collection, and has been passed from the Qin Dynasty to the middle and late Western Han Dynasty. The content of Juyan 506. 7 *Li* wooden slip is more similar to that of *Shuoyuan* edited by Liu Xiang, it reflects the trend in the education of border prefecture officials in the Western Han Dynasty shifting from following the Qin standard of "being able to write official documents, to calculate, and to understand of laws and statutes" to the Confucian ideal of "undertaking moral cultivation".

Keywords: Jianshui Jinguan Hanjian; Juyan Hanjian; *Weili Zhi Dao*; Officials Moral Teachings

The Problem of Legitimacy in Cheng Han's Emperorship: Its
Origin and Influence

Shan Minjie / 109

Abstract: The deficiency of the Cheng-Han's legitimacy was due to the fact that Li Xiong lacked a rightful source of authority when he became the first emperor of the regime. Though his military action rescued the six-prefecture refugee group from a fatal crisis, Li Xiong's status as a legitimate successor of Li Liu, then the leader of the group, was still in dispute. This issue of legitimacy remaining one of the decisive factors that shaped the trajectory of the Cheng-Han in the following years was in turn largely because the refugee group was fragmented and lacked sustainable cohesion. The deficiencies in both legitimacy and cohesion reinforced each other and formed a huge threat to the political stability of the Cheng-Han. Emperors of the regime took measures to remedy the deficit in legitimacy, but often only to produce more crises in the end.

Keywords: Cheng-Han; Legitimacy of Emperors; the Six-county Refugee Group

The Restoration of the Attendant Gentlemen in Department of State Affairs
and the Political Culture of the Liang Dynasty

Hu Hong / 127

Abstract: The restoration of the Attendant Gentlemen in Department of State Affairs (*Shangshu shilang* 尚书侍郎) in the 3rd year of Tianjian (天监) in Liang Dynasty, has not been seriously studied within the existing literature of institutional history. The present article analyzes this event and illuminates its meaning from the perspectives of institutional design and political culture. The Attendant Gentlemen were established in the Imperial Secretariat (*Shangshu tai* 尚书台) in the Later Han dynasty, and abolished in the Wei and Jin dynasties, while the lower rank Court Gentlemen of the Interior (*Langzhong* 郎中) began to run the work of a section (*Cao* 曹). Secretarial Court Gentlemen (*Shangshu lang* 尚书郎) were promoted on both official rank and prestige, but because of their heavy bureaucratic burden these positions were gradually distained by the aristocratic families. Meanwhile, the incumbent Secretarial Court Gentlemen inclined to neglect their duties, so that their functions were partly replaced by the Chief Clerks (*Du lingshi* 都令史). Soon after the establishment of Liang dynasty, the founder Emperor Xiao Yan （萧衍）requested Secretarial Court Gentlemen to report critical affairs to himself in person, instead of only submitting documents. In this way, Xiao Yan intended to break the monopoly of information from the Inner Secretariats, and meanwhile to encourage Secretarial Court Gentlemen to devote themselves to their duties. With the same consideration, Xiao Yan restored the Attendant Gentlemen in Department of State Affairs, and raised their ranks and aristocratic prestige by comparing them with On Duty Supernumerary Gentleman Cavalier Attendant (*Tongzhi sanqi shilang* 通直散骑侍郎) and nominating prestigious officers for the positions. Moreover, the glory of imperial attendants (*shichen* 侍臣) in early medieval period served as an implicit political cultural context of the reform. Xiao Yan established some official positions which contained the character *shi* 侍 (attendant) in the titles, in order to share the glory of imperial attendants with middle rank officials who could not join the group. The Attendant Gentleman in Department of State Affairs were just among these newly established positions.

Keywords: The Attendant Gentlemen in Department of State Affairs; Executive System; Institutional Design; Imperial Intimate Attendants; Political Culture; Liang Dynasty

Re-examining Emperor Wu of Liang's Reform of Vegetarianism

Chen Zhiyuan / 157

Abstract: The reform of vegetarianism by Emperor Wu of Liang followed a gradual progression, which began with the emperor's daily behavior, and expanded to the ancestral sacrifice and suburb rituals, and finally to monastic regulations of the samgha. The first three phases occurred from 508 to 517. The manifesto advocating a comprehensive vegetarian diet for monks and nuns is dated the year of 523-24. Prior to Emperor Wu of Liang's reforms, there had been several special occasions in which vegetarianism was promoted in the daily practice among the Confucian literati. In his debate with the samgha, the emperor re-interpreted the monastic codes by invoking the Mahāyāna scriptures which belong to the *tathāgatagarbha* sub-category, such as the *Mahāparinirvā a-mahāsūtra* (*"MPNMS"*) among others. The same exegetical strategy was applied to the reconciliation of Confucianism and Buddhism. Shen Yue proposed an elaborate and complex scenario of the universal history, which in Foucault's term, can be viewed as an episteme unique to the southern dynasties.

Keywords: Emperor Wu of Liang; Vegetarianism; Monastic Life; Buddhism

Honorary Titles and Xianbei Surnames: Evaluating Official Clans
and Compiling Genealogy in the Western Wei and Northern Zhou
Dynasties

Chen Peng / 217

Abstract: Under Yuwen Tai's rule, the Western Wei court performed two rounds of granting and restoring Xianbei surnames, which not only aimed at realistic political purposes, but also amounted to a new evaluation of great clans. The Yuwen Tai group, in using the ranks of honorary titles as the standard to grant and restore Xianbei surnames and to identify "official clans" (*guanzu*) , established a system of great clans with the appearance of Xianbei lineages, which continued into the Northern Zhou. Those sanctioned "official clans" often compiled genealogies to confirm their identity and reshape their family memory, linking their lineages with the Tuoba Xianbei lineages. The "official clan" system of the Western Wei and Northern Zhou Dynasties displayed an aristocratic appearance, but it built upon the ranking of honorary titles, and reflected military merits and political statuses. It was essentially a form of military meritocracy, and added to the destruction of the traditional aristocratic system.

Keywords: The Western Wei and Northern Zhou Dynasties; Honorary Titles; Xianbei Surnames; Official Clan; Genealogy

"Feng Fa" and "Qin Fa" : A Case in the Textual Criticism of *Shiji*

Chen Kanli / 249

Abstract: This article attempts to explain a case of textual variant in the *Shiji* in the political-cultural context. In the account of Xiao He's achievements, the *Shiji* used the phrase "Feng Fa" (complying with the laws), but later editors changed it to "Qin Fa" (the laws of the Qin dynasty) according to the received text of the *Hanshu*. This revision had no solid textual basis but derived from a misunderstanding of the early Han political culture. The origin of this change can traced to the fact that, when the scholars in the middle and late Northern Song re-collated the *Hanshu*, they were influenced by the political culture of the time, which advocated reforms and despised "Feng Fa", and unconsciously excluded it from the potential merits of an accomplished minister.

Keywords: *Shiji*; *Hanshu*; Textual Criticism; Political Culture

Academic Review

Conference Memoir: "Culture Makes Politics: The Formation and Early Development of the Chinese Political Culture"

Feng Bintao / 265

History of Scholarship

A Young Scholar in the Changing Times
—Shen Yuan's Historical Studies

Feng Bintao / 279

Abstract: From 1949 to 1966, historiography was unavoidably interfered by politics and underwent a series of changes in its nature. Shen Yuan was a historian who represented a new generation in this period. During his studies at Peking University, Shen Yuan was influenced by the tradition of empirical historiography, thus he persisted in studying the *Hanshu* to exercise his ability to interpret historical texts. As a wholehearted believer of Marxism, he consciously used the materialist view of history and the class perspective to analyze historical issues. His published papers covered a range of issues such as the *Jijiupian* and the society of the Han Dynasty, ancient weights and measures, and Hong Xiuquan's early thinking, demonstrating excellent abilities in employing both empirical techniques and theoretical knowledge. Through this microcosmic case of Shen Yuan, the research methods, theoretical hotspots and academic debates of the " Seventeen-Year Historiography" can be examined in greater detail.

Keywords: Shen Yuan; Seventeen-Year Historiography; *Jijiupian*; Da Xiao (Large and Small) Shi; Taiping Heavenly Kingdom

图书在版编目（CIP）数据

北大史学 . 第 25 辑，中国古代政治文化史专号 / 北
京大学历史学系主办 . --北京：社会科学文献出版社，
2023.7

ISBN 978-7-5228-1901-3

Ⅰ . ①北… Ⅱ . ①北… Ⅲ . ①史学-世界-文集 ②史
评-世界-文集 Ⅳ . ①K0-53

中国国家版本馆 CIP 数据核字（2023）第 095243 号

北大史学 （第 25 辑）
中国古代政治文化史专号

主　　办 / 北京大学历史学系
主　　编 / 赵世瑜

出 版 人 / 王利民
责任编辑 / 陈肖寒
文稿编辑 / 郭锡超
责任印制 / 王京美

出　　版 / 社会科学文献出版社 · 历史学分社（010）59367256
　　　　　 地址：北京市北三环中路甲 29 号院华龙大厦　邮编：100029
　　　　　 网址：www.ssap.com.cn
发　　行 / 社会科学文献出版社（010）59367028
印　　装 / 三河市龙林印务有限公司

规　　格 / 开 本：787mm×1092mm　1/16
　　　　　 印 张：19.75　字 数：302 千字
版　　次 / 2023 年 7 月第 1 版　2023 年 7 月第 1 次印刷
书　　号 / ISBN 978-7-5228-1901-3
定　　价 / 89.00 元

读者服务电话：4008918866